中国社会科学院学部委员专题文集
ZHONGGUOSHEHUIKEXUEYUAN XUEBUWEIYUAN ZHUANTI WENJI

减贫与包容

发展经济学研究

朱　玲◎著

中国社会科学出版社

图书在版编目(CIP)数据

减贫与包容：发展经济学研究／朱玲著．—北京：中国社会科学出版社，2013.1

(中国社会科学院学部委员专题文集)

ISBN 978－7－5161－1841－2

Ⅰ.①减…　Ⅱ.①朱…　Ⅲ.①发展经济学—研究　Ⅳ.①F061.3

中国版本图书馆CIP数据核字(2012)第296322号

出 版 人　赵剑英
出版策划　曹宏举
责任编辑　金　泓
责任校对　王兰馨
责任印制　戴　宽

出　　版　中国社会科学出版社
社　　址　北京鼓楼西大街甲158号(邮编100720)
网　　址　http://www.csspw.cn
　　　　　中文域名:中国社科网　　010－64070619
发 行 部　010－84083685
门 市 部　010－84029450
经　　销　新华书店及其他书店

印刷装订　环球印刷(北京)有限公司
版　　次　2013年1月第1版
印　　次　2013年1月第1次印刷

开　　本　710×1000　1/16
印　　张　23.5
插　　页　2
字　　数　373千字
定　　价　72.00元

凡购买中国社会科学出版社图书,如有质量问题请与本社联系调换
电话:010－64009791

前　　言

哲学社会科学是人们认识世界、改造世界的重要工具，是推动历史发展和社会进步的重要力量。哲学社会科学的研究能力和成果是综合国力的重要组成部分。在全面建设小康社会、开创中国特色社会主义事业新局面、实现中华民族伟大复兴的历史进程中，哲学社会科学具有不可替代的作用。繁荣发展哲学社会科学事关党和国家事业发展的全局，对建设和形成有中国特色、中国风格、中国气派的哲学社会科学事业，具有重大的现实意义和深远的历史意义。

中国社会科学院在贯彻落实党中央《关于进一步繁荣发展哲学社会科学的意见》的进程中，根据党中央关于把中国社会科学院建设成为马克思主义的坚强阵地、中国哲学社会科学最高殿堂、党中央和国务院重要的思想库和智囊团的职能定位，努力推进学术研究制度、科研管理体制的改革和创新，2006 年建立的中国社会科学院学部即是践行“三个定位”、改革创新的产物。

中国社会科学院学部是一项学术制度，是在中国社会科学院党组领导下依据《中国社会科学院学部章程》运行的高端学术组织，常设领导机构为学部主席团，设立文哲、历史、经济、国际研究、社会政法、马克思主义研究学部。学部委员是中国社会科学院的最高学术称号，为终生荣誉。2010 年中国社会科学院学部主席团主持进行了学部委员增选、荣誉学部委员增补，现有学部委员 57 名（含已故）、荣誉学部委员 133 名（含已故），均为中国社会科学院学养深厚、贡献突出、成就卓著的学者。编辑出版《中国社会科学院学部委员专题文集》，即是从一个侧面展示这些学者治学之道的重要举措。

《中国社会科学院学部委员专题文集》（下称《专题文集》），是中国社会科学院学部主席团主持编辑的学术论著汇集，作者均为中国社会科学院学部委员、荣誉学部委员，内容集中反映学部委员、荣誉学部委员在相关学科、专业方向中的专题性研究成果。《专题文集》体现了著作者在科学研究实践中长期关注的某一专业方向或研究主题，历时动态地展现了著作者在这一专题中不断深化的研究路径和学术心得，从中不难体味治学道路之铢积寸累、循序渐进、与时俱进、未有穷期的孜孜以求，感知学问有道之修养理论、注重实证、坚持真理、服务社会的学者责任。

2011 年，中国社会科学院启动了哲学社会科学创新工程，中国社会科学院学部作为实施创新工程的重要学术平台，需要在聚集高端人才、发挥精英才智、推出优质成果、引领学术风尚等方面起到强化创新意识、激发创新动力、推进创新实践的作用。因此，中国社会科学院学部主席团编辑出版这套《专题文集》，不仅在于展示“过去”，更重要的是面对现实和展望未来。

这套《专题文集》列为中国社会科学院创新工程学术出版资助项目，体现了中国社会科学院对学部工作的高度重视和对这套《专题文集》给予的学术评价。在这套《专题文集》付梓之际，我们感谢各位学部委员、荣誉学部委员对《专题文集》征集给予的支持，感谢学部工作局及相关同志为此所做的组织协调工作，特别要感谢中国社会科学出版社为这套《专题文集》的面世做出的努力。

《中国社会科学院学部委员专题文集》编辑委员会

2012 年 8 月

目　　录

第一篇　发展理论和政策

第二篇　粮食安全与小农的未来

第三篇　扶贫项目与救济救灾

第四篇 农村合作医疗与农民养老

第五篇 社会经济政策的性别影响

第六篇 劳动与社会保护

自 序*

笔者自 1988 年完成学业回国，一直将研究集中在发展经济学领域，聚焦于收入分配、减少贫困、社会保障和乡村发展问题，注重对农村贫困群体、农民工、妇女和少数民族的生存和发展状况进行追踪调查。这些研究在中国社会科学院经济研究所内外广受支持，并大多以课题组的方式组织实施。笔者从课题组讨论以及成员之间的合作与帮助中受益良多，在选编这本文集的过程中也不例外。为此，多年来我始终心怀感激。

收入这本文集的调研报告和论文，按照相近的主题分为六个板块。每一板块的编排，只是大致兼顾成稿时间顺序。这些研究，从不同侧面表达了以下思想。

一　平等发展的理念

改革开放以来，“增长”及其相关问题一直处在经济研究的中心地带，收入分配和社会保护（social protection）问题则在很长一段时期落在边缘。笔者之所以自 20 世纪 80 年代中期就投入这些“边缘问题”研究，是因为“文化大革命”期间的上山下乡经历，以及为撰写博士论文所作的农村调查，使自己对社会经济发展过程中的城乡、地区、行业、职业和性别差异，有了深切的体验。进一步讲，对发展经济学文献的阅读以及此后的学习和研究，使我逐渐形成如下理念：

第一，经济增长表现为可供分配的果实增多，但如何分配增长的果

---

* 本文主体部分载于张卓元、周叔莲、吕政、汪海波主编《中国百名经济学家理论贡献精要》第 3 卷，中国时代经济出版社 2012 年版，第 222—231 页。

实，就是收入分配的研究内容。按照市场经济理论，竞争机会均等对于市场参与者远比结果均等更重要。但市场参与者之间由于家庭背景、成长环境及其他社会经济因素的影响不同，竞争起点必然有差别，因而人们面临的机会和获得的结果也就不同。政府干预和公共服务供给的一个重要作用，就是既要为公平竞争提供制度保障，又要帮助在竞争起点处于弱势的群体和个人克服发展的障碍，增强他们获得机会的能力；同时，还要为尚未具备市场参与能力和失能（disabled）的群体提供社会保护。

第二，在获得健康、知识、信息、收入以及拥有尊严地参与社群生活方面，按照相关数量指标对人口排序，穷人、妇女、老人、残疾人和少数民族等群体通常处于序列的底部。如果一个人同时具有上述多种特征，那就更可能生活在社会边缘。按照诺贝尔经济学奖获得者 Amartya Sen 的说法，这类人群由于受到现有社会政治经济文化条件的限制，不能获得与其他社会群体平等的权利，即处于被剥夺、被排斥的状态。减少和消除这种状态，是一个社会基于平等和公正的理念而应有的承诺。这种承诺意味着，任何一个社会成员都不至于因为其种族、性别、年龄、财富、身体和宗教信仰等特征，得不到必需的产品、服务和机会。对此，还可以更通俗地以“思想试验”的方式予以诠释：一个穷人不必变成富人就能享受基本健康服务，一位女子不必变成男子就能获得基础教育，一名残疾人不必变成健全人就能参与自己向往的社会活动，一个少数民族的人不必变成多数民族的人就能自由迁移和择业，等等。对于大多数发展中国家而言，这显然还属于一种尚未实现的理想状态。因此，需要推行发展计划、扶贫项目和社会保障制度等措施，以促进上述社会承诺的履行。基于这种理解，近二十多年来，笔者一直关注中国农村人口特别是穷人、妇女、老人、残疾人和少数民族的发展障碍，努力通过调查研究来确认他们最紧迫的需求，评估现有的发展计划、扶贫项目和社会保障制度对这些群体的影响，并提出备选的政策改善方案。

第三，对于每一个接受社会援助的人而言，只要符合受援资格，得到帮助就属于其应有的社会权利，而并非获得“恩赐”。因此，在设计和实施发展计划和政策的过程中，受援者应当处于主体地位，而不是被动地接受和参与这些发展项目。可是在现实中，受援者多半在社会生活中声音微弱甚至失语，这既是他们处在社会边缘的一个原因，又是这种生存状态的一种结果。为了保证社会边缘群体和个人获得主体意识和主体地位，使之得以主动参与决策过程，就必须把改善社会经济政治文化制度的措施，纳入发展计划和政策之中。在这种认识基础上，笔者在政策研究中总是关注不同利益相关者的行为，以及同一政策对他们产生的不同影响。

二 合作组织对减少贫穷至关重要

笔者在 1991 年出版的英文专著《中国农村改革和农民收入分配》（*Rural Reform and Peasant Income*, London: The Macmillan Press LTD.）中，以第一手资料和统计分析表明，1978—1985 年期间，农民收入普遍提高，但地区之间的农户收入差距加大；欠发达地区的收入不均等程度高于发达地区。不同的基础设施和社会服务条件，使得农户的农业收入和非农收入差异显著。土地使用权不稳定，对农户进行中长期投资产生不利影响。因此，中国需要进一步的制度创新，以稳定地权并激励农民合作来促进农业和农村发展。

基于进一步的实地调查，我在发表于英国《发展研究杂志》（*Journal of Development Studies*）1990 年第 2 期和《剑桥经济学杂志》（*Cambridge Journal of Economics*）1993 年第 4 期的论文中强调，家庭承包责任制的推行和人民公社的解体，在激励农民提高资源配置效率的同时，却也留下了农业基础设施建设和村庄公共服务供给制度的空白；同时，单个农户面临的风险和不确定性加大。参照发达国家的经验和中国农民的制度创造，关键的应对措施一是增强政府的公共投资和服务功能；二是发挥村庄自治作用：人民公社解体，社区组织可在公共事务方面补充基层政权的部分作用，在市场机制发育不完全的情况下，社区组织还可在生产要素配置过程中部分地补充市场的作用；三是促进农民合作组织的发展。

在此后有关粮食生产和食品保障问题的研究中，笔者也一再强调，增强单个农民市场谈判能力的一个办法，是促进他们之间的合作。即使在发达的市场经济体，合作社也是小农获得规模经济并与大企业竞争的组织资源。中国农牧社会传统的互助方式，可以作为走向现代市场经济中的销售和信贷合作组织的基础。实现中国食品保障的一个重要措施，在于为小农创造自组织的空间，以保证他们在当前和未来的社会经济环境中赢得平等的权力。小农在经济结构调整、产品价值链和政策优惠获得方面的弱势，以及在分享工业化城市化成果时遭遇的排斥，反映的是他们在社会中的边缘地位。事实上，小农的弱势经济状况和边缘社会地位互为因果。打破这种恶性循环的契机，在于小农组织起来强化自己在政治经济和社会领域的影响力。强化小农权利，虽然并不完全属于农业政策范畴，却是中国农业可持续发展的一项不可或缺的制度条件。

三　性别平等与可持续发展密切相关

在联合国第四次妇女大会（1995 年北京）召开之前，性别分析极少进入中国经济学家的视野。此前，经济学家在研究收入分配问题时，会把性别作为一个影响分配的变量来考虑。在考察人力资本投资收益时，会把性别作为一个决定投资动机的因素来分析。但是，尚未把妇女发展作为一个经济学专题来研究。事实上，性别不平等作为一种社会文化的长期积淀，使得妇女从童年起就或多或少地缺少部分社会经济和法律的权利。因此，在同一个竞争环境里，女性和男性人群实际上处在不同的历史起点上，因而有其特殊的发展问题。由于妇女承担着养育子女、照料家庭和参加生产等多重角色，限制她们发展的因素造成的消极影响也是多重的。那些妨碍女性劳动者发挥潜力的因素，同时还限制着下一代人力资源的改善。从这个意义上来说，没有妇女的发展，也就没有可持续的社会经济发展。

市场取向的改革，在带来更多机遇的同时，还伴随着不断增大的风险和不确定性。与城市人口相比，乡村人口由于缺少社会保障而更易受损害。在乡村，妇女由于现存的性别不平等而比男子脆弱性更高。在乡村妇女中，欠发达地区的妇女由于承受着贫穷和性别不平等的双重压力而处于最不利的地位。若要从根本上减少乃至消除性别不平等和贫穷，就必须专门探讨欠发达乡村的妇女发展问题。

基于上述理解，笔者主要采用统计模型分析农地分配、基本医疗和养老保险中的性别不平等。例如，依据1996年对山西省农村抽样调查数据的统计分析论证，我国农村土地分配中的性别平等虽然在法律上和经济制度上得到保障，但是这些制度在细节上的漏洞，使离婚妇女缺少地权保障，错过村社土地调整机会的婚嫁迁移妇女及其子女暂时无地。这种现象虽然还没有对妇女在家庭内部的谈判地位产生显著影响，却足以使她们的家庭陷入贫穷。因此，有必要在现行土地管理法和政府有关农地承包的规定中添加性别视角。

笔者还基于2006—2007年期间在甘肃、青海和云南等省农牧区的调研，将藏族农牧家庭的中青年已婚农牧妇女作为重点考察对象，扼要说明传染病、妇科疾病和孕产期照料不足的问题对她们的健康威胁，并解析她们对相关卫生服务利用不足的原因。我曾在《管理世界》2010年第10期撰文强调，适当的产前照料，是已为医学证明的对于维护孕产妇及其胎儿乃至新生儿健康所必需的卫生服务。保障贫困家庭的孕妇和胎儿及时获得这样的服务，有助于出生在这些家庭的个人获得健康的生命起点，从而也就意味着把减贫战线前移到生命形成之时。在经济全球化时代，农牧家庭出生的孩童成人后，将与生长在本国城市的同龄人、乃至欧美国家的同龄人“同场竞技”。缩小不同个人之间在产前照料方面的差距，将有助于降低先天的健康不均等，从而减少不同个人在人生起跑线上的差距。在这个意义上，保证每个生命都享有适当的产前照料，符合社会正义原则。正因为如此，适当的产前照料可以视为一种“社会增益产品”（merit good），它对个人产生的益处符合社会的期望。或者说，这种产品（服务）的消费所包含的社会价值，并不以消费者本身的愿望和偏好为转移。为此，有必要由政府采取行动，如同实施强制性义务教育一样，推行适当的产前照料。

四　消除社会排斥是整合二元经济的一个关键

在中国改革开放的过程中，农村劳动者以自己的主动性和创造性，突破了城乡社会经济之间的制度藩篱，获得了劳动力流动的自由。他们通过职业、行业和空间的劳动力转移，有效地改善了收入状况，并且搭建起一道整合二元经济的桥梁。然而，城乡分割的制度框架并未随之发生实质性的改变。经济市场化和全球化进程，使得计划经济时代形成的对农村人口的社会排斥，以强化的形式凸显出来。这既损失资源配置效率，又危及社会稳定。笔者着重通过收入分配和社会保障专题的研究，探讨消除社会排斥的途径。

我在《中国社会科学》2009 年第 1 期发表的有关农村迁移工人（即农民工）职业健康的论文，借助历史文献，回顾 1950 年以来中国工业化中的三次超时劳动和伤亡事故高峰，发现目前的劳动保护机制与市场经济不适应，农村迁移工人的劳动保护尤其不足。通过对抽样调查数据和案例调查事实的分析，笔者指出，超时劳动与不良工作环境，显著地影响迁移工人的健康状况；小时工资较低、汇款回乡较多、未签订劳动合同者，以及没有参加工会的男性技术工人，超时劳动的可能性更大；超时劳动还与如下因素直接相关：政府和企业权力缺少约束，劳动力市场分割使迁移工人遭受排斥和歧视，在工资和劳动保护方面缺乏谈判权利。因此，改善迁移工人状况的关键，在于消除社会排斥和改革劳动保护机制；其切入点，当为建立工人与企业之间有组织的谈判与合作关系，同时强化政府的协调功能和公众的监督作用。

针对有关农民工（即农村迁移工人）参加城镇职工养老保险的政策，笔者借助抽样调查和案例访谈信息，在《比较》杂志 2009 年第 4 期撰文阐明，在农民工和城市户籍职工的社会经济状况差异巨大的情况下，对两者作无差别的养老保险制度安排，导致了不公平的结果：保险关系的属地化特征妨碍劳动力流动并损害缴费企业和工人的利益；多数农民工的工资水平低于缴费基数下限，实际上承担了较高的费率；女性农民工就业期限短，在同等缴费工资水平上，模拟的养老金水平仅相当于男性的 55% 左右。因此，在制定全国性的迁移工人养老保险政策时，需要考虑促进就业、减少养老收入分配中的性别不平等和老年贫困等因素。

基于对“十二五”规划社会保障体系建设的研究，笔者在《中国人口科学》2010 年第 5 期撰文指出，中国近三十年来的快速经济增长，在显著减少贫穷的同时，伴随着令人瞩目的收入不均等程度的提高。从理论上讲，社会保障体系能够通过提供安全网的方式，减少单个家庭和个人面临的投资和创新限制，从而有助于改变人们的机遇，防止当前的不平等固化并导致未来的不公平。然而，中国当前的社会保障体系非但无助于缩小城乡差距，反而有扩大两者收入鸿沟的作用，其本身就存在着欠缺公平性的问题。现有社会保障体系的板块分割状况，使得整个体系既有失公平，又损失效率。公共部门的就业者特别是公务员“保护过度”，非公共部门的就业者特别是农民和农村迁移劳动者“保护不足”。推行新农合、新农保以及农民工参加城镇职工社会保险的政策，有助于促进社保公平。但地区之间的“福利锦标赛”和地方财政不堪重负的状况，不利于社保项目的可持续性。因此需要重点采取如下措施：（1）避免将社会保险覆盖率的数值作为考核官员政绩从而决定其升迁的指标。（2）一方面，加大中央政府的社会支出责任；另一方面，增加对欠发达地区的转移支付，以强化当地社会救助和社会增益产品的供给。（3）采用衔接或组合同一保险项目下不同板块的办法，减轻并逐渐消除社保体系的碎片化。

五　发展是渐进的历史过程

在中国经济发展进程中，地方政府之间的竞争和行政主导，往往导致某些增长或发展目标的制定脱离实际，同时带来发展规划实施过程中层层加码的“大跃进”倾向。这既会造成资源浪费，又会损害政府信誉。对此，笔者基于历史文献分析和经验研究，在多篇研究报告中揭示这种“大跃进”倾向的危害并论证“欲速则不达”的道理。在2010年为藏区发展研究课题组的专著《如何突破贫困陷阱》撰写的总报告中，笔者尤其强调，就消除贫穷的目标而言，中国依然任重道远。改革初期的农业发展和此后国民经济的快速增长，是以往成功实现大规模减贫的主要推动力。以促进“造血机制”为特色的扶贫项目，实质上也是经济增长导向的政策措施。然而仅有经济增长是不够的，即使是有利于穷人的经济增长方式，也很难惠及所有的穷人。例如，贫困人口当中的老幼病残等劳动能力低下或不具备劳动能力的人，几乎难以参与经济增长进程，因而也就难以直接分享增长的好处。对于这样的群体，缓解贫困的有效措施是社会救助、营养健康干预和生活照料服务，而非生产项目投资。又例如，在贫困程度深重的群体当中，即使是具有劳动能力的人，也难以获得扶贫计划中的商品生产项目投资。在中国的扶贫实践中，优先获得此类投资的往往是贫困地区的非贫困人口，或是贫困程度较轻的穷人。究其原因主要有两点：一是现存的社会排斥。在扶贫资源分配过程中，非贫困群体往往比贫困群体有更大的发言权。二是扶贫机构对项目成功的期望。贫困程度深重的群体由于在居住区位、信息获得、观念开放、健康状况、受教育程度、劳动技巧和经营能力等方面均处于不利地位，即便获得市场取向的生产投资项目，失败的风险也远远高于其他群体，故而非贫困群体往往获得更多的扶贫项目。可见，缓解深度贫困群体的不利境况，需要采取多方面的、综合性的措施，除了最低生活保障政策，还需要物质基础设施投资、信息供给、技能培训、市场组织建设、技术支持及其他社会服务供给，等等。

聚居在青藏高原的藏族贫困农牧民，贫困程度深重。帮助他们突破贫困陷阱，仅有大规模的投资还是不够的。现有的事实表明，公共投资固然可以带来特定领域“硬件”装备水平的迅速提高，甚至跨越某些技术应用阶段，但是“软件”的匹配，即制度和管理能力的建设却依然滞后。受援地区农牧人口对“硬件”的消费，仍然遭遇诸多短期内难以逾越的障碍。至于改善人力资源和摆脱贫穷，也不可能一蹴而就，因为人力资源发展是一个渐进的历史过程，促进演进比跨越的可行性更强。近三十年来，中国的汉族“农民工”进城谋生所经历的艰难困苦，已广为人知。少数民族聚居区的农牧民若作出同样的就业选择，还将面临更多的障碍，例如由语言和文化差异带来的困难。乡村迁移人口面临的一些制度性障碍、城镇原有居民对迁移者或多或少的歧视、迁移劳动者就业中遭遇的劳资矛盾，等等，一旦处置不当，就可能引发社会冲突。这些问题若涉及不同的族群，则极易演化为民族冲突。采取渐进式的转型策略，为参与转型过程的不同人群留下充分的时间和机会，以便相互适应、相互学习和共同发展，转型的可持续性实质上优于跨越式的行政推进。这一点，已为中国经济改革的经验所印证。

第一篇

发展理论和政策

包容性发展与社会公平政策选择*

提要 在联合国各成员国实现千年发展目标的进程中，不同经济体实现经济增长分享、社会融合凝聚以及生态平衡和资源节约的过程，构成了包容性发展的各种具体形式。中国的和谐社会构建，便是其中的一种。和谐社会理念包含的核心价值观，是社会公平正义。兼容市场经济自由（效率）与社会均衡（公平）的根本条件，是保证所有社会成员平等地实现其基本权利。若要从根本上扭转中国经济转型中贫富差距加大的趋势，必须从消除社会排斥和推进初次分配制度的改革做起。

一 研究背景与目的

20世纪90年代，经济全球化进程加速。伴随这一进程的，既有大多数计划经济国家向市场经济的转型，又有欧盟及其他地区的一体化趋势。在世界经济迅速增长的同时，贫穷、饥饿、疾病、文盲、环境恶化、社会排斥和社会冲突依然严重。为了消除这些现象，促进人类发展，世界各国领导人在2000年的联合国千年首脑会议上，商定了一套时限为15年的目标和指标。在这一背景下，各国政府和地区性组织因地制宜，提出了重点各异的发展目标，并据此制定各自的发展战略和政策。例如，2000年，欧

* 本文原为中国社会科学院重大课题“和谐社会与社会公平政策选择”的总报告，综合了课题组全体成员的专题研究发现，发表于《经济学动态》2011年第12期。课题组成员有杨春学、魏众、罗楚亮、姚宇、金成武、邓曲恒、王震与何伟。本项研究除了获得中国社会科学院的课题经费以外，还得到澳大利亚开发署和福特基金会的专项资助。赵人伟研究员和唐宗焜研究员曾参加课题组讨论并提出宝贵建议，李实教授在经济所工作期间主持了课题设计。谨在此一并致谢。

盟开始实施社会融合进程（Social Inclusion Process），在此框架下其成员国通过开放式协作法（Open Method of Coordination）进行合作（Atkinson，2009）。2004 年，中国政府提出了构建和谐社会的理念，并制定了与此相呼应的“十一五”社会经济发展规划。

“和谐社会”的提法一经发表，社会学、政治学、法学和经济学等不同学科的学者纷纷给予解读（俞可平，2005；冷溶主编，2007）。不同学科的学者虽然视角各异，但几乎无一例外地强调：第一，和谐社会是一种理想状态，现实中存在着诸多社会矛盾与冲突；第二，公平正义是和谐社会理念包含的核心价值观之一；第三，为了构建和谐社会，需要从维护公平正义着手，改进社会经济制度并制定相应的社会政策。迄今，绝大多数研究的重点正在于此。

在经济研究领域，有的学者把单纯依靠市场交换协调利益关系的机制，定义为“纯粹市场经济”，并以此作为反向参照系，论述社会主义和谐社会应有的生产管理和收入分配关系（裴小革，2011）。但此类研究由于将现实的中国社会作为和谐社会的例证，忽略了社会经济转型中累积的矛盾，反而欠缺理论解释力。有的学者借助福利经济学第一定理、经济核定理、结果公正定理等理论，论证和谐社会的关键特征可以通过建立和完善现代市场经济体制来达到（田国强，2007）。然而在理论上，从福利经济学第一定理推导不出财富和收入再分配；在现实中，市场制度能够产生效率，但不会自动产生社会福利，社会和经济领域虽有重叠但依然有别。例如，中国的社会政策改革滞后于经济政策改革，大多数农民家庭、农村迁移劳动者、城市下岗职工和非正规就业者曾一度缺少社会保护。在激烈的社会转型中，他们的生计因此而遭遇更大的风险和不确定性。这种状况也曾明显地影响了社会稳定、社会融合和社会凝聚。可见，现代市场经济体制对于构建和谐社会只是必要条件而非充分条件。

更为系统地探讨和谐社会构建的一项研究，来自亚洲开发银行组织的课题“以共享式增长促进社会和谐”（林毅夫、庄巨忠、汤敏、林暾主编，2008）。这项研究针对中国的收入不平等问题，讨论如何以市场机制推动经济增长的同时，促进机会平等和公平参与。这其中，有的作者强调，需要政府增加对基础教育、基本医疗卫生及其他基本社会服务的投入；加强政策与制度的公平性，创造平等的竞争机会；建立社会保障机制，防止和消除极端贫困。有的作者提出，如果能够按照比较优势原则选择生产模式（资本密集型或劳动密集型），便可兼顾经济增长和减少收入不平等。问题是，生产模式的选择固然关系到就业机会的创造，并有可能间接影响收入分配格局。但无论何种选择，与机会平等都没有必然联系。由此看来，这项课题对和谐社会理念的基础性研究相对薄弱，不同作者依照各自的理解论述社会经济政策的选择，因而使得整体成果欠缺理论一贯性。

实质上，从经济学角度研究和谐社会的构建，关键在于探索联结经济自由（效率）与社会均衡（公平）的路径，阐明怎样实现经济增长成果的分享和增长过程的社会和解（杨春学，2009）。如何勾连效率和公平，是一种政治选择，而非纯经济问题。针对这一选择作经济学研究，必然起始于理论推演，并在思想实验方面超越经济学边界，吸纳哲学、政治学以及其他人文和社会科学成果。不同经济体实现经济增长分享、社会融合凝聚以及生态平衡和资源节约的过程，构成了包容性发展的各种具体形式。中国的和谐社会构建，便是其中的一种。对这一进程的研究，需要遵循逻辑和历史一致的原则，以理论探索的结果为基础建立分析框架，借助经验研究特别是定量分析，寻找解决现实社会经济问题的答案。可以说，思想实验和经验研究相结合，才既有可能丰富和谐社会的理念，又有可能引申构建和谐社会（促进包容性发展）的政策措施。

出于上述考虑，我们课题组汇集了经济思想史、政治经济学和发展经济学领域的学者，将纯理论研究与抽样调查和案例研究相结合，着重回答以下焦点问题：第一，和谐社会的政治经济学基础是什么？第二，怎样把和谐社会的理念转化为具有可行性的政策？第三，选择何种数量指标衡量和监测政策的实施状况？

本项研究的切入点，是推导回应中国经济转型和发展需求的社会公平理论。据此，进一步分析抽样调查数据，阐明导致收入高度不均等的制度性和政策性原因。至此，课题组既未囿于收入分配讨论，也未将研究扩展到和谐社会构建涉及的所有领域，而是基于同一理论视角，将研究聚焦于受到制度性歧视的农民和农村迁移工人（农民工）。从分析这些低收入群体的生计和实际享有的基本权利入手，探究消除社会排斥和增强社会公平的可行政策。这样做的目的在于，一方面，为中央和地方政府改进发展目标的设定和发展战略及政策的制定提供参考；另一方面，为其他发展中国家和转型社会提供可资借鉴的思想材料。

二　研究路径

在2005—2011年的项目执行期间，本课题组在研究方法选择上遇到的最大挑战，是怎样实现纯理论研究和经验研究的顺畅结合，并尽可能汲取同一领域的最新理论成果和采用前沿分析技术。为了回应这一挑战，课题组作了不懈的努力。主要做法如下：

（1）搜寻迄今致力于解决个人基本权利和市场自由冲突的经济学文献，从中梳理出被主流经济学忽视但能够用于沟通市场效率与社会均衡的部分，针对中国社会经济转型和发展的特点，构成以社会公平正义为核心价值的理论框架，为公平分配提供独立的论证。

（2）获取国家统计局2006年全国城市和农村住户抽样调查的子样本数据集，并以我们中国社会科学院经济研究所以往20年的收入分配研究成果为参照，刻画此间的收入分配变化。同时，采用统计分析和计量经济学方法以及收入差距测量技术，重点分析2002年和2006年的数据集，描述城乡之间，地区之间，不同人群组之间，不同住户之间和不同个人之间的收入差距，估计收入差距的变动趋势，并对影响收入差距变动的原因加以解释。除此而外，我们还利用农业部农村固定观察点2007年的全国农户抽样调查数据，分析农村迁移工人对农民家庭纯收入的贡献。在此基础上，讨论全球金融危机对低收入和贫困群体的生存状况造成的影响。

（3）2006—2009年期间，课题组对农村迁移工人（农民工）的生计、医疗和养老保险状况分别作专题抽样调查。在研究中，将史料回顾、政治经济学讨论和数据分析相结合，揭示了导致农村迁移工人遭受社会排斥的政治经济原因，并论证了女性迁移工人受到的制度性歧视和性别歧视。也正是性别视角和性别分析，使我们的研究与其他同类研究区别开来。

（4）在整个项目执行期间，对那些在保健、教育、信息及收入获得和社会参与方面处于不利地位的群体，例如穷人、妇女、老人、残疾人、少数族群和失地农民等，作个人访谈和案例研究，以此弥补抽样调查中的信息缺失。同时，利用国际学术交流的机会，对别国的就业和社会保障政策做实地调研。

三 主要发现

本项研究成果集由六大部分组成，主要研究发现及第一篇起的逻辑架构如下。

第一篇是对“和谐社会”命题的含义所作的理论分析。这一命题的提出，回应的是中国经济转型中社会矛盾凸显的现实。事实上，当前的深层次矛盾，原本就孕育在计划经济时代的制度性不平等之中。例如，政府的行政垄断遍及经济领域，个人在经济活动中少有自由决策空间。在国家工业化政策中，“城市偏好”严重，公共产品和服务的供给均向城市倾斜。为了保障城市供给和工业化需求，采用户籍制度分割城乡社会，而且城市政府只对本城户籍人口的生存和发展负责。这无疑是中国计划经济体制的一个特色，它既赋予城市人口生存和发展的优先权，又构成了对乡村人口的社会排斥。此外，薪酬分配中的平均主义与附着于官员等级制上的特权并存，这又形成了收入分配和资源支配方面的另一特点。

在市场取向的经济改革中，行政垄断的领域缩小，个人的经济自由增加，收入分配中的平均主义被打破。这一切，有效地激励了个人的创造性和积极性，带来了长时段的高速经济增长和人民收入水平的普遍提高。然而，不同社会群体之间的权利平等尚未完全实现：官员的特权依然存在而且深入到市场交换体系之中；在一些重要资源由政府管制、而资源分配权缺少有效制约的情况下，官员通过寻租、企业主通过权钱交易，双双获得不正当收入和财富；一些行业和企业由于行政性垄断而收入水平高于竞争性行业和企业；企业一般职工由于缺少集体谈判机制而与高层管理者收入差距悬殊（魏众，2010）；农村迁移劳动者由于城市社会的排斥性制度，而不能享有与当地市民同等的公共服务、社会保障和工资收入，等等。这些制度缺陷，不但造成市场经济中的不平等竞争，而且使得不平等竞争的后果继续复制并加剧不平等，阻碍了社会流动，尤其是明显地减少了低收入群体向上流动的机会。正因为如此，在经济高速增长、居民收入和财富普遍增加的情况下，对社会不公的呼声却日益强烈。

上述分析表明，在理论上，市场制度不仅具有提高效率和促进经济增长的良好机制，而且也会对拓展个人享受的自由权利作出重大贡献（Sen，2002）。但在实践中，这些功能可否充分实现，则主要取决于市场之外的制度环境，例如政治、法律和社会保障制度，等等。原因在于，市场无法自动解决公平问题（杨春学，2006）。基于这种认识，我们借助初次分配中的获取及交换正义原则和再分配中的公平原则，阐明效率与公平兼容的根本条件，是保证所有社会成员平等地实现其基本权利。

如果缺失这一条件，即使某种资源配置在导致一部分人致富的同时并未使其他人变得更穷，从而达到了帕累托最优或曰提高了效率，这种分配也是不公平的。在部分公有资产民营化的过程中，企业高层管理者通过暗箱操作，以极其优惠的价格获得资产，就属于这种状况。倘若制度性和政策性的不平等业已存在，资源的分配即便合乎法规，其程序和结果同样有失公平。行政垄断下的金融、石油、电力、电信和铁路运输等行业的资本积累，便是如此。在这些快速增长的领域，由于设置制度壁垒，使得潜在竞争者难以分享经济增长的机会；由于实行垄断价格，使得消费者难以分享增长的成果。纠正这些不公正的财富占有状况，才符合社会正义。在制定和实施矫正行动的规则时，即使出于政策可行性的考虑不去追溯到初始的分配，也必须从消除特权和垄断做起。

在社会公平专题文献中，对于那些因教育、经验和个人努力等个人特征引致的收入差别，通常视为公正的收入不均等。至于制度性和政策性因素造成的收入差别，则被称为不公正的收入不均等（Chaudhuri and Ravallion，2008）。针对不同类型的不均等，亦有不同的政策干预实践。财富分配的不均等加剧收入分配的不均等，在理论上和实践中已成定论。为了减轻这种财富效应，发达国家会对财产以较高的税率征税。特别是累进制的遗产税，在迫使富人将财富用于社会的同时，削弱财产赋予其后代的优越机会。这种做法背后的理念，是强调社会成员之间的“机会平等”和“条件平等”。

“条件平等”的着眼点主要在于，个人进入市场时拥有的不同的初始禀赋，例如父母和家庭状况、受教育机会、保健机会和社会关系，等等，会对个人的发展前景产生显著影响。因此，需要通过政府采取再分配和公共服务项目，既保障最低收入群体的生存，又缓解不利的初始条件对个人在机会获得方面的负面影响。在当今世界，不同国家和不同文化背景的群体都将这种有差别的分配原则看作是公平的。原因在于，它一方面反映了个人对于陷入最差处境的风险和不确定性的厌恶；另一方面，它体现的是个人对社会共济和社会包容的制度性偏好。

若把社会公平正义的原则应用于发展政策的制定，那么政策的实施就构成以减少和消除社会排斥为特征的包容性发展进程。现在的问题是，如何度量发展的水平或社会的包容程度呢？联合国千年发展目标中的指标体系即可作为基准尺度，因为它反映的是各国公众对于人类发展的优先偏好，例如健康、教育和体面的生活，等等。由于经过缔约国和联合国层面的政治程序确认，这些偏好隐含着个人选择和社会选择的统一。其中每一种偏好，都对应着可以量化的指标，例如获得安全饮水的人口比率、产妇死亡率、儿童死亡率、适龄儿童入学率，以及初等教育完成率、就业率和贫困发生率。

这一多维度的指标体系，既可衡量宏观层面的国家发展程度，又能反映微观层面的群体和个人生活状态，还可用于群体之间、地区之间和国家之间的比较。不同国家和地区组织出于对特有的社会偏好的强调，多半还会添加一些指标（Marlier and Atkinson，2010）。例如，欧盟由于早已超越了联合国千年发展目标中设定的发展阶段，便从经济增长、就业、创新、环境可持续、经济改革与社会融合共六个方面，为其社会融合进程设置了14个指标（Atkinson，2009）。鉴于本项研究的焦点是中国经济转型中的社会公平问题，课题组更多地采用了反映收入分配、社会保障和性别不平等状况的指标。

本文集的第二篇至第四篇，通过对全国抽样调查数据集的描述统计和分析统计，着重比较2002—2007年间的居民收入差距变化，探寻引起这些变化的原因。统计结果显示：

（1）收入不均等程度提高，但最低收入组的收入也在增加（朱玲、金成武，2009）。这意味着穷人并没有变得更穷，但贫富差距在加大。2006年，全国居民收入的基尼系数为0.468（2002年为0.457）。具体说来，占全部人口50%的低收入人群，在全部收入中分享的份额为18.3%（2002年为19.2%）；收入最高的5%人口在全部收入中获得的份额为21.3%（2002年为20.4%）。

（2）在收入最低的30%人口当中，90%以上依然是农村人口。城镇底层收入群体多从事非正规产业经营和劳动；农村底层收入群体多从事家庭农业。这两个群体的人均收入中，包括社会救济在内的转移收入份额分别为10.2%和11.5%。

（3）对泰尔指数的分解结果表明，城乡之间的收入差距依然是对全国居民收入差距影响最大的因素，2006年其贡献率达42.2%。地区之间收入差距的贡献率为13.2%，其余的贡献来自城市内部和乡村内部的收入差距。

（4）农村劳动力进城务工，成为农村住户最重要的一项现金收入来源。2007年，在中西部农村劳动力转移大省当中，外出务工收入至少占农民家庭人均现金纯收入的40%、人均纯收入的34%。对基尼系数的分解结果表明，外出务工收入的分布，具有缩小收入差距的作用，它对基尼系数增大的影响表现为负数（-37.2%）。具有同方向影响的还有家庭经营收入（-65%），但这项收入水平在不同年份波动明显（何伟，2011）。对连续两年贫困户监测数据的分析进一步显示，外出务工显著降低了农户陷入贫困的可能性，同时也是影响贫困状况变化的重要因素（罗楚亮，2010）。与此相对照，财产性收入、转移性收入和税费支出的分布，都扩大了农村居民之间的收入差距。

（5）对城市劳动力市场和薪酬差异的分析结果主要可归纳为：其一，2002年，个人的人力资本特征（年龄、性别、健康状况、党员身份和受教育年限）和父母的身份（党员、大学文化程度），对其初次就业的搜寻时间均有显著影响（罗楚亮、李实，2009）。其二，通过分解城市户籍和农村迁移工人的工资收入差别，发现两者收入差距的60%可归结于歧视。特别是在低收入和中等收入人群中，歧视是造成两类从业人员收入差距的主要原因。但对于处在收入的条件分布最高端的10%人群而言，两者之间的收入差距则主要出自人力资本的特征差别。在对 2006 年的数据作类似的分解分析时，选择的变量有所不同，得出的结果也自然有异，但歧视对收入差距的影响并无实质性的改变（邓曲恒，2007）。其三，在 2004—2007 年期间，公共部门就业者的收入水平高于民营部门，但收入流动性低于后者（Deng and Xue，2011）。

在一个社会处于激烈转型的时期，大多数成员的生计都会因此而增添更大的不确定性。那些欠缺经济和生命安全保障措施的个人、家庭或群体，在面临老龄、患病、伤残和其他灾害风险的情况下，即为脆弱群体。相对于城市户籍人口，农户和农村迁移劳动者及其家庭，属于中国社会脆弱程度最高的群体。本文集第五篇的重点，正是观察和分析这两类群体的生存和发展需求。主要发现如下：

第一，在市场化进程中，边远农牧区社会经济不平等现象显著，“生态贫困”、“健康贫困”和“教育贫困”的状况并存。基本健康无保障和非农就业市场教育水平门槛提高的现状，导致贫困人口受困于边缘化的可能性增大。中央政府对同一地区同一族群但分属不同行政区划的农牧户，实行了差别性的公共转移政策。这不仅减弱了公共政策的社会融合效用，反倒引发地区性的社会不满（朱玲，2005、2006）。

第二，通过对中华人民共和国经济史文献的回顾，我们注意到新中国工业化进程中曾发生三次超时劳动和伤亡事故高峰。当前的超时劳动和伤亡事故主要发生在农村迁移工人群体当中。针对这一群体的抽样调查和案例调查表明，当前的中国劳动力市场存在着三个层面的隔离现象：即城乡户籍隔离、公有体制内外隔离，以及地方行政辖区隔离。因此，跨省/市就业的农村迁移工人便同时遭受三重歧视。其劳动保护不足的状况，既是此类歧视的一个后果，又是歧视的一种表现：（1）超时劳动与不良工作环境，显著地影响迁移工人的健康状况。（2）小时工资较低、汇款回乡较多、未签订劳动合同者，以及没有参加工会的男性技术工人，超时劳动的可能性更大。（3）超时劳动还与如下因素直接相关，即政府和企业权力缺少约束，劳动力市场分割使迁移工人遭受排斥和歧视，在工资和劳动保护方面缺乏谈判权（朱玲，2009）。

第三，性别的职业隔离使农村女性迁移工人不仅遭遇户籍身份歧视，而且还受到性别歧视。女性更多地进入了办事人员和非技术工种岗位。虽然就业者的人力资本、社会资本以及与生产相关的特征对此有显著作用，但性别歧视产生的影响更大。我们的统计分析结果显示，如果消除性别歧视因素，男性和女性进入管理层的概率之差即减少 55.2%；两者获得办事人员职位的概率之差减少了 112.16%（王震，2008）。

针对脆弱群体的生存和发展需求，中央和地方政府采取了一系列强有力的措施。在“十一五”规划执行期间，社会保险、社会救助和社会福利覆盖面迅速扩大，公共服务有了明显的改善。文集第六篇着重对收入再分配和社会保障政策加以评估，要点如下：

其一，2002—2006 年期间，社会保障政策的不公平性下降。尤其是，包括税费减免、种粮直接补贴和新农合（新型农村合作医疗）参合补贴在内的新农村建设政策，发挥了降低农村居民收入不均等和缩小城乡收入差距的作用。在没有净补贴的情况下，2002 年农村居民人均收入相当于城镇居民人均收入的 34.6%，加入净补贴后这个比率下降到 33.5%，扩大了城乡居民的收入差距。2006 年，城乡居民总体收入差距扩大，但农村居民获得的净补贴使这一差距略微缩小：农村居民人均收入相当于城镇居民人均收入的比率，在加入净补贴后由 28.5% 上升到 28.6%（王震，2010）。

其二，社会保障项目具有缩小城镇居民之间收入差距的作用。倘若没有养老金和社会救助等项目，2008 年城镇居民收入的基尼系数将会从 0.353 上升到 0.484。这意味着，社会保障项目使城镇居民的收入不均等程度下降了 27.42%（姚宇，2011）。

其三，为农村迁移工人提供养老保险，是一个历史的进步。然而，在这一群体与城市户籍职工的社会经济状况差异巨大的情况下，对两者作无差别的养老保险制度安排，导致了不公平的结果。（1）目前城市社会养老保险的属地化特征，妨碍劳动力流动，并损害缴费企业和工人的利益。（2）养老保险费率过高，削弱企业增加工作岗位的积极性。多数迁移工人的工资水平低于缴费基数下限，实际上承担了较高的费率。女工因工资更低，保险支出对其当前的可支配收入影响更为严重。（3）迁移工人退出正规就业岗位的年龄早于法定退休年龄，养老待遇将低于平均水平并且很可能陷入老年贫穷。（4）女工就业期限更短，在同等缴费工资水平上，模拟的养老金水平仅相当于男性的55%—57%。因此，在制定全国性的迁移工人养老保险政策时，需要考虑促进就业、减少老年贫困和养老收入分配中的性别不平等因素（朱玲，2009）。

其四，从全国社会保障体系来看，板块分割的状况，使得整个体系既有失公平，又损失效率。公共部门的就业者特别是公务员“保护过度”，非公共部门的就业者特别是农民和农村迁移劳动者“保护不足”。尤其是碎片化的社会养老保险制度，不但妨碍劳动力流动，而且加大管理成本。新型农村合作医疗制度、新型农村居民社会养老保险制度以及农民工参加城镇职工社会保险的政策，有助于促进社保公平。但地区之间的福利“锦标赛”和地方财政不堪重负的状况，有损社保项目的可持续性（朱玲，2010）。

四 政策性结论

针对经济转型中的社会公平缺失现象，课题组的每项专题研究结论都包含着政策建议，综合归纳后可择要分为两个领域：在初次分配领域，第一，通过广泛的社会参与，特别是利益相关者的参与，建立公正透明的分配制度。例如，城市化进程中农用土地转为非农用地的交易规则、农村集体资产的分配规则、农民住宅和生产性房屋的拆迁补偿规则、农民的交易权的界定，等等。目前实际上由地方政府各行其是。又如，国有资产的处置和高层管理者的工资决定等，至今依然缺少规范。这些领域，都属于分配体制改革的范围。第二，加大对行政性垄断行业的改革，建立平等竞争的市场秩序。与此相关，政府退出对资源价格的直接干预，恢复价格的市场信号作用。第三，促进全国统一的劳动力市场的形成，排除农村迁移劳动者及其家庭异地转为市民的制度性障碍。特别是，对于持续在一个城市就业的农村迁移劳动者，赋予他们和当地户籍劳动者同等的选举和被选举权，使之有可能通过直接参政议政，影响地方政府的行为，保护自己的基本权利。第四，通过立法创新社会结构，承认雇主与雇员为具有各自不同利益却又利益相关的群体。借鉴国际劳工组织有关“三方机制”的经验，强化雇员尤其是农村迁移工人的集体谈判权利，以便使他们能够与政府和企业形成有效的制衡关系，拥有尊严地分享工业化、城市化和经济全球化带来的利益。

在再分配领域，首先，继续实施扶贫计划，政府和公众在投资于低收入和贫困人口的营养、健康、教育和培训的同时，还需要采取消除社会排斥的公共行动。这未必在短期内引起贫困发生率的变化，但却是缓解乃至消除贫穷和促进包容性发展所必需的步骤。其次，深化财税体制改革，一方面，加大中央政府的社会支出责任；另一方面，增加对欠发达地区的转移支付，以便强化当地社会救助和社会增益产品（merit goods，例如义务教育、妇幼保健和营养干预）的供给。再次，稳步扩大社会保障覆盖面，逐渐消除社保体系的碎片化，以保证每一个遭遇负面事件冲击和陷入贫困的个人和家庭，都能获得帮助。在这个意义上，社会保障体系的健全和发展，将有助于校正收入和财富的初始分配状态。

就上述两个领域的改革而言，初次分配制度的改革是本原的、生产性的，它决定着不同社会群体之间的权力平衡程度以及再分配制度的可持续性。若无初次分配领域的深刻变革，再分配制度虽然有助于改善低收入和贫困群体的生存状态，却无助于从根本上增强社会公平和消除社会排斥，从而扭转贫富差距加大的趋势。这些改革建议、尤其是改革初次分配制度的政策措施，必将触及和削弱既得利益群体的权力。如何在稳定社会的前提下依法改革，防止以新的不公正取代旧的不公正，是对政府和公众政治智慧的考验。对此，欧盟的社会融合标准化和公开协商法的实践经验值得借鉴。

参考文献

Atkinson，A. B，2009，Issues in the Reform of Social Policy in China，2011 年 10 月 26 日（http：//www. nuffield. ox. ac. uk/users/atkinson/）。中文译文载于迈克尔·斯宾塞、林重庚编著《中国经济中长期发展和转型》，余江等译，中信出版社 2011 年版，第 135—151 页。

Chaudhuri，S. and M. Ravallion：《中国和印度不平衡发展的比较研究》，《经济研究》2008 年第 1 期。

Marlier，E. and A. B. Atkinson，2010，Indicators of Poverty and Social Exclusion in a Global Context，in *Journal of Policy Analysis and Management*，Vol. 29，No. 2，Hoboken：pp. 285 – 304.

Deng，Quheng and Xue Jinjun，2011，Earnings Dynamics and Earnings Inequality in Chinese Public and Private Sectors（尚未发表的课题研究报告）。

邓曲恒：《城镇居民与流动人口的收入差异》，《中国人口科学》2007 年第 2 期。

何伟：《我国农村收入分配分析》（尚未发表的课题研究报告），2011 年。

金成武：《城镇劳动力市场上不同户籍就业人口的收入差异》，《中国人口科学》2009 年第 4 期。

冷溶主编：《科学发展观与构建社会主义和谐社会》，社会科学文献出版社 2007 年版，第 71—138 页。

林毅夫、庄巨忠、汤敏、林暾：《以共享式增长促进社会和谐》，中国计划出版社 2008 年版。

罗楚亮：《城乡分割、就业状况与主观幸福感差异》，《经济学》（季刊）2006 年第 5 卷第 3 期。

罗楚亮：《农村贫困的动态变化》，《经济研究》2010 年第 5 期。

罗楚亮、李实：《初次就业，失业及收入效应与城镇新增劳动力的机会》，《改革》2009 年第 9 期。

裴小革：《建设的经济学：马克思主义经济学中国化研究》，中国社会科学出版社 2011 年版，第 199—207 页。

田国强：《和谐社会构建与现代市场体系完善》，《经济研究》2007 年第 3 期。

王震：《乡城流动工人性别职业隔离问题研究》（未发表的课题研究报告），2008 年。

王震：《新农村建设的收入再分配效应》，《经济研究》2010 年第 6 期。

魏众：《中国当前的收入分配状况及对策分析》，《经济学动态》2010 年第 8 期。

杨春学：《效率优先，兼顾公平命题的反思——我们需要什么样的公平观》，《经济学动态》2006 年第 4 期。

杨春学：《和谐社会的政治经济学基础》，《经济研究》2009 年第 1 期。

姚宇：《社会保障制度对收入差距的影响分析》（未发表的课题研究报告），2011 年。

俞可平：《社会公平和善治是建设和谐社会的两大基石》，《中国特色社会主义研究》2005 年第 1 期。

朱玲：《决定社会融合的经济因素》，《中国人口科学》2005 年第 2 期。

朱玲：《农牧区基本医疗保障的社会公平性问题》，《卫生经济研究》2006 年第 2 期。

朱玲：《城镇职工养老保险制度对农村迁移工人生计的影响》，《比较》2009 年第 4 期。

朱玲：《农村迁移工人的劳动时间和职业健康》，《中国社会科学》2009 年第 1 期。

朱玲、金成武：《中国居民收入分配格局与金融危机应对》，《管理世界》2009 年第 3 期。

朱玲：《中国社会保障体系的公平性与可持续性研究》，《中国人口科学》2010 年第 5 期。

应对极端贫困和边缘化*

提要 为了缓解和消除极端贫困，中国政府将最低生活保障制度推广到全国农村。并且，逐渐强化农业发展政策，增加农村社会经济发展措施。在发达地区，城乡一体化的社会保险和公共服务供给，与瞄准贫困和贫困边缘群体的低保制度相结合，在减少贫穷和降低贫困风险方面，成效显著。就业促进政策的跟进，还为低保领取家庭创造了摆脱贫穷的机会。在贫困地区，极端贫困人口的规模较大，但当地的可用财政资源极为有限。以至于综合性的贫困干预措施虽已采用，干预力度却不足。此外，政策协调和项目瞄准机制的缺陷，导致覆盖不足和福利泄漏现象并存。因此，增强贫困地区的减贫行动有效性，仍将是中国消除极端贫困的一个关键。

近三十年来，中国在减少贫穷方面成就斐然。根据世界银行确定的贫困标准，即每人每日平均消费（或收入）1.25 美元，中国城市的贫困发生率在 1981 年为 44.5%，2008 年下降到 0.9%。同期，农村的贫困发生率从 94.2% 下降到 22.3%（Chen，Shaohua，2010）。按照中国官方设定的贫困线，农村贫困人口从 1978 年的 2.5 亿人，减少到 2010 年的 2688 万人；贫困发生率从 30.7% 下降到 2.8%。基于不同水平的贫困线，计算的结果虽然差异明显，但都反映出贫困率显著下降的趋势。

---

* 本文原是笔者为德国波恩大学发展研究中心举办的国际会议（"Marginality and extreme poverty-towards inclusive development for and with the poor" in Bonn，June 20—22，2011）准备的论文，标题为"Addressing Extreme Poverty and Marginality：Experiences in Rural China"。中文版载于《经济学动态》2011 年第 7 期，删节修改后的英文版载于 *China Economist*2011 年第 6 期。吴国宝、张秀兰、周萍和田固提供了文献；蒋中一曾给予评论，金成武与何伟制作了图表。谨在此一并致谢。

中国的贫困线一直低于国际水平。例如，2010 年，农村贫困线为年人均纯收入 1274 元，相当于全国农村居民人均纯收入（5919 元）的 21.5%（国家统计局，2011）。按年末汇率（1 美元 =6.6 元）折算，约为每人每日 0.53 美元，相当于国际贫困标准的 42.3%。由此可见，那些至今依然生活在贫困线以下的农村居民，属于极端贫困群体。以往的扶贫政策和行动，针对的也正是绝对贫困问题。

在“十二五”期间（2011—2015 年）和未来十年，中国政府还将把消除绝对贫困，作为扶贫战略的首要目标；把连片特困地区（少数民族聚居区、边境地区和生态特别脆弱的地区，等等），作为实施扶贫计划的重点区域，增加扶贫投入，逐步提高贫困线（国务院扶贫办，2011）。问题是，自 20 世纪 80 年代初以来，中国的扶贫计划一直采取地区瞄准战略，但西部地区贫困减少的速度依然迟缓（范小建，2011）。在现有的乡村贫困人口中，大约有 2/3 的人分布在西部地区（见图 1）。这表明，若要提高扶贫行动的有效性，必须创新扶贫方式，依据极端贫困群体特有的困难，制定更有针对性的政策。

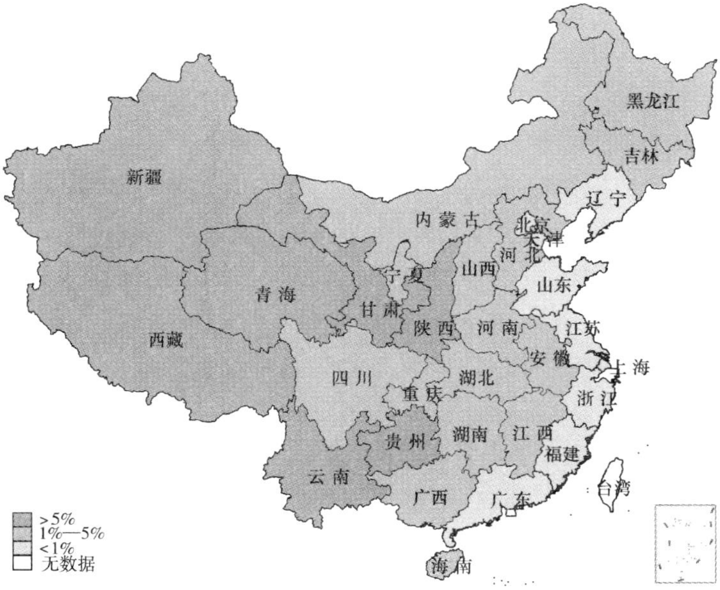

图 1　2009 年按省/自治区贫困发生率分类的贫困人口分布

数据来源：国家统计局农村社会经济调查司：《中国农村贫困监测报告 2010》，中国统计出版社 2011 年版，第 8 页。

本文将着重回答如下问题：第一，最近三十年，特别是2000—2010年期间，中国政府和公众为了缓解农村贫困，采取了哪些行动？第二，目前正在推行哪些新政策，以回应极端贫困家庭和个人最迫切的生存和发展需求？第三，为了帮助极端贫困群体摆脱边缘地位和突破贫困陷阱，还需要采取哪些关键性的措施？本文采用的信息，主要来源于中央和地方政府的政策文告，国家统计局发表的农村贫困监测结果，国内外现有的研究报告，以及作者的田野工作。

一 从扶贫项目到社会保障

中国在从计划经济转向市场经济的过程中，一直在加速推进工业化和城市化。与此同时，由于严格实施计划生育政策，人口老龄化提前显现。此间，政府和公众对贫困原因的认识不断深化，并顺应了全球化进程中社会保护理念的新发展（García and Gruat, 2003）。应对贫困的政策目标，从保障贫困群体生存，拓展到降低致贫风险，并强调帮助弱势群体发挥自身潜力和赢得发展机会。这些变化，不但促使扶贫战略和政策随着社会经济的发展作相应调整，而且也推动了社会保障体系的建立。

在这一转型和发展进程中，最贫困的家庭和个人得到的帮助，主要来自社会救助。计划经济体制下，农村和城市社会隔离，农村社会保障体系缺失。承担社会保护功能的项目，主要是救济救灾和人民公社时期确立的“五保”制度。救济和救灾资源的给付是即时性的，“五保”制度提供的资源和服务则是长期性的。“五保”对象，是无劳动能力、无生活来源、又无法定赡养、抚养、扶养义务人的老年人、残疾人和未满16周岁的村民。截至目前，这一规定在“五保”供养政策的调整中没有实质性的变化（国务院，2006）。“五保”指的是，为供养对象提供食物和燃料、衣服和日常用品、住房、医疗和照料以及丧葬服务（对于享受“五保”的少年儿童，则是保障其受教育费用）。实行“五保”制度所需要的资源，由人民公社和生产队提供。在人民公社普遍贫穷的情况下，提供的资源仅能维持“五保户”最基本的生存需求。自1985年公社解体后，“五保”资源主要由地方政府供给，村委会依然承担组织照料五保户的责任。2010年，得到“五保”救助的农村居民为554.9万人。

1978—1985年期间的农村经济改革，有力地推动了农业增长，从而使大多数农户获得了食品保障。但在资源和基础设施薄弱的地区，有相当一部分农户未能充分参与经济增长过程，大约有1.02亿人未能免除饥饿。因此，1986年开始实施的全国农村扶贫战略，明确强调通过促进贫困地区的发展，解决贫困人口的温饱问题（国务院扶贫办，1989）。1994年，食品保障目标已基本实现。在此后的扶贫计划中，占据优先地位的目标一直是消除收入贫困。重点扶持的对象，从贫困县逐渐扩大到贫困乡镇和村庄。迄今，主要的扶贫措施，依然是在贫困地区实施社会经济和人力资源发展项目（中国发展研究基金会，2007）。这些项目，实际上以经济增长为导向。优先受益者或者获得项目投资的人，往往是贫困地区的非贫困人口，或是贫困程度较轻的穷人。因此，率先脱贫的人，并非是最贫困的人。

在极端贫困群体当中，即使是具有劳动能力的人，也难获得扶贫计划中的项目投资。例如，2009年，在有劳动能力的贫困户当中，获得扶贫资金的还不到3%（国家统计局农村社会经济调查司，2011）。究其原因主要有两点：一是现存的社会排斥。在扶贫资源分配过程中，非贫困群体比贫困群体有更大的发言权；二是出于扶贫机构对项目成功的预期。贫困程度深重的群体由于在居住区位、信息获得、观念开放、健康状况、受教育程度、劳动技巧和经营能力等方面均处于不利地位，即便获得市场取向的生产投资项目，失败的风险也远远高于其他群体。可以说，极端贫困群体较少参与扶贫项目的现象，是这一群体边缘化处境的一个反映。

虽然，极端贫困群体难以从扶贫项目中直接受益，但得到的社会救助逐渐增加。到2008年，中国的社会救助框架由以下政策工具构成：基本生活救助、专项救助、政策优惠和临时救助。“生活救助”主要解决受益者的吃饭和穿衣等生存问题；“专项救助”解决受益者的医疗、住房、教育、受灾等特殊困难；“政策优惠”指的是，提供免费或减价的公共服务；“临时救助”主要解决突发事件造成的困难（民政部社会救助司，2008）。这其中，最低生活保障制度（简称低保），为极端贫困群体提供了一道稳定的社会安全网。这项制度自1996年始在少数省/市试点，于2007年推广到全国农村（国务院，2007）。由政府投入财政资金，对收入低于最低生活标准的农村居民提供补助，以保障其基本生活之所需。2009 年，全国低保对象人均得到 816 元的补助（见表 1）。

表 1　　2001—2009 年全国农村最低生活保障人口统计概览

年份	农村总人口（百万人）	贫困线 元/人·年	贫困人口（百万人）	平均低保标准 元/人·年	低保覆盖人口（百万人）	低保人口/农村总人口（%）	平均低保补助金 元/人·年
2001	933.829	869	90.30	—	3.05	0.33	—
2002	935.025	872	86.45	—	4.08	0.44	—
2003	937.506	882	85.17	—	3.67	0.39	—
2004	942.537	924	75.87	—	4.88	0.52	—
2005	949.075	944	64.32	—	8.25	0.87	—
2006	933.913	958	56.98	—	15.93	1.71	—
2007	939.130	1067	43.20	840.0	35.66	3.80	465.6
2008*	954.048	1196	40.07	987.6	43.06	4.51	588.0
2009*	946.579	1196	35.97	1209.6	47.60	5.03	816.0
2010*	960.000	1247	26.88	1316.4	52.28	5.45	—

数据来源：国家统计局农村社会经济调查司为国务院扶贫办减贫形势分析座谈会（2010 年 11 月 26 日）提供的表格。国家统计局：《中华人民共和国 2010 年国民经济和社会发展统计公报》，2011 年 2 月 28 日（www.stats.gov.cn/tjgb/ndtjgb/qgndtjgb/t20110228_402705692.htm）。

注：表中农村总人口指的是农村户籍人口。2008 年、2009 年和 2010 年的农村总人口是根据贫困发生率推算的数据。“—”表示无可供使用的数据。

自 2011 年始，城乡低保标准将与物价挂钩，以缓解通货膨胀对低保家庭的影响（中国新闻网，2011）。社会救助逐渐强化的原因主要在于：第一，经济市场化、全球化、气候改变，以及相继发生的食品、能源和金融危机，加大了国民陷入贫困的风险。在贫困地区和发达地区都出现了新增贫困人口。新增贫困户居住分散，难以被扶贫项目完全覆盖。第二，致贫原因日益多样化。突发灾难、重病、残疾和主要劳力死亡等因素，都会使整个家庭陷入困境。在社会保险制度欠缺或保险给付低水平的情况下，社会救助不失为一种能够及时缓解家庭收入冲击的保护措施。

事实上，为了应对显著增加的因病致贫和老龄致贫现象，中国政府在

2006—2010（“十一五”）期间，强力推动了“新农合”（新型农村合作医疗制度）与“新农保”（新型农村居民社会养老保险制度）的建立和推广。2010年，“新农合”覆盖率达96.3%。在“新农保”试点地区（全国10%的县），参保人数达10277万人。其中，60岁及以上的参保人，每月可从专项财政资金中领取55元的养老补助金。这两项制度，无疑都有助于降低贫困风险。

对于2020愿景，中国政府明确提出，将建成覆盖城乡居民的社会保障体系。基本养老、基本医疗和最低生活保障，即为制度建设的重点。[①]可以预期，这三项制度和继续实施的扶贫政策，将为工作着的穷人、不具备劳动能力的人以及其他脆弱群体，提供更多的摆脱贫困和边缘化的机会。

二 低保、公共服务和社会保险的协调

2007年，国务院颁布的《关于在全国建立农村最低生活保障制度的通知》指出：“农村最低生活保障对象是家庭年人均纯收入低于当地最低生活保障标准的农村居民，主要是因病残、年老体弱、丧失劳动能力以及生存条件恶劣等原因造成生活常年困难的农村居民。”这意味着，被低保制度覆盖的人口当为极端贫困群体。由此推断，低保标准最高不会超过贫困线，低保覆盖的人口至多与贫困人口相等。可表1的数据显示，自2008年始，低保人口规模便大于贫困规模。自2009年始，低保标准即高于贫困线。2010年，低保人口规模超过贫困人口94.5%，低保标准高于贫困线5.6%，这个谜团该如何解释呢？

首先，两类数据的来源不同。贫困线是中央政府制定的标准，据此国家统计局基于全国农村抽样调查估算出贫困规模。低保标准由县级以上地方政府确定，其计算公式与贫困线测定相似，但更能反映当地的社

① 见《中国共产党第十六届中央委员会第六次全体会议公报》（2006年10月11日中国共产党第十六届中央委员会第六次全体会议通过）；《胡锦涛在中国共产党第十七次全国代表大会上的报告》（2007年10月15日）（http：//news. xinhuanet. com/politics/2006—10/11/content_ 5190605. htm；http：//news. xinhuanet. com/newscenter/2007—10/24/content_ 6938568_ 7. htm）。

会经济发展水平。根据民政部的最新指导意见，低保标准的计算依据，是维持当地农村居民全年基本生活所必需的食品消费和非食品类的生活必需品支出额例如衣物、水电、燃煤或燃气、公共交通、日用品，等等（民政部，2011）。由于地区差距显著，发达地区的低保标准较高，以至于各地低保标准的平均值高于全国贫困线，同时也导致低保人数多于贫困人数。

其次，正因为低保标准的制定和低保政策的实施是高度分散化的，在低保对象的确认上，地方政府、村委会和村民都有一定的裁量权，从而使得低保制度实际覆盖的人口，未必同时满足两个条件：即家庭收入低于低保标准以及个人面临特殊困难。例如，一些家庭虽然收入高于贫困线或低保标准，但由于子女上学或家庭成员罹患大病等事件，花费较多，陷入收不抵支的困境。通常，村民和村委会都会支持此类家庭获得低保。这反映在统计上，是低保人数的增加快于贫困人数的减少。

各地在实行低保政策的过程中，都遵循了国务院规定的同一程序，特别是村委会和村民参与决策的要求。按照程序，村民提出低保申请，由村委会组织村民会议或村民代表会议评议申请人的经济状况。提出意见后，将申请报送乡镇政府。乡镇民政员负责核查申请人的家庭财产、收入、劳动力状况和实际生活水平，将核查结果报送县民政局审批。为了保证决策过程公正透明，村委会、乡镇政府和县民政局还通过地方媒体和社区公示栏，公布申请、评议、审核和审批结果。

这一决策程序，为地方政府和村委会留下了因地制宜、创新制度的空间。在发达地区，工业化城市化进展迅速，地方政府设计了城乡一体化的低保制度。城乡居民申请和获得低保待遇的程序一致，只是低保标准不同，待遇水平有别。凡收入水平处在低保标准以下的家庭，都被低保制度覆盖。但低保补助金的发放，瞄准的是这些家庭中最困难的个人，通常是老人、残疾人和重病患者。不同贫困程度的领取者，获得的补助数额不等。地方政府在根据低保对象的社会经济和人口特征划分援助档次时，并未设置单一的低保收入线，而是对低保线添加了系数。例如，江苏省政府针对省内不同发展水平的地域，发布高低不等的低保指导线，由省财政分担低收入地域所需的部分低保资金。这实际上，是为低保线增添了居民区位系数。

各市县政府在实施援助时，又进一步添加了家庭规模和个人特征系数。例如，张家港市政府对农村五保户，按照低保标准的140%发放补助金。对如下四类低保群体，增发高于全额补助金10%的现金：（1）70岁及以上的老人；（2）恶性肿瘤、肾移植、尿毒症和白血病患者；（3）持有残疾人证的残疾人；（4）单人户。此外，对以下两类低保群体增发高于全额补助金20%的现金：（1）无生活来源、无劳动能力、又无法定赡养人、抚养人或者扶养人的受援者；（2）持有残疾人证的盲人和重度残疾人（洪大用、王辉、李棉管、万慧仪，2006）。

低保制度建立伊始，就与公共服务和社会保险政策相配套。低保对象除了凭证领取月度补助金，还享有配套的政策优惠。而且，随着地方财政和居民平均收入水平的提高，补助金和其他福利也相应增加。2011年1月，笔者在浙江省桐乡县西浜村，曾走访一个低保户。这个家庭有三代人共四位成员。户主贾某听力失聪，妻子自幼弱智。10年前，这户人家每月领取低保金150元。自2009年始，月低保金增加到630元。在他们的低保证上，还印有县政府对低保户的其他优惠政策：（1）在当地免费接受9年义务教育，在高中和技校学习可申请教育券；（2）免费参加合作医疗；（3）看病免交挂号费；（4）可享受大病救助；（5）免费参加就业培训；（6）个体户经商免收工商管理费；（7）可享受法律援助。通常，低保户从这些优惠政策中获得的现金价值，远高于低保补助金的数额（如表2所示，这在贫困地区也是如此）。

表2　　2009年全国592个重点贫困县的农民家庭纯收入结构

收入类别	全部样本户 n =53270		登记贫困户 n = 10015		低保户 n = 5859		收入最低10%户 n = 5327	
	绝对数（元）	构成（%）	绝对数（元）	构成（%）	绝对数（元）	构成（%）	绝对数（元）	构成（%）
全年人均纯收入	2842.1	100	2600.0	100	2408.5	100	1068.7	100
工资性收入	1011.2	35.58	833.8	32.07	630.2	26.17	325.0	30.41
家庭经营纯收入	1522.4	53.57	1392.2	53.55	1291.9	53.64	602.0	56.33

续表

收入类别	全部样本户 n =53270		登记贫困户 n = 10015		低保户 n = 5859		收入最低10%户 n = 5327	
	绝对数（元）	构成（%）	绝对数（元）	构成（%）	绝对数（元）	构成（%）	绝对数（元）	构成（%）
财产性纯收入	40.4	1.42	38.4	1.48	32.6	1.35	9.1	0.85
私人转移收入	29.3	1.03	27.6	1.06	29.8	1.24	9.1	0.86
报销医疗费	10.5	0.37	11.8	0.45	10.7	0.44	1.5	0.14
低保金	19.3	0.68	53.4	2.05	162.1	6.73	24.1	2.26
其他公共转移收入	209.0	7.35	242.8	9.34	251.2	10.43	97.9	9.15

数据来源：2009年国家统计局全国农村贫困监测抽样调查加总数据。农户样本为53270个，个人样本共225298人。

注：在样本总体中，登记贫困户占18.8%。在登记贫困户当中，低保户占58.5%，收入最低的十等分户（即收入最低10%户）占26.7%。在收入最低的十等分户中，有8%获得了低保金。也许，这一组别中包含着较多的暂时贫困人口。

为了避免收入略高于低保标准的家庭陷入极端贫困，一些地方政府将人均收入为低保标准2倍、家有重病患者或重度残疾人的住户，定义为“低保边缘户”。这类家庭，同样可以获得救济与公共服务相配套的社会保护。2010年1月，笔者在江苏省常熟市沙家浜镇访问过一个低保边缘户。户主夫妇的两个女儿都已出嫁，老两口原在乡镇企业工作，如今均享有退休金。主妇徐某（58岁）罹患肾病，需要定期透析，因疾病负担沉重，被确定为低保边缘救助对象。2008年，她每月领取116.2元生活补助金；2009年，补助金每月增加10元（126.2元）。徐女士提供的医药单据显示，她每次透析的费用为1600—2000元。到2009年年底，其医药费累计41981.78元，其中47.7%（20025.92元）由合作医疗基金支付，31.2%（13111.29元）由大病医疗救助基金支付。这笔医疗救助款，相当于她全年获得的生活补助金（1514.4元）的8.6倍。进一步讲，常熟市合作医疗的筹资水平为人均300元，其中个人缴纳80元，余者由市镇财政和村财务分担。在此筹资水平下，大病住院平均报销比例为45%，徐女士实际报销的费用比率将近80%。她受益于社会安全网的程度，由此可见一斑。

地方政府对低保户每年认证一次。目的在于，一方面，将新增的极端贫困户纳入保障范围；另一方面，调整补助水平，并促使已经脱贫的人口退出救助。但实际上，退出率极低。这表明，低保覆盖人口多为长期贫困者（Ravallion，2010）。不过，为了鼓励处于就业年龄段且具有劳动能力的低保对象自立脱贫，各地还实行了“救助渐退”政策。例如，对于不服从公共就业服务机构三次就业介绍的人，将削减其低保金数额甚至取消低保待遇；对于因增加就业而人均收入高于低保标准的家庭，则保留其3—6个月的低保救助金。[①]

在县和县以上层级的政府，社会救助、公共服务和社会保险等事务由不同的政府部门分管。针对低保和低保边缘家庭的多种政策待遇的协调，通过政府部门之间的信息共享、延伸到乡镇和村庄的金融服务以及计算机网络的建设得以实现。民政部门在审批低保和低保边缘人员名单之后，将批准的个人及其家庭信息，传送至财政、教育、医疗、就业和社会保险等部门。各部门为低保和低保边缘人员提供的优惠待遇，都根据同一名单分配。凡涉及现金往来的业务，均借助银行服务。例如，补助金的发放，全部通过银行转账，按月拨付到低保和低保边缘人员的账户上。这样，既方便受援家庭，又便于财务监督。

还需要指出的是，上述发达地区的制度安排，瞄准的只是拥有当地户籍的人口。非本地户籍的就业者及其家庭（例如农民工），尚未享有与迁入地户籍人口同等的公共服务和社会保障。这种社会排斥现象，是当前城市化进程中亟待解决的问题。

三　低保、民间救助和扶贫项目的衔接

2007年，农村低保制度从发达地区推广到全国。迄今，这一制度的实行在中西部贫困地区依然困难重重。其中，最主要的问题是贫困人口规模大，但地方财力薄弱。尽管有中央政府的专项资金支持，可还是有相当一部分贫困人口未被低保项目覆盖。而且，低保待遇微薄，对于改善低保人

① 参见新华网江苏频道2008年4月17日消息《苏州社会救助体系扩容提速，同时落实低保“救助渐退”》（http：//www. js. xinhuanet. com/suzhou/2008—04/17/content_ 13000765. htm）。

口的生存和发展状况，作用极为有限。

首先，地方财政能力成为低保对象认定数量的前提。省政府根据可用资金的数量，先确定可救助的低保人口占农村总人口的比重（简称：低保比率），然后根据省辖行政区的经济发展水平，将这一指标值分解给不同行政区。这些指标值经过县和乡镇政府再分解，最终折算成名额下达到村。在这种情况下，低保覆盖面在很大程度上取决于地方政府的财政资源配置，而非低保线之下的人口规模。例如，2007 年，青海省政府确定的农村低保比率为 6%—7%。果洛州地处海拔 4200 米以上的高原，贫困发生率高达 12.5%，获得批准的低保比率为 10%（丁赛，2010）。

其次，在低保名额既定的条件下，村委会通常根据村民的家庭财产和劳动力状况，将贫困家庭排队，从中选出最贫困的家庭。然后，将这些家庭中的大病患者、残疾人或老年人，列入低保名单予以公示。这种做法，明显地修正了政府规定的程序，但得到了村民的拥护。原因在于，官方规则中的低保标准，着眼于特定时点的人均收入。村民对贫困户及其贫困程度的认定，则基于对特定农户在较长时段内的收入创造能力的判断。进一步讲，对于村委会而言，通过家计调查来计算农户收入，组织成本较高。借助“熟人社会”的优势，采用参与式的评估方式，无疑是一个具有社会经济合理性的选择。在贫困户数量超过低保名额的情况下，村委会偏好认定身处困境的“低保个人”而非“低保户”，实际上是以降低待遇的方式，扩大村庄内部的低保覆盖面。这恰好符合农村基层社会平均分配共有资源的传统，因而很容易得到村民认同。

在上述背景下，采用基于抽样调查的收入统计来评估低保项目的瞄准程度，也许会与实际情况有显著的偏差。但是，它毕竟有助于研究者通过了解低保人口的特征，判断项目的社会经济影响。国家统计局所作的全国农村贫困监测抽样调查，便是一条权威性的信息渠道。这项长期性的年度调查，在全国 592 个重点贫困县进行。2009 年，调查样本包括 5400 个村，53270 个农户，225298 人。调查显示，在样本总体中，收入水平处于所在县低保标准以下的人口占 5.3%，而当年领取低保金的人口占 9.6%。看起来，低保制度可以覆盖所有符合条件的人。但实际上，只有 12.2% 的具有低保资格的人获得了低保金。还值得注意的是，在家有低保金领取者的样本户中，将近7.5%为工商户和种养业大户，5.9%为村干部户（吴国宝，2011）。这表明，在低保覆盖面窄小的情况下，仍有福利泄漏。

从人口特征来看，大部分低保金领取者是老年人、残疾人和未成年人。在重点贫困县领取低保金的人口当中，这三类人员总共占55.6%。据民政部统计，在全国农村低保人口当中，这个比率为56.4%（见图2）。2011年，北师大课题组的5省份（安徽、福建、江西、河南和陕西）农村调查显示，在低保人口当中，将近43.8%为残疾人①。可见，在选择低保对象方面，各地采用的标准和方法虽有不同，但结果却大致相似。这意味着，农村基层干部和村民对低保（贫困）标准所作的修正，注重的是导致家庭和个人陷入困境的原因。因此，这些修正有助于瞄准最需要保障的人。事实上，地方民政局在审批低保金领取资格时，最常采用的分类指标就是致贫原因。例如，在江西遂川县（重点贫困县），灾害这一通常引发暂时贫困的因素，也受到了关注（图3）。

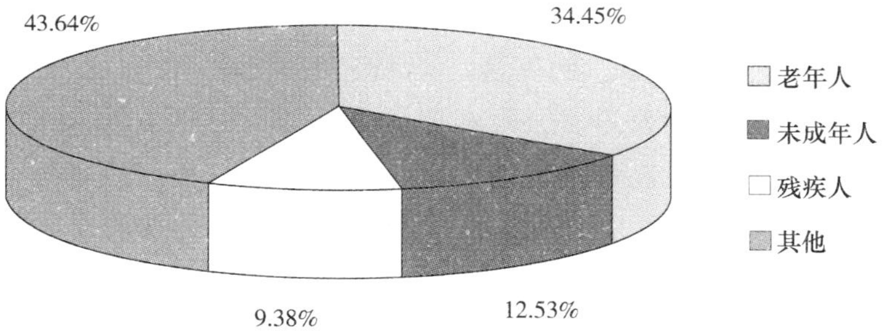

图2　2009年全国农村低保人口结构

数据来源：民政部：《2009年12月份全国县以上农村低保情况》，2011年6月3日，（http：//files. mca. gov. cn/cws/201001/20100128094132409. htm）。

2009年，全国农民人均纯收入达到5153元。以此为对照，对表2的数据重点解释如下：第一，全国重点贫困县的农民人均纯收入约为2842

① Zhang Xiulan，2011，"Strengthening the Antipoverty Effects of Social Assistance in China"（unpublished research report for Asian Development Bank）。这份研究报告基于2011年的一次抽样调查。调查在安徽、福建、江西、河南和陕西5个省份进行，从15个县选取农户样本8777个，个人样本34132。

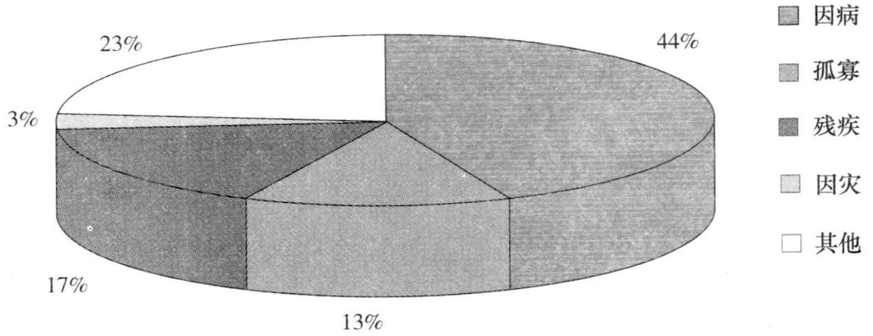

图 3　2008 年江西遂川县农村低保人口结构

数据来源：吴国宝：《农村低保制度与开发性扶贫政策衔接研究》（提交国务院扶贫办的研究报告），2011 年。

元，尚未超越世界银行设定的贫困线，但已达到全国平均水平的 55.2%。登记贫困户、低保户和收入最低的十等分户的人均收入，分别相当于全国平均水平的 50.5%、46.8% 和 20.8%。

第二，自 2004 年以来，针对农户的公共转移项目迅速增加。这里的统计，包括农业生产补贴、低保金、退耕还林补贴、救灾和救济金等 10 项内容。对于贫困县的农户，公共转移资金已成为第三大收入来源。它在低收入组别的人均纯收入中所占的比重，大约为 11.6%—17.6%。

第三，在所有类别的农户中，低保户得到的公共转移资金最多。这组农户获得的公共转移资金量，相当于样本总体平均水平的 1.77 倍和最低收入组的 3.44 倍。这是农业和农村发展政策均给予低保户优惠的缘故。可见，低保资格已成为一个吸引社会关注和公共支持的符号。

不过，贫困地区的极端贫困群体得到的公共支持远未达到充足的地步。表 2 的数据显示，农户得到的低保金数额微薄。即使是低保户，平均每人每月的低保金额仅 13.5 元。私人转移收入在农户纯收入总量中只占 1% 左右。这反映出，穷人的亲友多半也是穷人，相互赠予的现金和实物数量都很少。当然，亲戚和邻里之间的劳务帮助并未纳入统计。笔者在青藏高原的调研中观察到，低保户一般将低保金用于购买食品；依靠医疗救助，部分地解决就医困难。社区其他成员的照料，帮助失能的低保人员（包括五保人员）维持日常行动能力和获得社会交往。寺院提供的救助，使当地公认的贫困人群在得到物质援助的同时，获得精神抚慰。在此，民间救助与社会救助紧密相连，而且目标群体一致。然而，这类民间救助并非制度化的和定期的活动。它虽然有助于改善贫困群体的生存状况，却难以帮助受援者排除发展的障碍，彻底摆脱贫穷和边缘地位。

中国的扶贫政策素来强调，通过发展来消除贫困。在重点贫困县，中央政府拨付的专项扶贫资金，便是县政府每年都可用于投资的一笔数量较大的资源。因此，中国政府在把低保制度推向全国农村的过程中，尝试在贫困地区将低保和扶贫政策相衔接。2008 年和 2010 年，在国务院发布的试点工作文件中，都清楚地划分了低保和扶贫政策的目标人群。其中，将扶贫对象定义为："家庭年人均纯收入低于农村扶贫标准、有劳动能力或劳动意愿的农村居民，包括有劳动能力和劳动意愿的农村低保对象"（国务院办公厅，2010）。问题是，由于扶贫项目的地区瞄准机制并无实质性改变，分管不同项目的政府部门也未使用同一信息平台，这两类项目的衔接尚未实现。无论是有劳动能力的低保金领取者，还是退出低保的贫困户，都没有得到期望的扶贫项目支持（吴国宝，2011）。

借鉴发达地区的政策协调经验，以下途径在贫困地区也可试行：第一，着眼于消除和预防贫困，将极端贫困、一般贫困和贫困边缘群体，作为连接各类公共支持项目的"轴心"。

第二，建立信息分享制度。在发达省份，民政系统的贫困家庭和个人数据库，为所有的政府部门和公共服务机构提供了信息平台。在此基础上，各机构之间进行数据互换和信息交流。这样做，明显地有利于节约组织成本，强化扶贫力度。在贫困地区，已有的贫困户数据库，即可作为信息平台的建设基础。

第三，将现有的扶贫项目延伸到户。极端贫困家庭和个人在获得道路、电力、电信、饮水、住房、卫生设备、教育、医疗、技术推广、金融和信息服务等方面遭遇的困难，使他们缺少参与社会经济发展的能力。以往，在上述所有领域都设有扶贫项目，但却极少瞄准到住户和个人。即使是针对住户的项目，采用的投资方式多半也是公共资金与住户资金相匹配。那些拿不出匹配资金的极端贫困户，往往被排除在外（曹洪民、王小林等，2011）。这些问题，在低保制度实施中却未见发生。因此，改善扶贫项目的社会效益，并将扶贫项目与低保制度相衔接的关键，在于改变扶贫项目的瞄准机制和投资方式。

第四，拓展扶贫政策的干预领域。目前，低保制度限于维持极端贫困群体的生存。扶贫政策中的食品保障目标，强调的是免除贫困人口的饥饿。为了切断贫困的代际传递，需要从孕产妇和儿童的营养干预着手。一些民间组织在儿童营养干预方面，已经取得了良好的成果（中国发展研究基金会，2011）。若要将这些经验推广到所有贫困地区，还需要政府设立长期干预项目。

第五，增加项目管理经费。近年来，中央政府推行了一系列新增的社会救助、社会保险、公共服务和扶贫项目。为此，对贫困县下拨了相应的项目经费。可是，这些专项财政转移资金中多半不包括管理费用，例如，数据信息系统的建设和维护。贫困县的财政入不敷出，为了维持项目运转，执行机构或是挪用其他用途的资金，或是将免费项目转为收费服务。此外，采用粗放管理方式以降低项目成本，也是常见的做法（朱玲，2006）。发达地区的成功经验显示，针对极端贫困家庭和个人特有的困难实施援助，恰恰需要精细管理。因此，为了提高援助效率，由上级政府向贫困县拨付项目管理经费，已是势在必行。

四　小结

中国在社会经济转型的过程中，逐渐形成了农村社会保护体系。与此相关的政策强调的是：（1）保障贫困群体生存；（2）降低致贫风险；（3）帮助有劳动能力者发挥自身潜力，赢得发展机会和彻底摆脱贫穷。

在发达地区，以低保制度为轴心的社会救助、社会保险和公共服务供给，有效地缓解了极端贫困群体的生存困境。与此相联系，贫困和贫困边缘家庭的儿童，得到了教育和健康保障；有劳动能力的家庭成员，获得了免费的技术培训和就业支持。这些综合性的政策干预措施和密集的社会投资项目，有助于受援家庭突破贫困陷阱和切断贫困的代际传递。在这里，良好的瞄准机制和精细的项目管理，是干预措施取得显著成效的保障。值得注意的是，农民工及其家庭尚未得到与当地户籍人口同等的政策待遇。

在贫困地区，应对极端贫困和边缘化的难题主要在于：第一，极端贫困人口的规模较大，但当地的可用财政资源极为有限。以至于综合性的贫困干预措施虽已采用，干预力度却不够强。第二，低保和扶贫项目的衔接提上了日程，只是这一政策目标尚未实现。原因是，两类项目的分管机构协调不足，项目瞄准机制各异，信息平台不一。第三，从两类项目对目标群体的覆盖状况来看，覆盖不足和福利泄漏现象并存。

因此，当前和今后，在中国消除极端贫困的一个关键，还是增强贫困地区的减贫行动有效性。首先，增加中央政府向贫困地区低保项目的拨款，以使所有的极端贫困家庭和个人获得生存保障。其次，在对极端贫困群体的经济风险实施综合干预措施的同时，政府和公众还需采取消除社会排斥的公共行动。这未必在短期内引起贫困发生率的变化，但却是消除贫穷和促进包容性发展所必需的步骤。为此，有必要对政府考核指标作相应调整。从过分关注贫困发生率的变化，转向着重观察贫困人口受益于多维干预政策的程度。

参考文献

Chen, Shaohua, 2010, "Monitoring China's Progress Against Poverty and Evaluating its Anti-Poverty Policies", a presentation at the CASS Forum "Social Protection and Human Development in the Era of Post-Financial Crisis" held in Beijing during 22 – 24 October 2010.

García, A. Bonilla and J. V. Gruat, 2003, Social protection: a life cycle continuum investment for social justice, poverty reduction and development, Social Protection Sector, ILO, Geneva: www. ilo. org/public/english/protection/download/lifecycl/lifecycle. pdf, 2009 年 11 月 7 日下载。

Ravallion, Martin. , 2010, "A Guaranteed Minimum Income? Theory and Evidence on China's Di Bao Program", a presentation at the CASS Forum "Social Protection and Human Development in the Era of Post-Financial Crisis" held in Beijing during 22 – 24 October 2010.

Zhang Xiulan, 2011, "Strengthening the Antipoverty Effects of Social Assistance in China" (unpublished research report for Asian Development Bank).

曹洪民、王小林等：《特殊类型贫困地区多维贫困测量及干预——四川省阿坝藏族羌族自治州案例》，中国农业出版社 2011 年版。

丁赛：《农村藏区的社会救助与民间救助》，载王洛林、朱玲主编《如何突破贫困陷阱》，经济管理出版社 2010 年版。

范小建：《把连片特困地区作为扶贫工作的主战场》（http：//www. cpad. gov. cn/data/2011/0307/article_ 343991. htm）。

国家统计局：《中华人民共和国 2010 年国民经济和社会发展统计公报》（www. stats. gov. cn/tjgb/ndtjgb/qgndtjgb/t20110228_ 402705692. htm）。

国家统计局农村社会经济调查司：《中国农村贫困监测报告 2010》，中国统计出版社 2011 年版。

国务院：《农村五保供养工作条例》（中华人民共和国国务院令第 456 号，2006 年 3 月 1 日起实施）（www. gov. cn/zwgk/2006—01/26/content_ 172438. h）。

国务院：《关于在全国建立农村最低生活保障制度的通知》（国发［2007］19 号）（www. gov. cn/zwgk/2007—08/14/content_ 716621. htm）。

国务院办公厅：《转发扶贫办等部门关于做好农村最低生活保障制度和扶贫开发政策有效衔接扩大试点工作意见的通知》（国办发［2010］31 号）（http：//www. gov. cn/zwgk/2010—05/11/content_ 1603979. htm）。

国务院扶贫办：《贫困地区经济开发文件汇编》，人民出版社 1989 年版。

国务院扶贫办：《香港商报访范小建主任：中国力争 10 年内基本消除绝对贫困》（http：//www. cpad. gov. cn/data/2011/0121/article_ 343820. htm）。

洪大用、王辉、李棉管、万慧仪：《分类指导，建立与经济发展水平相适应的农村低保制度——江苏省农村低保工作调研报告》，载《中国农村最低生活保障制度研究》，民政部最低生活保障司和亚洲开发银行中国代表处印刷，2006 年。

民政部：《关于进一步规范城乡居民最低生活保障标准制定和调整工作的指导意见》（民发［2011］80 号）（www. mca. gov. cn/article/zwgk/fvfg/zdshbz/201105/20110500154356. shtml）。

民政部社会救助司：《社会救助体系调研总报告》（未发表），2008 年 11 月 28 日。

吴国宝：《农村低保制度与开发性扶贫政策衔接研究》（提交国务院扶贫办的研究报告），2011 年。

中国发展研究基金会：《中国发展报告 2007——在发展中消除贫困》，中国发展出版社 2007 年版。

中国发展研究基金会：《寄宿制小学营养改善计划》（http：//211. 144. 32. 61/project/project. php? cid = 18&subcid = 869&aid = 2299）。

中国新闻网：《中国建城乡低保标准动态调整机制 要求与物价挂钩》（http：//www. chinanews. com/gn/2011/05—18/3049913. shtml）。

朱玲：《农村医疗救助项目的管理成本与效率》，载《中国人口科学》2006 年第 4 期。

后发地区的治理结构选择*

内容提要 云南迪庆藏族自治州的经济以生存经济为特征，现有的产业都还不具备为增长提供资本积累的能力。当地财政主要依靠上级补贴，虽然保证了低水平的公共产品供给，但由于缺少预算硬约束和优先投资基础设施和社会服务的激励机制，不能有效地避免公共资源配置中的低效率。然而迪庆地区在社会发展尤其是乡村基层自治方面具有独到的优势，村委会能够在村民的有效监督下低成本高效率地为广大农牧民提供最直接的社会服务。迪庆州政府如果把增强村级服务和精简政府层次作为未来改革和发展的突破口，就有可能在政府治理改革和社会发展方面独辟蹊径，抓住内地经济高速增长和西部大开发的机遇，走出生态—经济—社会—文化相互协调的可持续发展道路来。

在当今世界，任何一个发展中国家都会或多或少地遭遇地区发展不平衡的问题。缩小地区差距，既是发展的一项重要内容，又是促进社会融合与维护国家统一的需要。中华人民共和国成立以来，中央政府一直对西部欠发达地区采取持续提供援助的政策。然而在一些受援地区例如藏族聚居区，这些政策并未取得明显的效果（孙勇，1999）。为了弄清其中的原因，我们课题组于2000—2001年在云南迪庆藏族自治州展开案例研究。以下

---

* 本文的主体原为中国社会科学院藏区发展课题组云南案例研究的总报告，综合了课题组全体成员的研究发现，载于课题组专著《后发地区的发展路径选择——云南藏区案例研究》（经济管理出版社2002年版，第250—268页）。文章曾以《后发地区的发展路径和治理结构选择》为题，发表于《经济研究》2011年第10期。课题主持人为王洛林教授，其他成员有夏勇、黄平、李实、魏众、路爱国、李涛、尕藏加、扎洛、王晓松和周济。

将分三部分对课题组的研究结果进行综合讨论。首先，借助对发展理念的表述说明本项研究的分析框架。其次，通过对迪庆生态、经济、社会和文化特点的观察，分析这一地区目前的发展路径和治理结构。最后，归纳具有政策含义的结论。

一　发展的理念

（一）发展目标和发展路径

根据联合国开发署最近的定义，发展指的是创造一种能够充分发挥人的潜力的环境，使人们得以按照自己的需求和兴趣，获得富有创造性的和多产的生活。在这个意义上，经济增长只是发展的一种手段，它可以扩展人们选择生活方式的能力。这其中最基本的能力，是获得健康、知识、资源和参与社区生活的能力（UNDP，2001）。

如此看来，发展的目标变得简单而纯粹，那就是增进人民的福祉。与此相反，发展的路径却变得多维而综合（黄平）。尽管一个地区或国家在特定时期需要制定侧重点有所不同的发展计划，但是那些与增进人类基本能力密切相关的产品和服务供给，以及协调经济、社会、文化和生态环境的制度安排却不应省略。因此，对某些地区发展迟缓或援助效果不佳的现象，就不能只在经济领域里找原因，而必须把研究视野扩展到经济之外。这也正是本课题组对藏区生态、经济、社会、法律和宗教文化进行多学科综合考察的初衷。

（二）治理结构

在发展目标和路径确定之后，一个国家或行政区域能否保持良好的政府治理和社会调动力，就成了决定发展计划成败的关键。

在任何一个国家或行政区域，政府都是发展计划制订和实施过程中一个最重要而又最难监督的组织。尽管政府的职权是人民赋予的，理应代表全体公民行使这些权力。但是政府并非是虚拟世界的机构，而是由现实社会中一群活生生的个人所组成，这一群体的个人利益和目标并不必然与绝大多数公民的利益和目标重合或一致。因此，为了促使政府代表人民的利益，追求人民的发展目标，就需要一个恰当的制度安排来规范和约束政府的行为。这其中包含的道理和制度设计，部分地在治理理论中得到了表达①。

在公共政策领域里，“治理”（governance）指的是一个国家的经济和社会资源管理中行使权力的方式（Dethier 主编，2000）。良好的治理状态，取决于公民对决策过程的广泛参与，透明的和可预期的政策制定程序，以及可信赖的参与政策制定和实施的政府官员（von Braun，2000）。政府官员只有运用人民赋予的权力谋求公众的福祉，而不滥用职权和与职权相关的信息优势谋取个人或小集团的私利，才能被认为是可信赖的。这一特定群体的可信赖程度（accountability），取决于由政治和法律制度所创造出的激励和惩罚机制。这些机制的载体，是一个社会的组织结构。这些机制的有效性，在很大程度上依赖于一个社会是否具有与政府相互制衡与合作的其他组织。

如果缺少政府之外的组织资源特别是富有活力的基层社会组织，设计再严密的发展计划也不过是空中楼阁。原因在于，只有依靠这些组织，才能够最广泛地动员公民参与发展，将发展政策和计划付诸实践。可以说，这些组织的功能强弱，决定了一个国家的社会调动力和实施发展项目的能力。一些国际援助项目在社会调动力微弱的国家遭遇失败，而在社会调动力较强的国家获得成功的例子已经屡见不鲜。不过，说到社会动员，并不意味着动员方式只是自上而下。理想的方式是自下而上与自上而下的结合，中国经济改革中农业生产责任制的推广和乡村非农企业的崛起，可谓近二十年来的经典案例。

在计划经济时代，整个中国社会都被纳入一元化的行政体系中，资源配置权高度集中。级别越低的政府和机构权限越小，上级能够比较容易地观察和监督下级的行为。也正是由于实行集权制，国家具有强大的自上而下的社会调动力。然而这样的制度束缚个人的主动性和创造力，窒息经济

① 一般的治理理论既可以运用于政府，也可以运用于一笔交易，一个项目，一个企业、一个民间组织，或一个公共机构。这个理论来自对委托—代理关系的认识。在法律上，当 A 授权 B 代表 A 从事某种活动时，A 即被视为委托人，B 称为代理人。在经济学中，委托—代理关系定义为任何一种涉及非对称信息的交易。交易中有信息优势的一方称为代理人，另一方称为委托人（张维迎，1996）。

活力，因此最终导致市场取向的改革。在向市场经济转型的过程中，政企分开的趋势，使原有社会动员机制的有效性逐渐降低。行政权力的分散化趋势，则扩大了各个层次政府官员和公共机构的权限。可是原有的治理结构既不足以激励掌握公共权力的群体增进其可信赖程度，又不足以监督和制约这些权力的行使。在新的治理结构尚不完善的情况下，出现了制度真空，寻租和腐败便乘隙而入并日趋严重。

有鉴于腐败既非改革的副产品，又非市场经济的必然产物，而由制度缺陷所致，政府治理结构的变革和社会动员及协调机制的调整，就成了中国未来发展的关键。对于后发地区，在改革和调整中选择适合于本地生态、经济、社会和文化特点的社会组织和制度安排，更是实现以人为本的可持续发展的前提。

（三）案例分析框架

基于上述认识来审视本文开头部分提出的地区援助效果不佳的问题，对云南藏区（迪庆）案例的分析拟将围绕以下设问展开：

1. 上级政府的援助对迪庆居民基本能力的改善（健康、知识、获得资源和参与社区生活）有着怎样的作用？

2. 地方政府对公共资源的配置与当地居民的发展需求是否相契合？

3. 迪庆的社会组织结构有什么特点？正式制度与非正式制度是否相契合？

4. 藏族宗教文化对当地发展计划的制订与实施有什么影响？

5. 迪庆未来改革和发展的突破口在哪里？

二　云南藏区案例分析

（一）人口与生态

迪庆藏族自治州距省会昆明700多公里，辖中甸、德钦和维西三县，总面积约2.4万平方公里。1999年总人口达33.1万人，其中藏族人口约占1/3，其余为纳西族、傈僳族、彝族、白族、回族、苗族和汉族。

迪庆地处金沙江澜沧江上游、青藏高原边缘，平均海拔3380米。由于高原生态环境脆弱，若要探讨那里的发展路径，首先就必须考虑环境保护问题。这里所说的生态环境，指的是人类活动加诸于其上的自然。因此，环境保护实质上牵涉的是社会经济问题，而不仅仅是人类与自然的关系。讨论特定地域人口与生态的主题，必须关注不同社会群体的生活方式和经济行为对环境的影响，以及在环境变化中何者受损何者受益。这样，才有可能找到特定地域人类发展过程中有效保护环境的机制。有鉴于环境保护需要支付成本，而又难以对所有受益于环保的人群收费，政府在这一领域中的利益调节作用就至关重要。一方面，它必须通过推行法律法规约束企业和个人的行为；另一方面，还需要通过收入再分配手段来补偿那些出于环保原因而经济利益受损的人群。当然，由于每个人的活动都会对环境产生影响，环境保护还有赖于个人的自我约束和相互监督。以此为基点来观察迪庆藏区人口与生态的关系，可以注意到以下三类事实：

其一，与城镇人口相比，约占全州总人口88%的乡村人口加诸于环境的压力较小。中华人民共和国成立之后，迪庆地区的人口随着居民营养和卫生条件的改善逐渐增长。从1953年到20世纪90年代末，当地人口增加了107.3%。在人口压力下，耕地垦殖面积同期扩大了155.9%①。自20世纪70年代以来，随着计划生育政策的实施，人口自然增长率逐渐稳定在2%以下。特别需要指出的是，此间藏族人口并没有因为获得生育政策优待而增长过快，自然增长率一直保持在1.2%左右（张传富，1994）。这其中，一个重要的原因就是藏族婚俗中的性别平等。配偶双方无论男到女家还是女到男家落户都不会遭遇社会歧视，结果也就导致了性别平等的生育观。当然，控制人口增长仅仅是维持生态平衡的一个必要条件但非充分条件。藏民由于其特有的宗教信仰和敬奉神山圣水的文化习俗而敬畏自然，爱惜生灵。加之生活方式简单，保持着林木消费以不损害森林植被为原则的传统，因而使迪庆地区至今保有珍贵的生物多样性（尕藏加）。

不可忽视的是，在传统农耕社会之外，宗教习俗对环境保护的作用就

① 迪庆藏族自治州农牧局编印：《迪庆藏族自治州农业志》（1999年），第41—47页。

十分有限了。对于现代生活和生产方式可能给环境带来的污染，例如工业废气和化学制品废弃物的危害，迪庆的农牧民还缺少充分的认识。若要应对现代环境污染的挑战，还需要广大农牧民具备现代环保知识并采取集体行动。

其二，将近6600名工商企业从业人员及其家庭属于对环境压力较大的群体。迪庆的工业企业以发电、建材、采矿、冶炼和酿酒行业的小企业为主，其中绝大多数重工业企业缺少有效的排放物处理设施。特别是临近虎跳峡风景区的一些矿冶企业已经开始污染环境，并与当地居民多次产生纠纷[①]。

其三，迪庆州包括地方政府公务员在内的财政供养人员接近1.8万人，这一群体及其家庭相对于总人口虽然数目微小，但加诸环境的压力却较大。1970—1998年，迪庆州境内有省、州、县三级六个国有森工企业从事森林采伐活动。在此期间，包括迪庆州在内的长江上游地区大规模的采伐活动严重破坏森林植被，不仅在本地造成大量水土流失泥石流灾害频仍，而且导致江河下游泥沙淤积。这正是1998年长江洪灾之后中央政府决定停止金沙江流域天然林采伐的直接原因。然而此前除了上级政府的财政转移，迪庆州各级政府的财政收入在很大程度上来自森林采伐和与之相关的经营活动，所以被称为“木头财政”。当地的财政支出由于主要用于维持财政供养人员的工资和福利而又被称为“吃饭财政”（李实）。由此可以推论，森林采伐的既得利益群体主要由财政供养人员和森工企业就业人员构成。这从迪庆州林业局向中央和云南省政府申请财政补助的一份报告中即可得到印证。该报告称，停止天然林采伐后，全州1447名森工单位的职工失去了劳动对象。迪庆州每年减少经济收入93509万元，其中农民个人减收12817万元，国有部门减收56949万元，含地方财政减收6127万元，各种林业规费减收1964万元，余者为乡镇木材加工企业的损失[②]。

---

① 中甸县工业污染源达标排放检查小组：《检查情况通报》，2000年8月18日。

② 迪庆州林业局：《迪庆州天然林保护工程及退耕还林（草）实施情况及请求帮助解决相关问题的汇报》，2000年。

天然林禁伐后，农民并未获得任何补偿，森工企业职工则逐渐转入新建的国有林场，从伐木人变为护林员。州政府从上级那里得到了连续五年提供财政补偿的承诺，加之强有力的新闻舆论监督、自治州领导层观念的转变，以及上级政府查办违禁县域主要地方官的威慑作用，使禁伐令得到了贯彻①。值得庆幸的是，当地政府正在推行旅游业为先导的增长战略，而环境保护恰恰是旅游业发展的一个重要前提，这使得政府从业人员的利益与环境保护目标趋于一致。不过，这并不意味着财政供养人员对环境的压力已经解除，在来自新产业的财政收入还不足以弥补支出缺口的情况下，这种压力始终存在，并且极有可能通过实施短平快的旅游业投资项目释放出来。

这个案例表明，在缺少有效监督和制衡机制的条件下，尽管保护环境是地方政府的职责，但是当环境保护恰恰损伤政府从业群体的利益时，通常它就会被置于直接的经济利益之后。这并不是迪庆州独有的现象，而是全国各地普遍存在的现实，否则中央政府列举的那些污染严重的小企业何以会屡禁不止呢。以往通行的解释是中央和地方利益的冲突。这个混沌的提法部分地掩盖了事情的真相，因为这个问题所涉及的“地方利益”，实质上是地方政府和污染企业就业人群的利益。

进一步讲，仅占迪庆总人口12%左右的城镇人口的生产和消费，对环境产生的压力远远大于占总人口绝大多数的乡村居民。这展示的是与全国和世界都相似的一幅图景。在全球范围内，发达国家的能源消耗占世界能源消耗总量的一半以上。不过也正因为其发达，能够分配足够的财力治理和预防污染，所以保有比发展中国家清洁得多的环境。欠发达国家和地区在缺少充足的财力的情况下，还不得不应对工业化和城市化过程中产生的污染和生态不平衡问题。在当今中国的社会政治框架下，全国范围内有效的环境保护不仅取决于中央政府的政治意愿和对重点受损群体的补偿，而且还有赖于传媒监督、地方政府严格执法守法和公众

① 从这个角度来看，建立一种环保受益地区对受损地区进行直接补偿的机制，不仅能显示出环境保护的经济效益，而且还可以为上游地区在保护环境的前提下发展经济提供一笔稳定的财源。例如，采取一种类似城市人口根据用水量收取排污费的办法，由中央有关部门估算出长江下游受益省市的用水量，向这些省市收取环保费用。由此而导致的水价提高还将有助于减少下游地区的用水浪费现象。

的集体行动。

（二）经济增长与整合的限制

迪庆州的经济具有国内外欠发达经济的共同特点。1999 年州人均国内生产总值仅为 2455 元，相当于全国平均水平的 37.6%、云南省平均水平的 55.1%。目前，占经济主导地位的农牧业尚停留在生存经济的水平上。在 15 万乡村总劳力中，有 93.4% 的人从事种养业①。全州人均耕地将近 2 亩，粮食平均亩产只有 160 公斤左右，相当于云南省平均水平的 70%。虽然当地技术推广部门借助于农业部“温饱工程”项目的援助，在高寒地区推广小麦和玉米地膜覆盖技术，但若非项目执行机构对投入品提供补贴，收益与成本相抵已所剩无几，只能勉强维持简单再生产。至于畜牧业，牛羊存栏量高达 50 万头，但平均年出栏率仅为 6.1%（李涛）。

农户货币性收入的来源依据其居住的地域不同而有所区别，或来自松茸蘑菇和草药采集，或来自旅游点附近的牵马服务和零售业，或来自外出打工和运输业。这些补充收入仅能维持农户最低水平的商品和服务购买需求，远不足以形成生产性积累（魏众）。尽管农牧业几乎不提供经济剩余，而且一遇旱涝风霜雪冻等灾害，就会使大约 1/3 的乡村人口陷入贫困，但本地农产品符合当地藏民和其他少数民族特有的食品消费结构需求，故而迪庆州政府还是把促进农牧业增长作为解决食品保障问题的主要手段（齐扎拉，1997）。

迪庆州的工业从未成长为支柱产业，吸纳的就业人员还不及全州总劳力的 3.5%（见表 1）。1998 年企业亏损总额达 4535 万元，这其中地方国有企业的亏损占 98.7%②。虽然统计资料没有单独显示这些企业的信贷状况，但是亏损的国有企业依赖贷款维持生存，并导致银行呆账坏账增多的案例则俯拾皆是，加之多数企业不能有效排除污染，故而当地政府果断决定对此类国有企业采取改制或关停措施。

---

① 云南省统计局：《云南统计年鉴》，中国统计出版社 2000 年版，第 43—59 页。

② 迪庆藏族自治州统计局：《迪庆统计公报》（1999 年），第 10、56—58、117、173—177 页。

1998 年迪庆藏族自治州非农就业人员及其工作单位

	单位	合计	州级	中甸	德钦	维西
单位数	个	712	132	348	105	127
企业	个	198	30	103	33	32
其中：国有企业		156	25	80	25	26
事业	个	233	40	123	18	52
机关	个	281	62	122	54	43
就业人数	人	21542	4055	7741	3505	6241
企业	人	6574	1691	2327	1024	1532
其中：国有企业		5218	1590	1806	743	1059
事业	人	9217	1160	3733	1288	3036
机关	人	5751	1204	1681	1193	1673

数据来源：迪庆藏族自治州统计局：《迪庆统计公报》（1999 年），第 117 页。

在工农业都难以尽快形成经济增长点的情况下，州政府寄希望于旅游业。迪庆地区雪山巍峨江河雄浑，峡谷壮丽湖泊清澈，对于向往休闲的都市人群有着天然的吸引力。当地各民族村落沿高原立体地貌呈阶梯式分布的人文风光，以及这些民族文化中蕴涵的浓厚宗教色彩，更令高原之外不同文化背景的人群神往（扎洛）。近年来有关西方探险者向往的“香格里拉”在中甸一带的考证，使迪庆的知名度迅速提高。州政府制定的以旅游先行替代工业主导的增长战略，无疑是准确地把握了本地的生态和人文资源优势。不过，这一新兴产业对其他经济活动的带动作用实质上还没有延伸到观光景点之外（魏众），距州政府通过旅游业发展来增加就业岗位、提高居民收入和改善财政状况的预期还相差很远。

以上所述表明，迪庆现有的经济部门都难以为经济增长提供资本积累。若要实施州政府的发展计划，就必须汲取外来资金。可是迪庆地处偏僻高原，在招商引资、争取贷款和捐赠方面都不具备优势。多年来，迪庆州的基本建设投资主要来自省计委或国家计委立项拨款，政府和公共事业运转在很大程度上依靠上级的补贴（李实）。1985 年的补贴大约相当于支出总额的 20%，到 1999 年这个比率提高到将近 90%。在此期间，行政事业费在财政支出总额中所占的份额从28%上升到41%，生产性支出则从30%下降到6%。如果说后者的下降可以部分地用国有企业改革来解释，可是包含在其中的支农资金和其他基础设施投资项目并未因此而扩大其份额。在经济没有显著增长、乡村经济没有实质性发展的情况下，财政支出依然增加，行政费用大幅度提高，只能说明缺少外援还并非是当地经济增长的首要限制条件。

调研期间常听说经济落后的原因一是缺资金二是缺人才，我们的案例分析显示，增长的障碍首先在于公共资金配置不当，使用效率不高。其次在于这种配置使得受过教育的劳动者缺少创新和创业的动力。也就是说，人才的缺乏与不合理的财政制度密切相关。虽然并没有一个普遍适用的定量标准来衡量何种财政支出结构才算得上资源配置适当，但是政府冗员不断增多从而导致行政开支持续攀升的现象，已经是迪庆州主要领导和群众公认的弊病。而且，这种弊病在其他公共事业机构也普遍存在。从表1展示的非农就业结构可以看出，党政机关和国有企业从业人员大约各占1/4，事业单位从业人员将近占1/2。这背后隐含的事实是，迪庆城镇人口的出现和增加，主要不是工业化城市化的结果，而在很大程度上是与公共机构的扩大相关联。在其他经济部门能够吸纳的劳动力十分有限的条件下，城镇新增劳动者的就业需求对公共机构便形成了潜在的扩张压力。

进一步讲，越是贫困的地方，由财政支持的公共部门的相对收入越高，收入来源也显得越稳定。迪庆州财政供养人员的月工资平均1000元，高原补贴400元，即使不计公费医疗和其他福利，这笔月收入就几乎相当于当地一般农户半年甚至一年的人均纯收入。如此悬殊的差距必然吸引劳动者千方百计进入公共部门。1993—1999年，财政供养人员平均每年净增690人（李实）。20世纪90年代末，迪庆州每58人中间就有一个党政机关干部。在贫困人口最集中的德钦县，这个比值为33：1（迪庆州德钦县县志办公室，2000）。即便是高原农牧民居住分散，为他们提供公共服务需要花费较多的人力，这样的比值也足以说明目前的行政队伍相对庞大。冗员增加必然会人浮于事，不仅降低政府效率，而且对文化程度较高的新增劳动者产生消极的示范效应，妨碍企业家精神的形成和企业家队伍的成长。例如2000年迪庆州约有600—700大中专毕业生返乡，尽管政府难以安排工作，大多数人还是把公共机构作为他们首选的就业目标，宁可处在漫长而不确定的等待之中，也没有尝试自己创业（路爱国）。

难以遏制的公共部门扩张，还将妨碍经济社会整合。一个社会内部的稳定，主要取决于不同社会群体之间利益的平衡，以及各群体之间经济社会活动的融合。在迪庆州各级政府及公共机构的运转主要依靠财政转移的条件下，它们与本地其他社会经济部门的联系，关键在于提供公共服务。冗员的增加与机构的臃肿，必然使其中相当一部分机构和人员与公共服务的职能脱节，实质上没有融入经济和社会之中。只不过现有的制度难以确切甄别何者为多余机构何者为无效岗位，结果削弱了整个公共部门与本地社会经济发展的联系。因此，一旦财政预算具有硬约束，公共部门特别是政府从业人员很可能就会成为社会经济的不稳定因素。

前面的分析表明，当前的财政制度不能有效限制公共机构的膨胀。上级政府资金分配过程中的讨价还价空间，使受援地区政府的财政支出缺少硬约束；为了避免监督困难而按人头拨款的趋势，又在客观上降低了激励下级自我控制规模的作用。目前的现实是自上而下的约束软弱无力，自下而上的限制几乎不存在。由此而必然得出一个结论，排除迪庆经济增长和整合障碍的关键，在于推进财政改革。

（三）基层组织优势和社会发展潜力

有鉴于迪庆地区在历史上有过长期的原始公社自治传统（王恒杰，1995），我们在进行村庄和农户层面的田野调查时，除了关注财政转移对社区公共事务和社会服务供给的作用外，还特别留意了传统的组织资源对现代乡村社会基层自治的影响。

与内地欠发达地区相比，迪庆地区行政村组织运行中的一个显著特点，是村干部工资和村委会的行政费用由乡镇财政支付，结果既减轻了农民负担，又把村委会的活动有效地界定在提供最基本的公共服务范围内，从制度上限制了村干部对农户经济活动的行政干预。根据我们的个案调查，农户每年每人向村委会缴纳6—12元不等的提留款，相当于人均纯收入的1%—3%。这些款额收集后用于村里的公益事业，例如村小学房屋桌椅维修、安装电视转播设备和对五保户困难户的补助，等等（李实）。至于村委会行政费用拨款额的多少，取决于各个乡镇的财政状况。这笔费用是按村干部人数划拨的，例如中甸县幸福村有 4 个村干部，每年按 90 元/人的标准拨款，如若行政费用超支，则超支部分从村干部的月工资中扣除（夏勇）。村干部的工资标准体现了经济转型时期的特色：对改革前的老干部实行公务员标准，月工资为 800—1000 元。改革后的新干部按聘用人员对待，月工资为 300—500 元。村干部的人数由村庄人口规模决定，一般为 3—5 人。例如中甸县红坡村共有人口 2003 人，村干部共有 5 人，后者与前者之间的比例约为 400∶1。由此可见，村一级的行政成本比政府行政成本要低得多。

行政村实际的自治活动在《村民自治法》规定的框架之内展开并且富含民主成分：其一，村委会由村民投票选举产生。由于县乡财政不依赖农户经济，地方政府对村委会选举少有内地常见的政府干预色彩。其二，村委会账目每年向村民大会公布一次，使得村财务因为具有透明性而便于村民监督。其三，由村民集体讨论制定村规民约，不仅规定了执行国家法律的内容，而且还具体界定了村民与村委会以及村民之间的权利义务关系。例如村内基础设施建设项目的计划程序、资金筹集途径和投工投劳标准；对阻拦公共水源、私自砍伐树木、随意安装用水用电设施行为的罚款金额，等等。经过民主程序制定的村规民约牵涉村民实际利益，往往经过激烈争论才得以通过。但一经制定村民就自觉执行，例如德钦县茨中村自从制定村规民约后，破坏公路和私自砍树的现象就消除了（夏勇）。

迪庆地区村委会的行政功能与全国其他地区相似，几乎相当于乡村社会最基层的一级政府。迪庆的特色首先在于，藏族习惯法遗留下来的道德约束作用在一定程度上辅助了村委会维持社区秩序的功能。虽然在乡村基层社会人们遵从的是国家法律框架之内的村规民约，习惯法中惩恶扬善的内容却早已深入人心，成为公认的道德准绳，例如不准偷盗或侵占别人财物。一般情况下，村民进入森林打柴采蘑菇，只要在自己采集的物品上做个记号，放在林中几天别人也不会拿。其次，村委会在必要时还借助寺庙僧侣的精神权威来贯彻落实国家法律，例如请活佛说明保护天然林的意义（尕藏加）。进一步讲，村民由于普遍信仰藏传佛教，大多数人在乐意享受现代文明的情况下，并未接受拜金主义和消费至上的观念，从而保持着健康的心态与社区内部的和谐。例如在笔者走访的二十多个农户中，收入状况较好的农户都买了电视机、影碟机和音像接收设备（当地村民称之为“天锅”），等等，收入较差的人家正在耐心地攒一笔钱，购买一部分设备。即使先买了电视机而没有“天锅”不能收视，也没有丝毫的焦急与浮躁。最后，尽管这里像其他经济落后地区一样市场中介组织不发达，但村委会在一定程度上发挥了规范市场和调节收入再分配的功能。例如，村委会规定农户轮流在旅游景点提供牵马服务，派人按统一价格收费，扣除少许管理费后发放给牵马人。我们的随机抽样统计数据也表明，牵马收入起到了降低收入不均等程度的作用（扎洛、魏众）。

村庄层面的基本医疗和基础教育服务供给主要也是由财政支持。每个村都有卫生员，乡医院的卫生技术人员常年住在村里为村民提供基本卫生服务，由乡政府和乡医院承担其工资或劳务待遇。还值得一提的是，迪庆的健康服务体系没有在基层截然划分医疗、防疫和保健机构，同时还促进藏医、中医和西医相结合，发挥着鼓励乡医提供低成本高效率服务的作用（黄平）。村庄小学教师的工资都得到了财政保障，因而使教师成为迪庆州收入较高的群体，但学费并没有因此而提高，这样也就没有增添农户供养儿童上学的负担。在地理条件复杂、交通不便的情况下，不少村庄小学还保持着一个学校一个教师的制度。虽然教学质量不高，但是能够促进儿童就近上学，有效地降低了文盲率（路爱国）。当然，作为“吃饭财政”的写照，财政对基础教育和基本医疗的投入几乎没有涉及学校和卫生室的基础设施，而主要用于人员的工资费用。迪庆的教育和卫生发展指标依然低于全国和云南省的平均水平（黄平、路爱国）。不过，如果参照迪庆州与全国和云南省的经济差距，可以肯定地作出评价，迪庆州保持了新中国在低收入水平下通过公共支持实现社会发展的优良传统。

（四）改革和发展的突破口

既然政府效率不高，而乡村基层组织能够在村民的有效监督下低成本高效率地为广大农牧民提供最直接的社会服务，未来改革和发展的突破口显然在于增强村级服务精简政府层次。从逻辑上来讲，效率较高的办法是增大村庄自治组织的财政资源配置权，增加对村庄层面公益事业、教育和医疗基础设施的拨款。目前，增加对基层的财政支出只能通过压缩村庄以上政府和公共机构的行政费用来实现。为此，必须削减政府层次和政府机构，例如将乡镇一级政府转变为县政府的派出机构，就能够有效地省去维持乡镇一级“五大班子”的巨额开支。又例如，减少对县级医院和学校的补贴而把政府对卫生教育的财政投入重点转移到村级小学和卫生室，就可能改善最贴近农牧民的社会服务。

这种改革必然损害公共部门内部那些可能会被精简的机构和群体的利益，若无必要的补偿措施，改革很可能会由于阻力太大而难以推行。事实上，政府现有的从业人员多数受教育程度较高，而实现迪庆发展目标所需要的市场中介组织、行业自律组织、小额信贷服务组织几乎没有发育。种植业科技培训和推广，畜牧业防疫防病和良种应用，各种基层社区发展项目的技术支持，都需要受教育程度较高的人才。目前一些民间组织在迪庆州实施的社区发展项目，往往因为缺少项目管理人员而不得不外聘专家。如果能够引导部分公共部门就业者在这些领域创业，将不仅能够为迪庆创造更好的投资环境，而且还将因此培育出本地富有开拓精神的企业家队伍。这样，就有可能使消极的机构精简行动转化为积极的人类资源发展项目。

三　结论

根据世界银行所作的多国调查，发展中国家和地区的政府若将自己的活动集中于最基本的公共产品提供方面，就既可能提高政府效率，又能够改善发展成果。这些产品包括：（1）创造一种能够为有效的经济活动设定激励机制的经济环境。（2）提供能够促进长期投资活动的制度性基础设施，即明晰的产权、稳定的社会、有效的法律规则和秩序。（3）提供进行基础教育、基本医疗保健和经济活动所必需的物质基础设施，保护环境，援助穷人（世界银行，1997）。参照这些经验来回顾我们的案例分析结果，可以作出以下结论：

第一，迪庆州政府和村民委员会运用上级政府的财政转移保证了低水平的基本公共产品供给。这些供给有效地促进了社会稳定和发展。这说明中央政府和云南省政府的援助政策是成功的。有鉴于国内外至今还没有简便易行的统计方法来计算环保对国内生产总值的贡献，对迪庆州的发展状况就不能仅仅以经济增长指标来衡量，对云南省和中央政府援助迪庆州的政策，更不能仅仅以经济指标来评价。迪庆州把财政援助延伸到村级的做法，值得其他欠发达地区借鉴。

第二，在目前的财政体制下，受援地区政府由于缺少预算硬约束和优先投资基础设施和社会服务的激励机制，不能有效地避免公共资源配置中的低效率。因此，推进财政改革是排除这些地区经济增长和社会整合障碍的一个关键。改革的突破口是削减现有的政府层次，加强村庄层面低成本高效率公共服务的供给。

第三，类似迪庆这样的后发地区短期内不可能有高速经济增长。即使如此，也不能仿效内地一些地区短平快经济增长的模式，因为该模式带来的环境污染和社会问题至今尚未得到妥善解决。但是迪庆州政府如果能有效调动现有的社会组织资源进行制度创新，就有可能在政府治理改革和社会发展方面独辟蹊径，抓住内地经济高速增长和西部大开发的机遇，以社会发展促经济增长，走出生态—经济—社会—文化相互协调的可持续发展道路来。

参考文献

Dethier, Jean-Jacques ed. , 2000, *Governance, Decentralization and Reform in China, India and Russia*, pp. 1 –46, Kluwer Academic Publishers, Boston.

UNDP, 2001, *Human Development Report* 2001 (http://www.undp.org/hdr 2001).

von Braun, Joachim, 2000, Preface in Dethier ed. *Governance, Decentralization and Reform in China, India and Russia*, Kluwer Academic Publishers, Boston.

迪庆州德钦县县志办公室：《德钦县概况》(2000 年)，第 6、30、35 页。

齐扎拉：《中国藏区县域经济探索》，云南民族出版社 1997 年版。

世界银行：《变革世界中的政府》，中国财经出版社 1997 年版。

孙勇主编：《西藏：非典型二元结构下的发展改革》，中国藏学出版社 1999 年版。

王恒杰：《迪庆藏族社会史》，中国藏学出版社 1995 年版。

张传富主编：《云南藏族人口》，中国统计出版社 1994 年版。

张维迎：《博弈论与信息经济学》，上海三联书店、上海人民出版社 1996 年版。

如何突破贫困陷阱*

提要 中国扶贫政策的一项重要目标，是在消除暂时性贫穷的同时，缓解长期贫困群体的贫穷程度。聚居在青藏高原的藏族贫困农牧民，贫困程度深重。帮助他们突破贫困陷阱，需要采取多方面的、综合性的措施，除了最低生活保障政策，还需要投资于基础设施建设、信息供给、技能培训、市场组织建设、技术支持、卫生、教育及其他社会服务供给。

一 研究背景和目的

中国的藏族人口主要分布在青藏高原。其中有将近一半人居住在西藏自治区，余者聚居在青海、甘肃、四川和云南省所辖的10个藏族自治州①。藏族聚居区气候严酷，山高谷深，基础设施薄弱，社会经济发展在历史上就滞后于全国平均水平。到如今，发展的差距仍未弥合。在藏族聚居区，大约70%—80%的劳动者以种植业、游牧业、采集业和做零工

* 本文的主体部分，来自笔者为中国社会科学院藏区发展研究课题组的专著《如何突破贫困陷阱——滇、青、甘农牧藏区案例研究》撰写的导言（经济管理出版社2010年版，第1—17页），其中综合了课题组全体成员的研究发现。课题主持人为王洛林教授，其他成员有杨春学、魏众、朱恒鹏、周济、扎洛、丁赛、姚宇和金成武。2010年7月20—21日，本课题组邀请10位专家逐篇讨论本文提到的研究报告。本文由郝时远研究员主评，其他与会者也提供了建设性的评论。谨在此一并致谢。

① 据1990年和2000年全国人口普查，藏族总人口分别为459.3万和541.6万。2010年全国人口普查后，国家统计局尚未公布分民族的人口统计结果。西藏自治区统计局发布的人口普查公报表明，2010年全区常住人口为300万，其中藏族人口为271.6万（www.chinatibetnews.com/xizang/2011—05/07/content_693534.htm）。

为生。农牧人口的贫困发生率明显地高于全国平均水平。[①]

出于上述原因，藏族聚居区成为国家的地区发展政策和扶贫项目的一个重点实施地域。自20世纪50年代始，中央政府就对西藏自治区实行财政转移以及直接投资当地基础设施和公共服务的政策。其他藏区的地方财政和公共服务，则主要依靠省级财政支持。问题是，这几个省皆属西部欠发达地区。特别是青海和甘肃，省级财政在很大程度上还依赖中央政府的财政转移。因此，能够用于支持藏族聚居区发展的资源极为有限。

市场取向的经济改革开始以来，隶属不同行政区划的藏族聚居区在援助获得方面的差距进一步加大。1980年、1984年、1994年和2001年，中央政府先后召开了四次西藏工作座谈会，制定促进西藏加快发展的特殊优惠政策[②]。此间，省属藏区并未得到同等的待遇。因此，即使是在与西藏相邻的地方，省属藏区的财政资源和居民福利水平也显著低于西藏。为此，这些地方政府一直要求中央调整政策。2010年，中央第五次西藏工作座谈会对此给予了实质性的回应。在新制定的地区发展规划中，既增加了对西藏的财政补助和直接投资项目，又包括了中央财政对四川、云南、青海和甘肃四省藏区的公共投资。[③] 不过，中央对不同行政区的投资力度依然有差别。这就意味着，行政隶属关系不同的藏区仍将面临不同的政策环境。

对于藏族聚居区的发展政策和扶贫政策，国外经济学家极少涉及。进入这一研究领域的国外学者多为人类学家（Goldstein 等，1989；2003；Dreyer，2003）。国内的研究大致可以分为如下几类：第一，重点研究藏区经济或产业经济发展，尚未分析经济发展对不同社会群体的影响（孙勇主编，2000）。第二，重点讨论历史、区位和发展政策对整个藏族的影响，

---

① 2009年，全国农村贫困线为年人均净收入1196元，农村贫困发生率为3.8%。西藏自治区及青海、甘肃和云南省的贫困发生率在5%—18.7%之间。在贫困人口当中，52.9%的人居住在山区。（国家统计局农村社会经济调查司编：《中国农村贫困监测报告》，中国统计出版社2010年版，第8页）

② 2011年7月11日，中华人民共和国国务院新闻办公室发布《西藏和平解放60年》白皮书披露，1952—2010年中央对西藏的财政补助达3000亿元，年均增长22.4%。60年来，中央对西藏的直接投资超过1600多亿元（http：//news. xinhuanet. com/politics/2011—07/11/c_ 121652482. htm）。

③ 见2010年7月7日消息：《贾庆林要求贯彻中央第五次西藏工作座谈会精神》，中国广播网（http：//china. cnr. cn/gdgg/201007/t20100707_ 506699096. html）。

尚未涉足同一区域内和同一族群内的社会结构分析（白涛主编，2004；冉光荣、李涛主编，2003；徐平、郑堆，2000）。第三，重点分析社会经济发展中不同族群之间的社会关系，尚未聚焦于藏族中的边缘群体（马戎、旦增伦珠，2006）。第四，关注贫困群体的生活状况并探索消除区域性收入贫困的出路，尚未采用观察多维度贫困的视角（中国藏学研究中心社会经济研究所，1996；罗绒占堆，2002）。第五，多维度探讨贫困农牧民脱贫途径，但仅涉及一个藏族自治州（曹洪民、王小林等，2011）。

近十年来，我们中国社会科学院藏区发展研究课题组发挥多学科学者合作的优势，综合探讨如下焦点问题：第一，藏区贫困人口最迫切的生存和发展需求是什么？他们最需要得到哪些帮助？第二，现有的扶贫和地区发展政策对那里的贫困人口产生了怎样的影响？第三，在实施减贫和发展计划中，这些地区已经发生哪些有助于穷人突破贫困陷阱和阻断贫穷代际传递的制度创新？

所谓“贫困陷阱”，指的是一种长期的贫困现象。穷人在每一个生活环节上遭遇的困难，最终都显现为加深贫困的负面因素。这些因素相互影响，恶性循环，以至于个人或家庭深陷其中难以自拔（Dasgupta，2007）。“贫穷的代际传递”反映的现象是，贫困儿童成人后承接了父母的困境，而且还可能将家庭生活的恶性循环状态传递给下一代。例如，食品无保障导致儿童营养不足和发育不良。儿童健康不佳，必然影响其知识和技能学习效果。这样的儿童成人后则极可能工作能力低下，并因此而收入微薄，甚至食品营养无保障。如此这般，又把类似的循环传递给自己的子女。

为了分析那些导致部分藏族农牧民陷入贫困的原因和路径，我们课题组针对前述焦点问题，从经济学、法学、社会学、民族学和宗教学的角度，先后在西藏自治区和其他省属藏区做了以下田野工作：2000—2001 年期间，以“后发地区的发展路径选择”为主题，在云南藏区作案例研究（王洛林、朱玲主编，2002）；2002—2004 年期间，以“市场化与基层公共服务”为主题，在西藏部分地区作发展研究（中国社会科学院课题组，2004；王洛林、朱玲主编，2005）；2004—2005 年期间，以“排除发展的障碍”为主题，在四川藏区和西藏昌都地区调查（中国社会科学院课题组，2005）；2006—2007 年期间，以“西北高寒山区的减贫与发展政策研究”为主题，在青海、甘肃和云南省的农牧藏区作调查（中国社会科学院课题组，2007；2008；王洛林、朱玲主编，2010）。2011年，课题组重返四川藏区和西藏昌都地区，观察公共服务供给与惠农政策对于减少极端贫困的作用。这些调查，使我们得以比较地区之间的差别和同一事物在不同时段的变化。

《如何突破贫困陷阱——滇、青、甘农牧藏区案例研究》一书的撰写，主要基于2006—2007年期间课题组在青海、甘肃和云南所做的田野工作。写作的目的有三个：第一，以多维度的贫困研究，为中央和地方政府改善扶贫项目实施机制和制定藏区中长期发展战略提供参考。第二，对经验研究结果进行理论升华，为其他发展中国家和转型社会提供可资借鉴的思想材料。第三，通过采用调研地区发生的故事来表述研究中的发现，以便吸引非学术读者通过阅读此书，丰富其对农牧藏区发展现状的了解。

二　研究路径

本课题组由具有不同民族文化背景、接受过不同专业训练的科研人员组成。每一成员承担一个分项专题，例如农户经济、教育、健康、救济救灾，等等。本项研究采用的方法，主要是案例研究。课题组成员分别通过访谈，收集第一手资料。访问的对象，是调研地区各级政府部门、基本公共服务供给机构和其他国有单位；村委会成员；农牧民家庭成员；寺院僧人和居士；以及本地和外来企业家、做工者和商人。

调研地点分布在如下三省九县：其一，甘肃省甘南藏族自治州的夏河县和卓尼县，以及与之相邻的宁夏回族自治区的临夏县与和政县；其二，云南迪庆藏族自治州的香格里拉县；其三，青海省果洛藏族自治州的玛沁县和达日县，以及玉树藏族自治州的玉树县和称多县。这其中，甘肃省农村的贫困发生率和返贫率均居全国首位。2008年，全省贫困发生率达21.3%[①]。临夏县与和政县是以种植业为主的农区，气候干旱、人多地少。

① 中国新闻网（http://www.chinanews.com.cn/gn/news/2010/03—15/2170685.shtml）。

因此，有相当数量的男性劳动者外出经商，青海和西藏是他们从事商贸活动的重点区域。夏河县和卓尼县是半农半牧区，由于人口增长迅速，当地居民为了满足日益增长的粮食需求，曾一度开垦草地种粮，引起生态环境恶化。

青海省的调研县地处“三江源”（长江、黄河和澜沧江的发源地），果洛和玉树两个藏族自治州的平均海拔高度分别为4200米和4400米，大多数居民常年以草原牧业为生。果洛州府大武镇与省会西宁相距440公里，玉树州府结古镇距离西宁800多公里，但果洛的路况远不如玉树。高寒的环境、频发的天灾、偏僻的区位和困难的交通，既是这一地区的显著特征，又是导致当地社会经济发展程度低于该省平均水平的重要原因。据青海省统计局提供的信息，牧区的绝对贫困线设定为年人均纯收入800元，低收入线为年人均纯收入1000元。2006年，果洛州总人口约为15.4万人，贫困发生率为12.5%（不包括低收入人口14348人）①；玉树州总人口约为30.3万人，贫困发生率高达14.8%（不包括低收入人口39337人）②。

调研地区与汉族聚居的地区相比，在地理、历史、社会、经济、人口和族群文化等方面具有鲜明的特殊性。针对这种特殊性确认贫困的根源，弄清以往的减贫政策在多大程度上有效，并探寻突破贫困陷阱的路径，对于地区发展和减贫问题研究而言，尤其富有政策含义和理论意义。近年来，云南迪庆藏族自治州在减少贫穷方面成就斐然，我们在那里访问的重点是香格里拉县（原称中甸县）的农区。在我们的研究中，试图将其作为一个参照系，确认适宜于藏族贫困人口的减贫政策工具。

三 主要研究发现

《如何突破贫困陷阱——滇、青、甘农牧藏区案例研究》一书共分12章，除了第一章导言之外，其余各章均由分项专题研究报告组成。从第二

① 果洛州统计局：《2006年果洛藏族自治州国民经济和社会发展统计公报》，2007年（http://www.qh.stats.gov.cn/show.aspx?id=763&cid=47）。

② 玉树州统计局：《2006年玉树藏族自治州国民经济和社会发展统计公报》，2007年（http://www.qh.stats.gov.cn/show.aspx?id=859&cid=47）。

章起的篇章逻辑架构如下：

在经济市场化和全球化的形势下，贫困农牧户突破贫困陷阱的一个重要途径，是提高生产经营和通过市场交易获得收入的能力。然而他们的居住区位一般远离城镇，基础设施薄弱，可供交易的农林牧产品的市场风险大。仅仅依赖市场机制，这一群体实则难以排除进入市场的障碍。因此，需要公共基础设施投资和市场组织建设。我们课题组在以往的研究中，对藏区的乡村道路、饮水和农牧业基础设施投资问题已经作过专题分析。因此，在本阶段的研究中着重从微观层面讨论，农牧户如何适应市场化的社会经济环境，改善资源配置，进入市场并提高收入。第二章从理论上探讨足以导致农牧民观念变化的条件，并质疑有关贫困人口“观念落后”的说法。第三章研究调研地区的市场结构以及农牧民参与市场的状况。

在青藏高原，一些生长在海拔 3000 米以上的菌类，成为居住在产地附近的农牧家庭的主要现金收入来源。在迪庆州的高海拔林区，最具代表性的特色野生产品是松茸；在玉树和果洛州的部分草场，高品质的虫草早已声名远扬。季节性的采集和销售活动因而在这些地域占据重要地位。第四章和第五章借助产业链分析框架，分别考察松茸和虫草采集对农牧户的就业和收入的影响、这一产业链带来的利益和风险在不同参与者之间的分配，以及围绕这两种特色产品的利润追逐对生态环境造成的损害。

青藏高原生态脆弱，这是发展经济不得不考虑的环境约束。近几十年来，由于自然气候和人类活动的双重影响，在长江、黄河与澜沧江的源头地区，草地大面积退化乃至沙化，冰川、雪山、湖泊、湿地面积不断缩小甚至干涸，水源涵养能力急剧减退。为了保护江河源头的生态，中央和青海省政府投资 75 亿元，在该地区实施移民和环境保护项目。这其中，生态移民项目是否能为移民家庭融入新的社会经济环境并获得持久的收入来源打下基础，关系到项目区牧民的福祉和项目本身的成功。这正是第六章讨论的焦点。

贫困人口的一个显著特征就是欠缺就业和创业能力。即使拥有少许资产，往往也因为缺少经营能力和抗风险能力而难以摆脱贫穷。因此，改善人力资源，投资于贫困人口的健康、教育和培训，提高这一群体的体质和智力，不仅有助于缓解现时的贫困，而且有助于防范和减少未来的贫困。基于这种理解，第七章研究怎样从改善调研地区的孕产妇保健入手，阻止贫穷的代际传递。第八章的主题，是义务教育和职业教育，即青少年人力资源投资。除了学校教育以外，图书、广播和电视是民众吸纳知识和信息的另一种方式。第九章的研究焦点，是广播电视对农牧民文化生活的影响。

扶贫计划，援助的对象是有劳动能力的穷人；社会救助措施，扶持的对象是不具备劳动能力和失能的贫困人口（例如鳏寡老人和重度残疾人），以及突遭不幸并难以凭借自身能力满足基本生存需求的人群。国内外现有的经验表明，为了保证社会救助制度的可持续性，其设计必须针对目标人群：受益者资格一方面取决于所遭受的灾难打击，另一方面与其面临的社会排斥相联系（Burgess and Stern，1991）。基于这一视角，末尾的三章分别探讨救济救灾机制的减贫作用。

第十章的焦点问题是，失能群体以及贫困程度深重的长期贫困人口如何获得国家救济和民间救助。当前，最低生活保障制度（“低保”）已在调研地区普遍推行，而且深受农牧民拥护。低保户一般凭借低保金，满足基本的食品需求；依靠医疗救助，部分地解决就医困难。寺院提供的救助，使当地公认的穷人在得到物质援助的同时获得精神抚慰。不过，现行低保制度的覆盖面和救助水平，取决于地方财政能力和财政资源在不同用途的分配（Ravallion，2009）。省属藏区财政能力薄弱，教育经费和行政经费占了财政支出的“大头”，能够用于其他社会支出特别是社会救助的资源极为有限。因此，由中央政府承担更大的救助责任，才有可能保障所有符合救助条件的贫困人口的基本生存需求。

青藏高原灾害频仍，农牧民的生产和生活时常面临干旱、洪涝、冰雹、泥石流、雪灾等灾害袭击。在农区，灾害造成粮食歉收、绝收或短时的生活困难，但是依靠政府的救助和农民的非农就业收入补充，一般不影响第二年的生产能力。但在牧区，一次雪灾就会使部分牧业户沦为“无畜户”或“少畜户”，从而丧失再生产能力。可以说，严重的雪灾足以使非贫困人口陷入贫困，使原有贫困人口的贫困程度加深。防范雪灾并实施有效的灾后救助与重建，对于预防和减少牧区贫困可谓举足轻重。鉴于此，第十一章和第十二章从技术和制度变迁的角度，分别针对牧区雪灾防范和救灾及重建中的难题，探寻有效的解决方案。

1949年以来，政府通过制定规则、推广雪灾防范技术和投资于牧业基础设施建设，不懈地支持牧民防灾减灾。可是，由于人口大幅增长、草原牲畜超载、草场退化，加之全球气候变暖、降雪频率增加等因素，牧民面临的雪灾风险仍然呈上升趋势。雪灾防范，目前依然是个未解的难题。如此看来，政府现有的牧区救灾和重建思路必须转变。例如，试行牲畜保险和建立雪灾救助基金。

进一步讲，帮助牧民寻找新增收入来源，有助于缓解因灾致贫的现象。在整个国家的工业化和城市化进程中，部分农牧业劳动力及其家庭成员转向其他行业，才能找到逐渐增加收入的门路。留下的农牧人口在生活费用不断上涨的情况下，将会主动采取计划生育措施作为回应。农牧人口因此而逐渐减少，收入则随着人口素质的提高和生产方式的转变而增加，这是历史发展的必然趋势。顺应这种趋势，逐步减少草原牧民和牲畜，保证草原休养生息，恢复资源和人口平衡，才是从根本上降低雪灾危害程度的办法。

这种做法，通常也是农牧区扶贫计划的重要内容。对于高海拔牧区的居民，这意味着有相当一部分牧民将不得不承受生产和生活方式的巨变，以及与之相伴随的文化变迁。历史的经验表明，任何一种社会经济转型，都会不可避免地产生新的社会矛盾和冲突。这对相关的政府、民间组织、社区、住户和个人，都是一项严峻的挑战。因此，为了保证游牧业人口平稳地实现这种转型，需要对转型涉及的地区进行长期的物质和制度基础设施投资，帮助转型人群适应工业化和城市化的社会经济环境。与此相关，还需要精准地针对转型人群的需求，发展卫生、教育、培训、文化信息等事业。这一逻辑线条，使我们又回到了本项研究的出发点。

在前述专题研究中，大多数作者都不约而同地提到公共投资不足的问题。当前，玉树州的震后重建工程中仅住房建设一项，预算资金就达96亿元。[①] 中共中央第五次西藏工作座谈会，又确定了一批中央支持西藏的

① 参见2010年7月24日 省内新闻专栏《玉树八问——青海省玉树地震恢复重建领导小组组长骆惠宁接受新华社记者独家专访》，玉树县人民政府网站（http：//www. qhys. gov. cn/yushuxian/html/451/49289. html）。

重点建设项目[①]。同时，还制定了中央财政对省属藏区的公共投资政策。可以肯定，在未来5—10年，这些支持性计划涉及的领域将会有一个新的发展。需要特别指出的是，本课题组的研究表明，此类公共投资固然可以带来特定领域“硬件”装备水平的迅速提高，甚至跨越某些技术应用阶段，例如在未通电话的地方引入移动通信设备，在未通路的地方修建高速公路，等等。但是“软件”的匹配，即制度和管理能力的建设却依然滞后。受援地区农牧人口对“硬件”的消费，仍遭遇诸多短期内难以逾越的障碍。至于改善人力资源和摆脱贫穷，也不可能一蹴而就，因为人力资源发展是一个渐进的历史过程，促进演进比跨越的可行性更强。

笔者在20世纪90年代两度走访印度贫困家庭和扶贫机构时了解到，一个失地农民带领全家进入城市，至少需要三代人的努力，才有可能摆脱贫穷并融入城市社会经济和文化生活。近30年来，中国的汉族“农民工”进城谋生所经历的艰难困苦，已广为人知。少数民族聚居区的农牧民若作出同样的就业选择，还将面临更多的障碍，例如由语言和文化差异带来的困难。乡村迁移人口面临的一些制度性障碍、城镇原有居民对迁移者或多或少的歧视、迁移劳动者就业中遭遇的劳资矛盾，等等，一旦处置不当，就可能引发社会冲突。这些问题若涉及不同的族群，则很容易演化为民族冲突。因此，采取渐进式的转型策略，为参与转型过程的不同人群留下充分的时间和机会，以便相互适应、相互学习和共同发展，转型的可持续性实质上优于跨越式的行政推进。这一点，既为中国经济改革的经验所印证，也是本课题组从最近十年的藏区发展研究中得出的一个结论。

主要参考文献

Burgess, Robin and Nicholas Stern, 1991, “Social Security in Developing Countries: What, Why, Who, and How?” in Ehtisham Ahmad, Jean Dreze, John Hills and Amartya Sen, *Social Security in Developing Countries*, Oxford: Clarendon Press for Wider, pp. 41 – 80.

Dasgupta, Partha, 2007, Poverty Traps: Exploring the Complexity of Causation, 2020 Focus Brief on the World's Poor and Hungry People. Washington, DC: IFPRI. http: //

① 参见2010年3月21日消息《“两个矛盾”决定西藏必须推进跨越式发展和长治久安》，新华网（http: //big5. xinhuanet. com/gate/big5/tibet. news. cn/xwzt/2010—03/21/content_ 19360290. htm）。

www. ifpri. org/2020Chinaconference/pdf/beijingbrief_ Dasgupta. pdf.

Dreyer, J. Teufel, 2003, "Economic Development in Tibet under the People's Republic of China", *Journal of Contemporary China*, 12 (36), August, London: Carfax Publishing, Taylor & Francis Group, pp. 411 – 430.

Goldstein, Melvyn C. and Cynthia M. Beall, 1989, "The Impact of China's Reform Policy on the Nomads of Western Tibet", in *Asian Survey*, Vol. 29, No. 6, Berkeley: University of California Press, pp. 619 – 641.

Goldstein, Melvyn C., Ben Jiao, Cynthia, M. Beall, and Phuntsog Tsering, 2003, "Development and Change in Rural Tibet", in *Asian Survey*, 43: 5, Berkeley: University of California Press, pp. 758 – 779.

Ravallion, Martin, 2009, Decentralizing Eligibility for a Federal Antipoverty Program: A Case Study for China, in World Bank Economic Review, Vol. 23, No. 1, Washington, DC: pp. 1 – 30.

白涛主编：《从传统迈向现代：西藏农村的战略选择》，西藏人民出版社 2004 年版。

曹洪民、王小林等：《特殊类型贫困地区多维贫困测量及干预——四川省阿坝藏族羌族自治州案例》，中国农业出版社 2011 年版。

国家统计局农村社会经济调查司编：《中国农村贫困监测报告》，中国统计出版社 2010 年版。

罗绒占堆：《西藏的贫困与反贫困研究》，中国藏学出版社 2002 年版。

马戎、旦增伦珠：《拉萨市流动人口调查报告》：《西北民族研究》2006 年第 4 期。

冉光荣、李涛主编：《西部开发中西藏及其他藏区特殊性研究》，黑龙江人民出版社 2003 年版。

孙勇主编：《西藏：非典型二元结构下的发展改革》，中国藏学出版社 1999 年版。

王洛林、朱玲主编：《后发地区的发展路径选择——云南藏区案例研究》，经济出版社 2002 年版。

王洛林、朱玲主编：《市场化与基层公共服务——西藏案例研究》，民族出版社 2005 年版。

王洛林、朱玲主编：《如何突破贫困陷阱——滇青甘农牧藏区案例研究》，经济管理出版社 2010 年版。

徐平、郑堆：《西藏农民的生活》，中国藏学出版社 2000 年版。

中国藏学研究中心社会经济研究所：《西藏家庭四十年变迁》，中国藏学出版社 1996 年版。

中国社会科学院课题组：《西藏经济社会观察》（经济活页文选第 4 期），中国财政经济出版社 2004 年版。

中国社会科学院课题组：《康藏地区社会调研》（经济活页文选第 10 期），中国财政经济出版社 2005 年版。

中国社会科学院课题组：《甘肃农牧区社会经济调查》（经济活页文选第 4 期），中国财政经济出版社 2007 年版。

中国社会科学院课题组：《突破滇青藏区贫困陷阱》（经济活页文选第 7 期），中国财政经济出版社 2008 年版。

第二篇

粮食安全与小农的未来

农牧业支持系统与减少贫困*

提要 近二十年来，在内地大部分地区尤其是欠发达地区基本公共服务供给不足和分配不平等加剧的情况下，西藏地方政府却保证了农牧业生产支持系统的正常运转、加强了对基础教育和基本健康服务的公共投资，并保证了对弱势群体的重点救助。这其中的主要原因一是在于，大规模的外来援助使得当地政府具有执行公共职能所必需的财政资源；二是由于外在的监督促使地方政府保持足够的政治意愿，向低收入群体提供廉价或免费的基本公共服务。这实质上是一种投资取向的收入再分配，无论在短期还是在长期内，都有助于减少市场机制运行带来的经济不平等，或者说有助于缩小地区之间、行业之间和社会群体之间的经济差距。

迄今为止的市场机制运行实践和相关理论表明，公共安全、生态保护、基础教育和公共卫生服务一类的公共产品和服务的供给，属于市场失灵或曰市场不可能有效率地配置资源的领域。经典的解释在于，私人生产者难以向所有受益于这类产品和服务的个人收费，也就是说难以通过市场交易获得其全部应得的收益，故而缺少足够的激励来满足社会需求。为此，需要政府承担规范、筹资乃至直接提供某些服务的责任，以促使这些产品和服务的供给达到社会所期望的水平。此外，市场机制的运行会使资产、信息和知识技术拥有水平不同的个人产生巨大的经济差距。即使一个社会具有充足的公共产品和服务供给，那些陷入贫困的群体往往也难以分享与其他群体同等的公共

* 本文曾以《西藏农牧区基层公共服务供给与减少贫困》为题，发表于《管理世界》2004 年第 4 期，英文修订版载于 *China & World Economy*, Volume 13, 2005 No. 3, pp. 56 – 71。

产品和服务（World Bank，2003）。因此，为了缩小不平等程度，政府除了采取累进税制和社会救助等常规性收入再分配措施外，还有必要实行投资取向的收入再分配。也就是说，通过专门的制度安排，使贫困人口得以享受公共产品和服务，例如基础设施、初等教育和基本健康服务，等等。这样的资源分配，将有助于提高贫困人口拥有的物质和人力资本水平，有助于他们从根本上摆脱贫困，从而也有助于校正市场机制运行的结果。

无论从克服市场缺陷还是从降低经济不平等程度的角度来看，由政府介入公共产品和服务的供给都是为了满足公共需求。虽然这并不意味着该领域排除私人部门、非政府组织和社区的参与，但此类产品和服务的供给无疑属于一个不同于市场的领域即公共领域。在这里，决定资源分配目标的是社会价值，资源配置过程因而本质上是一个政治决策过程（布坎南，1992）。一个社会对贫困群体和欠发达地区施以援手，其中不仅蕴涵着改善全体成员基本生存和发展条件的社会目标，而且具有促进社会稳定、维护民族和睦与国家统一的作用。

在我国的计划经济时代，几乎所有资源都由公共部门分配，政府干预公共产品和服务的供给可以说是自然而然的事情。尽管那时财力薄弱，但全国上下对平等的强烈追求，使整个国家在低收入水平上实现了基本公共服务的普遍供给和对弱势群体的重点援助。在向市场经济转型的过程中，一些本应早日市场化的领域曾长时期地维持行政垄断，例如银行保险和电信；一些不可市场化的责任却被推向市场，例如基础教育、农业技术推广和公共卫生筹资。结果，在国家财力明显增强的情况下，那些短期难以见效的基本公共产品和服务不仅投资不足，而且分配不均等程度加大。对此，通常的解释是财政分权化改革以后地方财政困难。

然而，当基本公共服务长期供给不足以至于酿成危机的情况下，却总能促成决策群体痛下决心采取措施，譬如特大洪灾之后的生态保护工程、SARS疫病之后的公共卫生体系重建和特困群体医疗救助项目，等等。如此看来，当今中国基本公共服务的供给水平既由可供支配的财政资源决定，又取决于政府的政治意愿。这一点，在西藏案例中得到更加形象具体的反映。与内地其他欠发达省/区相比，西藏由于一直享有中央政府的大规模援助而财政资源相对充裕，而援助本身就显示出中央政府改善当地人民福利的政治意愿。至于地方政府的政治意愿，则是在向贫困人口传递援助资源的过程中表现出来的。有鉴于包括贫困人口在内的低收入群体集中在农牧区，我们主要通过观察农牧民所获得的基本公共服务，判断地方政府在这一领域的努力程度。以下将首先说明农牧业支持系统在实现藏族农牧人口食品保障方面的作用。其次，重点考察那些直接改善人力资源状况和农牧户福利的公共服务。最后，从缓解和消除贫困的角度，探讨通过创造非农就业机会增加农牧民家庭收入的可能性。

文中的信息主要来源于三个方面：第一，公开发表的统计数据和文献；第二，政府决策文件、政府职能机构的工作报告、政府与企业的合同、上下级政府之间缔结的责任书、公共服务机构的简报等近期原始资料；第三，2003 年 7—8 月本课题组在西藏调研期间与各级政府官员的座谈，对基本公共服务供给机构和其他国有单位的访问，与调研地区村委会成员和农牧民家庭成员的交谈，对本地和外来企业家、做工者和商人的访谈。

一　农牧业支持系统与食品保障

农牧业在西藏国民生产总值中约占 1/3 强，容纳劳动力约 100 万人，将近占西藏本地总劳力的 80%。这部分劳动者虽然或多或少地从事兼业活动，但其主要收入还是来自家庭农牧业。而且，农牧产品中的绝大部分都直接进入家庭消费，能够作为商品出售的产品剩余极其有限。到 2000 年，食品消费在农牧民家庭总消费支出中还将近占到 80%。[①] 正是这些现象，赋予西藏农牧业生存经济的特征。农牧业的意义并不仅仅在于它是一个经济部门，对于以此为生且又构成西藏人口大多数的藏族居民来说，它还意味着是一种生活方式。因此，农牧业的发展不仅有益于大多数藏族居民的食品保障，而且有可能提高他们的家庭收入。从这个角度来看，促进农牧业发展的公共政策必定有助于改善藏族人民的福利。

农牧区人口聚居的村庄，至今依然是藏族基层社会之所在，也是其他民族的外来农民工极少介入的领域。20 世纪 50 年代以来，对农牧区藏族基

---

① 根据西藏信息中心《西藏统计年鉴》（2001 年）表 8 - 15 计算（www. tibetinfor. com. cn）。

层社会影响最大的因素，是从中央到地方的社会经济制度变迁，以及中央政府通过地方政府和新兴社会经济组织对农牧业生产的持续投资（多杰才旦、江村罗布主编，1995）。此间值得特别关注的重大制度变迁，包括50年代末60年代初废除农奴制、70年代中期建立人民公社、80年代中期农牧户自主经营取代公社制（农区土地归户使用、牧区牲畜归户私养），以及90年代中央政府针对西藏发展制定的特殊优惠政策和对口支援方针。

最近五十年间西藏农牧业的发展，可以说是这些制度变迁和公共投资效果的一个反映。图1—图3显示，此间农牧业既有总量的扩张又有集约程度的强化。这在种植业，表现为耕地总面积的增加和复种指数的提高；在畜牧业，表现为牲畜总头数的增长和出栏率的上升。以2000年的指标与1952年的相比，全自治区的耕地总面积从16万公顷扩大到23万公顷，复种指数从0.82提高到1.0，粮食平均亩产从200斤以下增加到600斤以上。此间牧业生产指标至少都翻了一番，牲畜总头数从974万头增加到2266万头，牛羊出栏率在最近20年分别从5%和12%提高到15%和26%（西藏信息中心，2001）。

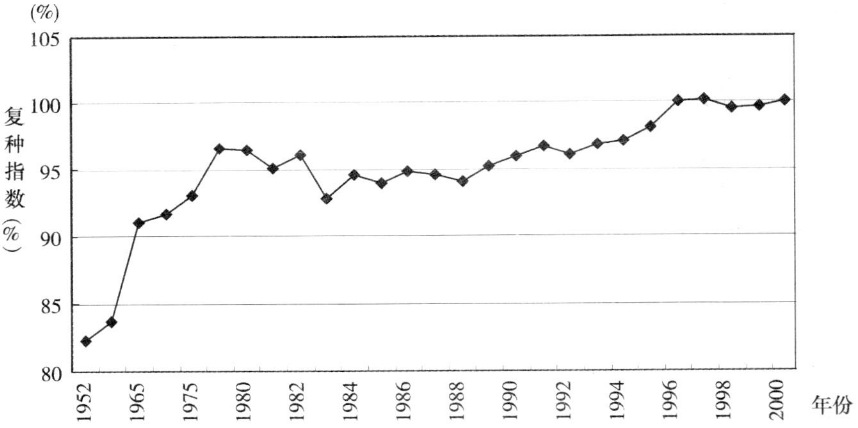

图1　西藏自治区耕地复种指数变化情况（1952—2000年）

数据来源：《西藏统计年鉴》（www. tibetinfor. com. cn），根据表9－15和9－17数据整理绘制。

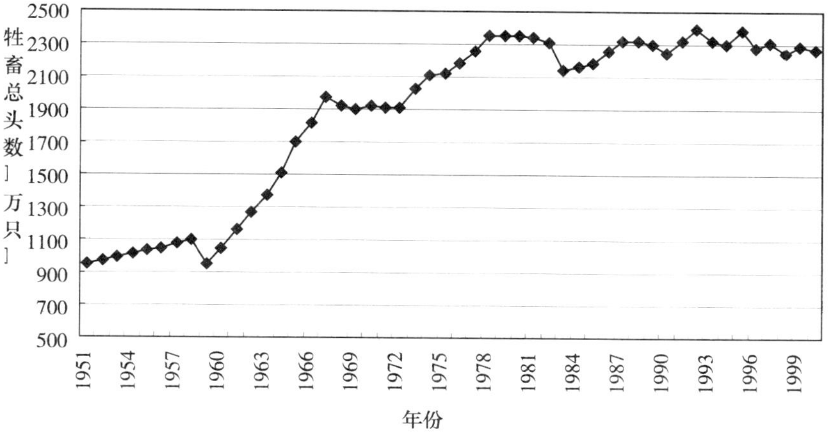

图 2　西藏自治区牲畜总头数变化情况（1952—2000 年）

数据来源：《西藏统计年鉴》（www. tibetinfor. com. cn），根据表 9 - 23 数据整理绘制。

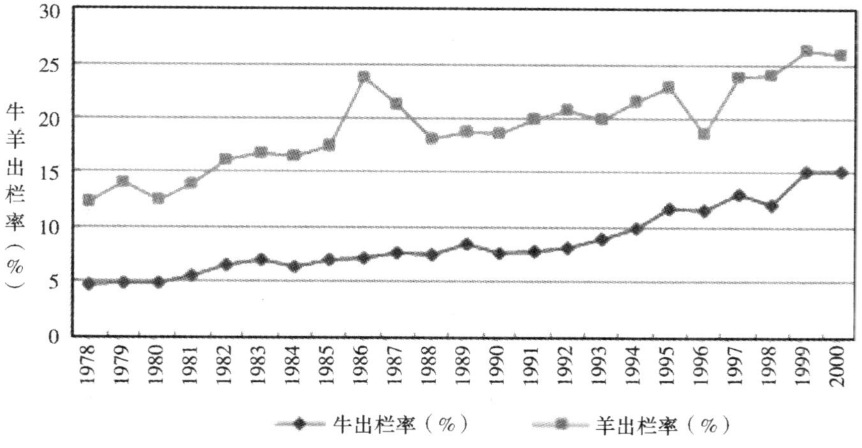

图 3　西藏自治区牛羊出栏率变化情况（1978—2000 年）

数据来源：《西藏统计年鉴》（www. tibetinfor. com. cn），根据表 9 - 24 数据整理绘制。

特别值得注意的是，从 90 年代后期到现在，农牧业产量和集约化程度一直保持在近 50 年来最高水平的发展平台上。这一发展势头，与政府从 90 年代初就不断强化的农牧业公共投资和公共服务密切相关。

第一，中央和自治区政府每年支出将近3亿元[1]，投资于农牧区综合开发项目。这其中，改造低产田、修建水利工程和改良草场等基础设施建设项目的直接作用，就在于增强农牧业抗灾能力和提高生产率。

第二，地方财政一直支持着农业技术推广和动植物防病免疫服务系统的正常运转。以乃东县为例，全县总人口大约54000人，其中农牧业就业者总计15700多人。2003年县财政支农（包括水利）资金总共有70万元，假定分摊在每个农牧业就业者身上，每人将近45元[2]。乃东县的行政村至今保留着村级农业技术员、牲畜疾病预防员（当地称作兽防员）和护林员的设置，这些农牧民技术员每年都去县里和镇上接受免费技术培训。除此而外，自治区、地区行署和乃东县财政还分担防治农作物病虫害和牛羊免疫的费用。通常的情况是，农药由县农牧局发放并组织村农技员统一喷洒。县兽防站每年至少组织两次牲畜疫苗注射，由村兽防员对全县5万头牛和10万只羊注射疫苗。疫苗价格为牛群疫苗2元/支，羊群疫苗1.5元/支，仅此一项就相当于政府每年为农牧民分担牧业生产成本约50万元左右。在牧区，例如地处藏北高原的当雄县，畜牧局除了提供牲畜免疫服务，还免费向牧民发放兽药，专治牛羊痢疾。有鉴于某些农作物病虫害和牲畜疾病的传染性质（外部性），动植物防保支出的作用并不仅仅是直接减轻农牧民的经济负担，而且还在于有效维护农牧业生产安全，从而为全体农牧民提供食品保障和收入保障。这对于住在边境地区的农牧民尤其重要，因为个别牲畜往返越境的事情常有发生。据亚东县边境地带的村民介绍，统一防疫制度使得中方这边的牛羊极少流行传染病，相邻的不丹和印度由于缺少这个措施，它们那边的牲畜常会因病死亡。

第三，社区（行政村）与政府合作维护农牧业支持系统。村级生产服务是公共支持系统的基础，也是农牧民最需要和最经常利用的公共服务之一。因此，农牧民兼职技术队伍的组织和发展可以说是村民获得便捷而又可靠的服务的一个组织保证。为了维护这支队伍，有的县采用财政直接发

---

① 笔者对西藏自治区扶贫开发领导小组办公室副主任次旺多布杰的访谈，2003年7月31日。

② 笔者与乃东县农牧局黄卫军和王俊同志的座谈，2003年8月25日。

工资的办法。例如，当雄县对全县医术水平不一的212名民间兽医每月发放200元到800元不等的工资①。有的村委会财务状况相对宽裕，便对村里的农牧业服务人员给予补贴。以乃东县克松村为例，在每年年终村财务结算的时候，村委会根据农技员和兽防员等人为村民提供公共服务，譬如动植物防保服务的天数，按每个工作日5元的标准发放劳务补贴。虽然这在当地还不及普工工资的1/2，却因为包含着村民的期望而能够有效激励农牧民技术员尽职尽责地为全体村民服务。当然，在我们调查过的村庄中，多数村庄的公共服务都还达不到克松村这样的水平。事实上，乃东县作为西藏最早建立人民公社的地方，不少行政村至今还保留着集体主义的传统，村民也有较强的社区归属感。这对于面临社会经济转型的分散小农，无疑是抵御自然风险和市场风险的一种宝贵组织资源和文化资源。

第四，政府与农牧民合作防灾减灾。青藏高原气候多变、自然灾害频仍。据历史统计，从1816年以来的180多年中，平均每三年就有一次雪灾（杨勤业、郑度，2001）。此外，冰雹也时有发生，在河流众多的地方还有水灾出现。因此，农区财政支农资金中包括防雹经费，主要花在用大炮化解雹灾上。牧区地方财政有饲料储备资金，例如当雄县宁中乡政府，每年支出2万元左右收购青草，晒干储藏，雪灾来临之时平价出售给牧民。牧业户不仅储备饲草，而且多数家庭至少还存有一年的口粮。灾情发生时，除了政府的救济措施外，灾区的牧民还采用去非灾区牧场放牧的办法来减轻损失。这种民间互助方式历史上就存在，目前之所以依然可行，也许还与草场没有分配到户有关。至于应对水灾，通常的办法是修筑堤坝。然而即使是乡里的小河堤，建筑成本也远远高于牧民的经济承受能力。譬如宁中乡的河堤，修筑起来需要投资30万元。但是全乡牧户不足800户，2002年的户人均纯收入才2000元，无论如何不可能筹资抗灾。当雄县的做法是畜牧局负责资金和机械投入，各行政村组织村民出义务工，政府和民众共同投资堤防工程。

第五，中央政府对西藏农牧民一直采取休养生息的政策，例如免征农牧税。乡村干部只是提供服务，却没有索取资源的任务。其结果不仅是支

① 笔者对当雄县畜牧局副局长郭万军的访谈，2003年8月29日。

持了藏族农牧民，而且还增强了农牧民的社区认同感。例如，传统节庆活动如今多为村委会组织。我们曾在工布江达县看到村民庆祝望果节，每家每户携带自制的青稞酒和食品，聚在一起载歌载舞，一醉方休。试想如果他们有内地农民那么沉重的税费负担和高昂的生产成本，这种田园快乐恐怕就会大打折扣。

公共支持加上经济改革中农牧民获得自主决策权激发出来的生产积极性，促成了最近15年来农牧业的连续增长。其直接效果，是农牧区有了充足的自产食品供给。2000年，自治区内18个贫困县的农牧业产出达到人均粮食415公斤、油菜籽19公斤、肉类64公斤、奶类73公斤[①]。然而食品供给充足并不必然导致所有农牧民家庭都有食品保障。“食品保障”，是指个人或群体在任何时候都能获得为维持生命健康和活动所需要的营养。为此，一个国家或地区就不仅需要有充足的食品产出、便捷的运输分配和稳定的市场供给，而且还必须使全体居民具备获得食品的途径或支付能力（FAO，1996）。

对于生产和支付能力薄弱的贫困户，西藏各级政府除了通过以生产投资为主的扶贫计划予以援助外[②]，还辅之以救济措施。对此，笔者在拉孜县吉角村调研中遇到的案例可以用来作进一步说明。吉角村是个纯牧业村，由于气候变暖雪线上升而搬迁到海拔5000米的高地。村里所有的搬迁房都由政府出资修建，贫困户每年还能得到救济粮。例如牧羊人旺堆夫妇有5个小孩，放牧130只羊。2003年用20只羊换青稞（1只羊：132斤青稞），所得粮食不够吃，于是从民政部门领到救济粮900斤渡过难关。

在自然条件相对优越的河谷地带和高原草场，绝大多数农牧户的食品保障已经不成问题。除了自家食用和为了调整食品结构而交换的农牧产品外，农牧民家庭的剩余产品量逐年增长。近五年来，全自治区每年有7000万—8000万斤粮食入库，2003年库存粮已达5亿斤。这种现状虽然由产

① 对西藏自治区扶贫开发领导小组办公室副主任次旺多布杰的访谈，2003年7月31日。

② 自治区扶贫办旺多布杰同志介绍说，1994年的贫困线为牧区年人均纯收入700元、半农半牧区650元、农区600元。据此标准2000年的农牧贫困人口还有7万人，占当年农牧业人口的3.2%。不过，在目前执行的扶贫计划中，人均收入低于1300元的120万农牧人口全都列为重点扶持对象。

品质量差但政府依然保价收购的因素造成，却也从一个侧面反映出当地农民的剩余产品规模。撇开这种由于价格信号扭曲导致的粮食剩余问题不谈，这里值得一提的是农牧业增长中出现的商品农牧业萌芽，例如温室蔬菜、规模养鸡和肉畜短期育肥，等等。这些生产分支的出现，既是对区内副食品需求随城镇人口增加而扩大的回应，也是农牧业适用技术推广的结果，或者说是农牧业公共支持系统的一个贡献。

二 人力资源与社会服务投资

在近二十年来的财政分权化改革中，内地省份一些本应由政府承担的公共服务筹资责任被推向市场，结果导致这些地区尤其是欠发达地区的基本公共服务或是供给不足，或是价格高于一般家庭的经济承受能力，例如疾病预防、初等教育和基本医疗服务。在这一背景下，低收入群体不得不为购买这些服务多付钱甚至放弃使用服务。概括地说，低收入群体对基本公共服务的可及性降低。相形之下，西藏自治区在欠发达地区中可谓一个特例。除了农牧业生产支持系统之外，政府投向农牧区基本公共服务的资源一是配置在人力资源发展领域，二是用在与农牧民家庭福利直接相关的基础设施建设上。有鉴于本课题组还将针对这些基本服务领域的运行状况分别撰写专题研究报告，以下仅扼要列举农牧民获得的主要服务项目：

其一是免费义务教育。从 1985 年起，自治区政府在农牧区推行寄宿制，目的在于解决农牧民居住分散引起的儿童走读困难。与此同时，还对接受初等教育的藏族中小学生实行包吃、包穿、包住政策。这些政策的有效性，在农牧民家庭成员的受教育经历中即有反映：在我们的调研户中，学龄儿童都在上学①；30 岁以下的劳动力尤其是男性，多受过三年以上的初等教育；30 岁以上的受访个人中文盲明显增多。

其二是政府资助的合作医疗保险。2003 年全国农村新型合作医疗制度

① 据国务院新闻办公室 2001 年 11 月 8 日发布的《西藏的现代化发展》，2000 年全自治区适龄儿童入学率将近 86%（http://www.people.com.cn）。

试点项目实施之前，中央财政未曾资助过内地任何一个省份的农村合作医疗保险，但是对西藏农牧民家庭一直有医疗补贴。1992 年以前，补贴金额为每人每年 5 元。此后逐渐增加，到 2002 年，增至每人每年 15 元。对此，中央政府要求地方政府按 1：1 的比例配套，一并用来资助农牧民家庭参加合作医疗保险。到目前为止，政府的资金投入、社会动员与医疗行政工作相结合，已经引导 80% 的农牧人口参加了合作医疗保险。笔者走访过的农户都曾展示出家庭合作医疗证或者个人就诊卡。从他们的家庭医疗账户来看，参保人能够报销的医药费还很有限，但家庭成员一年里总有些小病就诊记录。与此相对照，其他欠发达地区农民常因财务限制而小病不治延误成大病。这表明，合作医疗保险具有促使患者及时利用医疗服务之效。

其三是救灾救济和孤寡老人生活保障。如前所述，政府的救灾救济行动通常与维护农牧业生产安全和加强低收入群体食品保障相联系。根据美国人类学家（Goldstein）于 1986—1988 年所做的西藏田野调查，即使在拉萨市 500 公里以远、距离公路 180 多公里的游牧村落，缺粮的低收入户也能及时得到食品救济（Goldstein，Melvyn C. and Cynthia M. Beall，1989）。我们的调查表明，民政部门的救灾救济系统至今依然如此有效。除此而外，还有政府和社区合作供养孤寡老人的普遍做法：前者向五保户发放生活补贴，后者组织村民轮流照料老人。

表 1　**山南地区乃东县主要农作物单位面积产量***

作物种类	小麦	油菜籽	青稞	马铃薯	饲料玉米
报告产量（市斤/1.6 亩）	1200	400	900	2500	500
单位面积产量（市斤/亩）	750	250	562	1563	312
全国平均**（市斤/亩）	（720）	220	（1300）	2600	1600

* 表中数据来自 2003 年 8 月 25 日乃东县农牧局技术人员的介绍。西藏农区常用的耕地面积计量单位是“大亩”，乃东全县平均 1 大亩 = 1.5—1.6 标准亩；在有些地方，1 大亩 = 1.8 标准亩。

* * 全国平均数来自农业信息网（www.agri.gov.cn/xxlb）2002—2003 年提供的信息，但在此只有参照意义，因为数据可比性较差。例如，与青稞产量相对照的是大麦产量；乃东县普遍种植的小麦是低质小麦，全国平均数据指的是硬质（强筋）小麦单产。至于饲料玉米，在乃东县尚未大面积推广。

表 2　　林芝地区工布江达县木坝乡木坝村农户生产活动表*

月份	1—2 月	2—3 月	3—5 月	6—7 月	8 月	9—10 月	11—12 月
活动	过年 砍柴	种青稞 种油菜 施化肥	捡虫草	拾蘑菇	收割：油菜、小麦、青稞 拾蘑菇	种小麦 施化肥	平整土地 整修围栏 运送粪肥

* 本活动表根据笔者 2003 年 8 月 3 日在木坝村对男性村民次仁乌珠（26 岁）、阿牛（35 岁）和阿珠（36 岁）的访谈制成，访谈中当即核对，得到他们的认可。据他们介绍，村里所有农户都有耕牛并喂养奶牛和生猪，但这些活动季节性不强，主要由妇女承担。

表 3　　日喀则地区拉孜县拉孜镇康来村农民加参的家庭生产活动安排*

月份	1—2 月	3 月	4 月	5 月	6—8 月	9 月	10—11 月	12 月
加参及其长子	过年 零碎农活	施底肥	种小麦	种青稞 油菜 豌豆	田间管理 种菜	收割	打场	零碎 农活
加参之弟	同上	出外打工	回家	同上				
家庭主妇	照料小孩、做家务							

* 本表根据笔者 2003 年 8 月 9 日对康来村农民卫生员加参的访谈制成，谈话中提供信息的还有这个家庭的主妇即加参兄弟之妻。户主加参现年 44 岁，家庭人口 8 人，除了表中所列 4 人外，还有加参兄弟的姑母以及 3 名 14 岁以下的子女。他家耕种农田 25 亩，喂养 2 头奶牛、3 匹马。此外，有 22 只羊委托本村羊倌放牧。

表 4　　拉萨市辖当雄县宁中乡曲才村牧民吉美的家庭劳动分工

家庭成员	长兄吉美和两个儿子	二弟曾果	三弟贡嘎	女儿	幼子	家庭主妇
活动	在班戈县开店购销牲畜皮毛和山羊绒	家务 本地零工	牧羊	放牛	上中学	家务
货币收入	4 万元/年	700 元/本年	—	—	—	—

* 本表根据笔者 2003 年 8 月 29 日走访吉美家获得的信息制成。这一家庭人口共计 8 人，访谈时在座的有曾果、贡嘎以及家庭主妇。吉美家有牦牛 53 头、绵羊 20 只、山羊 12 只，访问时尚无销售收入，故而在表格中用“—”表示。

其四是能源和饮水供给设施改造。西藏能源供给种类之多堪称全国之最，除了常见的水力、火力和柴油发电设施之外，还有风力、地热和太阳能利用。不过，这些生态友好能源在取暖和烧饭方面的使用并不普遍。我们看到，只有少数农牧人家用罐装液化气做饭，多数家庭通常使用的燃料依然是柴草和牛粪。农牧民家用能源改善的效果，主要表现在通电带来的生活质量提高。他们最常使用的电力，多来自大大小小的水力发电站。除了照明用电外，一些经济状况较好的农牧户还使用藏族生活特有的小电器，例如酥油搅拌器。在江孜县帕贵新村，笔者就曾品尝过主人家用这种搅拌器制作的酥油茶。在日照充足的地方，农牧户常用太阳灶烧水。此外，通过近十多年来人畜饮水项目的实施，不少接近水源且人口相对集中的村落已经用上了自来水。这类安全饮水设施的效用不只是维护农牧民家庭所有成员的健康，更重要的是，减轻了妇女的背水劳动和长期负重带来的疾病。

其五是卫星电视通信服务。西藏的陆地交通虽然不如其他省份便利，但当地采用的信息技术却与发达地区没有什么差别，卫星电视电信服务搭建了连接青藏高原和外部世界的最便捷的信息通道。只不过计算机和互联网的使用在西藏还只是城镇的事情。此外，与农牧民居住分散和收入低下相联系，其他信息设施使用方面的地区性差距、城乡差距和社会群体差距也显而易见。从统计数据来看，全自治区广播和电视的人口覆盖率分别为55%和50%，每百户城市居民家庭拥有电视机120台，每百户农牧民家庭仅拥有14台；全自治区电话用户达38万户，相当于每7个人拥有1部电话，但实际上每百户农牧民家庭只有0.2部电话（西藏信息中心，2001）。据我们课题组在农牧区所见，在非贫困村，电话通常是小卖部的一桩生意；电视则除了成为高收入家庭的一个标志以外，还在个别小卖部承担招揽顾客的功能。笔者在位于日喀则市和江孜县之间的夏朗寺附近，曾看到小卖部里的电视机前挤满了看电视的儿童。

上述服务供给对于农牧人口，既有生存保障之效，例如社会救助；又有发展促进功能，例如基础教育、基本医疗保障和信息服务；还有提高生活质量的作用，例如能源和饮水设施改造。无论单项服务功能的侧重点如何，都有助于改善服务使用者的人力资源，增强其应对自然风险和市场风险的能力，从而也有助于从根本上减少乃至消除贫困。从这个角度考虑，通过公共投资和社会援助保障贫困人口获得免费或廉价的服务，有助于减少市场机制运行带来的经济不平等，或者说有助于缩小地区之间、行业之间和社会群体之间的经济差距。

正因为如此，保障基本公共服务供给，是政府的责任，是与公共权力相联系的事情。政府如果推卸应负的筹资责任，就意味着让渡部分公共权力，损失公众的支持和政治资源的积累。当前，中西部多数省份公共服务供给不足和分配不均等加剧在百姓中引起的不满，从反面说明了这个道理，西藏案例则从正面印证了同样的逻辑。前面提到，西藏之所以与众不同，首先是因为大规模的外来援助使当地政府具有执行公共职能所必需的财政资源；其次是由于政府具有足够的政治意愿来保障服务供给。行文至此则有必要追溯：促使中央和地方政府保持这种意愿的主要因素又是什么呢？答案还是要从西藏的特殊性上来找。如果把中国政府的白皮书视为高层决策群体对国内外所关注的问题作出的一种回应，那就不难发现，在近10年来发表的白皮书中，西藏专题与其他省/区的专题相比出现的频率最高。更值得一提的是，通过西藏专题白皮书公布的信息并未集中表现各级政府优先追求的经济增长目标，而是涉及地区发展的方方面面①。这反映出，西藏在中国所有省/区中受到的关注最密集。无论这种注意力因何而产生，也无论其具体来自何方，它都和中央政府经常性的信息公布汇合成一种有效的监督力量，而这恰恰是内地大多数省份所缺少的。在这个意义上，我们的案例表明，即使其他省份不可能如同西藏那样吸引外界瞩目，政府也能通过加强社会经济发展信息的披露提高施政透明度，有意识地获得有效的外在监督，并以此促进基本公共服务的改善。

三　非农牧就业机会的创造

近二十多年来，农牧民食品保障和健康服务条件改善的后果之一，是人口的快速增长。1980—2000年期间，西藏自治区的藏族人口增加了40%以上（1980年为1718238人，2000年为2421856人）。与此同时，农牧业劳动生产率虽然明显提高，但是人均耕地和牧场面积正逐渐减少。这

① 参见《中国政府白皮书》（www. people. com. cn/GB/shizheng/252/2229）。

就促使农牧民为了提高收入一方面继续挖掘农牧业增长潜力，另一方面寻找和创造非农牧业就业机会。

然而，青藏高原特有的地理气候环境使农牧业增长受到的生态约束远比其他地区严峻。就牧业而言，现有草场超载严重，以致造成草原退化。我们在当雄县了解到，全自治区天然草场的理论载畜量为每三十多亩草场1个羊单位。当雄虽然有西藏质量最好的草场，高达170%左右的超载率也使草原不堪重负。全县1037万亩的草场上有20万头牦牛、23万只绵羊、12万只山羊和7700多匹马，共折合94.2万个羊单位，相当于每11亩草场承载1个羊单位[①]。近年来，为了解决饲草短缺问题，县畜牧局组织培育人工草场4万亩，发现垦殖的草地往往在冬季被强风吹走熟土层，从而产生新的生态难题。这种现象在青海藏区也多有发生（Yeh，2003）。至于农区，非但具备开垦条件的荒地已经极为稀缺[②]，现有的耕地还在随着城镇化和基础设施建设的发展而减少，目前人均耕地不足1.5亩[③]。不仅如此，当地主要农作物（小麦、油菜、青稞和马铃薯）受气候条件限制一般只能一年收获一季，单位土地面积的年产出量自然低于平原丘陵地带。我们课题组去过的乃东县是西藏最适于农耕活动的地域之一，如果不考虑品种差异，那里的小麦和油菜单产与全国平均水平不相上下，马铃薯产量则低三四成（参见表1）。纵使继续改进耕作技术或是不计成本地增加投入，单产提高所能带来的收入增量也很有限。至于调整种植结构和发展高附加值商品农业的策略，由近期市场需求所决定，其可行性目前只存在于城郊农区和交通相对便利的地方。

对于大多数农牧户而言，现有的人—地比例使得商品农牧业不可能完全吸纳剩余劳动力，也不足以支撑长久的收入增长。这种情形与其他省/

---

① 国家统计局对年末牲畜存栏总数的统计，以调查区成年绵羊为样本，按一只羊全年（或一个季节）的日平均采食量为日食量标准折算羊单位。以此为基准的折算公式如下：1匹马=6个羊单位；1头牦牛=4个羊单位；1只山羊=0.8个羊单位；哺乳仔畜=1/3成年畜；断乳的当年幼畜=1/2成年畜；青年畜=3/4成年畜（http：//www.zhb.gov.cn/download/1055362444823.doc）。

② 刘惠清、许嘉巍、吴秀芹：《西藏自治区乃东县生态系统的健康性评价》，载《地理科学》2003年第23卷第3期。

③ 据统计，“1981—1990年，全区净减耕地将近13万亩”。参见蒋彬《论西藏农村剩余劳动力向小城镇的转移》，载《西南民族学院学报》（哲学社会科学版）2002年第9期。

区的农村就业形势和农民收入前景相似，解决问题的出路也不外乎是创造非农牧就业岗位。这对改善西藏居民收入分配格局尤为重要，因为当地农牧民人均纯收入至今还处于全国末位，城乡收入差距却仍然排在首位。2002 年，西藏农牧民家庭人均纯收入为 1570 元，相当于全国平均水平（2476 元）的 63%。同年全国城乡居民收入差距为 3.1∶1，而在西藏则将近 5∶1。

有鉴于西藏现有的地方工业部门市场竞争力薄弱，无论是政府官员还是专家学者都将旅游业视为最具发展潜力的部门，可是目前的游客规模只不过一年百万人次，旅游业直接和间接吸纳的从业人员还不到 4 万人。在短期内，这一行业尚难成为吸收剩余劳动力的主要部门。面对现存约束条件，农牧民根据市场的需求和各自的资源条件，已经在寻求新增收入来源方面作出了理性的选择。在西藏，海拔高度往往是造成不同地域之间自然和经济状况差别的主要因素之一。仅仅是一二百米的落差，就会使生活在较低海拔地域的居民拥有显著的区位优势。表 2—表 4 反映出生活在不同区位的农牧民对家庭劳动分工和劳动时间的不同安排。在海拔 3000 米左右的工布江达县木坝村，村民除了农耕和养殖劳动外，可以通过采集虫草蘑菇之类的林副产品获得现金收入。坐落在拉孜县海拔 4000 米处的康来村属于半农半牧区，村里家家户户都有人去藏北高原打工。属于纯牧区的当雄县宁中乡海拔 4300 米，牧民家庭的非农牧收入主要来自商贸活动和在建筑工程中做小工的劳动。事实上，从事农产品加工和经营商贸小企业的人只是少数，大多数出外做工的农牧民还是靠土石方工程挣钱。

人类学家戈尔斯坦（Goldstein）与西藏社科院所作的农牧户抽样调查表明，1997—2000 年期间农牧民家庭普遍有人出外打工。这显然与我们在 2003 年注意到的现象一致。不过，戈尔斯坦对非农牧就业者的民族结构给予特别关注，曾著文强调指出，管理和技术岗位多为外来的汉族和回族人所获得，本地藏族劳动者多半从事非熟练工作。为此他对西藏自治区政府的开放政策持批评态度，认为政府应当改变现行政策，限制非藏族劳动力自由进藏。即使不能马上这样做，也应将政府投资项目中的就业机会优先提供给藏族劳动者，或是通过减税措施鼓励企业雇用藏族劳动力（Melvyn C. Goldstein，Ben Jiao，Cynthia，M. Beall，and Phuntsog Tsering）。

从我们搜寻到的国外文献来看，涉及西藏就业问题的论述几乎都有相似的批评。不过，戈尔斯坦的政策结论，似乎更多地出于对藏族农牧民市场竞争力相对薄弱的考虑。其他国外批评者则有意或无意地在论述中带有一个隐含的政治前提，那就是把西藏看作是一个独立的行政体，这就使他/她们的分析和结论所表现出来的偏见越发不可避免。我们的研究基点，正在于西藏是中国领土不可分割的一部分，无论是多数民族还是少数民族劳动者，共同的特征都是中国公民。在这个基础上，我们再来考察公共政策对居住在不同区域、具有不同民族、性别和年龄特征的劳动者有着怎样的影响，探讨如何采用专项措施扶助弱势群体并保证他们受益。

可以断定，在当今国内市场一体化和国际市场全球化的趋势下，若要限制一国之内的地区间劳动力流动，无论在理论上还是在实践中都是行不通的。对此，近二十年来农村劳动力向城市的大规模转移提供了最具说服力的例证。具体说来，进藏的内地农民工与持有城市户口的就业者相比，大多数还是属于中国社会的弱势群体。若非生计所迫，这些人不会甘冒失业、工伤和疾病的风险，背井离乡到偏僻缺氧的世界屋脊上谋求就业机会。我们曾经就进藏目的对建筑工人、餐饮业服务员、出租车司机和小商贩等作过访谈，他/她们的回答不外乎是给儿女或弟妹赚学费，给家里攒建房款，或是给老人挣治病钱。除此而外的发展愿望，多半是积累资金回乡开办小企业。这些外来农民工既不能分享西藏本地城镇就业者特有的福利，也与农牧民享有的任何政策优惠和社会救助无缘，只不过是凭借自己的劳动避免个人和家庭陷入贫困而已。这一点，与内地欠发达农村劳动力到其他任何一个地方谋生，从而使整个中国社会减少了贫困的情形没有什么两样。因此，从在全国范围内减少贫困、追求社会公正的角度来看，政府有关劳动力流动的政策既不应带有区域歧视，也不可含有民族歧视。

至于那些进藏经商、承包企业或是经营餐饮服务业的民间投资者，不仅为西藏经济注入了资金和活力，而且还创造了非农牧就业岗位。试想当地农牧民资本积累能力极为有限，倘若没有外来民间资本进入非农牧产业，他们除了参加政府的投资项目以外，又如何尽快通过增加非农牧就业来提高收入呢？进一步讲，各级政府为了发展地方经济都对国外投资者持欢迎态度，那又有什么理由将不同民族的国内投资者拒之于所辖区域之外呢？

综上所述，帮助藏族农牧民获得非农牧业熟练工作岗位的根本措施，不是动用行政力量扭曲劳动市场，而是促进人力资源的发展，提高本地农牧民的创业和就业竞争力。这就要求公共服务供给作如下调整：

第一，提高农牧区基础教育和基本健康服务的公共投资质量。与其他省/区相比，中央和地方财政对藏族农牧人口的教育和健康服务投资量是相当可观的。但是与内地农村例如相邻的四川农村相比，西藏农牧区的基础教育和健康服务质量较差，服务利用率较低。若要通过提高教育和健康服务利用率来改善农牧民家庭的人力资源，关键还在于以提高服务质量为目标，改进服务供给者的激励机制。

第二，以农牧区现有的青壮劳动力和新增劳动力为对象，实施非农牧就业导向的技能培训和信息服务项目。

第三，针对银行信贷机构设计激励制度，促使它们为农牧民创业提供金融服务。

第四，由于农牧区至少还有50%左右的村落需要通电或通自来水、通信或通路，因而需要政府继续投资于基础设施和社会服务。此类公共产品和服务的供给，不仅能够继续为农牧民创造就业机会，而且还能为整个西藏经济的起飞准备必要的物质条件。

四 小结

经济改革中，西藏农牧业的连年增长和有效的社会援助使农牧民家庭获得了基本的食品保障。促进增长的主要因素在于，经营制度变革条件下农牧民生产积极性和创造性的发挥，以及政府对农牧业基础设施和技术支持系统的持续投资。与此同时，在基础教育、基本医疗保障、信息服务、生活能源和饮水设施改造方面，农牧人口都得到了中央和地方财政的支持。这些公共投资和社会援助不但有减少贫困之效，而且还全方位地改善了农牧民家庭的福利。可见，以公共产品和服务供给的形式援助欠发达地区和弱势群体的方式，实质上是一种投资取向的收入再分配。这种分配方式之所以在西藏得以实现，一方面是由于中央政府和其他相对发达的省/区政府的财政资源转移；另一方面是因为中央政府的对外信息披露制度，无形中将受援地区政府履行公共职能的状况置于外在监督之下。不过，农牧民收入的长期增长，还有赖于非农牧业就业岗位的创造。这就对公共服务的供给提出了新的要求：即就业导向的人力资源促进和农牧民创业支持服务。在市场经济条件下，提高农牧民的创业和就业能力，可以说是保障农牧人口参与并受益于社会经济发展的关键。

参考文献

Dreyer, J. T. 2003, Economic Development in Tibet under the People's Republic of China, *Journal of Contemporary China* (2003), 12 (36), August, pp. 411 – 430, Carfax Publishing, Taylor & Francis Group, London.

FAO, 1996, Technical background documents, Volume 1, World Food Summit, Rome.

Goldstein, Melvyn C. and Cynthia M. Beall, 1989, The Impact of China's Reform Policy on the Nomads of Western Tibet, in *Asian Survey*, Vol. 29, No. 6, pp. 619 – 641, University of California Press, Berkeley.

Goldstein, Melvyn C., Ben Jiao, Cynthia, M. Beall, and Phuntsog Tsering, 2003, Development and Change in Rural Tibet, in *Asian Survey*, 43: 5, pp. 758 – 779, University of California Press, Berkeley.

World Bank, 2003, *World Development Report* 2004: *Making Services Work for Poor People*, A Copublication of the World Bank and Oxford University Press.

Yeh, E. T., 2003, Tibetan Range Wars: Spatial Politics and Authority on the Grassland of Amdo, *Development and Change*, 34 (3): 499 – 523 (2003), Institute of Social Studies 2003, Published by Blackwell Publishing, Oxford.

[美] 布坎南：《民主过程中的财政》，上海三联书店 1992 年版。

多杰才旦、江村罗布主编：《西藏经济简史》，中国藏学出版社 1995 年版。

西藏信息中心：《西藏统计年鉴》（2001 年）（www. tibetinfor. com. cn）。

杨勤业、郑度：《西藏地理》，五洲传播出版社 2001 年版。

食品和能源危机的影响及应对*

提要 本文借助现有文献和中国城乡住户抽样调查统计说明，中国的食品和能源价格上涨幅度虽然低于国际市场，但已对低收入住户的家计造成冲击。城市低收入户用低价食品替代高价食品；农户实际消费总支出降低，恩格尔系数增大，衣着和燃料支出比重减少。农户的膳食更加不均衡，贫困群体的营养不足状况加剧。因此，需要全社会共同行动，由政府采取应急措施，停止补贴以食品为原料的生物能源企业，瞄准贫困人口实施食品救助。需要采取的中长期策略，是遏制垄断，改善竞争环境，消除食品和能源价格扭曲。长期改革政策，在于调整社会结构，校正要素价格形成机制，转变经济增长方式。

自2007年以来，国际食品价格飞涨。此前就已攀升的能源价格与食品价格相互推动，对全球经济产生巨大冲击。尤其是对依赖能源和食品进口的国家，这无异于一场“寂静的海啸”（the Earth Institute，2008）。迄今，大约有30个国家发生了与食品涨价相关的社会骚乱，食品保障、能源安全与政治稳定空前紧密地联系在一起。如何平衡食品保障和能源需求，因而也成为当前国际社会的一个热点议题（von Braun，2008a）。对于这次食品和能源危机，中国和印度在亚洲率先作出反应，采取了包括出口管制、价格干预和补贴在内的一系列措施。不过，出口限制和价格干预虽

---

* 本文为联合国秘书处公共信息部约稿，以“Where Food and Energy Compete”为题，载于*UN Affairs* Volume1 Number1 2008。中文修改版以《论全球性食品和能源危机的应对策略》为题，发表于《经济研究》2008年第9期。蒋中一教授和魏众教授组织了中国住户数据的处理并参与讨论；金成武博士制作了图表。谨在此一并致谢。

然能够暂时减轻粮食和能源价格波动产生的通货膨胀压力，却没有从根本上消除价格飞涨的驱动因素，还可能会因扭曲价格信号而误导资源配置，甚至为今后埋下危机隐患。针对这一问题，本文拟首先依据现有统计资料，说明驱动能源与食品相互竞争的决定性因素。其次，以中国为例，揭示食品和能源价格上涨对低收入和贫困群体食品消费的影响。最后，探讨平衡食品保障和能源需求所应采取的公共行动。

一 驱动能源与食品相互竞争的因素

能源价格震荡上行，是导致食品价格高企易变的一个原因。它直接引发了农机、灌溉、肥料和人工等粮食生产成本的增加。不过，驱动能源需求与食品保障相互竞争的直接因素，是以谷物和油菜籽为原料的生物能源制造。根据国际粮食委员会的报告，在2007—2008年期间，全世界用于制造生物燃料的谷物增加了32%。在用作生物燃料的粮食总量中，美国的份额高达80%。全球玉米总产量为7.77亿吨，其中，世界贸易总量为1亿吨，用作生物燃料的玉米达9500万吨。国际食品政策研究所的推算表明，2000—2007年期间，全球生物乙醇增长对粮食的需求，直接将粮价推高了30%（von Braun，2008b）。

进一步讲，造成此番食品价格高企的需方因素还包括：人口增长对农产品需求的增加，以及工业化、城市化和收入提高引致的食品消费结构变化，即需求向高价值食品的转移。从供方来看，直接和间接起作用的主要因素在于，农业研发和基础设施建设投资不足、生产率提高缓慢，粮食总产的增加滞后于需求的增长。2000—2007年期间，世界粮食产出低于粮食消费，粮食库存因而一直处于下降状态。因此，供给难以迅速应对需求急剧变化的挑战。此外，气候变化、水资源日益紧缺、澳大利亚等粮食主产国遭灾歉收、粮食期货市场上的过度投机以及近20个国家禁止或限制粮食出口，都加剧了供给的短缺（IFPRI，2008）。上述所有因素综合发生作用，促成近期粮价居高不下的态势。

在政府干预下，中国粮价的涨幅目前尚低于国际市场。值得注意的是，推动中国粮价上扬的驱动力，除了以上列举的因素以外，还有如下与本国的制度安排和经济增长方式相关的特殊原因。

其一，耕地锐减（见图 1）。自 1978 年开始实施的农地家庭承包制，仅赋予农民对土地的使用权。虽然，最近 30 年来的高速工业化和城市化使得耕地的减少不可避免，但在中国现有的社会结构中，农民谈判能力微弱，加之缺少土地所有权，面对地方政府、土地开发商和村干部联合起来强行征地的行为，连原有的土地使用权也难以维护。在这种情况下，土地的稀缺性在价格上得不到体现，制度性滥用和浪费屡禁不止，从而加剧了耕地面积的缩减。这一点，从地方政府瞒报耕地面积的行为中就可以看出来。2004 年，查出往年地方政府未报告、但耕地已经被占作建筑用地的面积达 14.77 万公顷；2006 年，这类被占用的耕地面积为 9.12 万公顷。

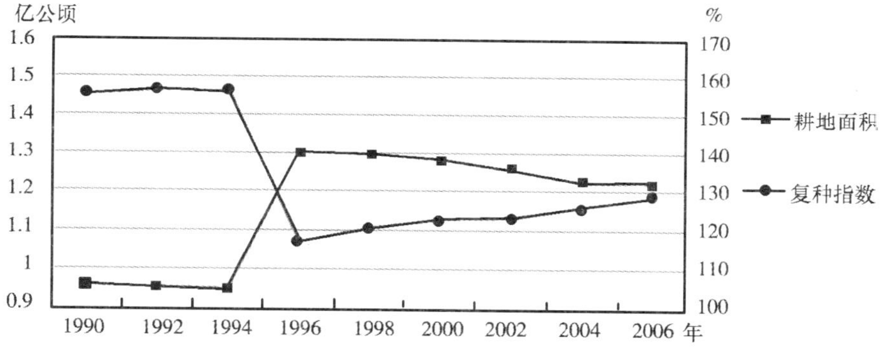

图 1　1990—2006 年期间中国耕地面积和复种指数

数据来源：中华人民共和国农业部：《中国农业发展报告》，中国农业出版社 2007 年版，第 147—148 页。

注：1986—1995 年耕地资源数据为国家统计局年报数据；自 1996 年起，数据根据国土资源部年度公报整理。

其二，农业劳动力弱化。在乡村工业化和城市经济迅速扩张的过程中，大约有两亿左右的乡村青壮年劳动力分别进入乡镇企业和城市就业。这一方面是因为他们从非农产业获得的收入高于务农；另一方面，农业人口始终面临人多地少的限制条件。20 世纪 80 年代，平均每个农户经营的耕地面积仅 0.5 公顷左右。随着耕地的减少，失地或少地的农民也不得不转向城市谋生。问题是，中国特有的户籍制度造成的城市社会对乡村人口的排斥，以及在社会保护薄弱的条件下农地附有的生存保障功能，迫使青壮年劳动力在向城市和非农产业转移的同时，把老人和妇女留在村庄照料家庭和经营农业。老龄和女性务农群体较之迁移劳动力体质偏弱、受教育程度偏低，这就限制了新技术的推广和农业集约程度的提高。作物复种指数从1990年的155%到2006年的129%的下降轨迹（见图2），即可视为这种变化的一个反映。纵然考虑到1996年耕地面积统计数据调整对复种指数计算的影响，地理学者的研究也已经表明，长江中下游和华南精耕细作地区出现复种指数降低的趋势（闫慧敏等，2005）。这一区域，恰恰是中国农作物产量最高的地方。

其三，水资源危机。中国北部原为缺水地区，工业迅猛增长和城市急剧扩大使得水资源更加紧缺，这可以从“南水北调”工程那里得到印证。此外，由于废水、废物、废气排放未得到及时治理，全国主要河流水质遭到中度或重度污染，主要湖泊水质恶化。已有的研究表明，污染物质能够通过灌溉残留于农作物，从而危及食品安全。2006年，全国地表水当中，劣质水占到28%（国家环保总局，2007）。多种类型的污染，使素来以“水乡泽国”著称的中国南方，也面临着饮用水和农用水短缺的威胁。

其四，在对财政资源的竞争中，农业处于劣势。迄今，国家用于农业的财政支出金额逐渐增加，但这个项目占财政总支出的份额却在缩小，从1990年的10%，下降到2006年的6.5%（农业部，2007）。这一变化趋势，显示出农业的公共投资力度相对减弱。其结果之一，便是农业基础设施老化失修（万宝瑞，2008）。近年来，中国政府以“工业反哺农业、城市支持农村”为原则，取消农业税，向农民发放种粮补贴，以及购买农机、柴油、化肥、良种和良畜的补贴，等等。2007年，这些优惠总计1500多亿人民币。不过，这依然远不及国家对成品石油的价格补贴。同年，油价补贴超过了2200亿元（珑铭，2008）。有鉴于农业用油只占社会总需求的7%左右，城市居民的人均能源消费高于农村，油价补贴实质上意味着城市人口和非农企业更多地享用了财政资源。

如果说，世界经济增长对矿物能源的过分依赖，排挤了农业投资和发展的机会；中国的案例则进一步表明，发展政策中的城市偏好，在牺牲农民利益、打破生态平衡的同时，埋下了危及食品保障的隐患。

二 食品和能源危机对贫困人口的影响

关于“能源安全”，国际能源署（IEA）一直以来强调的都是供给安全。当前尤其关切的是，在一个全球化的市场上，包括石油、天然气和电力在内的能源供求平衡（Houssin，2007）。对此，主要出口国和进口国由于立场不同而见解各异。不过，国际社会对于“食品保障”的含义却早已达成共识。根据联合国粮农组织（FAO）的定义，食品保障指的是，“所有人在任何时候，为着维持一个活跃的和健康的生命，都拥有获得充足的、安全的和富有营养的食品的途径，以满足他们的膳食需求和食品偏好”（FAO，2008）。粮价和油价飙升，对世界所有国家的人民生活都产生了影响，但部分发展中国家的社会骚乱显示，那里的穷人受到的影响已经严重到威胁他们生存的地步。因此，首要的应急措施当为实施紧急援助，保障贫困群体的食品和能源需求。为了能够及时、足量地救助贫困者，有必要基于微观的住户生计分析，确认受到食品和能源危机严重冲击的人群以及冲击的影响程度。鉴于可供笔者使用的中国数据最为丰富，以下拟采用2006—2007年期间的中国案例说明问题。

2007年，中国城市居民人均可支配收入为13786元，乡村居民人均纯收入为4140元。城乡消费物价指数分别为4.5%和5.4%，经价格调整的城乡居民收入之比为1∶3.36（乡村收入=1）。同年，全国食品价格比上年上涨了12.3%。在食品类别当中，粮食、肉禽及其制品、油脂和鲜蛋价格分别上涨了6.3%、31.7%、26.7%和22.9%（国家统计局，2008）。其中，猪肉价格处于领涨地位。2007年12月，猪、牛、羊肉价格与上年同期相比分别增加了57.7%、48.0%和44.5%，淡水鱼价格却变动不大（农业部，2008）。这一背景，在很大程度上可以解释表1—表3展现的居民收入和消费状况变化。

第一，表2和表3显示，采用消费价格指数对收入加以调整后，城市样本户的年人均可支配收入与上年相比普遍增加，但三个组别的农户人均纯收入全都下降。或者说，农户的收入增长速度不及农村的物价上涨。

第二，在城市样本中，处于收入底层的5%住户的食品消费发生了引人注目的变化：米、面、食油、猪肉、鸭肉、鲜蛋、鲜菜和鲜瓜消费量减少，鸡肉、牛肉、鲜果和奶制品消费明显增加。这种食品消费种类的“替代效应”，正是食品价格变动影响的表现。它在中等收入户的肉类消费结构变化中也有所反映，但在处于收入峰顶的5%住户那里，则未见痕迹。这一组别的食品消费，看起来正转向有利于健康的膳食结构。例如，减少碳酸饮料而增加茶叶消费（见表1）。

表1　　2007年中国城市住户人均食品消费量与上年相比的变化

收入组	5%最低收入户		20%中等收入户		5%最高收入户	
年份	2006	2007	2006	2007	2006	2007
年人均食品消费	当年消费（公斤）	变化率（%）	当年消费（公斤）	变化率（%）	当年消费（公斤）	变化率（%）
大米	43.19	-13.57	40.97	1.32	35.35	13.21
面粉	15.67	-7.28	11.89	7.74	5.17	15.28
食用植物油	8.23	-6.44	9.82	2.34	8.06	15.26
猪肉	15.01	-19.85	20.55	-9.05	20.76	3.13
牛肉	1.36	14.71	2.65	3.77	2.43	24.69
羊肉	0.81	8.64	1.49	-1.34	1.22	18.85
鸡	2.84	14.79	4.76	16.60	5.77	31.20
鸭	1.05	-9.52	1.68	3.57	1.73	35.26
鲜蛋	7.52	-6.91	10.91	0.46	9.85	8.32
鱼	5.67	0.53	9.61	6.24	12.73	14.30
虾	0.28	71.43	1.23	26.83	2.74	20.07
鲜菜	102.47	-9.50	121.16	0.73	109.08	10.48
白酒	1.89	1.06	2.45	-1.63	1.74	1.72
果酒	0.06	16.67	0.23	0.00	0.61	-13.11
啤酒	2.61	20.69	6.69	-3.29	6.21	6.44
碳酸饮料	0.70	30.00	2.21	4.52	3.66	-9.02
瓶装饮用水	2.26	66.81	10.84	-1.38	28.91	-11.52
茶叶	0.13	23.08	0.26	7.69	0.32	21.88
鲜果	18.53	24.34	40.00	7.50	51.46	6.10
鲜瓜	11.78	-17.32	23.35	-18.03	27.78	-9.36

续表

收入组	5%最低收入户		20%中等收入户		5%最高收入户	
年份	2006	2007	2006	2007	2006	2007
年人均 食品消费	当年消费 （公斤）	变化率 （%）	当年消费 （公斤）	变化率 （%）	当年消费 （公斤）	变化率 （%）
糕点	1.93	25.39	4.61	10.85	6.52	3.37
鲜乳品	7.32	11.07	19.16	0.00	25.76	-0.39
奶粉	0.21	14.29	0.55	-12.73	0.71	-25.35
酸奶	1.02	52.94	3.87	9.04	6.42	-4.52

数据来源：国家统计局的全国城市住户抽样调查。总样本量2006年为56000户，2007年为59000户。

注：按样本户年人均可支配收入由低到高的顺序，20%中等收入户即第3个5分位组；5%最低收入户与5%最高收入户分别为第1个及第20个20分位组。

第三，表2并未完全展现城市样本户的消费结构，而只是列举了几项最基本的消费支出数据。从中可以看出，除了最高收入组以外，2007年城市居民的食品消费支出明显增加。中高收入组别消费支出的恩格尔系数（食品支出/消费总支出）变化微小，年增加幅度还不足一个百分点。在5%的收入底层户那里，恩格尔系数达到48.51%，比上年增加了1.52个百分点。也许是这些住户并非贫困到难以维持生存的地步，加之扣除价格上涨因素，其收入实际增长13.2%，非食品类消费品和服务价格涨势微弱甚至下降，该组别的非食品支出金额明显增加，只不过教育和能源在消费总支出中所占的比重略有下降而已。

表2　　**2006—2007年中国城市住户人均消费支出的变化**

收入组	5%最低收入户		20%中等收入户		5%最高收入户	
年份	2006	2007	2006	2007	2006	2007
年人均可支配收入						
当年价格（元）	2838.87	3357.91	10269.70	12042.32	39408.26	44961.34
2006年价格（元）		3213.31		11523.75		43025.21
年人均消费总支出						
当年价格（元）	2953.27	3447.68	7905.41	9097.35	25320.72	27738.16
2006年价格（元）		3299.22		8705.60		26543.69

续表

收入组	5%最低收入户		20%中等收入户		5%最高收入户	
年份	2006	2007	2006	2007	2006	2007
食品支出						
当年价格（元）	1387.7	1672.36	3019.37	3538.3	6351.32	7070.85
2006 年价格（元）		1497.19		3167.68		6330.21
比重（%）	46.99	48.51	38.19	38.89	25.08	25.49
衣着支出						
当年价格（元）	225.02	288.5	884.74	1017.66	2245.84	2439.66
2006 年价格（元）		291.12		1026.90		2461.82
比重（%）	7.62	8.37	11.19	11.19	8.87	8.80
教育支出						
当年价格（元）	256.18	278.87	587.93	614.32	1401.59	1468.82
2006 年价格（元）		280.84		618.65		1479.17
比重（%）	8.67	8.09	7.44	6.75	5.54	5.30
能源支出						
当年价格（元）	254.98	271.66	406.92	433.88	693.58	708.4
比重（%）	8.63	7.88	5.15	4.77	2.74	2.55
医疗保健支出						
当年价格（元）	213.39	250.27	590.45	646.52	1427.39	1655.21
2006 年价格（元）		246.09		635.71		1627.54
比重（%）	7.23	7.26	7.47	7.11	5.64	5.97
交通和通信						
当年价格（元）	205.6	243.21	859.87	993.43	5886.19	6353.91
2006 年价格（元）		247.16		1009.58		6457.23
比重（%）	6.96	7.05	10.88	10.92	23.25	22.91

注：根据中国国家统计局 2008 年 2 月 28 日发布的《2007 年国民经济和社会发展统计公报》（www.stats.gov.cn/tjgb/ndtjgb/qgndtjgb/t20080228_402464933.htm），分别采用城镇居民消费价格指数（4.5%）、食品价格指数（11.7%）、衣着价格指数（-0.9%）、娱乐教育文化用品及服务价格指数（-0.7%）、医疗保健及个人用品价格指数（1.7%），以及交通和通信价格指数（-1.6%），对样本户 2007 年的人均可支配收入（人均消费总支出）、食品支出、衣着支出、教育支出、医疗保健支出，以及交通和通信支出加以调整。因缺乏能源价格指数数据，对能源支出未作调整。

第四，表 3 包含的信息首先在于，按照乡村样本户 2006 年和 2007 年的名义收入分组，落在同一收入段里的户数减少。换句话说，样本户的收入分布曲线向右偏移。其次，1000 元以下组别的收入均值低于官方设定的农村贫困线，其消费支出高于收入。这一方面是因为，该组有40多户的当年收入为负数，但从资产和储蓄来判断，他们属于暂时贫困户；另一方面，长期贫困户有借债消费的现象。再次，经价格调整后的年人均纯收入和消费总支出同时下降。农户的家计普遍遭受食品价格上涨的冲击，即使是高收入组也未能幸免。这一点，在农户最基本的生存支出变化中得以反映：食品、衣着和燃料支出项目此消彼长。未列入表格的教育和医疗等其他项目的支出，也随着食品支出的增加而减少。最后，三个组别都在限制食品消费的同时，转向更加不均衡的膳食状态。贫困人群的动物性食品消费量原本就低，2007年，其猪肉、家禽和蛋类消费分别减少了29%、28%和8%，营养摄入不足的状况无疑加剧恶化。

表3　　2006—2007年中国农户人均食品和能源消费变化

收入组	1000元以下		3500—4500元		6000—10000元	
年份	2006	2007	2006	2007	2006	2007
样本户数	784	534	3091	2764	3112	3807
年人均纯收入						
当年价格（元）	660.73	675.62	3978.2	3977.73	7473.08	7582.27
2006年价格（元）		641.01		3773.94		7193.80
年人均消费总支出						
当年价格（元）	1469.31	1611.97	2804.71	2898.67	4822.96	4895.74
2006年价格（元）		1529.38		2750.16		4644.91
食品支出						
当年价格（元）	659.75	743.06	1126.94	1192.61	1644.91	1713.54
2006年价格（元）		654.10		1049.83		1508.40
当年价格比重（%）	44.9	46.1	40.18	41.14	34.11	35
衣着支出						
当年价格（元）	76.34	73.66	172.85	168.24	284.06	277.96
2006年价格（元）		73.51		167.90		277.41
当年价格比重（%）	5.2	4.57	6.16	5.8	5.89	5.68
燃料支出						
当年价格（元）	82.48	89.91	120.07	116.88	164.85	163.07
当年价格比重（%）	5.61	5.58	4.28	4.03	3.42	3.33

续表

收入组	1000 元以下		3500—4500 元		6000—10000 元	
年人均食品消费	当年消费（公斤）	变化率（%）	当年消费（公斤）	变化率（%）	当年消费（公斤）	变化率（%）
粮食	191.23	-4.07	201.92	-2.27	190.66	-9.16
蔬菜	81.14	11.49	109.98	-5.75	115.77	-2.78
植物油	5.80	-15.61	7.73	-4.33	8.26	1.73
动物油	2.04	-4.64	2.51	-5.57	2.18	-0.89
猪肉	10.98	-29.00	14.74	-13.94	16.81	-10.72
牛肉	0.92	-34.80	1.31	-12.03	1.96	-24.32
羊肉	0.72	16.51	1.06	-23.73	1.40	-18.85
家禽	2.51	-27.98	3.36	-4.29	4.40	-6.45
蛋类	3.62	-7.57	5.41	-15.51	7.20	-16.31

数据来源：农业部农村固定观察点的全国农户抽样调查。总样本量 2006 年为 20351 户，2007 年为 18255 户。

注：2006 年，年人均纯收入在 10000 元以下的户占总样本量的 93%；2007 年，该比重为 88.7%。国家统计局根据其抽样调查公布，全国农村居民人均纯收入 2006 年为 3587 元，2007 年达 4140 元。参照上述信息，这里分别以年人均纯收入 1000 元以下、3500—4500 元和 6000—10000 元为标准，选出代表最低、中等和高收入群体的三个组别。根据《2007 年国民经济和社会发展统计公报》，分别采用农村居民消费价格指数（5.4%）、食品价格指数（13.6%）和衣着价格指数（0.2%），对样本户 2007 年的人均纯收入（人均消费总支出）、食品支出和衣着支出加以调整。因缺乏能源价格指数数据，对能源支出未作调整。

还需要说明的是，表 3 的数据，来源于农业部农村固定观察点的农户抽样调查。这一调查网络自 1986 年建立，覆盖大陆所有省份和自治区。目前，样本农户选自 273 个村庄，共计 20000 多个。国家统计局的农村住户样本共计 68000 多个，选自 7100 个村庄。这里之所以未采用国家统计局的农村样本，是因为只有 2006 年的数据集可供笔者使用，不能满足比较研究的目的。表 3 的数据虽然与国家统计局的农村住户家计统计结果不同，但并不妨碍我们对 2006—2007 年的城乡居民食品消费变化作一比较。

首先，此间的食品价格上涨，对农户家计的冲击强度甚于城市。这与中国占据主流的观念显然不同（卢锋、谢亚，2008）。中国的粮食专家一般以为，农户的食品消费主要依赖自产的农产品，城市居民则依赖市场，因而后者的食品保障状况比前者脆弱。事实是，农户自产食品种类有限，贫困户的产量甚至不足以使其成员获得必要的热量摄入。农民越来越多地从市场上购买食品，才能满足家庭成员对食品多样性的需求。衡量“食品保障”的指标并非热量摄取一项，恰恰是食品的多样化，才能使消费者获得均衡的膳食和充足的微量元素（Hoddinott and Yohann，2002）。基于此再来回顾表1和表3，可以看出，城市的中低收入组用不同肉类和不同淀粉类食物的替代，保持了食物消费的多样性。农村的中低收入组则以大幅度削减动物性食品消费的决策，来应对价格的上涨。其食品无保障的状态，由此便可略见一斑。

其次，城市住户的收入高于农村、社会保障程度优于农村，财务支付能力因而也强于农村，这是决定其食品保障状况好于农村的一个决定性因素。进一步讲，由于政府干预，城市的食品价格上涨幅度低于农村。2007年，农村食品价格上涨13.6%，比城市的涨幅高出1.9个百分点。价格干预的结果，是从两个方面同时削弱了农户的食品可及性：作为生产者，他们未能从出售食品中获取所有应得的收入；作为消费者，他们的购买力由于农村食品价格飙升而降低。

上述两个样本都未涉及城市里的农村迁移者。最近一年来，笔者在对迁移工人的访谈中了解到，迁移工人每月的食品支出增加了150元左右，但月工资仅提高了80多元。农村迁移人群的食品保障，至今仍是中国食品和营养政策的一个盲区。可见，中国的食品无保障者可以按照如下顺序确认：从全体国民中确认低收入人群；从低收入者中确认农村人口；从农村低收入者中确认贫困群体；从贫困者当中确认老人、妇女和儿童。最终筛选出的人群，当为优先援助的目标群体。

三　危机应对策略

对于此番食品危机，国际组织和各国政府已经迅速采取了应急措施。例如，筹集资源，扩大对遭受饥饿威胁的国家和人群的人道主义援助；增加对农业研发等国际公共产品的投资，等等。此外，决策者们也注意到，期货市场上围绕食品和能源等大宗产品的过分投机活动，本质上还是对世界粮食库存和能源备用生产能力下降的反应。因此，国际和地区性合作，修正生物能源政策，消除贸易政策扭曲，强化农业和能源投资，促进节能减排，等等，都成为近期联合国及其他专题峰会的讨论焦点。不过，能否将这些建议付诸实践，最终取决于各国政府和公众能否因地制宜地制定政策和采取行动。针对本文前两节陈述的中国问题，需要全社会共同行动，在以下层面推进政策调整和改革，才有可能实现可持续的食品保障和能源需求平衡。

第一，根据消费价格指数上涨幅度，分别提高城市和乡村最低生活保障标准，同时瞄准贫困人口实施食品救助。中央政府即将实施的《国家粮食安全中长期规划纲要》和《吉林省增产百亿斤商品粮能力建设总体规划》,① 必定会促进国内粮食产出的增加。但它并不必然导致贫困家庭支付能力的强化，对于这些家庭当下遭受的价格冲击也远水解不了近渴。因此，有必要在城市采用发放食品券的方式，将援助送抵包括农村迁移者在内的贫困家庭。在农村则借助原有的救济程序，向特困家庭增发肉制品和强化食品，以扭转其膳食欠缺优质蛋白和部分微量元素的状况。鉴于儿童营养不良造成的健康损失不可逆转，若在低收入地区的农村学校持久地实施营养干预项目，定可收取事半功倍之效。

第二，在公共资源配置中，食品保障优先。政府已经停止批准新增以食品为原料的生物乙醇加工厂，但现有享受补贴的厂家并未停产。为此，可通过向投资者提供补偿、取消补贴以及提供转产优惠的办法，促其停产或转而利用非食品原料生产生物能源。

第三，以“小步快走”的方式放松政府管制，消除对外贸易和产品价格扭曲，恢复市场价格信号引导供需平衡的作用。政府采取粮食出口限制和能源价格补贴的措施，目的是在控制价格上涨幅度的同时，保障国内食品和能源供给。然而历史的经验表明，这种做法在计划经济时代只能削弱供给而刺激需求扩张，从而加剧产品短缺。三十年前农村改革的开端，正是放松价格，激励农民多生产多销售，迅即扭转了食品长期短缺局面。可是，在向市场经济转型的过程中，一遇供求失衡，政府就可能重新捡起价格管制手段。

① 中新社：《国家粮食安全中长期规划纲要》和《吉林省增产百亿斤商品粮能力建设总体规划》（http：//news. sina. com. cn/c/2008—07—02/210314106568s. shtml）。

问题是，价格压抑不仅导致供求关系扭曲从而最终驱动价格上涨，而且还留下政府管制价格与市场价格的差价，从而刺激寻租活动，增加腐败滋生的可能性。在全球化市场条件下，它还会刺激投机和走私。最近，中国粮价低于国际水准，走私便屡禁不止（陈家林，2008）；煤价被压抑，企业就增加出口削减国内供给，结果电荒频仍（定军、陈欢，2008）；油价含补贴，则国外航空班机和海运船只就有意在华敞开加油（珑铭，2008）。如此这般，贸易和价格管制最终损失的还是国内消费者的福利。

第四，遏制能源行业垄断，维护和改善竞争规则。石油工业是中国垄断程度最高的行业之一，其中的三大石油公司皆为国有大型企业。在市场经济条件下，这些企业的行为动机并非与国家目标一致，而是由企业利益驱动。在公平竞争规则尚未完全落实的情况下，垄断企业逐渐转化为占垄断地位的利益集团。石油垄断企业在行政保护下，以“国家”的名义，在油气矿权区块购买、开采、贸易、加工和零售环节排挤民间投资，阻碍了整个行业的发展（张北，2008）。很清楚，垄断不仅降低了应有的供给效率和服务质量，而且还压缩了消费者的选择余地（陈仕新、万静，2008）。

第五，校正要素价格形成机制，转变经济增长方式。中国经济的高速增长，以及随之而来的就业扩大和收入提高，与融入经济全球化的过程联系在一起。最初，由于资金、技术和劳动力素质的限制，中国只能进入全球价值链的低端（Kaplinsky，2008）。低成本的劳动供给，土地、环境和水资源价值的低估，导致高污染高能耗企业从工业化国家和地区向中国大陆转移。由此带动大陆制造业的迅速成长以及对能源和原材料的巨大需求。自 1993 年起，中国成为石油净进口国（中油网，2006）。据国际能源署 2007 年的预测，到 2030 年，全球每日原油需求量将比 2005 年增加 38.9%。在这些增量当中，仅中印两国的比重合计就达 43%，中国的能源消费对世界能源市场的影响已经举足重轻。与此相对应，通过外贸商品进出口，中国的内涵能源净出口和遗留在国内的碳排放也逐年增加。[①] 环境

① 据陈迎等的估算，“2002 年，中国内涵能源净出口达 2.4 亿吨标煤，约占当年全国一次能源消费总量的 16%，内涵排放净出口 1.5 亿吨碳”。“2006 年，内涵能源净出口约为 6.3 亿吨标煤，比 2002 年增长 162%。”参见《中国外贸进出口商品中的内涵能源及其政策含义》，《经济研究》2008 年第 7 期。

污染、气候变暖、贸易条件恶化等现状，早已令决策者和公众感受到转变经济增长方式的必要性。“节能减排”和“建设节约型社会”，已经成为中国社会经济发展规划的一个目标。然而只要生产要素价格的形成机制一如既往，资源的稀缺性在交易中得不到反映，资源的错误配置就仍将继续，增长方式也就难以变更轨道。如今，全球性的食品和能源危机，使得以低价竞争为特征的外向型经济难以为继。这就为校正要素价格形成机制提供了契机，譬如，一方面，通过法律赋予农民和工人集体谈判土地价格和工资的权利；另一方面，参照国际标准，提高对矿产开采、水资源使用和污染排放的税率。这样做，必将触动既得利益集团，同时也可能使诸多企业遭遇经营困难。可是，这不仅是应对食品和能源危机的根本出路，而且也符合经济可持续发展和建设和谐社会的目标。面临当前全球经济形势的变化，中国企业只能“置之死地而后生”。

以上政策备选方案的第一、二条为应急措施，第三、四条可谓中短期政策调整。第五条当属中长期社会经济改革政策，因为要素价格形成机制的校正，必将增加对政府和企业权力的限制，同时强化工人和农民的权利。可以预期，这将推动中国现有的社会结构向更加平衡的状态转变。

参考文献

IFPRI：《居高不下的食品价格：原因和策略》（www. ifpri. org/chinese/PUBS/ib/Food-PricesPolicyActionch. pdf）。

Kaplinsky, R.：《夹缝中的全球化——贫困和不平等中的生存与发展》，顾秀林译，知识产权出版社 2008 年版。

陈家林：《正视粮食走私发出的信号》（finance. people. com. cn/GB/1045/7468338. html）。

陈仕新、万静：《民营油企应被赋予更大生存空间》（news. sina. com. cn/c/2008—7—20/172915965893. shtml）。

陈迎、潘家华、谢来辉：《中国外贸进出口商品中的内涵能源及其政策含义》，《经济研究》2008 年第 7 期。

定军、陈欢：《电煤紧缺致多省电荒，电监会出台电煤预警方案》（news. sina. com. cn/c/2008—07—12/024615917564. shtml）。

国家环保总局（环境保护部）：《2006 年中国环境状况公报》（www. ipe. org. cn/dt-fd. jsp? fdtplj =/uploadFiles/2008—02/1203865035981. JPG）。

国家统计局：《2007 年国民经济和社会发展统计公报》（www. stats. gov. cn/tjgb/ndtjgb/qgndtjgb/t20080228_ 402464933. htm）。

珑铭：《我们有能力补贴全世界吗?》，《中国证券报》2008 年 6 月 12 日第 5 版。

卢锋、谢亚：《我国粮食供求与价格走势（1980—2007）——粮价波动、宏观稳定及粮食安全问题探讨》，《新华文摘》2008 年第 13 期摘选。

农业部：《中国农业发展报告》，中国农业出版社 2007 年版。

农业部：《2007 年 12 月份"菜篮子"产品批发市场价格动态分析》（www. agri. gov. cn/pfsc/fxbg/t20080117_ 956379. htm）。

万宝瑞：《深化对粮食安全的认识》，《新华文摘》2008 年第 12 期。

闫慧敏、刘纪远、曹明奎：《1981—2000 中国耕地复种指数的变化》，《地理学报》2005 年第 60 卷第 4 期。

张北：《警惕垄断扑倒改革》（finance. sina. com. cn/g/20080729/23435144947. shtml）。

《中国官方预测 2020 年中国原油缺口将达 2. 7 亿吨》，中油网（www. oilnews. com. cn/gb/difang/2006—05/26/content_ 670022. htm）。

FAO, 2008："What Is Food Security?"（www. fao. org/spfs/en/）.

Hoddinott, J. and Y. Yohannes, 2002, "Dietary Diversity as a Food Security Indicator", FCND Discussion Paper No. 136, International Food Policy Research Institute, Washington, D. C.

Houssin, D. , 2007, "Security of Energy Supplies in a Global Market"（www. iea. org/textbase/speech/2007/Houssin_ Prague. pdf）.

The Earth Institute, 2008, "Food Crisis: A Global Emergency"（www. earth. columbia. edu/articles/view/2196）.

von Braun, J. , 2008a, "High Rising Food Prices: Why, and What Should Be Done?" background material for video conference with China, May 12.

von Braun, J. , 2008b, "Biofuels, International Food Prices, and the Poor", testimony to the United States Senate Committee on Energy and Natural Resources（www. ifpri. org/themes/foodprices/foodprices. asp）.

粮食生产与食品保障*

提要 在工业化和城市化加速进展、农业资源日渐稀缺的情况下，中国政府通过增加农业科技和基础设施投资、激励农民提高粮食生产率以及扩大食品对外贸易，维持了充足的食品供给。扶贫计划和社会救助措施的加强，有效地改善了贫困群体的食品保障状况。在剧烈的经济结构调整中，小农依然与大户和工业化的农业企业并存，但在市场交易中处于弱势地位。面向2050年的中国农业发展和食品保障政策，应以改善国内市场结构，放松国际贸易管制和强化小农社会经济权力为原则。

中国作为人口最多的发展中国家，其食品保障一直是个举世瞩目的问题。20世纪末，Lester Brown 的 *Who Will Feed China*?（1995年出版）一书，曾在中国引起热烈的讨论。讨论的焦点，在于宏观层面的食品供需平衡问题（林毅夫，1998）。至于微观层面的住户和个人营养保障，并未进入主流经济学和农业政策的研讨范围；还有城市化进程对小农经济的影响，也未得到充分的关注。在那场讨论之后的十多年里，中国的工业化和城市化加速进展。与此相伴随的，是耕地减少、优质劳动力向非农产业转移、环境污染和水资源短缺等现象。中国政府的回应，是不断加大对农业科技和基础设施的投资，强化对农民提高生产率的刺激。这些措施的落实，促使中

* 本文曾以《城市化进程中的粮食生产与食品保障》为题，发表于《经济学动态》2010年第9期。英文提炼稿以“Agricultural Change and Food Security in China”为题，载于 *Food Security and the Futures of Farms*, published by the Royal Swedish Academy of Agriculture and Forestry, 2011, No. 1, pp. 22 – 25。笔者在写作中得益于蒋中一、陈春明、张晓山、蔡昉、王砚峰、王美艳、黄季焜、张林秀、钟甫宁和关冰的评论及信息供给；金成武、姚宇和刁倩制作了图示。谨在此一并致谢。

国农业保持了良好的增长势头。与此同时，中国的食品进出口结构随着国内需求的变化而调整，在未给国际市场带来预期压力的情况下，支持了国内食品供求的平衡。对于长期性的贫困群体，中国政府和公众在继续实施扶贫计划的基础上，推行最低生活保障制度；对于暂时性的贫困群体，例如遭受自然灾害和经济危机严重打击的人群，现有的紧急救助系统使他们得以免受饥饿。

自2008年以来，中央政府把推进城市化和加快农业及农村发展，不但作为应对全球金融危机和经济下滑的一个切入点，而且还作为促进经济平稳较快增长的长期战略。① 可以预见，在未来30—40年里，中国的城市化还将继续。这是当前和今后农业发展的背景，也是讨论食品保障问题必须考虑的一个重要因素。基于这样的理解，本文的讨论将聚焦于如下研究问题：首先，在以往十多年的工业化和城市化进程中，中国如何实现了食品保障？其次，小农的资源配置、土地规模、粮食生产商品化程度和收入状况经历了怎样的变化？最后，在气候变化和资源限制因素增加的条件下，以小农为基础的中国农业如何满足未来城市化中不断增长的食品需求？

本文采用的数据和信息主要来源于：第一，农业部发布的中国农业发展报告和其他政府部门公开发表的统计资料；第二，农村经济研究中心的全国农村长期观察点的样本户记账数据；第三，中国疾病预防控制中心食物营养监测项目工作组提供的妇女儿童营养监测结果；第四，中国科学院农业领域战略研究组有关2050年农业发展状况的预测；第五，笔者的案例调查。

以下第一部分概述中国的食品保障状况；第二部分展示农户经济的结构性变化；第三部分，针对粮食生产面临的挑战，探讨有助于提高小农收入和增强食品保障的制度安排。

① 参见《中共中央关于推进农村改革发展若干重大问题的决定》（2008年10月12日中国共产党第十七届中央委员会第三次全体会议通过）（www. china. com. cn/policy/txt/2008—10/20/content_16635093. htm）。

一 脆弱的食品保障

鉴于谷物至今在家庭膳食中所占比重最大，而且也是养殖业的主要饲料来源（例如玉米），本节将首先采用关于粮食特别是谷物的生产、消费和国际贸易统计，说明食品的可得性（availability）。其次，借助农村贫困儿童营养状况监测结果，阐述食品的可及性（accessibility）。最后，列举粮食增产的限制条件和政府的应对措施，概括中国食品保障状况的特点。

2009年，中国的粮食生产实现连续六年的增长，总产量达到5.3亿多吨，[①]与2004年相比，大约增加了13.1%。其间肉、蛋、奶、水产品和水果生产增长得更快。[②]在2000—2009年期间，水稻、小麦和玉米的产量合计占到粮食总产量的85%—89%。自2005年始，这三种主要谷物的产量超过了消费量，库存随之增加（见图1）。同期，玉米出口量大幅下降。特别是2007年末，全球食品价格危机爆发，国家在对粮食出口征收暂定关税的情况下，提高了谷物收储量及其价格。国内粮价逐渐接近甚至高于国际市场价格，谷物净出口的格局因而不复存在。[③]与此相对照，大豆和食用油进口迅速增加，中国成为世界上最大的大豆进口国。2009年，进口大豆4255万吨、食用植物油816万吨。这意味着，中国通过主要谷物以及肉蛋奶和水果蔬菜自给，辅之以大豆和食用油进口，维持着当前的食物供需平衡。

在这一背景下，贫困农村5岁以下儿童中营养不良者的比率逐渐下降（见表1）。与其他年龄组以及同龄的城市和农村非贫困地区的儿童相比，贫困农村的儿童营养指标，对家庭的食品保障状况更为敏感。因此，

---

① 参见国家统计局《中华人民共和国2009年国民经济和社会发展统计公报》，2010年2月25日（http://www.stats.gov.cn/tjgb/ndtjgb/qgndtjgb/t20100225_402622945.htm）。

② 参见中华人民共和国农业部《2009中国农业发展报告》，中国农业出版社2009年版，第139—140页。

③ 参见中华人民共和国商业部《2009中国农产品分析报告》，第53—56页（http://wms.mofcom.gov.cn/accessory/201005/1272939548240.pdf）。

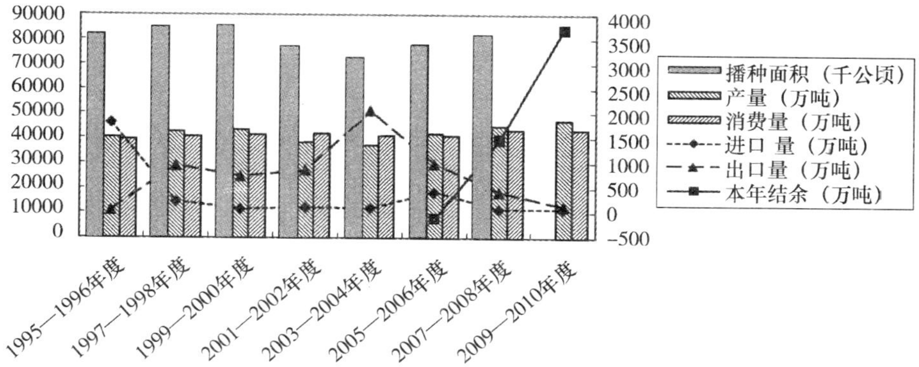

图 1　1995—2010 年期间三种主要谷物（稻谷、小麦和玉米）的供需状况

数据来源：2009—2010 年稻谷、小麦和玉米供需信息，2010 年 2 月 9 日中华粮网（http：//www.cngrain.com/Publish/qita/201002/439771.shtml；http：//www.cngrain.com/Publish/qita/201002/439768.shtml；http：//www.cngrain.com/Publish/qita/201002/439777.shtml）。

根据这一年龄组的营养状况，可以推测他们家庭的食品可及性。1998—2009 年期间，这部分儿童的低体重率从 14.5% 下降到 6.6%；生长迟缓率从 36.4% 下降到 18.3%。据营养学家分析，农村贫困地区儿童营养不良状况减少的原因，主要在于农民家庭收入提高和儿童膳食中的肉蛋奶比重增加（陈春明、何武等，2010）。这也表明，贫困家庭的食品可及性明显改善。

表 1　　**1990—2009 年期间中国农村 5 岁以下儿童营养状况**

	低体重率（%）			生长迟缓率（%）		
年份	全国农村	非贫困地区	贫困地区	全国农村	非贫困地区	贫困地区
1990	16.5	—	—	40.3	—	—
1995	14.1	—	—	40.8	—	—
1998	9.8	7.0	14.5	27.9	23.4	36.4
2000	10.3	7.4	15.8	25.3	19.1	36.9
2005	6.1	4.4	9.4	16.3	13.9	20.9

续表

年份	低体重率（%）			生长迟缓率（%）		
	全国农村	非贫困地区	贫困地区	全国农村	非贫困地区	贫困地区
2008	5.1	3.9	7.3	13.7	10.9	18.9
2009	4.9	3.7	6.6	13.0	9.7	18.3

注：引自陈春明、何武等（2010）《快速经济发展中的营养》和《全球经济危机下的中国营养状况》，中国疾病预防控制中心食物营养监测项目工作组营养政策研究报告（待发表）。

5岁以下儿童的营养监测样本量：1990年和1995年为5341人，农村儿童大约占65%；1998—2009年期间，样本总量为16000人左右，其中农村儿童为10400人。2008年和2009年只有农村儿童，因为城市已基本不存在营养不足问题。

“—”表示无可供使用的数据。

虽然，以上统计信息均显示中国食品保障状况的改善，但现有保障状态的脆弱性却不可忽视。从微观层面来看，其一，贫困群体的食品保障并不稳定。在2008—2009年的全球金融危机期间，贫困农村6个月以下和6—12个月的婴儿生长迟缓率均明显上升，分别由5.7%增至9.1%及由6.7%增至12.5%。此间，贫困家庭1岁以下婴儿的贫血率高达40%以上，回到了2005年的水平；贫困妇女的贫血率上升到47.6%，比2005年的状况还差。陈春明等人判断，1岁以下贫困儿童营养状况的恶化，与母亲在孕期的营养不足相关。其二，处于收入底层的农民家庭当中，儿童营养不足现象依然严重。2009年，在农村10%的最低收入户（人均年收入为829元），5岁以下儿童的低体重率和生长迟缓率分别为7.3%和21.3%。其营养状况的改善，远比其他收入组的儿童缓慢。其三，母亲进城就业的农村儿童，由于照料不足而营养不良。无论是在非贫困地区还是在贫困地区，这类儿童的生长迟缓率均较其他同龄儿童高出20%—30%。这些现象，一方面是贫穷的反映，有相当一部分农民家庭食品保障不足；另一方面，说明中国的城市化缺少包容性，以至于农村劳动力在向城市转移的过程中，不得不处于就业与家庭相分离的境地。

从宏观层面来看，中国现有的食品供需状况也只是一种脆弱的平衡。首先，农业资源日渐稀缺，使得粮食增产愈益困难。由于工业和城市对土地的占用以及土地荒漠化的危害，耕地面积迅速减少，这是限制粮食生产增长的一个关键因素。2009 年，中国耕地总面积大约为 121.73 百万公顷（18.26 亿亩），比 1999 年减少了 7.47 百万公顷。此外，水土流失、用肥不当和土壤污染，导致地力严重下降，土壤退化的耕地已占总面积的 40% 以上①。灌溉用水短缺，是粮食生产的另一个限制性条件。近年来，工业迅猛增长和城市急剧扩大，使工业和居民用水与农业竞争加剧，每年大约缺少灌溉用水 300 亿立方米。农业用水量占全国用水总量的比重，从 1997 年的 70.4%，下降到 2008 年的 62.0%。② 在水资源极为稀缺的情况下，当前的粗放灌溉方式，使得农业用水量的有效利用率只有 40%。而在缺水的以色列，这个比率达到 80%—90%。③ 更值得注意的是，由于废水、废物、废气排放未得到及时治理，中国主要河流水质遭到中度、重度污染，主要湖泊水质恶化，劣 V 类水在全国地表水当中占到 23.1%。④ 多种类型的污染，使素来以“水乡泽国”著称的中国南方，也面临着饮用水和农用水短缺的威胁。

其次，农业劳动力弱化，限制新技术的推广和农业集约程度的提高。2009 年，在非农产业就业的农村劳动力将近 2.3 亿人，其中进城就业的人数达 1.45 亿人。在外出劳动者当中，男性占 65.1%；年龄在 40 岁以下者占 83.9%；获得初中以上教育的人达 88.3%。可见，城市工业和服务业吸纳的是农村中最有活力的优质劳动力。然而，城市社会对乡村人口的排斥，以及在社会保护薄弱的条件下农地附有的生存保障功能，使得将近 80% 的迁移劳动者把老人和妇女留在村庄照料家庭和经营农业。⑤据农业部种植司的报告，2009 年，务农劳动力平均年龄 45 岁。

再次，灾害和气候变化既加大了粮食生产的风险，也加重了农村的因

① 参见叶贞琴《夯实农业基础 提高粮食综合生产能力》，农业部种植司 2010 年 5 月 22 日在 2010 年中国农村发展高层论坛的讲演。

② 参见中华人民共和国水利部《中国水资源公报》（1997 年和 2008 年）（www. mwr. gov. cn/ztbd/zgszygb/19970101/15238. asp，www. mwr. gov. cn/zwzc/hygb/szygb/qgszygb/201001/t20100119_ 171051. html）。

③ 参见韩长赋（农业部部长）《毫不动摇地加快转变农业发展方式》（http：//www. gov. cn/jrzg/2010—05/17/content_ 1607473. htm）。

④ 参见中华人民共和国环境保护部《全国环境质量状况》（http：//jcs. mep. gov. cn/hjzl/hjzlzk/200901/t20090121_ 133715. htm）。

⑤ 参见国家统计局农村司《2009 年农民工监测调查报告》（www. stats. gov. cn/tjfx/fxbg/t20100319_ 402628281. htm）。

灾致贫现象。1980—1993年期间，因灾（洪灾、旱灾、风雹灾害、霜冻灾害和病虫害等）造成的粮食减产幅度，占同期粮食生产的比例平均达15%左右，其中仅气象灾害造成的损失就达40%（史培军、王静爱等，1997）。2004—2009年期间，气象灾害平均每年造成的粮食损失为41.55百万吨，相当于2009年粮食总产的7.8%。受气候变暖和耕作制度变化的影响，病虫害发生的面积从20世纪的年均200万公顷次，增加到21世纪的年均400万公顷次。[①] 小麦条锈病越夏区海拔高度升高了100米以上，发生和流行时间提早半个月左右。水稻“两迁”害虫（稻纵卷叶螟和稻飞虱）以及飞蝗发生区域向高纬度、高海拔地区扩展，草地螟在北方连年爆发。2000—2009年期间，生物灾害平均每年造成的粮食损失达17百万吨，比1990—1999年期间的损失增加了13.3%。

最后，上述农业生产条件的变化，以及投入品特别是进口化肥的价格上涨幅度高于粮价，粮食生产的成本提高、利润下降。1995年，水稻、小麦和玉米生产的物质成本为2674.5元/公顷，人工成本为1741.5元/公顷。2008年，两者分别提高了61.4%和50.7%。同年，三种谷物生产的净利润约2796元/公顷，比2004年下降5.4%（叶贞琴，2010）。这无疑会减弱农民的种粮积极性。可是，与人口增长和收入提高相联系的食物需求增长，却是刚性的。尽管有学者论证，由于人口结构变化，人均粮食消费水平在以往二十多年里基本保持稳定，甚至在21世纪初出现了下降（钟甫宁，2010），这并不改变中国的粮食供求平衡长期处于脆弱状态的趋势。

在种种不利条件下，政府的干预和公共部门的服务，对于促进粮食生产起了关键性的作用。1998—2003年期间，粮食总产量曾连续五年大幅下降，以至于供不应求。出现这种情况的直接原因，是此前的丰收导致粮价下跌，农民开始调整种植结构。加之各地兴办经济开发区，农地面积锐减。为了扭转这一局面，中国政府自2004年始，推行了一系列保护和促进农业发展的政策（陈锡文，2010）。主要措施如下：

---

① 参见夏敬源（全国农业技术推广服务中心主任）《植物保护步入“公共植保、绿色植保”新时代》，2009年11月23日（www.farmer.com.cn/hy/spaq/spdt/200911/t20091123_500674.htm）。

（1）取消农业税，减轻农民负担1300多亿元；

（2）向农民发放种粮补贴、良种（和优良种畜）补贴、农机具购置补贴、农业生产资料（柴油和化肥）综合补贴（2009年补贴额达1270亿元）；

（3）实行重点粮食品种最低收购价和临时收储政策，防止粮价剧烈波动；

（4）扩大农业科技应用示范区，推广高产优质良种以及相配套的栽培技术；

（5）提高防灾和减灾能力：针对气候变化改良耕作技术，预防气象灾害；强化监测和预警系统，降低病虫害损失；

（6）投资于土地整治，保护耕地面积，确定18亿亩（120百万公顷）的底线。

农业刺激政策的落实，收到了如下明显效果：

其一，农民的生产投资增长迅速。以最常用的拖拉机购置为例，2008年，小型拖拉机总动力达166.48百万千瓦，比2003年增加了27.5%。

其二，劳动生产率提高。例如，1980—2004年期间，水稻种植的劳动产出弹性为0.183；2005—2008年期间，增加到0.337（王美艳，2010）。

其三，粮食生产回到增长轨道。因此，2008年全球食品价格危机期间，中国的食品供求和市场价格未发生大的波动。

二　小农的分化

本节主要基于对近十年来农户抽样调查数据的处理，说明农户经济的结构性变化。这种变化，实质上反映的是中国宏观经济环境变动特别是城市化进程的影响。以此为背景，将借助现有的农产品价值链分析结果，阐述小农在市场利益分配中的处境。

从时间序列数据来看（见表2），第一，2000—2009年期间，农民家庭的平均常住人口规模逐渐缩小。相对而言，劳动力和供养人数之比则略微增大，从0.67增加到0.7。第二，非农就业的人数占农户劳动力的比重提高了15.7个百分点。第三，农户耕种的土地，包括了租种的面积。即便如此，户均农地耕种规模还是从不足半公顷的水平上，一路下滑到不足

0.46 公顷。第四，户均粮食商品率提高了将近 20 个百分点。这一方面是由于单位面积产量提高，另一方面是因为进城就业的人在外工作时间延长，回家乡就餐的时间缩短。第五，非农收入成为家庭收入增长的重要来源。这反映在收入结构上，便是种植业和养殖业收入在家庭纯收入中所占的比重逐年下降。

表 2　　2000—2009 年期间全国农户（平均）概况

年份	常住人口*	家庭劳动力人口*	非农劳动者比重**（%）	耕种农地面积**（亩）	粮食商品率**（%）	年人均纯收入*（元）	农牧收入比重*（%）
2000	4.2	2.8	29.7	7.43	44.8	2253	46.2
2001	4.2	2.7	30.2	7.42	41.3	2366	45.5
2002	4.1	2.8	31.3	7.38	46.4	2476	43.5
2003	4.1	2.8	33.7	7.25	52.1	2622	43.2
2004	4.1	2.8	34.3	7.15	53.7	2936	45.2
2005	4.1	2.8	37.9	7.09	59.0	3255	42.4
2006	4.1	2.8	37.7	6.99	62.3	3587	39.7
2007	4.0	2.8	40.3	6.87	62.5	4140	39.6
2008	4.0	2.8	41.0	6.86	63.9	4761	38.3
2009	—	—	45.4	6.84	64.7	5153	—

注：* 中华人民共和国农业部：《2009 中国农业发展报告》，中国农业出版社 2009 年版，第 138 页和第 150 页。基础数据来自国家统计局的全国农村住户抽样调查，样本量为 68000 多户。在表 2 中，种植业和养殖业收入占年人均纯收入的比重根据该书第 150 页的数据计算。

* * 根据农业部农村经济研究中心的全国农户抽样调查数据集计算，该调查系统的样本量不足 20000 户。

从 2002 年和 2009 年的横截面数据来看（见图 2 和图 3），农户在土地耕种规模上发生分化。第一，无地以及耕地规模在三亩以下的农户比重增加。2009 年，这两类农户的比重分别为 15% 和 28%，与 2002 年相比各增加了 4 个百分点。在耕地总面积当中，面积在三亩以下的小农的耕地仅占 7%。这部分小农多为非农就业为主的兼业农，从事种植业主要是为保障自己家庭的口粮和蔬菜需求。无地农户的产生和增多，一方面是因为土地被工业和城市占用，另一方面是由于非农就业机会增多或农民老龄，把农地出租给他人耕种。（在这套可供使用的数据中，难以对无地户作进一步区分）第二，耕地明显地向规模最大的农户集中。2009 年，在农户总数中，面积在 30 亩以上的农户所占的比重与 2002 年相同，仅为 3%。但他们的土地在耕地总面积中占 27%，增加了一个百分点。尽管如此，中国大农户耕种的土地规模，与巴西和俄罗斯等国的家庭农场相比，也只能算作微型。

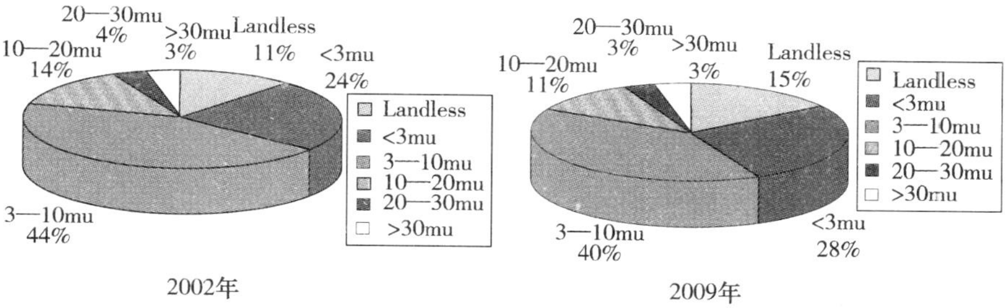

图 2　2002 年和 2009 年的农户分布：按农户耕地规模分类

数据来源：农业部农村经济研究中心的全国农户抽样调查数据集。

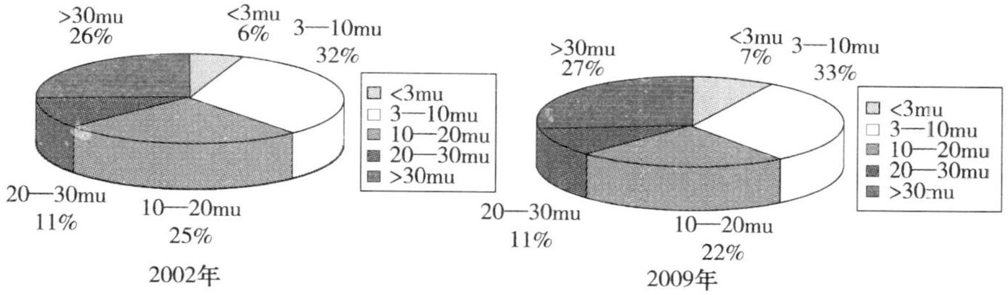

图 3　2002 年和 2009 年的耕地面积分布：按农户耕地规模分类

数据来源：农业部农村经济研究中心的全国农户抽样调查数据集。

在国内商品粮供给者当中，国营农场是一个不可忽视的群体。2008 年，全国粮食产出的商品率为 54%，国营农场的粮食商品率达 86.5%，远高于全国平均水平。[①] 不过，从商品粮总量的构成来看，农户出售的粮食

① 参见农业部《中国农业发展报告》（2009）和国家粮食局《中国粮食年鉴》（2009），经济管理出版社 2009 年版。

还是占大头。1990 年，国营农场提供的商品粮占全国商品粮总量的 10%。[①]2008 年，这个比率下降到7.3%。这意味着，农户的粮食商品率在提高。2009 年，土地规模在 10 亩以上的农户，粮食商品率都超过了70%。其中，规模在 30 亩以上的农户的粮食商品率达到 90.3%（见表3），高于国营农场的商品率（87.1%）[②]。

表 3　　　　2009 年农户的粮食商品率

农户耕地规模（亩）	粮食商品率（%）
≤ 3	38.9
3 ＜且 ≤ 10	62.8
10 ＜且 ≤ 20	74.8
20 ＜且 ≤ 30	79.5
30 ＜	90.3

如果把各省/区样本农户的粮食平均商品率用地图表示出来（见图4），就会更加清楚地看到，商品粮产地已经发生了地区性的调整。30 年前，“南粮北运”属于常态，如今东北的黑龙江、吉林和辽宁三省成了粮食商品率最高的地方（86.7%—92.4%）。图 5 则显示，除了北京和上海两个大都市的农区以外，家庭非农劳动力比重最高的地方，是东南沿海的广东、福建和浙江（58.2%—70.5%）。事实上，整个东南沿海一带既是工业化和城市化进展最快的区域，也是吸纳了数千万来自内陆省份的农村迁移劳动者的地区，因而也是粮食供求缺口不断增大的地区。这一缺口，依靠国内的“北粮南运”和从邻近的东南亚国家进口大米来弥补。为了节约运输成本，东北地区的部分粮食（主要是玉米）剩余，则一度出口到邻近的韩国和日本。

① 参见国务院 1991 年 8 月 9 日批转农业部《关于进一步办好国营农场的报告》的通知，2006 年 1 月 20 日（www.cctw.cn/zcfg/nyfg/t20060120_539611.htm）。

② 参见赵广飞《农垦系统发展现代农业综述》（www.chinacoop.com/HTML/2010/06/10/47227.html）。

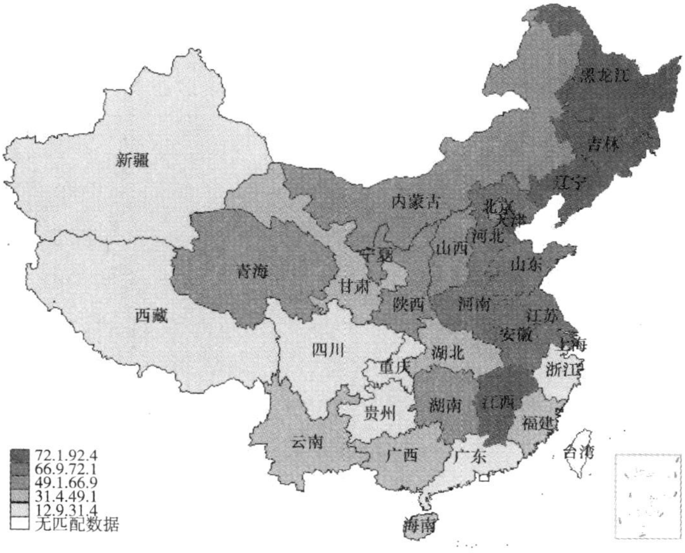

图 4　2009 年按粮食商品率分类的农户分布

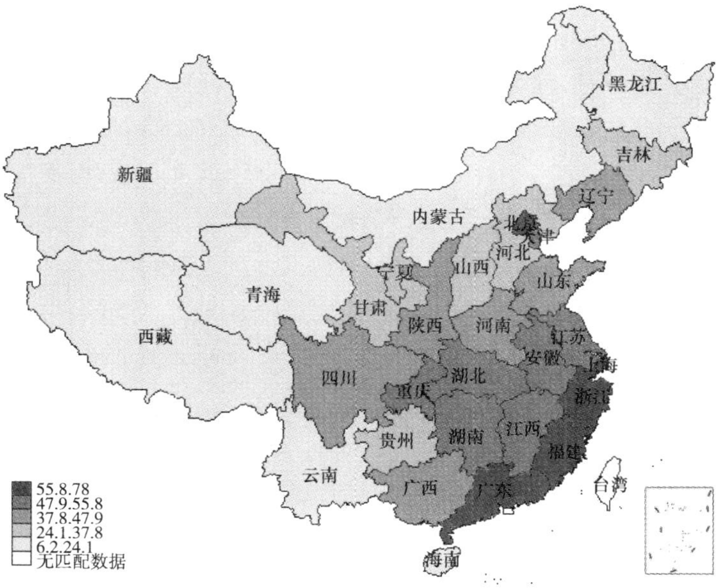

图 5　2009 年按家庭非农劳动力比重分类的农户分布

在西北和西南地区，多数农户的非农劳动比重和粮食商品率均低于全国平均水平。这只是从一个侧面，反映出西部地区社会经济发展的滞后。这一地区，自然条件严酷，灾害频仍，基础设施薄弱，工业化和城市化进展缓慢，缺少非农就业机会。而且，这里的种植业和游牧业生产率较低，是中国农村贫困发生率最高的地方。[①] 例如，2008 年，甘肃农村的贫困发生率达21.3%（年人均纯收入 785 元以下为贫困线）。[②]至今，西部地区还有相当一部分农牧人口尚未获得稳定的食品保障，因而属于扶贫计划的目标人群。

增加农民的市场谈判能力，提高农民在农产品价值链中所得的份额，既是诸多扶贫措施当中的一条，也是政府促进非贫困农户提高收入的一个着力点。现有的农业促进政策，不但包括支持专业大户和专业合作社发展的内容，而且也有推广公司＋农户模式的举措。在这一背景下，农业生产、加工和销售环节的组织形式发生了显著的变化，农户的经济状态更加多样化。首先，分散的小农依然占大多数。其中，既有以农业经济活动为主的兼业农，又有以非农经济活动为主的兼业农，还有专门从事种植、养殖、加工或营销的小型专业户。

其次，在小型专业户的基础上发展起来的具有规模经济的大户。例如，图 2 显示的耕种 20 亩以上土地的粮食商品户，即属于这一类型。此类农户占样本农户总数的 6%。采用同一数据集的计算结果表明，2000 年和 2009 年，养殖大户（当年出售猪肉 500 公斤以上，或出售禽蛋 80 公斤以上）占总样本的比重，分别为 3.7% 和 4%。

再次，工业化的农业企业。农户所在地的公司、合伙企业、外出创业积累资金后返回家乡的企业家以及外来工商企业，经村委会租入农户土地，从事生产、加工和销售“一条龙”的经营活动。2007 年年底，笔者在福建省南部农村调研时，曾走访过这些类型的农业企业。从案例研究中注意到，这些企业的共同特点在于，同时为国际和国内市场生产食品，将

---

① 据国务院扶贫办 2010 年 1 月提供的信息：“2006—2008 年，五个民族自治区加云南、贵州、青海三省的贫困人口占全国贫困人口总数的 39.6%……（在）西部地区国家扶贫工作重点县，少数民族贫困人口占 46%。”

② 刘薛梅、杜得华（2010）：《甘肃贫困发生率和返贫率均居全国最高，扶贫任务严峻》（www.chinanews.com.cn/gn/news/2010/03—15/2170685.shtml）。

所在地域的农民变为农业工人，同时还享受着政府对农业经济的优惠政策。被雇用的当地农民除了每月领工资以外，每年还可从村委会分到少许土地租金（见案例1—3）。

案例1 何家农场

惠安县辋川镇庄上村的何先生出身本村农家，曾在海军某部服役四年，工作是炊事员。退役后在惠安县一家皮件厂工作三年。为了开阔眼界，去广东做了三年生意，积累资金十多万元。1986年回乡承包皮件厂，但由于缺少资金，难以借助技术改造提高竞争力。于是在1995年转产养猪，年出栏肉猪3000头。1998年肉猪无销路，何先生转而承包龙眼果园，合约为期40年。1999年，镇政府做农业园区规划，他抓住机会承包耕地100亩，合约每三年更新一次。2007年年初，他的租地面积扩大到500亩，其中有一部分土地分别从其他农户和蔬菜公司转租而来，平均每亩租金700元/年。当年雇用工人80—90人，其中95%以上是妇女，平均年龄至少50岁，年龄最大的为65岁。她们的平均工资为每月1200元，年底奖金额在2000—3000元。何家农场经营的项目有：第一，西瓜和大棚菜种植，订单来自附近的大超市，以及深圳的出口客商；第二，养殖蛋鸡和肉鹅，直销自家在惠安开办的门市部；第三，龙眼加工和销售。何先生有5个女儿和1个儿子，儿子还在上学，女儿和女婿们分别担任会计和部门经理等职务。他所需要的农业科技信息、新品种以及栽培技术、肥料和农药使用方法，等等，由县农科所驻村农技员免费推广。

案例2 土地整治和出租

据庄上村党支部书记介绍，全村共有住户604户，人口2369人，1200多亩耕地，其中300多亩是旱地。1996年，惠安县政府在辋川镇设立土地整治项目。省、县、乡三级政府分担投资6000万元，项目区所在的村委会组织农民投入劳动。一共整治土地11000亩，修建了机耕道，铺设了排灌和电力设施，并搭建了蔬菜大棚。最终新增土地1000亩，并把4000亩低产田改造为高产田，还在庄上村建成农科所的办公楼一座。庄上村在整治的大田里拥有790亩耕地，由村委会出租给大户和外来的蔬菜公司。1996年公司支付的租金为每亩1000元，2007年降为600元。在租金谈判中，公司占优势，因为能够经营这种集约农业的人不多。村委会从每亩租金中提取500元，用于村里的公共事务。余下的租金一年两次发放给出租土地的农户。

案例3 农业企业的雇员

福清县岑兜村的果园示范区总面积为1000亩，是村里一家养殖和加工鳗鱼的出口企业投资经营的。陈先生出生在本村，在果园担任作业组长。他将近50岁，每月工资1600元。陈家5口人，只有1亩多地，转给亲戚耕种，不收租金。陈夫人在家照料孙子和家务，他们的3个儿子分别在日本和阿根廷经营超市。陈先生介绍，农忙时节果园雇工200人左右，多为来自贵州省的农民，男工小时工资5元，女工小时工资4元。平时雇工30—50人，每天结算工资。组长的任务是填写工单，带领作业员从事田间管理，并监督工作质量。整个作业队由两位来自外省的农业技术员指导。一位刘姓技术员毕业于吉林农业大学，擅长作物栽培。1999年，他在上海一家蔬菜出口公司找到工作，2003年来到岑兜村这家公司，担任果园的生产科长。刘先生的劳动合同每年签订一次，每月工资2500元左右，还有养老、医疗和工伤保险。

当然，上述工业化的农业企业在中西部地区并不多见。通常的公司+农户模式，是公司从事加工和销售，分散的小农按照公司提出的技术标准生产初级产品。鉴于农户在这种模式中处于依附状态，在产品价值链中所得甚少，国家试图通过促进合作社的发展，强化小农的市场地位。因此，制定了《农民专业合作社法》，于2007年7月1日起实施。据农业部统计，2008年，全国农民专业合作经济组织已超过15万家，农户成员3486万户，占全国农户总数的13.8%。合作社法规定："农民专业合作社享受国家规定的对农业生产、加工、流通、服务和其他涉农经济活动相应的税收优惠。"然而，率先享用政策优惠的是涉农企业和专业大户：一是将原有的公司+农户模式变成合作社；二是由大户领办和控制合作社；三是由村干部组织和领导合作社，充当农户与公司之间的中介。在所有这些组织形式当中，小农在经济决策和利益分配中的弱势地位并无实质性的改变（张晓山，2009）。在农产品价值链中，作为初级产品供给者的小农仍然处在最低端。链条越长，未能参与产品增值活动的小农所得的份额越小。例如，2005—2007 年期间，他们在蔬菜和水果价值链中所得的份额最高为 20%（Zhang, Qiu and Huang, 2010；Huang and Rozelle, 2006）。据农业部农村经济研究中心的调查，2008 年 1 月中旬，在从蔬菜产地到北京超市的 8 种蔬菜价值链中，产地农户所得的份额从 5% 到 32% 不等，平均份额为 18.4%。在从产地到北京农贸市场的蔬菜价值链中，产地农户平均所得的份额为 22.7%（见图 6）。①

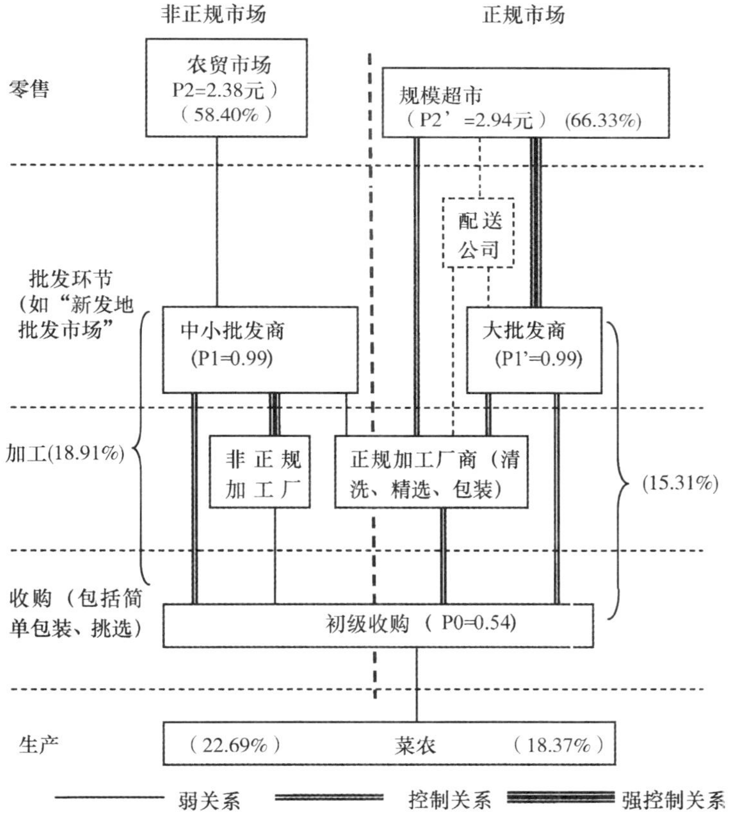

图 6　蔬菜价值链中的利益分配（产地—北京农贸市场和产地—北京超市）

① 农业部农村经济研究中心调查组：《北京蔬菜市场流通环节及价格调查》（未发表的调查报告），2008 年 1 月 17 日。

三 结论和讨论：小农的未来

本节将以前两节的分析为背景，扼要讨论2050年之前的城市化进程对食品保障和小农生产方式的挑战。在此基础上，试图引申回应这些挑战所需要的制度安排。可以确定的是，中国食品供给面临的重大挑战，依然是人口增长特别是城市化率提高。据中国社会科学院人口与劳动经济研究所最近的预测，2020年，中国人口将突破14亿（基础数据：2000年的人口普查）。若总和生育率一直保持在1.8的水平上，到2050年总人口将会减少到13.8亿人。按照相对保守的估计，2020年，城市化率将达到54.5%。2050年，这一比率将提高到70%。到那时，城镇人口大约为9.65亿，乡村人口为4.1亿（蔡昉主编，2010）。此间的生态压力无疑将更沉重、土地和水资源将更稀缺，粮食供需缺口将更大。根据中国科学院农业领域战略研究组的预测，到2020年，除了大米、蔬菜、水果、家禽、水产品和猪肉以外，中国主要农产品的自给率与2004年的水平相比，将明显下降。到2050年，大米、小麦和玉米三种主要谷物合计的供求缺口，将达到15%（见表4）。

表4　　2020—2050年中国主要农产品自给率预测（%）

名称	2004年	2020年	2030年	2050年
三种主要谷物	103	93	90	85
大米	101	102	104	104
小麦	99	94	92	90
玉米	107	84	79	71
大豆	49	41	39	38
油料	67	62	60	58
棉花	85	71	64	58
食糖	91	85	79	75
蔬菜	101	104	105	106
水果	101	106	105	104
猪肉	101	102	100	98

续表

名称	2004 年	2020 年	2030 年	2050 年
牛肉	100	94	92	89
羊肉	99	94	92	89
家禽	100	104	105	105
奶及奶制品	96	87	84	79
水产品	102	103	104	104

引自中国科学院农业领域战略研究组《中国至2050年农业科技发展路线图》，科学出版社2009年版，第20页。

这种预测的情境，实质上与中国当前食品保障的脆弱状态只有程度上的差别。那么，为了强化宏观和微观层面的食品保障，中国政府目前重点实施的部分农业发展政策，应当继续推行并且进一步强化。

第一，刺激公共和私营部门的农业科技投资。目前，中国可供开垦的土地仅有3.3百万公顷。为了满足消费者对食品总量和质量的需求，只能在提高农业生产率以及加工和销售效率方面下工夫。为此，需要国家着重增加对长期性的和基础性的农业科研投资。同时，强化专利保护，激励民营部门增加应用性的农业研发投资。

第二，改善农业科技推广体系的瞄准机制，提高推广实效。虽然城市化进程在加快，但工业和城市优先从农村吸纳优质劳动力的趋势未改变。留在农业中的，多数是低收入和贫困小农，而且主要是女性劳动者。因此，今后的农业科技推广既要瞄准低收入小农和贫困小农，又应添加性别视角。并且，还需要针对农业资源的限制因素，重点推广资源节约型的农业技术，特别是节水和提高耕地及化肥使用效率的技术。

第三，逐渐扩大农村社会保障覆盖面和提高保障水平。2009年，农村合作医疗制度的人口覆盖率已超过92%，新型农村养老保险试点覆盖人口约20%。目前，这两种保险的给付水平还不能充分保障参保人员抵御疾病和老龄给家庭经济安全带来的冲击。进一步讲，农村迁移劳动者尚未获得与城市原有居民相等的社会保障和公共服务。因此，土地对农村人口依然具有生存保障功能。农地流转和相对集中的程度，不但取决于城市社会包容性的提高，而且取决于农村人口社会保障状况的改善。依据中国现有社会保障制度的水平可以判断，兼业小农和专业大户以及工业化的农业企业还将长期并存。

第四，改善农业人力资源。这就需要将“双轨制”教育引入农村，并增加对职业教育的投资。同时，加大对农业职业学校学生的资助，以培养符合农业现代化需求的农民，扭转农业劳动力老龄化的趋势。

第五，加强国际合作。对2020年和2050年农产品自给率的预测结果意味着，中国食品进口增加的趋势已经形成。那么，全球食品供给的增加，必将间接改善中国的食品保障。中国参与国际农业合作，特别是致力于促进欠发达国家的农业发展，符合本国和国际社会的利益。2010年8月的中非农业合作论坛，即可视为这样一种努力。[①]

还需要强调的是，随着中国农业融入全球化的程度加深，一部分现行政策尤其是以下两个领域的政策亟待改进：

其一，改善市场结构，调整粮食收储制度。2004年，中国粮食购销市场全面放开，价格形成更多地取决于市场供求。但国家粮食收储系统和国有粮食购销企业仍占有压倒优势的市场份额，其购销行为对价格水平具有决定性的影响力。[②] 这些企业优先获得国家按照最低保护价收购粮食的委托，因而延续了对售粮农民的买方垄断地位。例如，收购粮食时压级压价克扣农民的现象时有发生。这一点，从国家发改委组织年度检查的文件中，就可看出端倪。[③]此外，粮食收储附有财政补贴，从而也就赋予粮食企业扩大收购量的动机。一些企业甚至为多获补贴而造假，或者利用收购资金寻租。最近三年，粮食储备占当年全国粮食消费总量的比例超过35%，远高于联合国粮农组织提出的17%—18%的粮食安全线。超量储备明显地造成资源浪费，同时还降低补贴效率。据财政部测算，我国粮价补贴的效

① 《中非农业合作论坛北京宣言》，2010年8月12日，新华网（news. xinhuanet. com/2010—08/12/c_ 12439928）。

② 参见 国家粮食局信息《国家粮食局公布获得粮食收购许可证的企业名单》，2008年1月12日（www. chinagrain. gov. cn/n16/n1122/n2127/n1378378/n1448784/1480334. html）；国家粮食局有关负责人就当前粮油供需形势答问（www. china. com. cn/policy/txt/2008—02/02/content_ 9638835. htm）。

③ 参见国家发改委办公厅《关于开展粮食最低收购价格检查的通知》，2010年6月23日（www. sdpc. gov. cn/zcfb/zcfbtz/2010tz/t20100701_ 358365. htm）。

率仅为14%。即国家补贴10元，农民只能得到1.4元，大部分补贴落入粮食收购企业手中①。进一步考虑粮食价格扭曲对农业资源错配造成的损失，可以说，当前的粮食保护价和公共粮食收储制度，既效率低下，又缺少社会公平。根据印度、巴基斯坦、斯里兰卡、孟加拉和尼泊尔等南亚国家的经验，出路在于政府对国有和民营粮食购销企业一视同仁，以打破垄断，增加竞争，发挥市场价格对资源配置的信号作用（Ganesh-Kumar, Roy, and Gulati, ed. 2010）。

其二，放松政府管制，疏通国际粮食贸易渠道，消除对外贸易和产品价格扭曲。2006—2007年期间，中国成为世界粮食市场的价格低谷。2008年全球粮食价格危机期间，国家对粮食出口加征出口税甚至禁止大米出口，但由于价格依然显著低于国际水准，走私便屡禁不止②。2009年以来，中国不期然又成为世界粮食市场的价格高峰。③这种国内和国际市场价格大幅背离的状况，最终损害的还是国内生产者和消费者的福利。

其三，为小农创造自组织的空间，以保证他们在当前和未来的社会经济环境中赢得平等的权利。小农在经济结构调整、产品价值链和政策优惠获得方面的弱势，以及在分享工业化城市化成果时遭遇的排斥，反映的是他们在社会中的边缘地位。事实上，小农的弱势经济状况和边缘社会地位互为因果。打破这种恶性循环的契机，在于小农组织起来强化自己在政治经济和社会领域的影响力。强化小农权力，虽然并不完全属于农业政策范围，但却是中国农业可持续发展的一项不可或缺的制度条件。

参考文献

Ganesh-Kumar, A., D. Roy, and A. Gulati, ed., Liberalizing Food-grains Markets, Oxford University Press, New Delhi, 2010.

Huang, J and S. Rozelle et al., Small Farmers and Agri-Food Market Restructuring: The Case

---

① 参见《国家粮食补贴低效86%落入粮食企业手中》，2010年1月15日，中国粮油信息网（finance. aweb. com. cn/2010/1/15/22520100115111347840. html）。

② 参见陈家林《正视粮食走私发出的信号》，2008年7月4日（finance. people. com. cn/GB/1045/7468338. html）。

③ 参见国家发改委《国际市场小麦价格上涨对国内市场粮价影响较小》，2010年8月13日（www. sdpc. gov. cn/xwfb/t20100813_ 366175. htm）。

of Fruit Sector in China, (a research report) October 28, 2006, http://iis-db.stanford.edu/pubs/21703/FAO_ small_ holders_ horticulture_ 2006.pdf, download on Aug. 10, 2010.

Wang, M., Can Migrant Workers Go Back to Agriculture? A presentation at the Conference on Labor Migration held in University of St Andrews, UK, during 12th – 14th June 2010.

Zhang, X., H. Qiu, and Z. Huang, Apple and Tomato Chains in China and EU, LEI Report 2010—019, Wageningen.

蔡昉主编：《中国人口与劳动问题报告》（人口与劳动绿皮书 2010），社会科学文献出版社 2010 年版。

陈春明、何武等：《快速经济发展中的营养》和《全球经济危机下的中国营养状况》，中国疾病预防控制中心食物营养监测项目工作组营养政策研究报告（待发表），2010 年。

陈锡文：《当前农业和农村经济形势》，2010 年 1 月 5 日在中国社会科学院的讲演。

国家统计局：《中华人民共和国 2009 年国民经济和社会发展统计公报》，2010 年 2 月 25 日（www.stats.gov.cn/tjgb/ndtjgb/qgndtjgb/t20100225_ 402622945.htm）。

国家统计局农村司：《2009 年农民工监测调查报告》，2010 年 3 月 19 日（www.stats.gov.cn/tjfx/fxbg/t20100319_ 402628281.htm）。

林毅夫：《21 世纪中国能否养活自己?》《瞭望》1998 年第 33 期。

史培军、王静爱等：《最近 15 年来中国气候变化、农业自然灾害与粮食生产的初步研究》，载《自然资源学报》1997 年第 3 期（http://irs.bnu.edu.cn/SPJBook/paper%5CJP1997 05.pdf）。

叶贞琴：《夯实农业基础 提高粮食综合生产能力》，农业部种植司 2010 年 5 月 22 日在 2010 年中国农村发展高层论坛的讲演。

张晓山：《农民专业合作社的发展趋势探析》，《管理世界》2009 年第 5 期。

中国科学院农业领域战略研究组：《中国至 2050 年农业科技发展路线图》，科学出版社 2009 年版。

中华人民共和国农业部：《2009 中国农业发展报告》，中国农业出版社 2009 年版。

钟甫宁：《人口结构与粮食消费》（待发表），2010 年。

第三篇

扶贫项目与救济救灾

以工代赈项目的受益者选择机制*

提要　国际上称为公共工程的扶贫项目，通常设定最低工资水平，以“自选择”机制排除非贫困者参加并受益于工程。中国的以工代赈项目在贫困地区实施，瞄准的是行政村，村委会按照村庄内部通行的公平原则，组织每个农户出动家庭劳动力参加。因此，有劳动能力的贫困家庭必然受益，但项目并不排除非贫困户参加。值得注意的是，项目管理机构对投资成功的追求，使得项目不易覆盖特贫村和最贫困的人口。

缓解贫困，是绝大多数第三世界国家在发展中所面临的共同问题。20世纪70年代以来，一些国家的贫困人口伴随着经济增长而增加的现象引起了国际社会的广泛关注。有关发展经济学的研究因此而强调指出特定条件下“效率”与“公平”的权衡关系，并对“增长”与“发展”的区别作了清晰的划分。从那时起，如何在谋求经济增长的同时缓解和消除贫困，也就成为一个发展的命题。

当前，中国的贫困问题主要是乡村社会的区域性贫困。20世纪70年代末开始的市场取向的经济改革，赋予广大农民经营自主权，使他们中间的大多数得以抓住农产品价格提高、经济结构调整和非农产业发展的时机，更为有效地配置资源，在短短几年内大幅度地提高了家庭收入。相形之下，大约有1/10的乡村人口从这一制度变化中受益极为有限，连最基本的食品保障问题都没有解决。他们居住的地区，或者是资源和基础设施

* 本文原载于《经济研究》1993年第7期，经金成武重新录入计算机，并对个别文字及段落略加改动，谨在此致谢。

条件均不利，或者是虽有资源潜力却基础设施薄弱，但共同的现象是地区社会经济发展与全国平均水平的差距逐渐扩大。正因为如此，中国政府于1985年开始大规模地推行反贫困措施，目标首先在于加速贫困地区的发展，保障贫困人口对食品和衣物的基本需求。

“以工代赈”，是众多扶贫政策中的一项。其内容主要是政府以实物形式对贫困地区进行基础设施建设投资，一方面为当地经济增长创造物质基础，另一方面为贫困人口提供短期就业和收入。这也就是国际上称为公共工程的扶贫项目。近年来，在印度、孟加拉、埃塞俄比亚、尼日尔、坦桑尼亚和博茨瓦那等亚非发展中国家，公共工程项目已逐渐发展为一个重要的扶贫手段，由此而吸引了众多的学者对这类项目的扶贫作用进行分析和评价。项目的瞄准机制即受益者选择机制便是一个研究热点，因为倘若公共工程不能使穷人直接受益，就失去了扶贫的意义。

“瞄准机制”，一般是指能够将扶贫资源送达预期的受援者的组织方式。对于公共工程项目，国外一些专家十分推崇一种具有“自我瞄准”功能的劳力招募方式：将公共工程的工资设定在与农业工资大致相等的水平上，那么前来参加工程的劳动者就必定是穷人，因为富人的劳动机会成本较高，一般不会接受最低水平的工资。

我国的情形显然并非如此。以工代赈项目具有鲜明的区域性瞄准机制的特征。那么它是否也能使贫困者受益呢？1990年笔者从宏观层次对此进行的个案调研已经作了肯定的回答。① 本文的意义则在于，从微观层次上论述项目实施过程中的组织方式，并通过一种称为probit model的个人决策模型证明这种瞄准机制的作用，以便对以工代赈政策的改善提出建议。

一　以工代赈工程的组织方式

以工代赈项目是通过传统的计划经济系统组织的，项目运行的始点是国家计委。在全国范围内分配资源时，计委排除了北京、上海、天津和江

① 朱玲：《公共工程对乡村贫困地区经济增长、就业和社会服务的影响》，《经济研究》1990年第10期。

苏等富裕地区，而把投资重点置于西南和西北的贫困省份。按规定，省政府必须选择贫困县实施项目。获得投资的县政府和业务主管部门（例如交通局或水利局）从乡政府的建议书中作出立项选择。在工程建设过程中，乡政府和村委会负责动员劳力、组织征地拆迁，业务部门的责任是施工管理。各级地方政府选择项目的原则是先易后难，突出重点，分期实施。对修路项目的选择，强调实行效率原则，优先投资于以下工程：（1）连接乡镇和公路的支线；（2）在资源丰富却未通公路的地方建设运输线；（3）连接现有公路与交通网的联网路；（4）交通量大但技术标准低的现有公路改建工程。对饮水工程立项以具备水源条件和技术资料可靠为前提，优先选择以下项目：（1）投资中劳动份额较大的工程；（2）已有工程的配套项目；（3）村委会组织效率较高、农户自愿筹集资金或义务投劳的村庄所申请的项目；（4）缺水情况严重的乡镇和村庄供水工程。

工程建设所需要的劳动力分为两种：技工和普工。前者为农村的石匠、木匠和铁匠等具备传统技艺的人。近几年来他们往往组成包工队，不仅在本地而且到外县承包工程建设中技术要求较高的工作。后者是从工程所在地招募的农民，主要从事移动土石等体力劳动。修路的土石方任务一般由工程指挥部承包给沿线的村民小组，小组长再按每户劳动力人数将任务分配到农户。农民投入的劳动包含着部分义务工，即被折算为地方政府配套资金的无酬劳动。这部分劳动带有强制性，有劳力而不愿出工的农户必须向村民小组付款才能免除义务。不过，由于村社成员具有相互监督向公益事业投劳的传统，出钱不出工的情况并不多见。饮水工程由于竣工后就归单个农户或村社所有，村民投入的普工劳动不计报酬，只有技工领取工资。

劳动报酬由工程指挥部根据参加者承包的任务量和工作难度定额计件，技工的平均日工资通常比普工高一倍。付酬的方式依中央政府调拨的物资种类而变化。当使用粮食、棉花和布匹作为投入品时，参加者领取的就是实物报酬。而将库存工业品投入工程建设，农民们领取的就是与人民币等值的工业券，相当于仅供一次性使用的货币。工业券局限于在各县境内使用，只能在本县国营商业、农机、物资部门的商店和县、乡供销社购买商品。

二 本项研究的数据和信息来源

截至1990年年底的以工代赈项目主要是在贫困地区修筑道路和人畜饮水工程。为了探究这两类工程对贫困人口的影响，笔者于1992年5—6月组织了包括3个县、34个村和360个农户的专题抽样调查。抽样方案如下：

（1）为了便于观察不同类型贫困地区的差异，分别从发达、中等发达和欠发达省中各选择一个贫困县，即山东的临朐、四川的旺苍和宁夏的西吉县。

（2）从个案研究中认识到，贫困地区同一村庄内农户的经济活动和收入状况基本相似，而不同村庄之间农户的差异则较为鲜明。加之项目的土石方工程主要以村为单位组织完成，村社调查对整个专题研究至关重要。因而专门设计了村问卷，在每个县选择12个行政村，每4个村为一组。第1组为参加修路工程的村，第2组为兴建了饮水工程的村，第3组为对照组，尚未参加任何以工代赈项目。村问卷是通过对村民委员会主要成员访谈进行填写的。

（3）农户问卷用于对每个村随机抽取的10个农户进行访谈，收集的是1991年的有关数据。

调研地区的选择参考了国家计委、交通部和水利部的建议，调查县分别由山东、宁夏和四川省的以工代赈主管部门推荐，样本村的确定则是与3个县的项目管理机构讨论的结果。由于交通极为不便，从四川旺苍只选择了两个村作为对照组，但每村抽取样本农户20个。这样，3个县的样本农户总数不变，依然为360个。经检查，有效问卷为358份。

辅之以国家统计局发表的统计年鉴和信息，国家计委、财政部、交通部、水利部等有关职能部门提供的资料，调研省、县的统计年鉴和以工代赈工作报告，以及3个县的人文、地理和经济历史文献。

三 样本村和抽样人口的社会经济特征

为了便于列表叙述，这里赋予调查县如下代码："第 1 县"为山东的临朐县；"第 2 县"为宁夏的西吉县；"第 3 县"为四川的旺苍县。每个县的筑路村、饮水工程村和对照村也分别用第 1 类、第 2 类和第 3 类村表示。

从以往的个案研究中已经获知，村庄之间的贫富之别，在很大程度上取决于它们的自然环境和基础设施状况。从表 1 对样本村基本经济状况的比较中，便可看出村庄之间的贫富差异。第 1 类和第 2 类村与对照组（第 3 类村）相比，在灌溉、交通和非农产业方面都具有明显的优势。然而它们也具有共同的特征，即耕地稀缺而劳动力资源充裕。这正是贫困地区劳动密集型项目实施的基础。也许读者对表 1 还会产生一点疑问：第 2 县的人均耕地面积不是还高于全国平均数吗（1.7 亩/人）？确实如此。可是该县（西吉）的土地极为瘠薄，加之气候干旱，1990 年度复种指数仅为 99.3%，分别比第 1 县和第 3 县低 64.6%—85.5%（亩均粮食产量为其他两个县的 1/5）。① 因此，耕地资源与劳动力相比依然是稀缺的。

表 1　　　　样本村基本经济情况

指标	第 1 县			第 2 县			第 3 县		
	第 1 类	第 2 类	第 3 类	第 1 类	第 2 类	第 3 类	第 1 类	第 2 类	第 3 类
耕地总面积（亩）	1173.8	505.5	417.0	3460.8	4446.3	5944.5	748.8	593.8	1127.5
人均耕地（亩）	1.0	0.9	1.1	2.0	3.0	4.7	1.0	0.7	1.2
劳动力（人）	401	255	215	769	585	411	450	660	492
劳动力/总人口（%）	44	47	51	45	38	32	59	55	49
水浇地/耕地（%）	31	45	11	0	0	1	28	41	0.5
亩均定购粮（公斤）	3	15	5	0	0	0	4	46	1.5
多种经营园地面积（亩）	147.3	87.5	37.5	0	0	0	103.5	173.8	575.0
林地面积（亩）	15	17.5	426.3	35.5	12.5	556	5407.5	657.5	1000.0

① 见国家统计局农村社会经济调查总队编：《中国分县农村经济统计概要 1990》，中国统计出版社 1992 年版。

续表

指标	第1县			第2县			第3县		
	第1类	第2类	第3类	第1类	第2类	第3类	第1类	第2类	第3类
村办企业总数（个）	0	0	0	0.5	1	0	1.5	3.5	0
联户企业总数（个）	0.5	0	0	1.5	0	0.5	0.8	3.3	0
个体工商户总数（个）	21	2	1	17.5	14	2.8	14.8	25	1
与乡镇的距离（公里）	7	2	6	4	3	5	6	4	7
与县城的距离（公里）	25	21	29	31	45	25	58	22	30
与最近的汽车站的距离（公里）	0	2	13	2	1	5	3	4	11

注：本文表格的数字除特别注明外，均来自笔者的问卷访谈。

对于村级社会服务供给状况的考察，是通过询问6个方面的问题进行的，即样本村是否通路（以汽车能驶入村内为准）、通电、设有投入品（良种、化肥和农药）供销点、医疗点、饮用水供给者和村小学。结果表明，76.5%的样本村设有供销点，通路村和通电村分别占样本村总数的88%和85%，而设有医疗点、供水点和村小学的样本村则达到90%以上。为了用确切的数量指标反映每一个样本村的社会服务供给状况，便对上述每一种服务设施赋值1分，那么6种设施齐全的村显然得6分。但样本中并没有得零分的村，最低分数为1分。如表2所示，3分以下的村仅占总样本的1/3左右，绝大多数样本村积分在4分以上。可见大多数村社都具备了最基本的社会服务供给设施。这其中，以工代赈项目的实施有效地改善了贫困地区村社的交通和供水状况。此外，从总体上看近年来贫困地区社会服务的覆盖面也是较宽的，以医疗服务为例，1990年全国设有医疗点的村占总村数的86.2%，① 而在本项抽样调查中这个比率高达91.2%。

3个调研县的样本农户共计358户，抽样人口1625人。对这些人口进行描述统计的结果可归结为如下三点：

（1）将近80%的人口都在45岁以下，正值劳动年龄（15—65岁）的人数约占样本的2/3强，体现出人口年轻、劳动力资源丰富的特征。

① 见《中国统计年鉴》（1991），第778页。

（2）文盲率高，7 岁以上的人口中文盲占 1/3。值得注意的是，7—15 岁年龄组的文盲率达 25.7%，比 15—45 岁年龄组的文盲率（24.4%）还高 1.3 个百分点，证实了近年来贫困地区儿童辍学现象加剧的问题。如不采取补救措施，下一代劳动人口的质量将会不可遏止地呈下降趋势。

表 2　　按社会服务供给水平分组的样本村分布

供给水平	村个数	占总样本的份额（%）	累积个数	累积百分比（%）
1	2	5.9	2	5.9
2	2	5.9	4	11.8
3	7	20.6	11	32.4
4	10	29.4	21	61.8
5	6	17.6	27	79.4
6	7	20.6	34	100

（3）男性普遍比女性同龄人文化程度要高，这表现的正是贫困地区农户在人力投资决策中重男轻女的倾向。

四　什么样的农户及个人参加了工程？

据统计，抽样人口中工程参与者共计 253 人，占劳动人口（15—65 岁）的 1/5 强。基于参加者所属的户编码，得出参加户的总数为 161 户，为样本户总体的 45%。比较参加户与非参加户的主要社会经济指标，不难看出两种样本户在户规模、人均耕地和家庭劳动资源方面差别微小。这大致反映了每一调研地区近乎同一的乡村家庭类型，以及由于村社实行土地平均分配原则所导致的农户之间人地比例的相似性。“资产”在这里指不包括土地在内的生产性和非生产性固定资产原值之和。“收入”指标与《中国统计年鉴》中关于农户净收入的概念一致。为了在同一水平上对参加户和非参加户进行比较，表 3 的“人均收入”一栏未包括农户从以工代赈项目获得的报酬。依据户人均资产和人均收入指标判断，工程参加户一般比非参加户富一些。由此可以引申出一个结论，即工程并未仅仅瞄准最穷的农户。然而却也不能断言项目只瞄准了富裕户。

表 3　　**工程参加户与非参加户的比较**

		户数	户规模（人）	人均耕地（亩）	劳动力/户人口	人均资产（元）	人均收入（元）	工程所得（元）
第 1 县	参加户	58	4.2	0.7	0.7	1183	613	15
	非参加户	62	4.2	1.2	0.6	958	520	0
第 2 县	参加户	39	5.2	3.1	0.7	634	366	66
	非参加户	81	5.2	4.5	0.7	580	344	0
第 3 县	参加户	64	4.2	1.2	0.8	2443	1100	64
	非参加户	54	4.3	1.2	0.8	1645	695	0

* 这里的户人均收入未包括工程所得。

进一步讲，大约有 40% 的参加户出的是义务工，工程带给他们的益处是社会服务的改善，而并非是直接的补充收入。农户投入工程的义务工，无疑可视为他们对公共基础设施进行的劳动积累。从这个意义上讲，当地农民都有积累的义务，因而项目也就不可能排除非贫困户参加。这是以工代赈有别于其他亚非国家公共工程项目的一个重要特征。在那里，项目瞄准的是单个农户或个人而并非是整个地区或村社，首要目的是增加最贫困者的就业和收入，而并非是基础设施建设。

参加工程的个人有 70% 以上属于 15—45 岁年龄组，因为该组在劳动人口中本来就占压倒多数的优势。在所有调查县，参加工程的男劳力都比女劳力多。一方面，移动土石的劳动是计件付酬，男劳力由于体力的优势而效率较高，因此会率先出工。另一方面，农民家庭内部男女之间的劳动分工，决定妇女将更多的时间用于家务、养殖和田间劳动，这就限制了她们对工程的参与程度。在各县的参加者总数中，第 3 县的女性约占2/5，第 1 县和第 2 县女性的份额均小于 1/4。考虑到第 3 县（四川旺苍县）位于南方，而第 1 县和第 2 县（山东临朐县和宁夏西吉县）地处北方，那么除了家庭劳动资源更为充裕（劳动人数/户人数）这一因素外，南方妇女比北方妇女更为广泛地参加户外生产劳动的传统，也可以用来解释这一现象。

五 决定农户及个人参与行为的因素

上一节对工程参加者社会经济特征的描述，还不足以用来确认对个人参加工程的决策产生显著影响的因素。借助 probit 模型，不仅可以找出这些因素，而且还能够预测个人的参与行为。模型用如下公式表示：[①]

$$Pi = F\ (\alpha + \beta Xi)$$

其中，Pi 表示农户（个人）参加工程的概率；F 是标准正态分布函数；α是常数；Xi 为一系列自变量（见表 4 和表 5）；β是 Xi 的系数。Pi 是由 Xi 来解释的。该模型可以表达农户的参与行为与资产水平的关系，计算出在既定的资产水平上农户参加工程的可能性。

在印度、尼日尔和博茨瓦那等有着类似以工代赈项目的国家，当工资水平确定之后，是否参加工程便取决于个人的选择。因此，有关参与行为的决策模型往往是取个人的社会经济特征为解释变量，例如家庭规模、户主的性别、家庭成员的年龄、文化程度和人均牲畜拥有量，等等。中国的情形却并非如此。农户和个人对以工代赈工程的参与，主要取决于他们所居住的村社是否获得了项目，而不是个人的意愿。如同第 1 节所指出的，组织参加者队伍的一般程序是，县主管部门通过乡政府选择项目村，然后由村社将施工任务分配给农户。究竟是哪位成员参与工程，才属于农户的决策范围。

有鉴于此，作者在对农户参加工程的最大可能性进行估算时，除了将人均耕地、家庭劳动资源指数（劳动力/户人数）和人均资产额这些样本的观察值设为自变量外，还引入了反映村社状况的指数，例如村与县城和乡镇的距离、村户数、村办企业个数和灌溉指数（水浇地/耕地），等等。居住在同一村社的农户，有着相同的村社特征，因而可以把村社的特征值赋予它的每一个样本户。这就解决了模型计算中的一个技术性问题，使得

① 关于 probit 模型的详细介绍，参见 Robert S. Pindyck and Daniel L. Rubinfeld, 1992, *Econometric Models and Economic Forecasts*, 3rd edition, McGraw-hill, Inc. USA。

农户决策模型能够反映出基层政府对村社的选择，以及政府的决策行为对农户参与行为的影响。出于同一目的，还将样本户依据它们隶属的村社类型分为3组（第1类，参与修路；第2类，获得供水项目；第3类，对照村），形成哑变量（dummy variables）纳入probit模型1。

从模型1的计算结果（见表4）中可以引申出如下结论：

（1）农户对村社的隶属关系是影响他们参与行为的一个决定性因素。

（2）究竟什么样的村社有可能获得项目呢？模型中的“村办企业个数”和“义务工制度”用以反映村社的组织制度。笔者曾假定，组织程度越高的村社获得项目的可能性越大。然而计算结果却显示出相反的趋势。这意味着县乡政府并非是依据村社组织程度来选择项目实施地点和参加村的。

观察模型中其他几个具有显著性的村变量就会发现，获得项目的村社可能是那些自然和经济条件相对优越的地方。灌溉指数表示的是村社的农业生产条件。由于村社内部的水浇地和旱地都是在农户之间平均分配的，所以这个指标对同一村社的农户都适用。虽然这里并不排除供水项目改善了一些样本村灌溉能力的事实，模型还是反映出：农业生产条件比较优越的村社更有可能获得项目，或者说那里的农户参加工程的可能性更大。

县城和乡镇分别为县和乡两级政府的所在地，村与县城和乡镇的距离是作为反映村社与政府关系的指标纳入模型的。计算表明，距县城虽远而离乡镇近的村社比较容易得到项目。这意味着县城附近的基础设施已经完备，通过项目进行改善的区域由县城周围向外扩展。与一个县的地域改善顺序相似，每个乡的基础设施配备都以政府所在地为中心向外延伸。乡镇周围的村社具有自然、经济和人力资源等诸方面的相对优势，又因距离近而便于政府管理，实施项目较之边远的村社容易见成效。此外，乡政府执行日常公务从这些村获得的支持也较多。例如推行计划生育政策，组织植树造林、兴修水利和改良土土壤，等等，往往先在附近村社做试验，以便示范推广。上级政府官员视察访问，也常由这些村社接待，使它们自然而然变成了展现政府工作成绩的橱窗。所有这些因素都促使乡政府趋向于选择较近的村社立项。进一步讲，村社距乡镇越近，申请项目的交易成本越低。既然它们与政府的交往既方便又经常，不难通过反复拜访项目主管部门而引起注意。

（3）农户的资源规模对它们参与行为的影响并不似村变量那样强劲。这恰恰支持了前面的论述。可是对户变量的计算结果毕竟形成这样一幅图景：家庭劳动资源较充裕而耕地较少，人均资产额较低的农户参加工程的可能性更大。

表 4　　**农户参加以工代赈工程的 probit 模型 1（极大似然估计）**

变量	系数	z
户人均耕地	-0.047 *	-2.82
水浇地/耕地	0.54 **	4.37
劳动力/户人数	0.23 *	2.25
户人均资产额	-0.000017	-1.55
村与乡镇的距离	0.021 **	4.69
村与县城的距离	-0.0046 **	-5.89
村户数	0.00032	1.55
村办企业个数	-0.050 **	-3.09
义务工制度	-0.16 *	-2.44
第 1 类村	0.51 **	8.23
第 2 类村	0.42 **	5.76
常数项	0.13	
仿 R^2	0.387	

注：*、**分别表示在 95%、99% 的水平上显著（表 5 同）。

个人参与工程的 probit 模型 2 的极大似然估计结果见表 5。模型 2 的数据基础，是工程参加者和 15—65 岁的非参加者（共计 1150 人）的记录。从模型 2 可以引出一些与模型 1 相辅相成的判断：

（1）工程参与者主要是由村社选择的，因而笔者假定：村社动员劳力的方式是决定个人参与行为的最重要的因素。这一假设通过模型 2 得到了证实。模型中有关村社劳动组织方式的变量有 4 个：“按户摊派任务”、“按劳力摊派任务”、“自愿包工”和“其他劳动组织方式”。这其中，“按劳力摊派任务”和“自愿包工”显然强有力地影响着个人参与工程的可能性。前者体现了村社内部劳动者参与机会均等的原则，后者反映的是能者获得较大工作量的事实：工程指挥部把部分施工任务承包给有技术专长的个人施工，例如筑路工程中的桥梁部分，都是承包给农民自愿组成的施工队修建的。

（2）计算结果显示，家庭规模较小的劳动者，参加工程的可能性较大。隐藏在这种关系背后的事实在于，绝大多数规模较小的农户都是由核心家庭组成，它们大约占样本户的80.2%。这也是目前中国农村中颇具代表性的现象。近年来一些全国范围内的抽样调查，都反映出农村传统大家庭解体而核心家庭增多的趋势。[①] 大家庭既有老人又有儿童，能够参加工程的人并不一定比核心家庭多。这从相反的方面支持了模型1的一个结果：劳动资源指数较大的农户参加工程的概率较高。

（3）模型2中有关个人的经济指标是用资产组表示的。这里之所以没有采用收入指标，一方面是因为农户的收入较之资产是一个波动更大的变量；另一方面是由于以工代赈工程直接影响着样本户的收入水平，对其资产状况的影响却是间接的。因此，从尽可能地排除这些影响的角度考虑，"资产"比之"收入"更适合于用来表现人口的经济特征。区分资产组的步骤是，先将所有的抽样人口按照他们的户人均资产额由低向高排队，再将这一序列分成3等份，即贫困、中等和富裕3个资产组。这3个资产组即作为哑变量进入模型2。资产量对个人参与行为的影响，与模型1中对农户决策的作用方向是一致的：与富人相比，穷人更趋向于参加工程。这似乎与描述统计的结果相左，然而却指引我们注意到：对参加者的选择虽然并不排斥贫困者，但由于项目实施区人口中贫困者所占的份额较大，加之村社实行的农户或劳动者参与机会均等的原则，结果仍然是穷人得到了更多的机会。

（4）劳动者的文化程度和性别并未显著地影响他们参加工程的可能性。在模型2中设男劳力为1，女劳力为0，计算结果表明男性参与的概率较高。此外，劳动者的年龄和闲暇与他们参与行为的关系是显著的：年

① 中国社会科学院经济研究所：《中国城乡居民的收入分配（统计报告）》，载《经济工作者学习参考资料》1991年第1期。

龄较轻和空闲时间较多的人倾向于参加工程。由此证明，以工代赈项目发挥了为农民提供补充就业机会的作用。

借助两个 probit 模型进行的统计分析表明，参加以工代赈项目的村社多数拥有当地有利的社会经济条件。可见即使是在贫困地区，乡县政府立项的依据也是效率原则，为的是保证项目成功、投资有效。这与中央和省政府对项目资源配置的设想是一致的。例如，供水项目的次序是先易后难、水源可靠；在修路项目中获得优先地位的是“资源路”和“连网路”，等等。项目成功与否，是考核基层政府官员政绩的一个重要指标。这也是驱使乡政府对村社择优立项的直接原因。

表 5 **个人参加以工代赈工程的 probit 模型 2（极大似然估计）**

变量	系数	z
年龄	-0.025 **	-3.76
文化程度	-0.014	-0.31
性别	0.012	1.69
女劳力闲暇时间	0.00068 **	2.30
男劳力闲暇时间	0.078 **	8.80
户规模	-0.54 **	-22.35
贫困组	-0.16 **	-6.14
中等资产组	-0.074 **	-3.11
按户摊派任务	0.098 **	3.59
按劳力摊派任务	0.41 **	16.03
自愿包工	0.69 **	10.45
其他劳动组织方式	-0.058 *	-2.13
义务工制度	0.21	0.08
第 1 类村	-0.00014	-0.18
第 2 类村	0.10 **	4.19
常数项	0.35	
样本量	1150	
仿 R^2	0.612	

与此不同，村社动员和组织劳力实行的是公平原则：农户或个人参加工程的机会均等。由于中、低资产组在人口中所占的份额较大，与相对富裕的人口相比，他们得到了更多的参与机会。

六　讨论和小结

本文讨论以工代赈项目的“受益者选择机制”，只涉及项目能否通过吸收贫困者参加而使他们直接受益的问题，并不深入探究参加者的受益程度，因为那已经属于另一个专题的研究范围。在此前提下纵观以上几个小节的分析结果便可以确认，以工代赈的受益者选择机制既依赖于农村现有的社会经济制度安排，又取决于这一政策的目标设计，由此而产生出一些不同于其他发展中国家公共工程受益者选择机制的特征。

（1）以工代赈项目是为了缓解区域性贫困而设计的，因此理所当然地具有区域性瞄准的特征。然而，它并不具备瞄准最贫困人口的机制。实施项目的首要目标是改善贫困地区的基础设施和社会服务，为当地的经济增长创造条件。也就是说，与增加贫困人口的短期就业机会和补充收入相比，长期的增长目标处于优先地位。正因为如此，工程立项和建设过程中都实行效率原则，追求项目的成功率。这就不一定使特贫村和最贫困的人口率先受益，因为特贫村往往是投资效益较低的地方，最贫困的人口一般劳动力质量较低或不具备劳动能力，并不适宜于参加工程。倘若只是瞄准这组人口，那么项目一旦失败，投资就只能起到救济金的作用了。

（2）在贫困地区范围内，项目瞄准的是村社（即行政村）而并非是单个农户或个人。项目实施过程中，由村社动员劳力。项目完成后，或者是形成方便村社的公共基础设施，如道路；或者是形成村社资产，例如村级饮水供给设施；或者是增加村社现有资产的价值，例如修建梯田和改良土壤，等等。既然如此，就不可能将非贫困者排除在受益范围之外。

受益者选择机制的这一特点，首先是由当前农村社会的组织方式和制度安排决定的。在计划经济向市场经济过渡的时期，村社成为农村社会的一个自治单位，它的管理机构村民委员会除了负责村内的社会公共事务，还起着联结政府与农户之间关系的桥梁作用。以工代赈作为一种将大量农户纳入实施过程的政府投资行为，显然离不开村社这个中介。况且，由于村社内部通行的公平原则，它比其他任何一类代理人更有助于使项目瞄准贫困者，因为贫困地区村社中的大多数农户属于穷人的范围。假设由单个经纪人来招募劳力，那么受益最大的可能是经纪人自己和非贫困者。原因在于，目前流动性最强的劳动者往往并非是穷人，贫困者由于支付不起流动费用，在大多数情况下将其活动限于本村本乡范围。

其次，项目的内容也使村社成为一个受益单位。公社时期，就在生产大队一级初步建立了基层社会服务设施。在农村经济改革中，生产大队的社会职能转由村社承担。更重要的是，土地为村社所有，这就把农户紧密地联结在村社的纽带上。显然，无论是投资于农田基本建设，还是改善基层社会服务，项目管理部门都是把村社作为基本受益单位来考虑。

这并不意味着我国的扶贫项目瞄准的都是村社。由于农户已转化为基本的生产单位，与推广种植业先进技术、发展养殖业和加工业有关的贴息贷款项目，瞄准的就是单个农户。

（3）区域性瞄准和村社参与组织劳力的项目运行方式，兼顾了“效率”和“公平”，最终使贫困者形成受益人口的大多数。

现在的问题是，如何使特贫村也能分享项目的利益呢？第一，在公共工程建设中，由工程指挥部作出规定，保障特贫村的劳动力在参加者中占有一定的份额。以此促进劳动力流动，逐渐消除村社壁垒，并且通过“参与”来改善特贫村的人力资源。

第二，将项目覆盖范围向特贫村扩展。从1991年开始实施的基本农田建设计划，重点即为石山区、深山区和高寒山区。由此可以预见，这类以工代赈项目能够瞄准最贫困者中具有劳动能力的人群。

救济与重建*

提要　1998年特大洪灾中，湖北江西两省农村严重受灾。政府、军队、个人、民间团体和国际组织一致行动，高效地实现了救灾救济目标。但在住房重建和生产恢复中，灾民遭遇严重的资金瓶颈。这既暴露出农村金融保险服务的供给不足，也表现出农民保险意识的欠缺。设立政府支持下的农作物地区保险项目，当为我国农业保险制度改革的起点。

1998年夏季我国从南到北的特大洪水，使湖北、湖南、江西、吉林和黑龙江等省大面积受灾。为了准确把握救灾救济和重建项目的进展情况，1999年1月，笔者参加了中国社会科学院“特大洪水与中国经济发展态势”课题组在南方灾区进行的个案调查。以下将首先概述本文的理论框架；其次，根据调查所得和国际救援组织在互联网上公布的信息，说明我国本次特大水灾中的紧急救助方式及其效用，然后分析农户在住房重建和恢复生产中遇到的困难；最后，借鉴国内外已有的经验，探讨在经济转型与发展的背景下，乡村救灾救济和农业风险管理方式改革的方向。

一　救济与重建的一般运作

在人类谋求生存与发展的漫长历程中，自然灾害无疑是一个始终存在的威胁，减灾救灾即为所有社会不得不作出的反应。在环境恶化灾害频仍

* 本文原载于《经济研究》1999年第4期，经金成武重新录入计算机，并对个别文字及段落略加改动，谨在此致谢。

的20世纪末期，联合国决定通过开展“国际减灾十年”活动，提醒各国政府关注，唤起世界公众参与，以求尽可能在全球范围内减少灾害及灾害损失。“防灾减灾与风险管理”和“救济与重建”等领域因而也就成为国际社会经常讨论的话题（OCHA，1999）。

“救济与重建”，顾名思义，指的是灾害发生时进行紧急救援，以保障灾民生命安全；灾后恢复被破坏的基础设施和生产生活条件，以保持社会稳定。在当今社会，从事救济活动的通常是受灾国或地区的政府部门、半官方和民间组织、别国及国际人道主义救援和发展援助机构；参与重建行动的则不仅是这三者，而且还有金融保险业、受灾企业、机构和灾民。当然，即使是在灾害发生期间，受灾者也不仅仅是被动的受援者，而多半是抗灾救灾的积极参与者。上述机构和个人参与的救济与重建行动，实质上构成了一个应对灾害打击的安全网（如图1所示）。

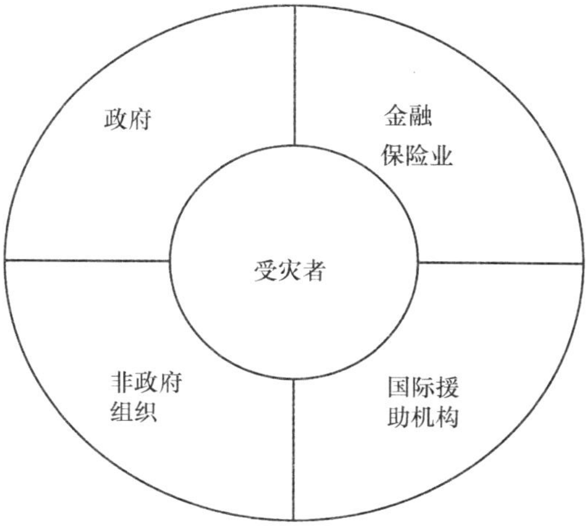

图1　救济与重建主要参与者构成

一般来说，发达国家预警系统先进、防灾抗灾能力强，受灾和成灾的几率相对于发展中国家都较低。根据联合国人道主义救援协调组织最新发布的消息，1998年4月至1999年1月期间，世界各地发生的51次较大自然灾害（其中洪灾22次）均发生在发展中国家（OCHA，1999）。正因为如此，国际救援组织支持的重点一直是发展中国家，学者们对救济与重建的关注，也聚焦于发展中国家（IFRC，1999）。就发展中国家而言，在特大灾害突发之际，能否及时有效地实施紧急救援计划，除了受灾国家和地区的基础设施水平这一限制条件以外，在很大程度上取决于政府的组织能力和穿透基层社会的能力。非政府组织能够动员的人力物力极为有限，其活动范围往往不可能完全覆盖受灾地区，因而只能补充政府组织的救济功能。国际组织及其他国家即使提供紧急援助，也需要借助于受援国或受援地区的分配网络，才能够将救援物资及时运抵灾民手中。当地政府的行政网络均可伸展到受援人群，堪当分配救济物资的主渠道。况且，抗灾救灾毕竟需要立足于本国的努力而非依赖外援。

保险信贷机构虽然并不提供救济，但若能在紧急关头有效运转，亦可或多或少地暂解燃眉之急。例如，90 年代初孟加拉曾受到海啸和飓风袭击，灾民达百万之众。在政府救济和国际援助到达之前，以“穷人的银行”而闻名发展中世界的格莱米银行（Grameen Bank），就已迅速向数十万素有存贷关系的灾民发放小额贷款，以助他们渡过难关（Zeller，Ahmed and Sharma，1995）。不过，格莱米银行实质上是以扶贫为宗旨的非政府组织延伸到金融领域的一个结果，并非所有的商业银行都会以这种信贷方式对灾民伸出援手。这也是近年来一些发展经济学家呼吁推广小额信贷制度创新的一个重要原因（Microcredit Summit Campaign，1999）。

无论怎样，如果图 1 所示的任何一个角色运作有效，都不至于使最需要救济的妇女儿童等弱势人群完全孤立无援。最悲惨的境况往往出现在所有这几个角色的操作都欠发达的地方。例如，80 年代撒哈拉沙漠一些国家被长期干旱所困扰，国际社会虽多方援助，无奈当地政府组织或松散或瘫痪，紧急救援物资不是难以及时送达灾民手中，就是不能有效地覆盖最需要救济的人群，以至于受灾儿童因严重饥饿和营养不良而大量夭折。

重建一般自灾后始，但它与救济并未在时间和空间上截然分开。一方面，当灾害对社会经济造成的破坏在重建阶段依然威胁着灾民生存的时候，救济还需持续进行；另一方面，某些救济方式例如以工代赈，可作为推进重建的手段。在重建阶段，政府既要投资于公共基础设施的修复，又要继续承担保障灾民基本生存需求的责任。国际组织的援助目标，是维持受援人群的短期最低需求，例如食品、饮水和医疗。根据国际红十字会关于1998年的救灾报告，90年代以来，世界范围内的人道主义援助基金大幅度下降，仅1992—1996年期间就缩减了17%。这就使救济机构不得不仔细区分生存和发展需求，设定如此具体而精确的目标（IFRC，1999）。民间捐赠和非政府组织的援助目标也在于此。

由此看来，大多数受灾者是不可能依赖救济去恢复其正常经济活动及生活水平的。此时，那些曾经借助于市场的力量未雨绸缪的人们，既可为企业和家庭财产损失或人身伤害从保险公司获得一定的赔偿，又可动用以往的积累，还可争取贷款，一并用于恢复甚至提高原有的经济活动水平。金融保险业正是在这个意义上发挥了不可忽视的筹集资源、供给重建的作用。受灾国家和地区发展程度越高，这一作用就越明显。在那些国弱民穷的地方，重建活动中金融保险服务的缺失将更容易使受灾人群因灾致贫。当然，这并不意味着金融保险业会自动满足所有人群防范和抵御灾害风险的需求。对于那些高危产业及相关人群，例如农业和农民，信贷和保险供给者们难免会作出逆向选择，拒绝或尽可能避免向他们提供服务。为此，相当数量的发达市场经济国家都制定了强制保险法规，并对高危产业的保险业务提供相应的补贴（Savy，1972）。

二　1998年中国特大洪灾期间救灾救济行动的特点

有史以来，中国救灾救济的一大特色即为政府组织有效。无论是隋唐时期的仓廪制度，还是18世纪的荒政，都曾令发达国家的历史学家们叹服莫名（Will，1990）。自中华人民共和国成立始，这一传统随着政权组织渗透社会能力的加强和国民经济的发展而不断发扬光大。1998年特大洪涝灾害中，各级政府在动员人力物力资源、组织抗洪救灾以及管理和分配救济物资等方面所显示的效率，可用联合国灾害评估小组报告第94节和第97节的话来说："给人留下了无比深刻的印象"（UNDAC/United Nations Inter-Agency Mission，1998）。政府的行政效率以严密的制度和组织系统为保障，它突出地表现在以下两个方面：

第一，面对这次新中国成立以来影响地域最广、持续时间最长的大水灾，中国政府以前所未有的规模紧急调集军队和武警官兵支援灾区，协调军民共同固堤守堤、堵口救人，有效地减少了灾害可能造成的生命和财产损失。

第二，将所有不同来源的款物汇集在一起，通过行政分配网络，迅速覆盖最需要救济的灾民。纵观表 1 和表 2 的数据可以大致推断，从 1998 年 6 月汛情紧急之时起，中央和受灾省政府就作出反应，多方筹集资源。自 7 月初始，紧急援助便源源不断地调往灾区。分配和调运的原则，是通过从中央到地方逐级下达政府文件的形式，由一般到特殊地确定下来的。在救灾救济计划实施过程中，凡遇到新文件未提及的情况，皆根据以往的制度办事。

表 1　　**1998 年特大洪灾期间救灾救济款物来源构成（全国）**

资金来源	款额（人民币：亿元）	百分比（%）
财政拨款	83.3	53.47
捐款	35.1	22.53
其中：港澳地区	3.5	2.25
外国政府、国际组织、海外华人	2.53	1.62
捐物折款	37.4	24
其中：港澳地区	0.2	0.13
外国政府、国际组织、海外华人	2.2	1.41
总计	155.8	100

数据来源：民政部不完全统计，1999 年 1 月，北京。

表 2　　**1998 年特大洪灾期间江西、湖北两省救灾救济款物分配时间表**

江西省（款物总计：92410 万元 = 100%）				湖北省（款物总计：52592 万元 = 100%）			
拨款时间日/月	财政拨款（万元）	其中中央下拨（万元）	捐赠款（万元）	拨款时间日/月	财政拨款（万元）	其中中央下拨（万元）	捐赠款（万元）
3/7	6800	3600		27/7	5500	—	
27/7	230			9/8	7000	—	
2/8	3800	2000		11/8		—	1500

续表

江西省（款物总计：92410 万元 = 100%）				湖北省（款物总计：52592 万元 = 100%）			
拨款时间 日/月	财政拨款（万元）	其中中央下拨（万元）	捐赠款（万元）	拨款时间 日/月	财政拨款（万元）	其中中央下拨（万元）	捐赠款（万元）
30/9			300	16/8		—	2762
7/10	8000	4000	41000	9/9		—	1030
9/12	15000	7000		6/10		—	5000
23/12	5200	2600		27/10		—	5000
25/12	9780	6300		24/11	21000	—	
—	2300	2300		28/12		—	3800
合计	51110	27800	41300		33500		19092
百分比	55.31%	30.08%	44.69%		63.70%		36.30%

注：符号“—”表示数据不详。

数据来源：调研省民政厅不完全统计，南昌、武汉，1999 年 1 月。

灾区村民自治组织（村民委员会）的积极参与，是本次救灾救济行动的另一个显著特点。在此番抗洪救灾行动中，中央的政策意图、地方政府的行动方案、政府的救济和各界的捐赠，最终都要通过受灾村的村委会和下属村民小组落实到农户。在执行这些复杂而紧急的任务时，村民自治组织通过村民的广泛参与和充分采纳民间智慧，兼顾效率和公平，维持了乡村基层社会的稳定。对此，笔者拟通过以下案例略作说明。

例一，村委会对重大任务的执行都制定了相关的操作制度，经村民会议通过，由村干部分工落实。以江西彭泽芙蓉墩乡五联村的守堤制度为例，村委会将全村 1800 个劳力分成 4 个中队，分段包干巡逻加固堤防。每个劳力一天出工 12 个小时，按 3 个工（4 元/工）计。全部用工及其他费用最终按全村耕地面积分摊。村民们认为这样做的理由在于，一方面，耕地本是按家庭人口平分的，抗洪保家的工费人人都应承担；另一方面，耕地是大家共同保护的主要财产和收入来源，地亩多者从守堤活动中受益多，理应多出工多出钱。每个农户根据其承包面积便可明了自己应当承担的劳务额。出工低于额度的农户，须将差额折款交给村委会；出工高于额度的农户，自然就根据其高出部分从村委会领款。

例二，采用传统的民间智慧，解决物资公平分配的难题。在分配过程中，湖北和江西的受灾村几乎是不约而同地决定，仅对五保户、耕地全淹户、灾后无房、无衣被和无劳力户的救济物资进行评议，其余农户皆作为一般户平均分配余下的物资。可是，救济物资多种多样、质地不一且数量有限，不可能按人头或按家庭平分。村民们便将大米按每人每月 30 斤的标准平分，其他物品均参照市价，按类搭配分堆编号，通过抓阄的办法分配到户。

这样看来，虽然政府对紧急救援行动的管理正在趋于现代化，并且以处事严格准确为原则，村民之间有关救灾救济权利和义务的分配，主要还是取决于他们对公平的理解。个中蕴涵的道理在于，只要村庄还保持着传统农耕社会的本色，这一社会经济环境中特有的价值观和公共事务管理规范就依然有效。有鉴于此，能否以较低的组织费用实现整个救援行动的目标，关键在于能否把政府制定的救灾救济原则与农村基层现存的乡土文化相结合。例一表明，村委会实行的村民守堤制度，足以保证在不增加或尽可能少增加政府开支的情况下，实现最大限度动员劳力参加抗洪的目的。例二证实，村委会的做法既不违背政府有关救济物资分配“重点补助特困户、兼顾一般户”的原则，又使分配过程简单省时、透明公平。借助于乡规民俗来落实救灾计划的艺术，由此可略见一斑。

1998 年洪灾中，南方和北方受灾人口共计 22300 万，大约占全国总人口的 1/5（China Daily，1999）。这期间，紧急转移人口达 1400 万（ECHO，1998）。然而，整个社会却并未因此而发生动荡。这个事实完全可以作为救灾基本目标实现的一个标志。

三　重建中的难题

1998 年特大洪涝灾害造成的直接经济损失高达 2550 亿元（China Daily，1999），大约相当于 1997 年国家财政收入的 1/3。湖北和江西两省遭受的直接经济损失分别相当于它们 1997 年财政收入的 2—3 倍，灾民收入的下降已成为不言而喻的现实。重建带给中央政府和灾区地方政府的财政压力以及施加在灾区人民肩上的财务负担，显然异常沉重。由此也不难设想，重建资源的筹措无疑成为灾后恢复正常社会经济秩序的关键。不过，笔者只是将调研重点置于农户建房和农业生产特别是种植业生产的恢复上。原因在于，这两者直接关乎灾民近期基本生存条件的维持。况且，政府早已将它们归为“一年受灾，一年恢复”的重建目标（中共湖北省委和湖北省政府，1998）。

1．住房资金短缺

与救灾救济款物筹集多元化的趋势相似，住房重建的资源已不再像计划经济时代那样，仅仅来自灾民临时自筹和政府补助。国际援助、国内民间捐助和保险赔付都并入了重建的轨道。然而，资金短缺始终是横亘在大多数农户面前的一座火焰山。

如前所述，国际组织一般规定将援助款物用于灾民短期的生存需求，例如欧共体的援助必须用于灾民的食品、饮水和临时住房（ECHO，1998），联合国发展署和儿童基金会优先考虑恢复中小学校和卫生院（UNDP，1998）。粮食计划署捐赠的谷物虽然是用于援助灾民建房、农田和灌渠清淤以及修复饮水设施和道路的，但规定应通过以工代赈的方式，将粮食提供给参与重建的灾民，以缓解他们灾后的食品短缺困难（WFP，1998）。可见，国际援助中能够直接投入住房建设的资源十分有限。民间捐助资源的分配结构也大致如此。

灾民重建家园首选的住房模型，多为称作“抗洪房”的两层楼，面积在100—150平方米之间。若不计房主投工，一般造价为3万元。本次水灾之后，政府对移民建镇或灾民新村项目覆盖的农户，每户提供建房补助10000元；对原地重新建房的农户，大约每户补助1000元。如此看来，大部分资金还是要靠房主临时筹集了。进一步讲，这样的住房虽属灾民生存之必需，但也是房主的一种不动产，所需投资理应以个人筹集为主。

倘若因灾倒房的农户事先曾对住房足额投保，保险赔付想必可以填补重建所需要的大部分资金。问题是参加保险的农户只是少数。例如，笔者走访过的江西彭泽五联村有7户农家倒房，其中只有两户投保，不足倒房户的1/3。全县农户的住房保险参与率还低于这个水平，大约在1/5以下。更遗憾的是，大多数参加保险的农户当初选择的都是低保额，所得赔付平均只有500—1000元。若要修建上述抗洪房，这笔款项仅占重建资金的 3%。

除了保险赔付以外，灾民自筹住房投资的手段，不外乎收集旧房遗留材料、动用自家存款和借款这几种。1997 年，永修、彭泽和公安县的农民人均纯收入达 2000—2300 元；1998 年，这些地方的信用社农户存款余额约为每户 1600 元。即使当地其他信贷机构吸纳了规模大致相等的农户存款，平均每户的存款总额也不至于超过 4000 元。据这几个调研县的信用社联社统计，特大水灾发生后，当年农民存款总额分别下降了 600 万元到 900 万元不等。这显然是农民对灾害打击的一个理性反应，即动用往日的储蓄来熨平当前收入的急剧下降。然而，在那些倒房户以此维持灾后日常消费的同时，高收入者或许还有足够的存款填补建房投资缺口，处于中低收入水平的农户则不得不转而求贷。信贷机构为保贷款安全，规定借款者必须提供存单抵押或担保。可是，这些刚刚遭受水灾打击的中低收入人群多半无以抵押，其亲朋好友往往也难以提供担保，因为他们多居住在同一地区，大致处于同等收入水平，且还或轻或重受灾。于是，平日维持的社会关系网此时发挥了一种保险替代品的作用，亲友之间通过借贷互助互济共渡难关，每个建房户大致都从 6—10 位亲戚处借款。结果，农户筹集的资金中来自正规信贷机构的贷款不多，来自非正规信贷渠道的借款则占有可观的份额，约为 30%—40%。没有筹足楼房资金的农户，或在重建时缩小房屋面积，或暂且修建平房，打算待今后资金充裕时再行扩建。

2. 农业生产贷款困难

自 80 年代初实行责任制以来，多数农户的流动生产资金都是以信用社贷款为主：生产过程开始时借款，过程结束时还钱。1998 年夏季的洪涝灾害恰恰打断了这一信贷链条，水塘里的鱼虾龟蟹随着滚滚而来的大水逃逸无数；永修彭泽一带正处于生长期的棉花被大面积浸泡，几近绝收；① 公安县受灾村庄的耕地一片汪洋，早稻未及收割，晚稻无法栽种，退水晚一些的农地连油菜也难以抢种。农户不仅未能归还贷款，还需补充贷款支付电费及农机使用费以便排涝清淤。由于政府干预，灾区各地信用社不得

① 根据民政部有关核灾定损的规定，农作物比正常年景的平均产量减产 20% 为“受灾”，减产 40% 为“成灾”，减产 80% 为“绝收”。

不提供救灾贷款。可是，它们作为金融企业毕竟需要自负盈亏。如今，信用社陷入1998年上半年农资贷款难追还、下半年排涝贷款回收无着落的困境，1999年初发放农资贷款所需要的资金又该从何而来呢？信用社的领导们寄希望于成立省级联社，以便各信用社之间调剂融通资金。但那毕竟还是一件遥远的事情，对于眼前的难题着实是远水不解近渴。

3．保险的缺失

按理说，种养业保险此时至少可补偿部分损失，农户不至连恢复简单再生产的资金都无从筹措。可是，对此投保的农户少到几乎可忽略不计的地步。据调研省和调研县中国财产保险公司分公司提供的信息，在全部保费收入中，来自种养业的还不到0.4%。即使是这部分保险业务，也未包括大田主要农作物风险，而是针对森林、制种、耕牛、大规模养鱼和养猪的意外风险而设。看来，相对于农房保险，目前的种养业保险更是欠发达。其中所含的直接原因，在于此类保险服务的供求双方同时疲弱，政府亦未配备相应的激励制度来促进这一行业的发展。

首先，种养业属高风险行业，国家未推行强制保险和相应的补贴制度，却对费率有限制。保险公司无法阻止农民作逆向选择（例如只对低洼易涝地块投保），以至于越拓展这方面的业务亏损越严重。据测算，1982—1993年全国种养业保险赔付率达107.88%，加上管理费亏损达9亿元（陈思迅、陈信，1998）。在灾害频繁的省份例如江西，赔付率更高，达145%—160%。这使保险公司对种养业保险避之犹恐不及，没有增加服务供给的积极性。①

其次，农户对现代保险概念认知程度低。一方面，由于政府到现在还直接干预生产和销售，农民依然保留着有困难找政府的习惯，没有把保险作为恢复生产的手段。另一方面，他们对风险和不确定性总是心存侥幸，认为若缴纳了保费却未发生灾害，就等于白白浪费了自家的钱财。虽然每亩水稻成本按250—300元计的保费平均为6元，一尾鱼按2元计的保费大

① 其实，1987年民政部就进行过救灾合作保险试点。1989年又与中国人民银行联合下发文件，指导全国102个县继续试点。资金筹集的原则是国家集体个人共同承担，以个人为主。若不足赔付，则从救灾资金中协调解决（中国人民银行、民政部，1989）。然而赔付缺口是如此之大，以至于救灾资金总是不够填补。结果，1993年不得不将此项业务转为商业经营。

约仅在1—2角钱之间，多数农民还是将其视为一笔沉重的负担。对此，笔者每每听到的解释是农民收入低。但正常年景下，调研县农户向亲朋好友送礼的费用大致为800—1000元，可见仅用收入这一个变量还不足以说明农民的保险决策。其支出行为倒是清楚地显示，他们优先选择的保险措施并非正规的保险服务，而是传统的社会关系网。

进一步讲，保险公司为了降低交易成本，多通过乡政府和村民委员会以村为单位办理农险，大多数农民因而错将缴纳保费视为一种摊派。每当削减农民负担时，也正因为保费并不涉及任何政府部门的利益而最先被削减或取缔。也许，只有当灾害来临之时人们才注意到，这一下，砍掉的恰恰是农民的利益。

归纳以上所述不难注意到，灾区重建虽然已经引入了金融保险业的参与，但是由于社会经济欠发达以及计划经济遗留的影响，这一因素所起的作用还很微弱。一些本应在金融保险业和灾民之间处理的事务，至今仍然被视为政府的责任，由政府直接参与或干预。这就不仅可能影响政府的日常运作，而且还会由于政府力量的直接介入而妨碍当地金融保险机构按市场规则经营。因此，重建机制的实质性转变，还有赖于金融保险业在乡村地区的继续拓展，以及由此而必须进行的制度创新。

四　对调研结果的讨论与总结

围绕1998年特大洪灾而起的救灾救济行动取得了显著的成功。从经济学角度观察，成功的主要原因，首先在于人力物力资源迅速而集中地投入到最需要救援的地方。这是政府、军队、个人、民间团体和国际组织救灾目标一致的结果。无论社会制度意识形态有多大差异，无论经济文化是怎样不同，在实行紧急救援以维持灾民基本生存需求这一点上，人类有着共同的价值观：天灾难测，谁都可能遭灾；援助灾民，实质上就是维护每个人自己的人权。

其次，救灾救济行动的高效，取决于以往救灾制度和组织经验的长期积累，以及灾民的主动参与。政府行政网络和村民自治组织的相互补充，政府在统一行动规则时的集中指导和村民自治组织的民主操作相结合，可谓中国多年积累的公共财富中一个宝贵的组成部分。这其中还需强调指出的是，中央政府在整个紧急救援行动中所发挥的不可替代的指挥中枢作用。协调处理跨地区公共事务，是中央政府赢得国民广泛拥护和地方政府支持的一个直接经济理由。在近年来国际国内行政分权化的趋势下，这一点尤其值得重视。

纵观灾害之后的重建进程，可以清楚地看到乡村社会经济的欠发达之处和正规金融保险服务的重大缺陷。其一，在住房重建中，保险赔付占农户平均资金需求量的份额十分微小；正规信贷机构在农户不能提交存单抵押的情况下，拒绝供给住房贷款，原因是农户目前包括住房在内的其他资产均难以出售；灾民建房的资金需求，除了政府补助和以往的储蓄以外，在很大程度上还要靠以血缘关系为担保的个人借贷来满足。问题是，随着人口结构的变化家族越来越小，这种以大家族的存在为基础的非正规借贷还能持续多久。即使农民今后增加了住房投保额，房屋一旦因灾倒塌，保险理赔之后依然会留下或大或小的资金缺口，需要贷款来弥补。中低收入人群只有像印度、孟加拉的穷人那样组织起来，以小组为单位与正规信贷机构建立联系，实行成员强制储蓄并对贷款承担连带责任的制度，才有可能既获得自己需要的贷款，又满足正规信贷机构对保证贷款安全的要求（朱玲，1998）。这种正在发展中国家成长壮大起来的新型信贷制度，已经引入中国的扶贫领域。笔者认为，将其通过实践进行改良之后加以推广，既不失为解决农户资金短缺的一个办法，又能促进乡村金融业持续稳定地发展。其二，种养业保险的萎缩，使农民当前恢复生产和今后规避风险愈益困难。若要刺激这一保险业务的复兴与发展，必须由国家出面，配备相应的社会保障制度。在我国，大宗农作物的灾害损失，直接威胁着农民家庭的生存，故而农业保险制度的改革理应由此做起。

由于种植业风险对农民收入可能造成的损失，与劳动者的健康风险导致工人收入下降的可能性没有什么本质上的区别，美国、西班牙和葡萄牙等国，都将农作物产量保险作为保障农民收入的一种政策工具，对保费或保险公司的管理费用给予一定的补贴（见表3）。这种做法值得借鉴。在大多数国家，都是以单个农场为单位，实行农作物产量保险制。可这对中国农户并不适用，因为单个农户的土地经营规模太小，相对于应该收取的保金，包括理赔费用在内的保险费用过高（Herbold，1998）。

表3　**产量保险制度比较**

项目 \ 国别	委内瑞拉	墨西哥	美国	西班牙	葡萄牙
1997年保费规模（万美元）	400	6000	176600	27300	3800
国家支持产量保险	否	是	是	是	是
1997年保费补贴（%）	无	30%	51%	55%	65%
（万美元）		1800	89700	14900	2500
再保险	否	是	指定风险 发展风险 商业风险	是	是
行政管理补贴	否	是	是	否	否
市场渗透率	—	23%的农田	70%的农场主	32%的农田	
费率决定	自由竞争	自由竞争	国家规定 固定费率	国家规定 固定费率	自由竞争

注：“—”表示没有可供使用的数据。

数据来源：J. Herbold，1998，Internationaler Vergleichder Ernteversicherungssysteme（Arbeitsvortrag），Venezuela.

在这种情况下，“地区保险”，即对特定地区每一种主要农作物的平均产量进行保险的方式，可作为一个优先考虑的备选方案。投保平均产量，按作物投保前连续数年（例如连续5年）产量的平均值计算。当该地区的实际平均产量低于投保平均产量的某一比率（例如70%）时，即可提出赔偿要求。这意味着，损失的计量与单个农户实际遭受的损失没有直接关系。因此，重要的是尽可能划定同质的地域（即当地农户之间作物产量差距不大的地域），作为投保单位。保额可分为不同等级，例如产量的30%、50%、70%，等等。最低保额以农民家庭最低生存需求（贫困线）为准，这里且将其称为基本产量保险。保额越高则需要缴纳的保费越高，但是无论如何也不能将保额提高到100%，以便激励投保人尽可能避免和减少损失，从而把道德风险降到最低水平。这种保险方式以投保地区较高的农民参与率为前提。为了具备这一前提条件需采取下列措施：

（1）通过立法推行基本产量强制保险，即规定所有农民投保最低保额的义务。至于高于这一限度的保额，则任凭农民自由选择是否投保。

（2）为了鼓励农民购买产量保险，政府不再另设任何其他种植业救灾项目。当然，有必要通过模型计算，比较国家支持设立基本产量保险的费用和平时对种植业的救灾支出。

（3）为了尽可能避免由垄断造成的管理混乱、腐败滋生和缺乏业务活力，必须促使诸多已有的地方保险公司分担基本产量保险业务。不过，投保条件、保险费率还是需要特定的中央机构统一决定，并由该机构对保险企业进行监督。

参考文献

China Daily, 1999, Statistics on Last Summer's Disastrous Flooding, Jan. 13, Beijing.

European Community Humanitarian Office (ECHO), 1998, China: European Commission Earmarks over ECU 1 Million for Flood Victims, Oct. 30 (http://www.Reliefweb.int).

Herbold, J., 1998, Internationaler Vergleich der Ernteversicherungssysteme (Arbeitsvortrag), Venezuela.

International Federation of Red Cross and Red Crescent (IFRC), 1999, World Disasters Report 1998 (http://www.ifrc.org).

Microcredit Summit Campaign, 1999, *Countdown* 2005, (Newsletter) (http://www.microcreditsummit.org).

Savy, R., 1972, *Social Security in Agriculture*, International Labor Office, Geneva.

The United Nations Disaster Assessment and Coordination Team (UNDAC) / United Nations Inter-Agency Mission, 1998, *Final Report on* 1998 *Floods in the People's Republic of China*, 7 – 25 September (http://www.Reliefweb.int).

The United Nations Office for the Coordination of Humanitarian Affairs (OCHA), 1999, *Natural Disasters* (http://www.Re-liefweb.int).

United Nations Development Program (UNDP), 1998, UNDP Emergency Assistance and Rehabilitation-China, Sept. 28 (http://www.Reliefweb.int).

Will, Pierre-etienne, 1990, *Bureaucracy and Famine in Eighteenth – Century China*, Translated from the French by Elborg Forster, Stanford University Press, California.

World Food Programme, 1998, WFP Emergency Operation for Flood-affected Area in Hubei,

Hunan, Jiangxi and Anhui, Sept. Beijing.

Zeller, M., A. I. Ahmed and M. Sharma, 1995, Credit for the Rural Poor: Country Case Bangladesh, International Food Policy Research Institute, Mimeo, Washington, D. C.

陈思迅、陈信：《关于构建我国农业保险公司的设想》，载《保险研究》1998 年第 11 期。

中共湖北省委和省政府：《关于切实抓好当前生产救灾工作的决定》，1998 年 9 月 16 日。

中国人民银行、民政部：《关于农村救灾保险试点工作若干问题的通知》，1989 年 6 月 17 日，载《中华人民共和国民政法规汇编》（1949. 10—1993. 12）。

朱玲：《印度农业和乡村发展银行与小额扶贫信贷》，载《金融研究》1998 年第 5 期。

医疗救助项目的管理成本与效率*

提要 农村医疗救助项目资金流程复杂，救助实施过程涉及众多政府职能部门、医疗服务机构、村庄自治组织、农户和个人。这些利益相关者之间协调难度大，项目运行成本高。本文用案例分析表明，世界银行在华贷款卫生Ⅷ项目中的医疗救助子项目，虽然管理制度设计精密，但救助基金总量不足，管理经费欠缺，因而参与医疗救助管理的各方机构、村委会和农户用不同方式简化程序，分散成本。这就不免使制度在实践中变形，甚至带来项目效率降低的后果。因此，中央和省级政府有必要重点加大对贫困县医疗救助专项资金的转移支付。同时，在中国政府完全利用国内资源推行的医疗救助项目中，鼓励基层管理机构探索简便易行的制度。为了明晰管理成本和提高项目效率，还需要从现在开始进行公共开支追踪监测，并以监测结果作为考察政府部门政绩和敦促管理机构改善工作的参考资料。

当前，我国实施医疗救助项目使用的资金无论是来自国外发展组织，还是来自中央和地方政府，都是以财政转移的形式拨付基金管理机构，通过报销或减免部分医药费，以及代缴合作医疗入保费等形式，最终使救助对象受益。整个项目实属公共开支，其资源分配过程不但包括资金流经的财

* 2004 年，笔者率中国社会科学院经济研究所卫生经济学课题组接受卫生部国外贷款办公室委托，对世界银行在华贷款卫生Ⅷ项目（即“加强中国农村贫困地区基本卫生服务项目”）执行过程中实施医疗救助的效果，加以评估。课题组成员的调研报告分别纳入魏众、朱玲主编《减轻经济全球化中的健康脆弱性——中国农村案例研究》，经济管理出版社 2008 年版。本文载于该书第 229—247 页。

政、金融、民政和卫生行政部门，而且涉及提供卫生服务的多层医疗机构。[①] 此外，还有乡镇政府、村委会和村民参与救助对象资格的认定，并有县及县以上政府和项目管理机构的督导检查。此间发生的管理成本数额至今少有系统而又明晰的统计。这一方面极有可能是由于制度新生，尚未进入常规管理状态。另一方面，也许是决策机构低估了医疗救济制度实施的复杂性，误以为这只不过是增加特困救济数额的事情，现有行政系统并未满负荷运行，追加些工作量并无大碍。事实上，明晰管理成本的意义首先在于，这是项目预算不可或缺的部分。倘若项目管理资金不足，既可能导致其他资金被挪用；又可能造成管理粗糙，以至于降低整个项目的运行效率。其次，明晰管理成本实为项目监测之必需，它有助于发现低效的管理环节，排除不必要的管理程序，提高项目运行的合理化程度，从而节约财政资源，增强医疗救助资金使用的有效性。再次，即使管理预算是充分的，以救助资金及时抵达预定受益对象（即目标人群）作为尺度来衡量，项目实施中也可能出现因资金滥用或实际受益群体偏离目标人群而带来的“资源渗漏”，或出现因行政系统低效率以及资金被挪用而产生的时间拖延。资源渗漏和资源传递时间拖延，在我国和其他发展中国家的财政转移项目中也不鲜见。因此，追踪资金流程，观察资金传递成本和目标人群瞄准状况，也是保证救助对象权益和提高救助项目效率的一个有效工具。正因为缺少有关医疗救助项目管理成本的观察数据，本文只是从重点文献中引申出需要研究的问题，并利用中国社会科学院经济研究所课题组获得的案例调查信息，[②] 讨论观察到的一些现象，以便为今后的专题研究积累思想材料。

一　项目管理中的两难问题

若要讨论医疗救助项目管理成本的高低，只有将其与项目运行效率联

① 卫生Ⅷ项目中的医疗救助资金不经过民政机构。中国政府完全利用国内资源在农村贫困地区推行的医疗救助制度，项目资金由民政部门管理。

② 2005 年，本课题组在山西、重庆和甘肃省的世行在华贷款卫生Ⅷ项目县中，共选择 6 个县（左权、榆社、巫溪、云阳、岷县、康乐）开展农户和个人抽样调查；2006 年第一季度，分别在安徽、浙江、云南、山东、四川、陕西、湖北和湖南省进行典型调查，利用 9 个县的最新信息作了案例研究。

系起来考察才有意义。如何测量项目的运行效率呢？世界银行自2000年始在非洲国家开展的年度公共开支追踪监测（Public Expenditure Tracking Survey，PETS），提供了可资借鉴的指标和方法。监测的开支项目，是项目国的常用药物分配、初等学校教学材料和学生的学费补贴。设定的关键监测指标只有两个，第一，从学费补贴、教学材料和药物自教育部和卫生部分配出来始，到援助对象收到这些资源为止，在资源流经的每一个环节上，比预定计划时间拖延了多少天（time delays）；第二，教育部和卫生部最初拨付的资源最终有多少抵达援助对象手中，换句话说，有多少资源在财政转移流程中渗漏或偏离（transfer discrepancies）。

监测结果往往有振聋发聩的警示作用。以塞拉利昂（Sierra Leone）为例，世行PETS专家组和该国财政部对其2002年度的公共开支项目的追踪监测表明，中央政府拨出98080万里拉的学费补贴，学校总共只收到了其中的45.1%；拨出价值21亿里拉的教学材料，学校总共收到了其中的71.4%。前一项资源到位的时间比计划期限拖延了236—417天，后一项拖延的时间在177—299天。中央政府拨出的价值17亿里拉的常用药品，从中央药店抵达医务主管人员（Medical Officers）手中的药品价值仅为9660万里拉，占全部拨付药品价值的5.7%。药品到位的时间比计划期限拖延了223天。这一评估结果极有说服力地证明，被监测的公共开支项目效率低下，从而简明扼要地显示出改善公共教育和医疗资源分配流程的紧迫性和必要性。有鉴于塞拉利昂的教育卫生资源分配过程缺少记录，而这两类资源分配又属于常规公共开支项目，加之世行的追踪监测并非是财务审计，专家组的报告并未明确指出，发生转移偏离的资源究竟流向了何方。该报告只是在政策建议中婉转地提出，对学费补贴分配过程中发生的管理费用，应当作附加财政预算，而不是从学费专项补贴中扣除。

反观中国的医疗救助项目，在20世纪90年代开始实施的世行卫生Ⅷ贷款项目中，尚属制度创新试点；在民政部门主管的社会工作中，2003年才列入新增救济范围，尚未成为常规预算项目。截至目前，虽然卫生Ⅷ项目县中的医疗救助子项目与民政部负责的医疗救助项目实现了对接，有些项目县还实现了医疗救助制度与新型合作医疗制度的对接，但整个项目运行实质上仍然处于试运行阶段，各项目区之间的运行状况也千差万别。本课题组对医疗救助制度实施效果的研究，在设计中即聚焦于农村医疗救助对象的资格认定、救助引致的贫困人口就医行为变化和救助对农民家庭经济安全的影响。因此，我们在农村调查中着重观察的对象是农户和个人，而非公共支出流程。尽管如此，我们也注意到，在调研县中，医疗救助项目普遍存在两个基础性问题。其一，相对于贫困人口规模，医疗救助基金总量微小且数量不确定；其二，项目管理缺乏资金支持。由此带来如下管理难题：

（1）救助基金总量和救助对象规模微小，项目管理缺少规模效益，这表现为管理成本相对高昂。若要降低相对管理成本（量），必须增强救助力度，或扩大救助对象规模，或提高单个受益者救助额乃至增加救助基金总量，如此则又遭遇基金不足的限制。

（2）为了提高项目效率而管理制度设计严密，然而管理越精密，成本越高昂。在项目经费不变或者增量微弱的前提下，为了降低绝对管理成本（量），最便利的出路就在于简化管理程序，如此则导致制度变形甚至粗放管理，从而极有可能降低项目效率。

针对这些两难问题，各个项目县都在探寻解决方案，试图通过制度创新或其他变通措施来降低管理成本，提高项目运行效率。以下拟将我们在调研县观察到的现象加以分类并讨论。

二　精密管理与资金不足的矛盾

与上述非洲国家卫生领域的两类常规公共开支项目相比，中国的医疗救助项目管理要复杂得多。第一，与医疗领域中的不确定性相联系，医疗救助需求也存在不确定性。医疗救助制度预定瞄准的目标群体，是特定项目区内一定比例的最贫困人群。这就意味着，救助对象必须既是穷人又是病人，或者说在穷人患病尤其是遭遇灾难性疾病的时候，需要同时采用医疗措施和经济补助及时予以救济。有鉴于单个人的健康风险不确定，特定患者需要的医疗措施、其治疗结果和自身康复能力不确定，因此，不同的个人即使同样属于医疗救助对象，对救助资金量和救助时间的需求也不确定。在甄别受益者资格和确定救助力度方面的管理难度，远远超过塞拉利昂案例中的教育补贴发放和常用药品分配。

第二，医疗救助项目实质上意味着用公共开支为救助对象购买部分医疗服务，为此，救助基金管理机构不得不承担医疗成本控制和医疗质量监督的责任。然而医疗是一个专业性极强的行业，未受过医学专业训练的基金管理人员难以判断单个患者发生的医疗费用是否合理、服务机构采取的医疗措施是否得当。为救助基金管理配备专业人员，是估算项目管理成本时必须考虑的一个因素。

第三，医疗救助项目的实施横跨多个社会保障和公共服务领域，组织协调难度大。救助本质上属于社会保障领域，其最基本的功能是覆盖正规和非正规保障制度残留的风险，即发挥“补余”作用。因此，医疗救助对象的认定、救助标准的制定和救助实施的过程，都需要与农村其他社会经济管理制度和社会保障措施相衔接，进而也就需要职能不同的管理部门之间的协调、不同层次的行政机构之间的协调，例如负责社会行政的民政部门与负责卫生行政的卫生部门之间的协调，这两个部门与财政部门的协调，等等。由此产生的组织成本，必然高于单一社会救济或医疗保险项目。

第四，正由于医疗救助涉及多个公共和私人领域，为着规范和协调多方利益相关者而产生的项目管理制度，相应地也就内容复杂、种类多样。以世行卫生Ⅷ项目县为例，为了实施医疗救助子项目，各县都设有县乡两级政府项目领导小组和县项目办公室，并制定了一系列的项目规则，例如项目组织结构制度、救助对象资格确认制度、特困人口就医制度、报账审核审计制度、救助资格逐年审核制度、特困人口医疗救济卡管理制度、双向转诊制度和督导检查制度，等等。整套制度体系内容之广泛、规则之复杂，是单纯财政转移项目所不可比拟的。

第五，上述制度的实施和监管需要多方参与，除了政府职能部门和项目管理机构以外，按照规定还需要村民小组和村委会参与。这样，由多方参与而产生信息交流需求，从巨大的信息交流量中又产生技术支持和信息管理需求。单个行政系统内部纵向信息传递和反馈，不同行政系统在同一层次的横向信息传递和反馈，项目管理机构、医疗服务机构与农户及个人之间的信息交流，与项目的有效性息息相关。在当今这样一个计算机和信息技术日益普及的时代，为提高信息记录、传递和反馈的效率，采用计算机网络和信息管理技术，多半会是一个必然的选择。然而，在实施医疗救助的贫困县，计算机系统购置、信息管理人员培训和信息系统的运行维护费用，相对于其捉襟见肘的财政状况，虽则必需却又近乎“奢侈”。

依据上述情况可以推测，即使不计算乡镇政府、村民自治组织和农户参与项目管理活动所发生的直接成本和机会成本，仅仅是项目管理机构和医疗机构严格按照制度规定履行职责，所发生的直接管理费用相对于贫困县政府的财力就必定数额巨大。问题是，在大多数项目县，非但管理经费没有着落，就连医疗救助基金本身，相对于项目设计功能也总量不足。首先，考虑到近年来医疗服务费用的上涨，世行项目中的医疗救助基金测算标准明显偏低。世行秦巴卫生项目附件 11 规定：“本项目要求每个项目县的扶贫资金至少要覆盖 20% 的最贫困家庭。”“根据 1993 年国家卫生服务总调查的结果，贫困地区的年平均住院率为 33‰，平均住院费用为 448 元（不包括除外责任），假设住院的补偿率为 60%，则人均住院扶贫基金为（33‰ × 448） × 20% × 60% = 1.77 元。”当包括秦巴项目在内的世行卫生项目进展到 21 世纪的时候，住院病人的人均医疗费用至少翻了两番。[①] 相形之下，项目县医疗救助基金总量的增长率，远远不及医疗价格的涨幅。

其次，从医疗救助项目开展伊始，资金筹集的稳定性和资金到位的及时性就都成问题。根据救助基金筹资类型，世行项目县可分为三种：其一，使用项目区地方政府对整个世行卫生Ⅷ项目的配套资金，也就是说需要各级政府自筹。按规定，省市级政府的筹资比例占救助基金总量的 43%，县乡政府配套资金占 57%。省级筹资取自政府对世行项目的财政配套资金，县级配套资金从扶贫资金、财政发展资金和民政救济金解决，乡镇一级的资金来源是乡财政。其二，世行贷款加地方政府自筹，资金各占 50%。其三，在世行贷款和地方政府配套的基础上，附加英国发展部给予

① 根据卫生部网站 2004 年 4 月 27 日发布的《2003 年中国卫生事业发展情况统计公报》，2003 年县属综合医院出院病人的人均医疗费用为 1901 元（www. moh. gov. cn/public/open. aspx? n_ id = 7999），2006 年 7 月 10 日。

的支持性赠款。

显然，第一类项目县的救济基金筹集困难最大。在我们的调研县当中，山西省榆社县和左权县即属于这一类。根据笔者从这两个县卫生Ⅷ项目办公室收集的信息，1999—2004 年期间，榆社县的医疗救助基金应到账 20 万元，实际到账金额仅 6 万元。该县农业人口 11.5 万人，平均每人每年大约 0.09 元。左权县农业人口将近 14.5 万人，同期总共筹集医疗救助基金 12 万元，平均每人每年将近 0.14 元（见表 1）。榆社县和左权县这样的筹资量，分别相当于前述世行秦巴项目人均筹资标准的 5% 和 8%。这两个县都是国家贫困县，绝大多数乡镇都没有分担配套资金的财政能力，县财政支出项目配套资金也困难。各类专项发展项目几乎都需要地方提供配套资金，这种做法虽然有减少受援地区政府依赖思想的作用，但是在配套资金要求超出地方财政能力的情况下，只会削弱项目管理制度的权威性，甚至降低项目执行效率。在山西省 11 个卫生Ⅷ项目县中，大约有一半不能按计划提供配套资金。该省项目办公室在公开发表的一篇报告中指出："项目实施以来……配套资金始终是困扰项目健康发展的一个难题。"（柴志凯，2005）

表 1　**抽样调查县卫生Ⅷ项目医疗救助实施情况一览表**

县		左权	榆社	巫溪	云阳	岷县	康乐
年份		2004	2004	2003	2003	2003	2004
总人口（万人）		16.2	13.7	51	125.9	44.8	24.3
农业人口（万人）		14.5	11.5	46.8	113.3	40.9	23.0
覆盖人口（个人）		3878	—	31976	58902	20895	14133
占农业人口比例（%）		2.95	—	6.83	5.20	5.11	6.14
时期		2000—2004	1999—2004	1998—2003	1999—2003	1999—2003	2000—2004
计划救助资金（万元）		—	20	—	240.11	—	—
实际到位资金（万元）		12	6	329.86	120.17	56	
	世行贷款	—	—	—	—	—	35.5
	DFID 赠款	无	无	220.41	无	—	75.5
	各级政府配套	12	6	—	—	—	—

续表

县	左权	榆社	巫溪	云阳	岷县	康乐
实际门诊救助人次	176	—	237967	无	6153	39988
实际门诊救助金额	1.2	—	197.78	无	4.47	23.75
实际住院救助人次累计	149	39	2678	3707	640	1558
实际住院救助金额累计	3.7	1.2	107.53	66.96	10.19	36.57

注："年份"栏目下的人口统计为当年情况；"时期"栏目下的数字为当期以内的累计数；"—"表示数据不详。

数据来源：①山西省左权县和榆社县的数据，分别来自县卫生Ⅷ项目办公室的项目介绍和笔者对项目办工作人员的访谈。②重庆市卫生局、重庆市卫生Ⅷ项目办公室，2004：《重庆市2003年度项目监督评价指标分析报告》、《重庆市特困人口医疗救助工作进度统计表》。③张德平、龙云智，2004：《重庆巫溪MFA进展回顾》。④云阳县卫生Ⅷ项目办公室，2004：《特困救助实施情况》。⑤岷县人民政府，2003：《岷县卫生Ⅷ/H8SP特困人口医疗救助第二阶段实施计划》；岷县卫生Ⅷ项目办公室，2004：《岷县特困人口医疗救助卫生服务利用影响因素社会评估方案》。⑥康乐县卫生Ⅷ项目办公室，2005：《康乐县特困人口医疗救助利用情况统计表》、《康乐县卫生Ⅷ/H8SP县级项目监测与评价报表》。

在大多数项目县，由于卫生项目往往被视为卫生局的事情，项目办公室又设在县卫生局，地方筹资的责任最终落在项目办实际上是卫生局的头上。卫生局并非经营机构，从正常行政经费中筹集项目资金无异于违反财务制度。在这种情况下，唯一能够激励县卫生局和项目办想方设法筹资的因素，是卫生Ⅷ项目中的乡镇卫生院改造投资，与医疗救助基金筹资挂钩。项目文件规定，卫生院土建投资拨付与否，取决于地方政府筹集的医疗救助资金是否进入专户。在当前地方官员的公共职能排序表中，社会救济原本不占先，因为它不似有形物质资本投入那样，既能赋予官员配置资源的权力，又可在短期内展示官员政绩。因此，卫生Ⅷ项目设计包含这样的激励机制，对引导政府机构和地方官员的行为是有效的。尽管如此，上有政策、下有对策的现象，在资金筹集环节中几乎也成了一种常态，或者是部分资金到位后又被抽走，或者是不能按时到位。在这个意义上，第二和第三类项目县的筹资方式，是对第一类筹资方式的实质性修正。

在我们的调研县中，云阳县的医疗救助基金筹集属于第二种类型，巫溪、岷县和康乐属于第三类。如果以农业人口年人均医疗救济基金额为指标，比较这几个调研县的筹资水平，根据表 1 列举的农业人口规模、救助资金到位额及其相关时期，可以计算出，云阳县的筹资水平为 0.2 元。在资金来源相对最多的巫溪和岷县，筹资水平分别为 1.17 和 0.27 元。这四个县的筹资水平虽然明显高于山西的左权和榆社，却也没有达到世行秦巴项目设计的 1.77 元的标准。这其中的关键原因，依然是配套资金未及时足额到位。表 2 的统计数据说明，1999—2003 年期间，在云阳县的医疗救助基金计划金额中，有 1/2 没有到位。

表 2　**1999—2003 年期间云阳县卫生Ⅷ项目特困人口医疗救助情况概览**

年度	救助卡领取户/人		发卡人数占农业人口比例（%）	卫生Ⅷ项目配套资金		实际住院救助人次	实际住院救助金额
	户数	人数		全年计划	实际到位		
1999	1467	4436	2.68	9.16	4.7	5	0.3
2000	4971	15190	4.20	22.76	18.7	81	0.89
2001	8794	24776	4.32	35.08	32.25	167	2.45
2002	15802	47051	3.92	48.36	16.48	469	5.96
2003	16968	58902	5.19	124.75	48.04	2985	57.36
合计	—	—	—	240.11	120.17	3707	66.96

注：表中金额单位为万元。数据来源同表 1。

至于更具体的资金筹集和使用指标，例如，计划医疗救济基金总量有多大，各级政府应配套金额有多少，究竟是哪一级政府的配套资金未到位，拖欠的时间有多久，等等，我们课题组难以从实地调查中获得更为详尽的统计资料。能够明晰给出答案的统计表收集不到，受访者的回答似乎也是有意识地含混不清。因此，表格中有的数据缺失，有的数据从不同统计表中汇集而来，数据之间还有相互矛盾之处，统计数据与我们从访谈中获得的信息也不完全一致。不过，依据这些可供使用的数据和已经掌握的信息，仍然可以判断，项目管理机构不得不面对资金总量不足和管理制度复杂精密的矛盾。以左权和榆社的情形为例，一个县平均每年 1 万—2 万元的救济基金规模，至少也需配备一名工作人员，负责完成项目规定的报表任务，并检查相关机构的任务落实情况。仅仅是这一名工作人员大约

1.8 万元的年薪，就显示出管理成本相对于基金总量是多么昂贵。如果要完全落实前述医疗救助计划和所有规章制度，这两个县筹集的救助基金全部用于管理也许还不够。如果配备的这名医疗救助项目工作人员还兼管其他事务，那就很难设想，整套医疗救助制度体系何以能够完全落实。

民政部负责执行的农村特困人口医疗救助项目，同样遭遇基金总量不足的困境。2003—2005 年期间，中央政府每年为此拨付的专项财政资金仅 3 亿元。然而根据民政部项目官员的非正式介绍，全国需要政府资助参加新型农村合作医疗的五保供养和低保对象就达 3600 万人，按每人 10 元的缴费标准计算就需要 3.6 亿元。这一群体中，大病发生率为 32.2%，也就是说，大约 1160 万人需要救助。2004 年农民住院费用平均为 2236 元，从合作医疗基金中可报销 25.31%（566 元）。如果个人负担 30% 的费用即 670 元，每人每年还需要救助 1000 元。据此计算，全国年需医疗救助资金 120 亿元左右。如果中央财政承担 1/2，每年至少需要 60 亿元。

在目前的项目启动阶段，中央的专项医疗救助资金所起的作用更多地倾向于催化剂，而并非是常规公共开支。这一点，从民政部的文件（民发［2005］121 号）表述中即可看出来："各地医疗救助工作成效将作为民政部、财政部分配中央财政农村医疗救助补助资金的重要因素"。事实上，越是欠发达的地区，政府的财政能力和行政能力越弱，但是当地需要救济的人口却越多，因此更难在基金总量严重欠缺的前提下取得显著成效。医疗救助的根据，是贫困人口的需求，而非其他原因。虽说是按照工作成效拨款的规定带有激励成分，但它包含的资金分配不确定性，却会给欠发达地区医疗救助项目的正常运行，增添新的扰动因素。

三　规模缩减与管理简化

医疗救助基金来源不足，使执行项目的贫困县政府和管理机构遭遇有事权、无财源的窘境。在上级政府和管理机构落实项目计划的行政压力下，寻找和采用变通办法，几乎成了基层项目执行机构的不二选择。缩减项目规模和简化管理程序，可谓首选应对措施。根据我们的观察，这主要有如下表现：

方式1. 缩小项目覆盖人口规模。如果用救助对象占农业人口的份额来衡量项目覆盖人口规模，按规定这个指标至少应达到5%。表1的数据显示，在左权和榆社这两个自筹救助基金的县，项目覆盖人口规模最小。据左权县民政局的调查，2003年全县农村人均纯收入低于625元的特困户（2323户6459人）、五保对象（609人）和贫困户人口（7763户18686人）共计25754人（左权县民政局，2004）。左权县农业人口约14.5万人，在此基础上估算，贫困率约为17.8%。可是，卫生Ⅷ项目覆盖的救助对象还不足农业人口的3%。在项目执行期间，救助对象当中曾获得医药费报销的则更是少之又少。1999—2004年，门诊和住院患者合计，实际受益人数仅为左权县农业人口的0.2%左右。同期，榆社县从救助基金中报销过医药费的患者总共才39人，相对于11万多人的农村人口，数目小到可以忽略不计。在贫困程度深重的县域，以这样微小的项目规模，显然难以实现预期的“提高贫困人口利用卫生服务能力”的目标。结合表2的数据来看，2003年之前，云阳县的项目覆盖人口规模明显地低于资金来源较多的巫溪、岷县和康乐。只是在2003年，云阳县的基金总量几乎比上年增加了200%，其项目覆盖人口规模才从不足4%提高到5.2%。实际上，巫溪、岷县和康乐由于有英国发展部的赠款支持，其试点乡的项目覆盖人口规模都高于5%。在某些年份，这个比率在巫溪县的一些试点乡甚至达到11.3%（张德平、龙云智，2004）。这不啻是从反面显示，缩小项目覆盖人口规模，实乃项目县管理机构对救助基金总量不足的直接反应。

方式2. 减弱救助力度。有关医药费的报销规定，尤其是起付线、共付比（报销比例）和封顶线的设定，都是卫生Ⅷ项目中常用的医疗救助力度调节工具。在获得赠款的试点县，救助对象的门诊和住院费用都可获得部分补偿。在不同层次的医疗机构就医所发生的医药费，报销比例从30%到80%不等。门诊费用补偿每户每年不超过60元，住院费用报销封顶线在220—1360元区间。在非赠款县，门诊费用一般不予报销，住院报销比例限制在40%—50%甚至更低的区间（翟鹏霄，2005；金成武，2006）。这些规定虽然有助于防止医药费报销总额超支，但是依照这些规定操作的结果，必然是降低预期救助力度。以本课题组的抽样调查结果为例，1998—2004年期间，在左权、榆社、巫溪、云阳、岷县和康乐6县的

1206 个样本农户、4536 人当中，共发生 145 个大病或重伤案例。[①] 医疗救助项目覆盖的大病患者人均花费医疗费用总计 4653 元，其中得到报销和减免的费用为 347 元，占住院费用的 22.1%。距离项目预期的 40%—60% 的比率，相差甚远。患者获得的医疗救助、家庭自有资金、私人赠款及借款，分别占其总医疗费用的 7.5%、36.2%、10.5% 和 45.8%（魏众，2006）。无论是从绝对量还是从相对数来看，医疗救助的力度相对于患者的大病支出而言都是微弱的。

方式 3. 粗放管理。在项目覆盖人口规模微小、制度精密、管理复杂然而缺少经费的情况下，简化程序甚至粗放管理，成为项目管理机构偏好的一种成本降低手段。尽管此类应对措施的产生有一部分合理的原因，但是制度变形和粗放管理造成的后果，是项目效率的降低。制度变形的突出表现在于：第一，某些项目管理参与机构采取常用的行政手段，替代救助对象资格认定程序。按照项目设计规定，救助对象资格的认定必须经过自下而上的申报与自上而下的审批程序。实际上有相当数量的救助对象，是乡村干部和村民代表商量决定的（罗楚亮，2005）。还有的地方，项目管理机构只是把民政部门的五保和优抚对象资料过录上报了事，并未通知本人，以至于不少在册的特困人口不知道自己是医疗救助对象，当然也就无从知晓自己享有什么权利（蒋中一，2005）。第二，在一些项目规模极小的县，管理机构几近于放弃对医疗服务供给环节的任何监管，仅用医疗费报销比例和封顶线控制救助资金支出。然而，这两种工具虽然有助于约束患者的支出行为，却对服务供给者几乎不发生影响。如此粗放管理的结果，足以使医疗救助带给受援者的好处，被过度服务导致的医疗费用增加所抵消。

方式 4. 医疗救助与常规救济救灾制度相结合。2003 年年底，在世行卫生Ⅷ项目尚未终结的时候，民政部门负责实施的农村医疗救助制度在全国范围内展开。卫生Ⅷ项目县面临着将原有的医疗救助制度与民政部制定的规则对接，将存留的救助基金转往民政局专户的形势。于是部分项目县

① 本项研究确认重大疾病或重大伤残的标准为：在 1998—2004 年期间累计花费超过 1000 元或经过住院治疗的伤病；1998 年以来久治未愈的疾病。

管理机构或是趁机停止医疗救助流程，等待与民政局交接工作；或是干脆根据民政局制定的规则，按照民政系统通行的救济救灾制度发放医疗救助金。以左权县为例，县政府于2004年转入卫生Ⅷ项目医疗救助基金账户5万元，转入民政局医疗救助户头6万元。2005年，县政府拨给民政局的年度医疗救助基金达16万元。然而，分别由卫生局和民政局牵头的同类项目并未在账目上归并一处，这可能与卫生部门的医疗救助专户当时仍然和卫生Ⅷ项目中的其他投资援助挂钩有关。笔者在调查中注意到，两部门的项目在县里并行不悖，管理信息也未共享，但两个部门使用的规则近乎一致，卫生Ⅷ项目管理机构事实上采用的救助程序，更接近县民政局制定的规则。在我们访问的受益户中，大病患者多已亡故，其家属分别从民政和卫生部门获得过医疗救助，救助金额分属500元、800元和1000元几个档次，受益者不清楚是否有按比例报销大病医药费的规则。

左权县民政局执行的医疗救助规则简单明了，这一特点表现在：第一，将人均年收入低于625元的农户和民政部门的常规救济对象（五保和优抚对象、军烈属、严重残疾者，等等），一并列为医疗救助目标群体。第二，定义十多个病种为救济范围内的大病。第三，将一次性医疗支出在3000元以上的情况分成5个档次，规定最低补助200—500元，最高补助3000元。第四，救助程序包括农户申报，村委会调查核实、村民代表会议讨论通过、张榜公布、签注意见、上报材料至乡政府，乡政府审核申请表及各种上报材料，签注意见后报县民政局审批。审批结果逐级下达到村委会，由后者在村里张榜公布。然后，救助对象到指定银行领取医疗救助金（左权县人民政府办公室，2003）。

与卫生Ⅷ项目管理制度体系相比，左权县民政部门的医疗救助规则虽然简单易行而且也有减轻救助对象疾病负担的作用，但明显存在如下缺憾：其一，它隐含着事后救济原则，或者说规则本身就排除即时救助。按规定，救助申请人提交的身份和收入状况证明材料中，必须包括县级以上医疗机构诊断书及医疗费用凭证。可见，在大病患者就医期间最需要资金的时候，这种医疗救助基金并不能用来救急，“提高贫困人口利用卫生服务能力”的目标，在此就会打上折扣。其二，与救济方式相关，贫困人口获得的医疗救济金与他们以往获得的生活困难补助无异，或用来事后还账或用做贴补生计，未见得会投资于健康。也许是该县决策机构已经意识到这个问题，据当地卫生Ⅷ项目办工作人员介绍，从2005年起，县财政通过民政系统对特困救助卡持有者每人每年补助100元，用于医治小病。至于受益人是否将这笔资金用于就医，在何处就医，完全取决于其个人决策，因为即使是在“大病医疗救助实施细则”中，也不包括对医疗服务购买的任何规定。可见，如果将医疗救助资金按照常规救济救灾的规则使用，难以引导贫困人口投资于健康，而这恰恰又是建立专项医疗救助制度的一个政策初衷。

在卫生Ⅷ项目管理系统内部，对医疗救助制度的可持续性曾经有过这样一种顾虑：即外援项目结束后，是否还有资金来源支持医疗救助的实施。如今，有关资金来源的答案已经是肯定的了，中国政府利用国内资源推行的农村医疗救助制度，既是对卫生Ⅷ医疗救助项目的接续，又是对这一项目的推广。尽管资金不足对项目效率的影响举足轻重，但它并非是唯一的因素。我们的分析表明，制度内在的可行性、它所包含的对管理机构和管理人员的激励机制，同样也决定着医疗救助项目在实践中的兴衰。粗放管理，无疑将导致项目效率降低。然而这并不意味着，管理制度越精密项目效率越高。原因在于，相对于贫困县政府系统的财政能力和行政能力，越精密的制度可行性越低。上述项目县管理机构在实际操作环节中对制度设计的种种简化，从反面支持了这一论点。进一步讲，卫生Ⅷ项目包含着吸纳贫困人口参与医疗救助决策和监督的设计理念，那么制度越复杂，就越有可能将他们排斥在决策过程之外。贫困群体受教育程度低、信息来源少、在村庄决策中发言权微弱，这是中国农村基层社会的现实。如果制度设计的精密程度远远超越贫困人口接受和掌握复杂程序的能力，如果设计的制度环节与农村基层政治和村庄决策中存在的潜规则直接冲突，那么贫困人口就更不可能在决策过程中发言，故而制度设计付诸实践则往往事与愿违。因此，当前的医疗救助制度还不能定型，高层决策机构有必要鼓励项目参与各方在实践中继续创新，权衡管理成本和管理效率，找出既符合制度设计目标，又简便易行而且效果显著的管理办法。

当然，无论制度设计得怎样简便合理，监督检查对于医疗救助的实施都是完全必要的。在制度试验阶段，督导环节就更为关键。迄今，卫生Ⅷ

项目实施中各项制度的落实，在很大程度上取决于资金拨款机构密集的督导行动。以试点县巫溪为例，1998—2003 年期间，世界银行、英国发展部、中国卫生部国外贷款办和重庆市项目办进行的现场联合督导，有 11 次之多（张德平、龙云智，2004）。巫溪县也果然不负众望，其医疗救助实践在卫生Ⅷ项目县中当为典范。不过，如此密集的外来督导毕竟组织成本太高，它既不可能覆盖所有项目县，也不可能在卫生Ⅷ项目结束后长期持续。所以，有必要寻求覆盖面较广而成本相对较低的常规监督机制作为替代。世界银行在非洲国家采用的公共开支追踪监测方法，可以考虑在医疗救助项目监督中试用。有鉴于在当前中国政府的管理系统中，上级对下级的政绩考察，与其他监督手段的约束力相比更为有效。公共开支追踪监测的结果，可以作为考察政府部门政绩和敦促管理机构改善工作的参考资料。

四　成本分散与转嫁

医疗救助制度只是覆盖特定地区人口的一小部分而非全部，因此如果以社会医疗保险基金为对照，其基金规模总是微小的。这是医疗救助承担的社会救济功能所决定的：一方面，它只是对现有正式和非正式经济安全措施起“补余”作用；另一方面，它的受益者资格既取决于自身的社会经济状况（例如贫困、老龄和残疾），又取决于所遭受的疾病打击。确切地说，医疗救助的对象必须既是穷人，又是病人。从这个意义上来看，覆盖人口少、基金规模小，是医疗救助项目的一种常态。如果专为医疗救助的实施建立一整套管理系统，单独运行这一制度，成本必然高昂，并因而对制度的可持续性产生实质性影响。因此，将医疗救助与农村其他社会保障措施结合起来运行，成为基层项目执行机构的又一种选择。如果说缩减规模和简化管理的做法是为了降低管理费用的话，使两种以上的制度相结合着重为的是取得规模效益，即以此分散管理成本。

最常见的制度结合形式，是医疗救助与新型合作医疗制度相结合。在我们的调查县中，巫溪县、榆社县和安徽省的岳西县既是卫生Ⅷ项目县，又是新型合作医疗试点县，两种制度结合运行可谓顺理成章。医疗救助基金部分用于为救助对象代缴参加合作医疗制度的费用，相当于保险费；部分用于救助对象的医疗费用附加补偿。这样做的显著益处在于，其一，医疗救助通过合作医疗管理网络实施，制度运行成本因而下降。其二，救助对象除了从合作医疗基金报销部分医疗费用外，还可在此基础上从医疗救助基金获得部分补偿，其医疗费用补偿比例显著提高。结果是，医疗救助力度因此而大为增强。例如，2004 年，榆社县新型合作医疗制度一般参加者平均享受的报销比率约为 30%，医疗救助对象获得的报销比率在40%—50%之间。2005 年，岳西县新型合作医疗制度一般参加者平均住院费用为 2272 元，享受报销比率为 56%；救助对象的平均住院费用为4129 元，经两次补偿后享受的报销比率为63.7%（蒋中一，2006）。其三，有关医疗救助的规定和贫困人口获得救助的案例，有助于动员农户参加新型合作医疗制度（保险）。

不过，两种制度结合实施也会产生新增管理成本，这主要来自民政部门和卫生部门之间的协调。第一，卫生局和民政局分别主管新型合作医疗和医疗救助制度的实施，分头掌管两类基金。两种制度结合运行，就需要两个部门经常针对救助程序的操作细节进行协商，从而共同决策，这就比单部门决策需要耗费更多的时间。第二，各自系统内部和相互之间进行信息交流的必要性，使得共同操作比单部门操作需要支付更多的信息管理费用。

目前在大多数县域，两种制度的运行分别面临着管理经费预算不足，甚至没有预算来源的困难。例如，在农业人口多达 113 万人的云阳县，2004 年，县财政为特困医疗救助项目仅拨付工作经费两万元。在这种情况下，项目管理机构更难应对新增管理成本。于是，成本转嫁就成为这些机构最常用的办法。颇具代表性的做法如案例 1—3 所示，或是将部分基金管理责任转交给财政机构，或是将信息管理和周转金供给任务下达给医疗机构，却不为这些管理服务付费。问题是，“天下没有免费的午餐”。分担这些责任的机构或者个人，早晚会用应对措施，从其服务使用者那里找补报偿。例如，医疗机构可以为患者提供过度服务或者价格较高的服务。进一步讲，这些机构的管理支出越是得不到足额补偿，它们就越可能降低管理服务质量。其最终结果，必然是损害整个合作医疗和医疗救助制度的效率。从这个角度考虑，我国发达地区的管理经验值得借鉴。

在农村基本医疗保障制度发育较早的苏州农村地区，农村合作医疗、最低生活保障、医疗救助与三级卫生服务网络虽然在运行中相互结合，但管理系统却是单一的。尽管不同的管理系统之间信息共享，例如医疗救助对象即为民政部门给予社会救济的对象（包括低保对象），然而民政局仅负责最低生活保障制度的实施，卫生局主管卫生服务、合作医疗保险和医疗救助。这样，从制度设计上就排除了不同行政系统共同操办同一事务所造成的摩擦成本。苏州市及所辖县乡都设有专门机构，兼管合作医疗保险和医疗救助，人员和设备资源通用。在笔者调查过的张家港、常熟和吴江，3 个市（县）的县乡两级专管人员共 31 人，每年工资经费总计 97. 5 万元；办公经费总计 65 万元（3 万元/县，2 万元/乡镇）；全部管理经费 162. 5 万元。[①] 2005 年，3 个县的合作医疗保险基金合计 23980 万元，医疗救助基金合计 735. 28 万元。前述管理经费均来自当地财政专项拨款，相当于 3 个县合作医疗保险与医疗救助基金总额（2. 47 亿元）的 0. 65%。如此算来，两种制度结合运行的方式，在这里产生的相对管理成本显然是低廉的。

不过，在基金总量庞大、管理经费充足的情况下，未必就能取得成本—效率划算的项目效益。实现这一目标的一个充分条件，还在于整个项目执行机制的合理性。具体说来，合作医疗保险和医疗救助管理制度的设计，必须符合管理系统本身具有的运行机理。不同行政系统职能各异、运行方式不一，长期共同操办同一事务，结果往往会是相互干扰产生的成本，抵消相互补充带来的收益。来自苏州农村地区的案例表明，尽可能避免同一管理环节上的多部门操作，落实常规管理经费，是加强制度可持续性和提高基本医疗保障项目（合作医疗保险和医疗救助）有效性的一个重要前提。当然，我国地区差别巨大，管理制度必须因地制宜。例如，浙江省淳安县的三级卫生服务网络不似苏州地区那般发达，政府用公共卫生经费支持的社区责任医生制度则别具特色。在医疗救助制度实施过程中，覆盖所有村庄的社区责任医生制度与合作医疗、医疗救助和农村低保制度相结合，同样有助于取得项目管理的规模效益。

① 数据由苏州市卫生局农村初级保健办公室 2005 年提供。

案例 1　把基金管理费用转嫁给财政所

安徽省岳西县 1998 年即被卫生部列入世界银行卫生Ⅷ项目县，2002 年底又成为全国农村新型合作医疗制度试点县，在合作医疗和医疗救助项目管理方面既积累了经验又有制度创新。例如，把乡镇合作医疗基金管理的任务落实到财政所。县政府制定这一决策的初衷，实质上就是要财政所分担基金管理费用。事后证明，较之另行成立一个专门管理合作医疗基金的乡镇机构而言，这样做不仅有助于节约管理成本，而且有利于改善合作医疗基金的会计工作效率。原因主要在于，财政所原本就是乡镇公共资金的专业管理机构，工作人员实际操作能力强，具有自觉的成本—效率意识。问题是，财政所为此而承担的管理劳动、物资消耗和现金支出，并未得到足够的补偿。只是因为把推行这两项基本医疗保障制度当作政治任务，财政所工作人员虽然有诸多不满，却也把基金管理工作坚持了下来。来榜镇财政所的储文胜所长仅凭记忆，就给笔者报出了本所为合作医疗筹资和参保人员医疗费用报销支付的大宗现金账目。该镇居民有 5600 多户，农业人口 21000 人，2005 年参保人口为 19000 人。储所长根据 2003—2005 年合作医疗基金管理情况测算过，为了筹资和报销医药费而必须支付的现金管理成本，平均每个参保人约 2.5 元。其中，主要成本项目如表 3 所示。

表 3　　来榜镇财政所合作医疗和医疗救助主要管理支出统计

项目	单价	数量	合计（元）
宣传			
1.1 油印公开信（8 开纸）	1 元/页	5600 页	5600
1.2 电视滚动字幕（乡广播站）	1000 元/月	1 个月	1000
1.3 租用宣传车	200 元/天	10 天	2000
1.4 招待上交保费的村干部工作餐	8 元/村干	40 人 ×2 次	640
1.5 录入和印制参保人员花名册（文印社）	1 元/页	1250 页	1250
结算、兑现住院报销费用			
2.1 财政所输入微机报销资料、转账给信用社，信用社拨款至农户储蓄卡	信用社分担成本	—	—
2.2 电视滚动字幕通知报销者	广播站分担成本	—	—

续表

项目	单价	数量	合计（元）
2.3 打印布告在12村×4处/村、财政所和信用社门口公示	8元/页	50页×13次	5200
印制年终明白卡	1元/页	2页×5600户	11200
印制发送医疗费报销户通知单（二次补偿，即医疗救助金发放）	0.5元/页	2页×400人	400
总计（元）			27290
参保人员平均现金管理费支出（元/人）			1.44

案例2　把信息管理成本转嫁给医院

在病人从合作医疗基金和医疗救助基金获得医疗费补偿后，管理部门有责任为其提供明晰的费用补偿表。在湖北省钟祥县，这项信息通报责任交给了医院。参加合作医疗保险的医疗救助对象住院治疗后，出院时可以得到一个包含所有费用减免信息的结算单。单据上详细列出患者在住院期间发生的全部医疗费用，并分别列出从合作医疗基金获得的补偿，从定点医院得到的减免额，以及可以从市民政局得到的报销金额。这样，患者可以最方便地了解其受益来源、受益程度和自负责任（魏众，2006）。可是，这项服务虽然增添了医院的信息管理成本，卫生行政和民政部门都没有为此付费。尽管医院受益于两种制度的“定点医疗机构”待遇，即就诊人数因此而增加，但它毕竟属于经营单位，总会通过其他途径，从患者那里把这些信息管理费用找补回来的。

案例3　把周转金供给责任分配给卫生院

在医疗救济对象就诊的时候，当即根据报销规定减免其部分医疗费，比起事后报销的方式，更有利于促进救助对象就医，实际上也免除了他们为获得补助而奔波的成本。康乐县的医疗救助项目，采取的就是这种方式。不过，为此需要的周转金必须由卫生院提供。这对于经营规模不大的卫生院，就成了沉重的经济负担。例如，某卫生院仅有1万元周转资金，为履行减免责任最多曾一次垫付7000多元。按当地项目办的规定，每季度报销一次，此间卫生院的正常运转就颇受资金短缺的影响（金成武，2005）。

五 政策讨论与结论

世行卫生Ⅷ项目中的农村医疗救助子项目，不仅为项目区新增一项重要的社会保障措施，使当地贫困人口从中受益，而且还发挥了显著的导引和示范作用，为中国政府在全国范围内建立医疗救助制度提供了丰富的思想材料和实践经验。卫生Ⅷ医疗救助项目实施中出现的问题，在现行的中国医疗救助项目中同样存在。从各项目区在实施医疗救助中遭遇的困难和管理机构的决策行为中，可以归纳出如下政策性结论：首先，农村医疗救助项目管理中的当务之急，是解决医疗救助资金与管理资金短缺的问题。欠发达地区的贫困县财政能力薄弱，需要中央政府根据当地的五保供养和低保对象规模，加大专项资金转移力度，并要求受援地区的省政府按比例提供财政配套资金。

其次，医疗救助制度仅覆盖总人口的一小部分，这是由它承担的社会救济功能所决定的。如果单独运行这一制度，成本必然高昂，从而影响制度的可持续性。这就需要发挥项目参与各方的积极性，寻求切合受援地区社会经济文化特点的管理制度。一方面，它的管理精度必须符合贫困县政府部门的行政能力、村委会的组织能力和贫困人口的参与能力；另一方面，整个制度建设必须具有与基金总额和救助对象数量相适应的规模效益。进一步讲，只有采用简便易行的管理措施，才有可能使农村医疗救助项目逐渐演化为成本合理、无须外界强力督导或内部群众运动即可持久运行的一种常规制度。

最后，对合作医疗和医疗救助项目的财政转移支付，是农村住户社会保障领域中最大的一笔公共开支，资金使用效率关系到占我国人口大多数的农村居民的福利。有鉴于此，在这两类基本医疗保障项目运行的初始阶段，即有必要动手准备和开始进行公共开支追踪监测，并以监测结果作为考察政府部门政绩和敦促管理机构改善工作的参考资料。

参考文献

PETS Task Team and Ministry of Finance, 2004, "Sierra Leone Government Report of the Public Expenditure Tracking Survey (PETS) for Financial Year 2002 Selected Expenditure", download on 19th of Oct. 2005 (http://web.worldbank.org/WBSITE/EXTERNAL/COUNTRIES/AFRICAEXT/SIERRALEONEEXTN/0, menuPK: 50003484—pagePK: 141153—piPK: 141120—theSitePK: 367809, 00.html).

柴志凯：《山西省卫生Ⅷ项目存在的问题判断与实施重点思考》，载《中国初级卫生保健》2005 年第 19 卷 5 期（总第 231 期）。

蒋中一：《农村特困人口医疗救助制度》（政策研究报告），2005 年。

蒋中一：《新型农村合作医疗和特困人口医疗救助相结合制度建设的评介报告》（政策研究报告），2006 年。

金成武：《甘肃省康乐县乡镇卫生院调查报告》（农村医疗救助制度调查报告），2005 年。

金成武：《医疗救助对象的资格认定》（世界银行在华贷款卫生Ⅷ项目农村医疗救助子项目评估报告），2006 年。

罗楚亮：《云阳县医疗机构访谈》（农村医疗救助制度调查报告），2005 年。

卫生部统计信息中心：《2003 年中国卫生事业发展情况统计公报》（2004 年 4 月 27 日发布）（www.moh.gov.cn/public/open.aspx? n_ id = 7999）。

魏众：《湖北省钟祥市农村医疗保障制度调研报告》，2006 年。

魏众：《医疗救助对医疗服务利用的影响》（世界银行在华贷款卫生Ⅷ项目农村医疗救助子项目评估报告），2006 年。

翟鹏霄：《山西省榆社县与左权县农村医疗保障制度调查报告》（案例调查报告），2005 年。

张德平、龙云智：《重庆市巫溪县 H8/H8SP 项目 MFA 工作进展回顾：1998.11—2003.12》（工作总结），2004 年 2 月 16 日。

左权县民政局：《左权县农村特困家庭救助情况报告》，2004 年 9 月 3 日。

左权县人民政府办公室：《关于印发〈左权县农村贫困家庭大病医疗救助实施细则〉的通知》（左政办发［2003］69 号），2003 年 11 月 27 日。

第四篇

农村合作医疗与农民养老

农村基本健康保障制度的变迁*

提要 广泛的基本医疗服务可及性和政府对群体预防活动的强有力支持，曾是中国农村卫生事业取得长足进步的重要原因。在经济转型中，这一传统部分地被丢失。依存于集体经济组织的合作医疗制度，随着公社的解体而衰落。在市场因素已进入医药领域的背景下，政府依旧沿用计划经济的主要理念和政策工具从事行业管理，致使服务供给的激励机制严重扭曲。在医药行业高速增长的情况下，占农村人口大多数的中低收入群体却难以获得质量可靠和价格合理的医疗服务。强化公共卫生服务体系、校正医疗机构的激励机制、设立医疗救助项目和建立社会医疗保险制度，已经势在必行。

一　基本医疗保健服务的可及性与可得性

在任何一个社会，人们对其成员所应获得的起码的医疗保健服务项目及服务水平都有一种广泛的认同，由此也就产生了特定社会经济条件下的基本医疗保健服务标准。根据我国卫生部等国家机构 1990 年制定的规划，“2000 年中国农村人人享有卫生保健”的最低标准，涉及村卫生室覆盖率、儿童计划免疫疫苗接种率、食品卫生合格率、健康教育、安全卫生饮水和卫生厕所普及率，以及婴儿死亡率、孕产妇死亡率和传染病发病率等 12 项量化指标（卫生部、国家计委、农业部、国家环保局、全国爱国卫生运

---

* 本章原文标题为《政府与农村基本医疗保健保障制度选择》，载《中国社会科学》2000 年第 4 期。

动委员会，1990）。这些指标可以说是中国公众对20世纪末农村防疫防病、妇婴保健、常见病多发病治疗以及环境、饮水和食品卫生保障的最低要求，也是各级政府必须通过公共支持和干预手段所应达到的目标。

基本医疗保健服务领域之所以需要政府干预，首先是由于它实乃国民维持正常生存所必需，国家承诺人人享有这种服务如同保障全体国民获得食品安全一样，反映了特定社会的主流价值观念。对此，国际社会有着广泛的共识。就连近年来一直推崇经济自由化市场化的世界银行也强调指出，健康服务产业是一个不能听凭市场调节的领域（World Bank，1997）。其次，在以知识经济为特色的21世纪，国际竞争实质上取决于知识的创新、应用和普及。身体可谓承载知识之舟，国家承诺人人享有基本医疗保健，显然还出于保护人力资源、改善劳动力整体素质从而提高国家竞争力的需要。世界各国政府对“2000年人人享有卫生保健”的全球目标纷纷作出积极承诺的行动，即可证明这一点。

对于发展中国家而言，为了实现这一目标，一方面，需要改善基本医疗保健服务的可及性，即保障服务供给提高服务质量，使所有社会成员都可以方便地获得质量可靠的服务。另一方面，则必须改善基本医疗保健服务的可得性，即规范医药机构行为、遏止医药价格飞涨、并实行收入再分配，使全体国民尤其是低收入者有能力购买这些服务。

基于这种理解就不难注意到，各国政府对医疗保健领域的管理和协调，都是从这两个方面着手采取干预措施的。本文对改革前后农村基本医疗保健制度建设的回顾和分析，因而也将循着这条思路延伸。

二　合作医疗制度的功能

提起经济改革之前的合作医疗，已有的文献总是把它与国家机关、事业单位的公费医疗和企业的劳保医疗并列，将它们视为当时覆盖城乡不同目标人群的医疗保险制度（卫生部医政司，1997）。然而根据这些制度各自的财务资金来源和对受益人群及受益内容的规定来看，三者其实均无保险的成分（王崇一 等，1986）。公费医疗和劳保医疗是城市公有单位的机构福利。合作医疗则是在村庄范围内，由农村集体生产/行政组织和个人共同出资购买基本医疗保健服务、实行健康人群和患病人群之间医药费用再分配的一种互助组织形式。

一些权威文献对合作医疗制度的误解，还不仅仅是在于错把一般的互助当保险，而且还在于把医疗保健服务的集资供给与集资购买行为混为一谈，以至于对合作医疗制度的实际功能和运行机制的判断偏离事实。例如，1952 年前后，东北地区一些农民以集资入股的形式兴办医药合作社或卫生所，这一事物便被视为合作医疗制度的雏形（卫生部医政司，1997）。其实，它只是个人以合作形式投资农村基层医疗保健设施从而改善供给（即服务可及性）的行动，而并非人们所普遍理解的合作医疗制度。

农民以合作形式来分担部分医药费用的创举，发生在 50 年代中期山西河南两省的个别农业生产合作社。办法是社员出“保健费”，合作社将部分公益金作为补助，对在本社保健站看病的社员给予一定的价格优惠。这样做的目的，显然是为了改善医疗保健服务的可得性，即加强患病人群的购买力。这种组织方式，也正是后来人民公社时代推广普及的合作医疗制度。

三 合作医疗制度是否依存于集体经济组织

论及 20 世纪 80 年代合作医疗制度的迅速衰落，一个流行的说法是将其归因于人民公社的解体。然而笔者从调研地区农民的口述和安徽凤阳县 1949—1983 年的档案材料中获知，合作医疗制度实际上在公社最稳定的时候就难以为继，它的衰落是自身缺少制度可持续性的结果。

合作医疗制度在 1959 年 11 月于山西稷县召开的全国农村工作会议上得到肯定，从 20 世纪 60 年代起在全国推行，但真正普及是在“文化大革命”期间。1968 年毛泽东同志批发了湖北省长阳县乐园公社办合作医疗的经验，称赞“合作医疗好”。在当时特有的狂热政治气氛中，各地公社社员无论对这一号召是否理解，都必须紧跟和服从。可是制度推广之后并不似媒体宣传的那样显示出旺盛的生命力。除了极少数相对富裕的社队，多数社队的合作医疗制度都是春建秋散，难以持久。从凤阳县卫生局保存的工作报告中可以看出，仅在 1969—1979 年的十年间，合作医疗制度就已经几度大起大落。该县 1969 年开始试点，到 1971 年全县 342 个生产大队都实行了合作医疗。可是还不到两年，这一制度的推广就“出现了‘一紧二松三垮台四重来’的局面。……截至 1973 年底，全县只有两个公社和五个大队在办合作医疗，占大队总数的 15.8%”。1975 年 4 月，卫生局报告：“1974 年底，实现合作医疗的大队比率上升到 88%”。1977 年 11 月的汇报则显示：“去年实行合作医疗的大队占总数的 94.4%……今年占总数的 83.5%”。1979 年年底公布的有关统计更不容乐观：“全县仅有 24.5% 的大队实行合作医疗”（王耕今等，1989）。

既然合作医疗的瓦解并不取决于集体经济组织的存在，那么它缺少可持续性的原因究竟何在呢？第一是财务制度不可持续，资金来源有限但支出却没有控制。凤阳县卫生局 1983 年在概述 1949—1982 年的工作时提到：合作医疗的资金筹集标准，是“根据大队不同情况，最多每人一元，最少每人一个鸡蛋”。关于医药支出则规定“社员除交纳 5 分钱挂号费外，其他费用由合作医疗负担”。在以公社为单位举办合作医疗的情况下，“本公社治不了的病人转到外地的一切费用由公社医院负担”（王耕今等，1989）。这种制度设计，显然对患者可能具有的“道德损害”（即过度消费医药服务的倾向）未加约束。即使没有亲身经历过合作医疗制度兴衰的人，根据上述设计也会预见到这一制度或迟或早终将破产。安徽省宣州市养贤乡竹园村“文化大革命”期间的大队会计回忆说，1971 年每人每年集资一元建立了合作医疗制度，大家都觉得医药费减免有好处，有了病就去看，结果每年都是财务收不抵支。可是谁也不愿增加缴费，集体补贴了几年就支持不下去了，1976 年大队的合作医疗便彻底垮台。

合作医疗垮台的第二个主要原因，是干部和社员在享受医疗保健服务中的不平等。一方面，社队干部及其家属率先过度消费，多拿药拿好药。另一方面在实行个人按一定比例缴纳医药费用的地方，干部及其家属带头欠账。以至于社员认为合作医疗就是“群众交钱，干部吃药”，丧失了对制度公平的信心。也许正因为注意到这个事实，凤阳县卫生局 1983 年在关于整顿农村卫生组织的文件中强调：“谁看病谁给钱，改变过去合作医疗时干部看病特殊化的现象”。

既然合作医疗制度运行中的道德损害未被严格约束，从社员那里筹集资金就越发困难。不过，由于公社时代生产队掌握着收入分配权。在自上而下要求推广这一制度的形势下，生产队一般在进行年终个人收入分配前，即根据社员家庭人口数从其应得收入中扣除合作医疗费上缴大队，从而轻而易举地避开了挨门挨户收费的难题。这就可以解释当时合作医疗制度何以会在短时间内迅速普及，又几度起落。

可是，当收入分配机制随着农业生产家庭承包制的实施而发生变化的时候，合作医疗费的筹集在大多数村庄那里就成了难以逾越的关隘，因而使得衰落下去的制度未能再度崛起。由此可以得出结论，虽然合作医疗制度的瓦解并不取决于公社的解体，而是其内在运行机制的缺陷使然，但它的迅速推广和普及却是以集体经济组织的存在为前提。

四　农村基层公共卫生机构与集体经济组织

农村基层公共卫生机构的运行，即使不取决于集体经济组织是否存在，也与集体经济的强弱息息相关。这种联系，在很大程度上来自于经济改革之前的基本医疗保健服务供给机制。

中华人民共和国成立之时，农村广大地区严重缺医少药，居民健康知识和卫生习惯极为欠缺，地方病传染病肆虐，人民健康指标属于世界上最低水平的国别组（World Bank，1997）。为了扭转这种局面，政府一方面投资于预防活动，着重预防那些严重危害人民健康的流行性疾病和严重威胁母婴生命的疾病。另一方面，整顿已有的卫生工作队伍，建立基层卫生组织。到1965年，农村绝大多数地区的县、公社和生产大队都已建立起医疗卫生机构，形成了较为完善的三级预防保健网。这其中，公社卫生院的运行在很大程度上依赖于社队财务的支持，大队卫生室则几乎完全靠集体经济维持。卫生室的房屋和器械由大队投资，流动资金和人员经费主要是生产队拨付。从1968年11月凤阳县革委会发出的有关卫生工作的通知中可以看到，半农半医的卫生员由生产队记工分，工分水平不低于同等劳动力；脱产赤脚医生按大队干部的报酬水准获得工分和现金补贴。药金从各生产队的公益金中抽取，作为药品周转金。社员看病用药的药费按成本收现金。

经济改革以来，县乡卫生机构的资金来源中财政拨款所占的份额逐渐下降，这些机构的运行越来越多地依赖于收费。农业集体生产组织解体之后，保留村级卫生室所需要的资金来源就成了问题。卫生室服务的人群一般规模不大，收费所得不足以维持其正常运行。绝大多数中低收入水平的村庄，不得不从一个个农户那里去索取维持本村行政管理和社会公益活动的资金。对这些村委会而言，这种筹资方式与生产队收入分配时的提前扣除法相比，组织费用要高得多，仅仅是出于节约交易成本的考虑，就会促使它们放弃为卫生室筹资。在这种情况下，全国大约50%左右的村卫生室变成了个体医疗点（卫生年鉴编委会，1999）。还有一些卫生室在形式上承包给了卫生员，但实质上由于村委会放弃了管理而与个体医疗点没有什么差别。那些保留了村卫生室并且能够拨付公益金来支付卫生员工资的村庄，或是拥有收益稳定的非农公有资产，或是居民户平均收入水平较高从而相对容易筹资。

据此可以判断，农村集体经济组织的解体导致了基层卫生机构规模巨大的私有化。这意味着原有预防保健服务体系组织结构发生巨变，它无疑会对基本医疗保健服务的可及性和可得性产生强烈影响。

五 体制转型中的基本医疗保健服务供给问题

在村级卫生机构私有化和医药供给市场化的情况下，倘若健康服务领域有健全的监管机制，村民还不至于因为制度转换而在获得服务方面蒙受实质性的损失。然而问题恰恰在于，经济体制转型期间不仅监管机制不健全，政府监管部门的管理行为也不规范，这就使村民失去了获得价格合理质量可靠的预防保健服务的保障。对此，笔者走访过的县乡官员、村干部和农民总是通过比较改革前后的服务供给状况来加以证明。

无论是在富裕的鄞县、中等发展程度的宣州，还是在贫困的易县，稍微上了点年纪的人都对毛泽东同志1965年有关“把医疗卫生工作的重点放到农村去”的指示记忆犹新，认为与贯彻这一指示相关的城市医疗队下乡、卫生保健网延伸到村庄等措施，使缺医少药的局面大为改观。赤脚医生虽然医术不高，却也足以使患者“小病不出村”，吃药打针都方便。尽管那时农村经济力量薄弱，农民收入低下，但国家制定的西药药品价格也不高，赤脚医生又普遍采用收费更加低廉的针灸和中草药，所以在村里看病吃药都还便宜。

这些当事人的感受，可以通过经济改革前三十年的统计数据得到证实。仅就1950—1975年期间而言，中国的婴儿死亡率从195‰降到41‰，人均预期寿命从40岁提高到65岁（UNDP，1997）。这些平均数虽然不免会掩盖城乡和地区之间的差别，但它们的变化趋势毕竟足以反映农村卫生事业的巨大成就。为此，中国曾被国际上许多发展经济学家视为在低收入水平下通过公共支持实现社会发展的典范（Dreeze and Sen，1989）。考虑到合作医疗制度在绝大多数地区并不曾巩固过这一事实，那么撇开社会相对稳定、农民收入有所提高和文盲率逐渐下降等因素不谈，此间农村人口健康指标的显著改善，主要是政府对公共卫生事业持续投资、基本医疗保健服务有着广泛的可及性而且服务的分配趋于均等的结果。

经济改革以来，中国经济曾连年高速增长、农民家庭收入普遍提高，这无疑会增强农村人口的医疗服务购买力并对他们的健康状况产生积极影响。据1990年全国人口普查资料，我国的婴儿死亡率为32.9‰，人均预期寿命达到68.6岁。与20世纪70年代中期相比，健康指标有了进一步的改善。然而不容忽视的是，农村居民有关看病吃药既不便宜又不方便的抱怨日益强烈。已有的文献和笔者的调查都表明，问题主要出在基本医疗保健服务的分配和供给方面。

第一，城乡之间医疗保健资源分配不均等的状况加剧。1998年与1978年相比，我国每千人口的医院卫生院床位数、医生数和护师护士总数分别增加了20.7%、49.5%和199.5%。可是农村人口从上述增长中享受的好处极为有限。医术较高的医务人员多聚集在县城和县以上的大医院（Wong，1997），近二十年的农村防疫站、妇幼保健站和乡卫生院改造项目主要是改善了乡以上卫生机构的物质条件。但农村大多数人口居住在村庄，他们最经常利用的卫生资源是村卫生室或个体乡村医生。然而村里的卫生人员多半是三十年前只受过短期培训的赤脚医生或是他们的子女，虽然或多或少地都参加过一些后续的培训，但终究由于缺少专门训练而难以满足日益复杂多样的基本医疗保健需求。更值得注意的是，1998年新疆、宁夏、贵州、青海和甘肃大约有30%—40%的村卫生室竟然没有高压消毒锅（联合国儿童基金会，1999），当地村民是否能够得到可靠的医疗服务因而也就成了问题。在人员专业水平低和设备条件差的情况下，村级卫生人员一般除了应对常见的小病症，多半是建议患者转诊。

按常理，乡卫生院应该是转诊的首选。可是据笔者所作的调查，在类似鄞县这样的发达地区，乡级医疗技术力量还优于村级；而在其他地区（例如宣州和易县），乡村两级卫生人员的业务水平往往不相上下。因此，多数转诊患者干脆直接去县医院。结果是患者及其亲属不得不支出更多的时间和交通费用，甚至还得承受贻误病情的风险。与此相关的另一个结果，是乡卫生院门诊萧条设备利用率低，为了增加收入就越发采用杀鸡取卵的方式滥用处方权或卖低质高价药（联合国儿童基金会，1999）。不言而喻，所有这些经济负担最终都要落在患者身上。全国第二次卫生服务调查结果显示，1997年我国农村年人均医疗费226.8元，与1992年相比，每人门诊费用增加了3.3倍，住院费用增加了2.1倍，远远超过同期农民收入增长。难怪国家在此期间虽然对农村三级卫生网投资不少，农民还在抱怨就医不便药品太贵。这说明，仅仅是由于投资没有完全落到农民最需要的地方，这类项目就难以收到预期的社会效果。

第二，政府对药品销售环节管理监督不力，难以遏制肆意违规加价的行为（王健民，1999）。在药品涨价速度高于农民收入平均增长速度的情况下，低收入人群的医疗服务可得性必定下降。笔者在安徽宣州走访的一组农民反映说："现在家里人生病只能小病硬抗，大病等死！"这种强烈的愤慨令人听来振聋发聩。

第三，在公共卫生机构的运行主要依赖于收费的情况下，由于医疗服务定价偏低，促使医疗机构和医生为了追求自己的收入滥用处方权从而诱导患者过度消费药品。至于村庄里的个体乡村医生，尽管多半就是原来的卫生员或赤脚医生，但由于其收入直接与医疗服务供给和药品销售挂钩，也不再胜任一些具有社会目标的职能。原因在于，他们对利润的追求，既与群体预防和健康教育一类的公共保健活动目标不相容，又与村民对低价高效医疗技术的需求相冲突。

第四，疾病预防项目的公共投资不足，加之预防保健网的部分私有化和市场化，健康教育活动开展不力。自经济改革始，政府的防疫防病支出占国内生产总值的份额逐年缩小。减少的趋势以1978—1993年期间最为明显，从0.11下滑到0.04。就预防经费的绝对值而言，1978年为全国人均1元，1993年不过人均1.3元（World Bank，1997）。如果考虑到此间通货膨胀的因素，这实际上呈现的也是下降趋势。

近二十年来，由于人口流动增加、生活方式和饮食结构变化以及环境恶化等原因，农村常见病多发病已不再仅仅是感冒发烧和腹泻，而是扩展到非传染性慢性疾病。1998年，在导致农村人口疾病死亡的原因中，居于前三位的原因是呼吸系统疾病、恶性肿瘤和脑血管疾病（国家统计局，1999）。笔者在这次调研中注意到，所到之处几乎每个村庄都有一些人被慢性气管炎所困扰，还有十来个高血压病人，几个心脏病患者，个别糖尿病或肿瘤病例。无论何等人家，但凡有人罹患此类疾病，多半都使全家生活水平因连续不断的医药支出而下降，有些家庭还因此而陷入贫困。倘若患者恰恰是主要劳动力，那就连维持家庭正常收入水平都成了问题。这正是近年来贫困问题研究中时常提到的因病致贫的情形。这些疾病的发生率原本可以通过保健知识的传播和普及而降低。但是由于政府设定的预防工作投资重点依然局限在防疫活动范围，并未延伸到非传染病预防领域，农村健康教育的经费无保障，基层卫生人员的培训又不足，故而难以开展有效的宣传咨询活动。

综上所述，基本医疗服务广泛的可及性和政府对群体预防活动的强有力支持，曾经是中国农村健康事业取得伟大成就的重要原因。在从计划经济走向市场经济的过程中，基本医疗保健服务供给领域所出现的问题，可以说是部分地丢失这一传统的结果。它表明，预防医疗保健是一个不能简单听凭市场调节的领域。在既不缺医又不少药的情况下，这些问题的解决取决于对这一产业的有效治理（governance），即对基本医疗保健服务领域进行有效率的监管和操作。

六　对集资医疗保障制度试验的分析

这里所说的集资医疗保障制度，指的是经济改革以来中央政府提倡的合作医疗保健制度。之所以采用前一种提法，是由于各地进行的制度试验在筹资和管理方式上形态多样功能各异，与公社时代的合作医疗制度已大不相同。依据集资所得的用途，可以将正在试验的制度区分为三种。第一种实质上是资助乡村两级卫生机构，第二种是直接补贴患病人群，第三种是对医疗服务的供求双方都给予补贴。

笔者在河北易县牛岗乡看到的集资医疗保障制度即属于第一种。根据这里的规定，每人每年缴款5元，收集的资金交给乡卫生院支配。卫生院有医务人员5名，行政村卫生室按照大约每500个居民配备一个卫生员的标准设置，由乡卫生院统一管理。其一，卫生员为村民提供的药品从乡卫生院领取，售药所得交回卫生院财务。一个居民大约800人的村庄，例如牛岗村，卫生室一年的药品销售额为两万多元。其二，卫生院根据村卫生员的行医年限和医术分等定级，并参照其营业额发放工资。卫生院医务人员和村卫生员的月工资额最低为200元，最高可达1800元。其三，当卫生员遇到疑难病症时，乡卫生院医务人员出诊相助。在开展计划免疫活动期间，则到各村巡回检查。每逢集日，卫生院抽调两名村卫生员协助门诊服务。此外，还定期召开例会，讲评工作情况，传播业务信息和知识。

缴款的村民若在村卫生室和乡卫生院就诊，可减免50%的检查费和注射费，并享受减免50%计划免疫费和减免5%药费的优惠。检查、注射和计划免疫服务原本就定价不高，例如，注射一针正常收费0.5元，村民皆知能够从中得到的优惠少到可以忽略不计。可是患者对用药是否适度和药品销售批零差价的信息所知甚少，难以断定是否享受了药费减免以及究竟得到了多少优惠。只因为就诊费用的大头在药费上，减免部分药费对他们还有吸引力。据乡卫生院院长介绍，实行这些减免措施意味着减少一些利润，不过却能为本系统保持稳定的就诊人群，以应对私人开业医生的竞争。

易县是河北省确定的贫困县，牛岗乡是易县的山区乡，农民收入一贯低于全国平均水平。实行上述制度的明显效果，在于借助村民集资维持了村卫生室和乡卫生院的正常运行，从而保证村民能够获得便捷的基本医疗保健服务。这一制度的缺陷，在于医务人员的个人收入未与药品销售脱钩，这就难以避免他们诱导患者过度消费。

安徽省宣州市的乡级卫生机构多半是3—5人的防疫保健站，笔者走访的村庄均无村民共有的卫生室，只有个体乡村医生开办的医疗点。这里的试点主要是建立大病风险基金，直接补贴患病人群。以笔者走访的水东镇为例，全乡每人交纳5元/年，由村委会和乡政府负责征收。此外，村委会和镇财政分别按每年1元/人给予补贴。所筹资金5%用作管理经费，10%用于预防保健，其余85%用于缴款者大病补偿。一次就诊费用在1000元以上的大病报销15%，特困户的补偿起点则下降到500元，报销封顶线为1500元。

上述资金收支，由镇合作医疗管理委员会下设的办公室管理。试点的行政村都有医管小组，由村委会主任、乡村医生和村民代表组成。小组中的乡医经市卫生局考核选拔，他们除了像易县的乡医那样对参加基金的患者减免部分服务费外，还负责给转诊者开具证明。镇医管会利用统一进药渠道后的药品批零差价和预防保健经费，对这些乡医给予劳务补贴。

这种制度的作用首先是促进了地方政府对村医疗点的管理。笔者注意到，与非试点村相比，试点村的乡医文化程度较高，操作较规范。例如市卫生局要求，乡医应做到看病有登记、用药有处方、收费有发票、进药有账目。这些规定在试点村都得到了执行，但在非试点村的医疗点却看不到任何行医纪录。其次，风险基金对那些有大病患者的家庭略有减轻经济负担之效。只是由于报销起点较高，受益面十分微小。水东乡1997年秋季开始试点，全乡27000人中参与集资者占89%。截至1998年8月底，大病报销人次仅有110例，还不到参加人口的0.5%，平均每人获得补偿360元。因此，很难设想农户能够保持缴费积极性。

与易县和宣州相比，浙江鄞县推行的乡村基层医疗保健制度包含着对医疗服务供求双方的补贴。就服务的供给而言，当地相对雄厚的县乡财政和村级财务支撑着三级公共卫生保健网的有效运转。乡镇卫生院的技术力量和经营规模在我国农村无疑位于前列。以石矸镇为例，年营业额达800万元。该镇平均每村居民2000人，一个村卫生室的年营业额约为20万元。在村庄范围内人均医药费支出100元/年，相当于易县农民同类指标的四倍。这其中虽然不排除药品价格较高的因素，但也足以表明较高的卫生资源利用水平。

鄞县多数村卫生室还保持着村民共有的性质。行政村的公共收入来源较多，或有企业股份分红，或有土地和厂房租金收入，或有债券和存款利息，年平均收入总额大约为100万元。在这种情况下，村民们对公益和福利支出也就有较高的要求。投资并维持村里的公共卫生室便是公益支出的一个大项目。卫生员的工资与药品销售脱钩，完全由村财务支出，标准一般在年薪2万元/人左右。药品由乡/镇卫生院统一进货，批零差价用以补充本乡/镇范围内医疗预防保健活动的管理经费。

对村民的医疗补贴，是通过合作医疗基金的运作进行的。基金中村委会出资与个人缴款的比例最高达到1：1。此外，县乡两级政府还分别对每个缴款的农业人口补贴2元/年。个人缴款额因村而异，低者每人20元/年，高者将近100元/年。各村规定的医药费报销比例，相应地也有高有低。总的趋势是用较高的报销比例鼓励患者在村卫生室就医。例如石矸镇塘西村规定，在村卫生室看病取药可报销50%，到镇医院就诊可补偿30%，而去县医院诊治则只能得到20%的补偿。不过，住院病人的医药费可报销50%。报销金额封顶线为2000元，但是特困病人的报销额则放宽到7000元。

有的村则将集资所得仅用于住院风险基金。例如钟公庙镇庙堰村，对住院医疗费用以3000元、10000元和20000元为界划分四个档次，25000元封顶。报销比例从15%、25%、30%依次增加到40%。据村会计介绍，全村获得住院报销的人数一年在10人左右，不足缴款者的1%。他们中绝大多数都是老年人。其实，在没有建立这项基金之前，村里每年也要拨出3万元，专门补助低收入家庭的大病患者，获得补助的也多半属于这个年龄组。目前的住院基金制度只不过是增加了个人参资、分担风险的因素。

有鉴于各村实施的集资医疗保障制度形式多样，鄞县的乡村干部根据各自的医药费报销规定，将这些制度区分为风险型、福利型和风险福利兼顾型，等等。庙堰村的制度被归为风险型一类，塘西村的做法显然被视为风险福利兼顾型，那些报销起点和封顶线都较低的制度，便被看作福利型。其实，就村级财务对医疗基金高强度的补贴而言，这些类型实质上都是村庄医疗福利制度。

纵观不同地区的制度试验，无论何种形式，或多或少都有改善基本医疗保健服务可及性和可得性的作用。但若要论及分散风险，则只有那些补贴患者的制度还有少许功能。然而，凡是推行此类制度的村庄或乡镇都在操作上遭遇一些两难的问题。

第一，根据健康保险的原理，最有经济效率的风险分担方式，莫过于在较大的投保人群中，对发生频率较低但治疗费用较高的疾病进行保险（费尔德斯坦，1993）。可是目前的集资医疗保障制度多在村庄一级试行，对于资金筹集而言不可能形成具有经济规模的投保人群。如果将规模微小的基金仅用于补偿经济风险较高的疾病治疗费用，则因受益面太小而难以保持较高的缴款率。例如鄞县庙堰村村民的缴款率还不足70%，宣州试点村的缴款率也是呈下降趋势。如果将补偿重点置于发生频率较高但治疗费用较低的疾病上，受益面虽然较大可是并不经济，因为它既导致较高的管理成本，又增加患者的交易费用。用农民的话来说："为了这么点儿小钱跑来跑去办报销手续不值得！"这样就有了石矸镇那样的折中办法。但是基金往往便由此而入不敷出，其超支部分每年由镇财政负担70%，村财务分担30%。可以说若无村镇两级强大的公共补贴为后盾，此类制度断然难以持续。

第二，保险领域的经典难题，即供求双方都会出现的"逆向选择"。无论在哪个村庄，都是高危人群拥护建立合作医疗基金，健康人群却不愿参加。一些村委会通过实行以户为单位参加、按各户人口缴款的规定暂时解决了这个难题。但是一旦出现慢性重病患者，就可能由于集资所得注定主要用在他们身上而使其他人家不再愿意缴款。不过，含有公共补贴的合作医疗既然是村庄提供的福利，就没有理由排除任何村民参加。在这种情况下，往往是以损失制度为代价而使作为直接组织者的村委会得以解脱。鄞县有个村庄至今尚未建立基金，就是因为村里有个需要定期进行血液透析的肾病患者。

第三，两难的问题是，患病人群和低收入人群不相重合，在按人头平均收费和只报销部分医药费用的情况下，即使对低收入人群设定较低的报销起点和较高的补偿封顶线，由于收入较高的人群一般比低收入人群更多地利用卫生资源，还是可能受到低收入人群的补贴。可是，倘若根据收入水平缴款，一方面由于必须确认居民户的收入而增加村委会的筹资成本，另一方面还会因此引发农户和村委会之间的纠纷。而如果放弃部分补偿医药费的原则，那就无法防止患者的过度消费行为。

可见，这些两难的问题在目前推行的合作医疗制度框架内是无法解决的。多数从事制度试验的人已经意识到，实行强制性的社会医疗保险将不失为一条出路。但是那只可能在乡村工业化程度高、居民普遍属于全国农村最高收入组的县域内起步。至于占全国农村大多数的中等和欠发达县，则需要通过调整供给组织、规范医药市场和加强社会救助等干预手段来改善基本医疗保健服务的可及性与可得性。

七 政府干预的切入点

经济体制转型期间，在乡村医药供给并不短缺的情况下，却出现了看病吃药既不便宜又不方便的问题，说明基本医疗保健服务领域亟待治理。迄今为止政府对服务供给的干预和引入合作医疗制度的努力，尚未取得预期的效果。笔者认为，还有以下几个方面的措施可供选择：

第一，实施对政府监管部门的有效监督。加强对药品生产、销售环节和医疗机构的监管，早已成为全社会的共识。这在最近出台的医疗卫生改革方案中得到了贴切的体现。方案中有关区分公立私立医院两大系统、分离医院医疗服务和药品营销部门、成立卫生监督所等措施，为加强监管提供了组织上和制度上的保证。不过，为了解决依然存在的监管不力的问题，就有必要建立对政府监管部门进行监督制衡的机制。联邦德国设立“社会法庭”专司民众对政府监管部门诉讼的做法，值得借鉴。

第二，重建村级公立卫生室。经济改革前后的实践证明，与私立医疗点相比，村民共有的卫生室除了提供医疗服务以外，还能够更有效地承担群体预防、保健知识传播和组织改善环境卫生活动等多种社会功能。因此，重建村级公立卫生室并促进其服务水平的提高，对于改善乡村人口的健康指标，将会是一种最有效率的投资。这就有必要通过立法保证村级公立卫生室像村庄小学一样有稳定的财政支持。这种组织建设，必将有利于全国范围内双轨（公立和私立）医疗保健体系的建立，从而保证都市城镇和农村基层都有公立卫生机构承担基本医疗保健服务供给的任务。

经济改革前，农民既投资于基层卫生机构，又对所购买的医疗保健服务完全付费。城市医疗机构的投资则来自于公共开支，城镇公有机构和企业的就业人员还可享受医疗保健服务费用减免的福利。如果说这种情形在国家工业化初期财力极端紧缺、城市普遍实行低工资的条件下尚有一定的合理性的话，那么在城乡收入差距不断增大的今天，如果还将其当作天经地义的事情保留下去，就只能造成“穷人反倒多付钱”的状况，加剧社会的不平等和不公正，留下影响社会稳定的隐患。据世界银行专家组的估算，中国城市公费医疗和劳保医疗制度覆盖的人群仅占全国人口的15%，然而却占用了政府卫生支出的2/3（World Bank，1997）。可见，仅仅是出于校正城乡之间分配不均等的目的，也应重提“将医疗卫生工作的重点放到农村去”的原则，通过增加农村基层公共卫生支出而使政府投资向乡村倾斜。

在各级政府财政普遍拮据的情况下，这种设想似乎可望而不可即。然而如果调整现有财政支出结构，就有可能起步。目前县乡两级医疗和计划生育服务机构各成系统，资源利用率低下。倘若将计划生育纳入医疗保健系统的服务范围，即可节约大量经费投向村级公共卫生室。进一步讲，由于卫生室的服务对象是既定村庄范围内的人群，从“谁受益谁付钱”的角度来看，这一受益群体也有参与投资的义务。这种参与，在发达地区已没有实质性的困难。在贫困地区，可以从发展援助中拨出专款替代。在其他地区，则有可能通过创造公共资产来培育稳定的村庄收入来源。例如，香港乐施会在内地实施的一个妇女发展项目，就是资助农村妇女开辟和经营公共林地，将收入用于村卫生室的重建及其妇幼保健活动。

第三，投资于村卫生员的教育和培训。基本医疗保健服务并不意味着低质量的服务，提高现有村卫生员的技能并培育医术更高的后备力量，是改善服务质量的关键。20世纪90年代以来开展的乡村医生培训项目，解决了基层卫生人员数量不足的问题，但是还没有从根本上改变这支队伍知识结构陈旧、专业水平几近停滞的状况。特别是西部地区（例如四川和贵州）的乡村医生，接受培训率仅为30%（卫生年鉴编委会，1999），胜任社区综合医疗保健服务职能的卫生人员更少。

为此，有必要在继续定期对现有乡村医生进行在岗培训的同时，设立村卫生员更新培育项目。可以考虑分期分批从行政村选拔尚未接受专业教育的年轻卫生人员和具有初、高中文化水平的青年，进行三年左右中等专业水平的综合医疗保健教育，用项目经费对所需学费和生活费给予部分补贴。采用合同形式规定他们毕业后去县医院或乡卫生院实习，然后通过考试取得乡村医生资格回村从事基本医疗保健工作。对于西部贫困县，则需要动用部分扶贫资金既扶持卫生员的教育和培训，又支持当地的村级卫生室配备必要的医疗器具，还要加强医政药政部门对卫生室设施和医疗记录的经常性检查。这种投资，将不仅保证农村基层社会的老百姓直接分享西部开发项目的好处，而且还会促进以村庄为基础的社会发展。

第四，增加对农村防疫防病、健康教育和营养及生活习惯干预项目的投资。就医学的发展过程来看，人类最初采用的都是成本低廉的医药技术。随着科学发现的增加、诊疗技术的创新和新药的研制，原来不能治愈的疾病逐渐变得可治，医疗手段因而就日趋复杂昂贵。但是免疫技术的发展和广泛应用，则能够通过防止疾病的发生而从根本上降低整个人群和国家的医药费用。出于这个缘故，投资于群体预防项目具有如同“四两拨千斤”一般的高效率。然而这些项目涉及的都是典型的公共产品供给，如同构筑江河堤坝一样对公众有利，但服务提供者却由于不可能确认所有受益者而难以得到足够的支付，故而需要政府直接投资。否则这些服务的供给将低于群体预防所需要的水平。

我国正在实施的儿童计划免疫和孕产妇保健保偿项目，使农村孕产妇和儿童死亡人数在 20 世纪 90 年代分别减少了 50% 左右。不过，这些指标在西部农村还远远落后于全国平均水平，故而需要中央和省级政府对这两类项目继续提供援助。

此外，儿童低体重和生长迟缓患病率在国际上被定为 21 世纪衡量社会平等的一个标准，因为这两种发育状态反映的都是长期慢性营养不足的结果，而儿童营养不足的直接原因就是贫困。我国 1998 年的食物和营养监测结果显示，城市 5 岁以下儿童低体重率和生长迟缓率分别为 2.7% 和 4.1%，农村的患病率分别为 12.6% 和 22.6%，而患病率高出全国农村平均水平一倍左右的地方都分布在西南和西北省/区（中国预防医学科学院和国家统计局，1999）。儿童身体发育不良不仅将使他们的智力发育受损，而且还增加了他们成年后罹患冠心病、高血压等慢性病的危险。如果对四个月到两岁儿童的食物添加动物性食品和蔬菜水果，就可以有效地降低儿童低体重率和发育迟缓率。这就足以显示儿童食品添加项目的必要性和紧迫性。由于此类项目的目标人群主要是贫困人口，因而理应纳入乡村扶贫计划。

上述预防保健项目主要覆盖的是妇女和儿童。如果政府能够像组织碘添加项目一样，借助于农村三级卫生保健网的知识推广功能和媒体的信息传播作用，推进大规模的健康和营养教育项目，即可将现代防疫防病活动的覆盖面扩展到其他人群。

第五，实施医疗救助计划，缓解因病致贫和因病返贫的现象。建设有效运行的公共卫生服务体系，推行预防为主和采用低成本高效益医疗技术的方针，有可能保证人人享有基本医疗保健服务，然而却不可能完全防止因病致贫、因病返贫的现象发生，因为这些干预供给的手段不具备分散风险的功能。具有这种功能的是商业健康保险和社会医疗保险。然而前者排斥健康状况不良的人群参保，后者需要具有较高收入水平的大规模参保人群、国家法律强制、法定保险公司具有较高的基金管理水平和良好的信誉等前提条件。这些条件在我国绝大多数乡村地区尚不具备。目前，财力殷实的乡镇和行政村已经采用救济措施援助低收入者就医。一些不具备这样实力的村镇正在试行集资医疗制度来达到这个目的。然而，仅仅是高昂的组织费用就表明此类制度缺少可持续性。这在联合国儿童基金会和世界银行在陕西、甘肃、贵州、福建、安徽、河南和山西等地资助的合作医疗保险制度试验中已经得到印证。据试验的组织者们反映，如果没有政府各级主管部门每年大张旗鼓地组织缴费动员“战役”，并辅之以大量项目经费的投入，制度根本不可能运行。而一旦遇到自然灾害，基金就因农户集体拒绝缴费而垮台。相形之下，直接设立政府或非政府医疗救济基金来扶助贫困人群，才是更为经济可行的办法。

参考文献

Dreeze and Sen, 1989, *Hunger And Public Action*, pp. 206 – 210, Clarendon Press, Oxford.

UNDP, 1997, *China: National Human Development Report*, p. 9, Beijing.

Wong, Christine P . W ed. , 1997, *Financing Local Government in the People's Republic of China*, pp. 249 – 259, Published for the Asian Development Bank by Oxford University Press, Hong Kong.

World Bank, 1997, *Financing Health Care*, pp. 28 – 29, China 2020 Series, Washington D. C.

费尔德斯坦、J. 保罗:《卫生保健经济学》,经济科学出版社 1998 年版。

国家统计局:《中国统计年鉴》,中国统计出版社 1999 年版。

国家统计局:《中国统计摘要》,中国统计出版社 1999 年版。

和钟华主编:《大山的女儿》,贵州出版社 1998 年版。

联合国儿童基金会编印:《把儿童权利落到实处:中国—联合国儿童基金会合作战略 2001—2005(草案)》,1999 年。

联合国儿童基金会编印:《中国西部五省/区抽样村卫生室》(观察表 – 1),1999 年。

王崇一等:《当代中国的卫生事业》(下),中国社会科学出版社 1986 年版。

王耕今等编:《乡村三十年:凤阳县农村社会经济发展实录(1949—1983 年)》(下),农村读物出版社 1989 年版。

王健民:《药品价格为啥这么高》,《经济参考报》1999 年 12 月 14 日,第 2 版。

卫生部、国家计委、农业部、国家环保局、全国爱国卫生运动委员会:《关于我国农村实现"2000 年人人享有卫生保健"的规划目标(试行)》,1990 年 3 月 15 日。

卫生部医政司:《中国农村合作医疗实施方法概论》,安徽科学技术出版社 1997 年版。

卫生年鉴编委会:《中国卫生年鉴》,人民卫生出版社 1999 年版。

中国预防医学科学院和国家统计局编印:《中国食物与营养监测(1998)》,1999 年。

合作医疗与五保户照料*

提要 本文借助江苏、浙江和安徽农村调查中获得的案例，首先，展示参加合作医疗的农民对保险制度的理解。其次，说明贫困群体对合作医疗和医疗救助财务安排的特殊需求。如果不能在医疗费用报销门槛和报销比例方面给予这一群体实质性的优惠，就很难保障他们受益。最后，就五保户而言，仅有医疗保险和救助还是不够的，村庄自治组织提供的服务和领养人的照料，对于他们免受社会排斥至关重要。

一 新型合作医疗制度：农村基本医疗保险

农村新型合作医疗制度，是从 2003 年开始试点的。与以往的农村合作医疗相比，新制度实质上接近于一种地区性的社会医疗保险。第一，各级政府以前所未有的资助力度，向合作医疗基金输入财政资源。例如，中西部试点县启动合作医疗制度时的最低筹资额平均每人为 30 元，其中农户筹资至少每人 10 元，中央和地方财政分别配套 10 元，财政补贴和个人缴费的比例为 2 ∶ 1。发达地区的合作医疗筹资虽然没有得到中央政府的财政支持，但是地方政府拨付的财政补贴更高。例如，张家港市参加农村合作医疗的人口平均每人每年交纳 40 元，政府的配套资金则高达 71 元（参见表 1）。第二，把资金统筹单位从村级或乡级提高到县级层次，从而以更大的人口规模分散疾病风险。第三，合作医疗基金虽然部分用于报销门

---

* 本文原载于魏众、朱玲主编《减轻经济全球化中的健康脆弱性——中国农村案例研究》，经济管理出版社 2008 年版，第 248—257 页。

诊费用或设立家庭账户，但主要还是用来应对大病风险，即补偿患者的住院费用。第四，为了在试点过程中随时发现问题、解决问题和取得经验，卫生部设立专家组，系统培训试点县合作医疗管理人员，定期组织巡视和信息交流，为试点县提供了强大的技术支持。三年来，新型合作医疗制度的覆盖面迅速扩大。[①] 截至2005年年底，全国的试点县（市、区）达678个，共有1.79亿人参加了合作医疗，占试点地区农村人口的75.7%。尽管从整个试点地区来看，参保率还没有达到分散健康风险所需要的理想程度，但新型合作医疗制度已经深受参保农民群众的赞扬。这在案例1和案例2中或多或少地得到反映，两个案例均来自笔者2005年11月25日在江苏省沭阳县的访谈。

2004年苏州农村合作医疗人均资金统计表

	全市	常熟市	张家港市	吴江市
总数（元）	106	101	111	101
其中财政： 市	1	1	1	1
市（区）	20—70	20	35	30
镇	0—65	20	35	30
集体（元）	0—388	10	0	0
个人（元）	30—90	50	40	40

数据来源：苏州市卫生局：《新型农村合作医疗保障模式运行效果研究》（研究报告），2004年，苏州市卫生局印制。

案例1 “每人交10元，众人挑1人”

沭阳县地处江苏省北部，是这个发达省份的贫困县。胡集镇丁河村是该县一个交通很方便的地方，距县城20多公里，京沪高速公路从村后300米处穿过。村里有580来户人家，共2700余人，其中将近1000人外出打

① 见卫生部统计信息中心《2005年中国卫生事业发展情况统计公报》，2006年4月25日发布，卫生部网页（http://www.moh.gov.cn/uploadfile/200642584823110.doc）。

工。村里的常住人口绝大多数是老人、学龄前儿童和中小学生。笔者在村口遇到几位打台球的老年村民，问起合作医疗的事儿都说知道，他们的家庭2003年就参加了，认为这是件好事情，农民得实惠了。其中一位仇姓村民告诉笔者，他去年报销了上万元。

老仇（57岁）家有5口人，老伴56岁，访谈那日出门走亲戚去了。老两口育有两子一女，长子（23岁）高中毕业，次子（22岁）和女儿（18岁）均已初中毕业，三人都在无锡打工。老仇夫妇耕种家里的5亩承包田，每年收获稻麦两季，除了自家食用外，卖粮所得5000元。农业税已经免除，每亩水稻每年还可得到国家粮食补贴20元。一般情况下，家里的日常开销并不大。田边地头种的菜能够满足吃菜需求，其他副食支出每人每年在200元左右。冬季室内不取暖，烧饭用的是作物秸秆。每月电费20—30元，自来水的费用一年不超过24元。至于服装和其他杂费支出，老仇都不大清楚，因为家庭财务、重要票据和证件例如合作医疗证等等都由老伴管理。不过他可以肯定，只要不发生天灾人祸，家里的日子还是不错的。

问题是，2004年老仇食物中毒差点儿丧命。他解释道，全家都吃一样的饭菜，唯独他出现中毒症状。先是在村卫生室花了20元输液，不见症状缓解就去了县人民医院。住院花费2万多元，还是未解除危险。在县医院开了转院证明去淮阴市医院，花费15000多元，依然不见好。于是全家送他去南京，在南京住院花掉3万多元。与老仇前后住院相关的交通费和家人陪护支付的食宿费大约为15000元，跟医疗费加算在一起，总共支出大约8万元。在符合合作医疗基金报销条例的住院费用当中，老仇报销了27000多元，相当于他全部医疗支出的42%。老仇和在场的村民都认为，合作医疗保险帮了仇家的大忙。到目前为止，这几位与老仇年龄相仿的村民还没有报销过。笔者问他们是否还愿意继续交钱，几个人连连点头，言道："这是每人交10元、众人挑1人的事情。要是没有合作医疗，老仇家现在不是更困难么？"

老仇生病之前家里未能积累现金，主要是因为供养3个孩子上中学。他说小孩上小学不贵，上初中的费用翻了几番，一个孩子一年花费2700—2800元，上高中更是贵得不得了，大儿子上学时一年支出大约17000多元。现在3个孩子打工带回来的钱主要用来还债。到目前，老仇还欠债3万元左右，涉及10多个亲戚。他说，亲戚当中没人催债，也不要利息，欠下的债务啥时候有钱啥时候还。

案例2 在外打工的人住院也能报销

胡集镇丁河村的村民老刘是一个头脑非常清楚的人，问起当地合作医疗制度的兴衰史，他几句话就能说得明明白白。1974年，丁河村曾经建立过合作医疗制度。最初每人缴纳1元，在村卫生室或者公社卫生院看病只需交纳5分钱挂号费，打针吃药实报实销，结果全村收缴的钱数不够报销。第二年（1976年）的缴费标准提高到每人2元，依然收不抵支。这下子村民就再也不肯交钱，合作医疗总共只存在了两年就垮台了。从那时候起，一直到2003年县政府推行合作医疗保险，村里人看病都是自掏腰包，沭阳县所有农村人也都是这个样。

老刘家有5口人，儿子和儿媳（30岁）在常州打工，只有过年才回来。平时家里只剩他夫妇俩（56岁）和7岁的小孙子一起过活。村里的小学被撤并，小孩子必须去镇上的中心小学寄宿。现在孙子上小学二年级，周末才能接回家，一年花费2000多元（每学期学杂费和书本费300来元，寄宿费110元，每月生活费160元）。儿子一年给老刘2000元现金，全花在小孙子身上也不够，他还得用卖粮钱贴补一些。不过，他们家现在住的二层小楼，主要是用儿子和儿媳前些年打工存下的钱盖的。儿子儿媳虽然不在村里常住，三年来老刘依然按时为全家5口缴纳合作医疗保险费，这一是因为县里规定，若要参加合作医疗就必须以户为单位按人头交钱；二是每个交钱的人都能得到政府20元补助；三是外出打工的人如果在打工地点生病住院，回来也能报销部分费用。老刘对报销的程序更是一清二楚：无论在何处住院，都要保管好就诊和住院记录、发票和用药清单，拿回村里到村委会开证明，然后带上合作医疗证，去乡里的防保所报销。报销比例是根据花费多少分段确定的，花费越多，报销比例越高。笔者问他是否报销过，否则为什么对这些信息了解得如此详细。老刘答道，家里还没有人报销过，也不希望生病，因为即便是住院的花费全都符合报销规定，算下来其实还是自己担大头。他之所以了解这么多情况，是因为乡防保所的人和村干部开会讲解过，另外广播、电视里也常宣传。对此，周围的村民纷纷补充说：公社的时候他在生产队当过会计，头脑自然比一般人好使！

二 医疗救助：应对残余的健康风险

社会救济的意义在于，应对那些被正规和非正规保险制度所遗漏的风险，或曰“残余”（residual）的不安全现象，以防止遭受灾难打击的社群、家庭和个人边缘化乃至难以生存。在社会救济方面，中国已积累了上千年的经验。农村医疗救助，却是2003年才开始建立的一项新制度。它产生的背景一方面在于，经济转型时期社会成员面临的经济风险加大，而原有的正规和非正规保险制度难以应对新增的风险，由此也就产生了诸多新增的社会保护措施，医疗救助制度正是其中的一项。另一方面，近年来药品和医疗服务价格飞涨，农村贫困人口看不起病的现象日益严重，以至于贫病交加恶性循环。针对贫困群体实施医疗救助，有助于他们缓解乃至打破这一恶性循环。此外，这一规定了资源使用方向的专项救济，也反映出政府引导贫困人口投资于健康的意愿。根据中央政府的规定，目前医疗救助的对象主要是农村五保户和贫困农民家庭。救助形式一是资助他们/她们参加合作医疗；二是对其中的大病患者给予一定的医疗费用补助。①

如果把财政支持下的合作医疗制度视为一种区域性普惠制度的话，那么医疗救济制度实质上就是一种面向脆弱群体的特惠制度。实施救济的前提是甄别目标人群，如果仅仅按照既定的贫困标准限定救助对象，那些处于贫困线边缘的群体就很有可能在重大疾病负担造成的支出危机打击下，成为新增的长期贫困人口。因此，对低收入群体实行医疗救济，既有缓解暂时性贫困之效，又有防止长期性贫困扩大的作用。这里之所以对贫困使用“缓解”而非“消除”之类的术语，是因为目前能够进入救助名单的病人所罹患的疾病都太沉重、太复杂、太持久了！在现有的经济发展程

① 中共中央、国务院：《关于进一步加强农村卫生工作的决定》（中发〔2002〕13号），2002年10月。

度、合作医疗筹资水平，以及政府财政能力下，不能指望合作医疗基金对患者医疗费用的补偿比例大幅度提高，也不能预期医疗救济的力度能够强大到解决因病致贫的问题。依笔者观察，当前医疗救助的作用，既在于减轻灾难对救助对象的打击，也在于给予他们道义支持，从而增强社会凝聚力。案例 3 即可显示这一点。

案例 3 和案例 4 均来自笔者 2006 年 3 月 24 日在浙江省淳安县的调查。1959 年，国家在此兴建新安江水电站，淹没大片良田沃土和交通要道，以至于这个鱼米之乡成为贫困县。幸好浙江省和杭州市政府财力雄厚，除了对淳安县实行定额财政转移外，还针对贫困人口面临的特殊困难拨付专项救助资金。因此，与我国西部欠发达地区的贫困县相比，淳安县的社会保障网要细密得多，例如，这里已经建立农村人口最低生活保障制度。案例 4 涉及的就是一个低保户的情况。经调查发现，这个家庭从未享受过报销医药费的好处。原因主要在于，他们不可能像非贫困家庭那样，支付住院报销必须自付的门槛费和共付比例所规定的医疗费。可见，若要避免贫困人口在使用合作医疗基金方面的边缘化，还需要给予他们特殊优惠，例如对低保家庭降低门槛、提高报销比例和给予门诊报销，等等。

案例 3　大病如山倒

小胡今年 15 岁，是初中一年级学生。家里有爷爷奶奶爸爸和妈妈，一家三代住在浙江省淳安县梓桐镇杜井村。他家仅有 8 分水田、7 分旱地，打下的粮食全部自食。妈妈很能干，里里外外一把手。爸爸没有手艺，在外打工一天能挣 25—30 元。小胡家本非贫困户，一家人经过多年积蓄，2005 年花了 3 万元拆掉旧房盖新楼。不想楼房尚未完工，就不得不停建了。笔者走访他家时，看到他们住的是毛坯房。室内的一切似乎都呈现未完成状态，窗框上没安玻璃，用塑料薄膜替代。一眼看去，狭窄的水泥楼梯上未装栏杆。只要想到这家人平日里正是沿着此等楼梯上上下下，就禁不住胆战心惊。如此窘迫的居住状况，皆起因于小胡生病。半年前，他发现自己浮肿了，当时既没有感冒也没有发烧，看了好几次大夫，诊断结果是肾病综合征。从那时起到现在，父母多次带小胡去杭州住院治疗。然而，他至今尚未痊愈，只好休学在家。

家里为小胡看病总共花费了4万多元，从合作医疗基金中报销了13000多元，从县慈善总会领到3500元大病救助金（该会对医药费在3万元以上的大病患者提供医疗救助），从县民政局获得1000元生活困难补助。其余的花费，几乎都是从亲朋好友那里借来的。问题是小胡患的是慢性病，极有可能转为尿毒症。眼下的债务已经如同大山一样压在小胡的父母身上，今后的医药费对于这个已经陷入贫困的家庭更是接近于天文数字。提起这些，小胡的母亲顿时泪如雨下。

案例4 未享受过医药费报销的低保户

杜井村有200多户人家，700多口人，80%左右的农户参加了合作医疗保险。胡慧娥家只有母子二人，住在一所上百年的房子里，那是她已故丈夫和兄弟共有的。在修新安江水电站的时候，兄弟家由政府安排迁移到江西，胡慧娥家就一直住了下来。她家现有6.6分水田，9分旱地，母子俩主要靠种地养蚕过活。由于贫困，儿子年近30岁仍未娶亲；出于同样原因，村里人推举母子俩接受低保待遇。自从县里建立合作医疗制度，民政部门每年为他们代缴每人20元的保费，可是两人并未报销过医药费。根据淳安县合作医疗制度的规定，报销起付线为500元，在此之上的医药花销（从501元起）才可以按照20%的比率报销。母子俩拿不出自付部分的医药费，因此很少看病。胡慧娥的眼睛因患严重的白内障几近双目失明，社区责任医生洪大夫介绍说，她还患有心脏病和高血压，做手术风险较大，所以就这么维持着过日子。

三 五保户健康照料：政府出钱、村里人出力

五保户制度，可以说是最具中国特色的农村社会保障政策之一。它瞄准没有劳动能力的鳏寡孤独人口，将政府的财力和村庄自治机构的组织能力相结合，以最贴近救助对象的方式，提供资助和照料服务，尽可能地使他们融合于乡土社会生活之中。安徽省岳西县属于纯山区贫困县，又是红军时代的革命根据地，新中国成立后一直得到上级政府的财政支持。在合

作医疗试点过程中，财政局、卫生局和民政局紧密合作，用医疗救济资金对贫困人口的住院费用实行二次补偿（第一次补偿指的是从合作医疗基金中获得部分报销）。同时，完全免去五保户住院费用报销的门槛费和共付费用，有效地避免了五保人口在医疗服务利用方面的边缘化。案例 5 展示的正是当地政府和村委会照料五保户的经验，其中的内容是根据笔者 2006 年 4 月 15 日的访谈记录整理的。

案例 5　为五保户做善事

王保国是安徽省岳西县来榜镇来榜村中屋村民小组的组长，现年 53 岁，上过两年学，人民公社时代曾担任中屋生产队的队长，算起来在村里当干部的历史已有 31 年了。笔者走访中屋村民小组的时候，正巧碰到他去关照村民修路，我们就一同去了吴金兰老人家。当时吴婆婆在屋后的小菜园边上晒太阳，虽说已经过了清明，她还穿着冬装，身下的凳子像个小木桶，里面装着木炭火。老人今年 81 岁，双目失明，听力衰弱。据王保国介绍，她和丈夫无儿无女，十五六年前就成了五保户，10 年前丈夫去世，她独自生活至今。根据县里的规定，每个五保户都由村里指定 1 名领养人，负责照看五保户，例如送米、买柴、看病，等等。一般情况下，享受五保待遇的老人去世前，留下遗嘱把房屋和家具赠给领养人。20 世纪 80 年代中期分田到户的时候，中屋村民小组没有给五保户分地，其余的农户平均每人分到 0.6 亩土地。当时立下规矩，所有分到田地的农户，按照每人每年给每个五保人口 3.5 斤稻谷的标准提交粮食，至少保证五保户每人每年的口粮不低于 200 斤。

王保国是吴婆婆的领养人，很清楚她的财务状况。他解释道，五保户的现金收入靠民政部门救助，2005 年县里给五保户每人 500 元现金，其中 100 元用作五保户医疗统筹基金，所以拨付给吴婆婆储蓄卡的生活费是 400 元。岳西县每个农户都有一本“涉农储蓄卡”，五保户也不例外。除了生活费以外，去年吴婆婆还得到 300 元医疗救助款，75 元洪灾救济金和 50 元年终补助。此外，国家给种粮户下发的粮种补贴（15 元/亩）和粮食价格补贴合算下来每人能得十多元，吴婆婆得了 16 元。老人现在的身体状况是“百病齐发”，每年都去镇卫生院住院，不用交现金，卫生院给记账，由合作医疗办公室和民政局分担费用（笔者后来去镇财政所察看公示的合作医疗与救济基金报销表，证实了王保国的说法）。

吴婆婆家里没有一样电器，虽然光线较弱，但地面干干净净，床帐、桌椅、箱柜一尘不染。过堂处是她的灶房，有自来水管接入，灶具摆放得井井有条，连储物室里的柴草都堆放得整整齐齐。一问方知都是老人自己整理的，她很要强，尽量生活自理。听到笔者称赞，还要给我们做饭。王保国说，老人吃得很简单，春节前村里每家“杀年猪”都要送肉给她，她还要买点儿东西还礼。老人的储蓄卡由王保国保管，买东西也由他跑腿。笔者特意到王保国家察看储蓄卡。他指着吴婆婆的合作医疗卡和储蓄卡一笔笔说明账目往来。笔者看到，吴婆婆近 3 年的合作医疗参保费（10 元/年）都是民政部门代缴的，储蓄卡上现有存款 849.14 元。

五保户领养人除了热心公益外，家庭经济状况一般在村里属于中上水平。也许这正是政府和村委会选择领养人时的考虑：既富有爱心又有一定经济实力的人，能够更好地履行领养人的义务。王保国家有 6 口人，女儿（24 岁）、儿子（31 岁）、儿媳（34 岁）带了小孙子（9 岁）在宁波打工，家里就剩下他老两口。儿子出外打工已有 10 年，现在还带了外甥女去，在宁波租了 4 间房，供那边 5 个人吃住。他们每年春节回来，带了钱给老王，他从来不要，因为自己能挣。他家有 3 亩田，每年收 3000 斤稻谷，市场价在 0.7—0.75 元之间，毛收入最多为 2250 元，不算自家劳力，工本费为 1170 元，纯收入至多为 1180 元。老两口还种桑养蚕，毛收入约 2240 元，扣除将近 500 元的肥料和蚕药费用，能得 1700 多元。他们在山坡上种有茶树，正常情况下每年毛收入 500 元。此外，老王还利用农闲出外打工，例如前年去上海打石头 45 天，挣得工资 2000 元。这样零零碎碎算下来，老两口平均每年每人纯收入达 2600 多元。

老王一面送笔者出村，一面介绍说，中屋村民小组原有 7 个五保户，现在只剩吴婆婆一家了。所有五保人口去世的时候，领养人都把逝者的存款用来办丧事。王保国找来僧人念经超度，村里每家都来人送葬。大家认为，在一个村里过日子，做这样的善事是应该的。

四 小结

合作医疗、医疗救助与五保户健康照料制度的设计、筹资和实施，既牵涉到众多政府职能部门，又与药品生产流通和医疗服务供需双方有关。这其中，合作医疗制度的管理程度之复杂和涉及的利益群体之多，在当今农村还没有哪一种制度可以企及，因而也是推行难度最大的制度。本文的案例表明，包括合作医疗制度在内的基本健康保障制度的推行，有赖于功能各异的保障政策之间的互补、不同政府部门之间的协调、政府机构与村庄自治组织之间的合作以及农民群众的广泛参与。不过，鉴于这些案例只是来自对试点地区的观察，上述结论的适用性尚待制度推广后的实践检验。

失地农民养老调查*

提要　在城市化和工业化的进程中，失地农民大量出现。即使在工业化吸纳了绝大部分农村劳动力的地方，如何补偿失地人口的经济损失、减轻和消除他们失地的精神痛苦，也依然是对政府稳定社会能力的挑战，同时还是对当地社会能否维护正义的检验。笔者在2005年4月的苏州地区农村调查中注意到，当地各级政府以应对这一挑战为契机，借助收入再分配手段，通过“土地换养老”的方式，不但在保持社会稳定的前提下满足了城市化和工业化的土地需求，而且还在很大程度上改写了中国乡土社会依赖土地应对家庭经济风险和养儿防老的历史，为建立城乡一体的社会养老保险制度奠定了基础。

一　“土保”与“农保”

在苏州地区，农村居民把与征地相联系的长期性补偿叫做“土保”，把农村社会养老保险称为“农保”。关于“土地换养老”的信息，笔者最初是从吴江市七都镇社会保障所获悉的。后来从市里发放的《农民素质教育读本》[①] 中得知，自1992年始，当地就已经针对被征地人员建立了个人养老保险制度。最近的规定是以征地批准之日为限，把被征地人员分为三个年龄组，由国土部门给予不同的经济补偿：16岁以下的年龄组按每人6000元的标准一次性发放生活费；16岁至60岁（女性55岁）的年龄组

* 本文曾载于《中国改革》2005年第8期，修改后的英文版以“Old Age Security: A Case from Rural Suzhou”为题，发表于 *China & World Economy*, Volume 14, 2006, No. 2, pp. 67－78。

① 吴江市精神文明建设指导委员会办公室编印：《农民素质教育读本》（2005），第23—32页。

参加农村或者城市基本养老保险；60 岁以上的男性和 55 岁以上的女性从征地当年开始，每月领取基础性养老金 80 元。对 16 岁以上两个年龄组的被征地人员，国土部门按照人均 20000 元的标准，向社保所一次性划拨养老基金，由后者负责管理和发放。据社保所的工作人员介绍，苏州地区各乡镇经济实力不一，有的乡镇发放的征地补偿和养老金实际上还高于上述标准。

七都镇望湖村（原名染店浜村）的村医叶雪宝概括说，镇上推行“农保”用的是“老人老办法、新人新办法”。对此，他和儿媳俞明娥以自家为例耐心地向笔者讲解了一番。他们把“土地换养老”得到的补偿简称为“土保”，把基础性养老金叫做“养老补贴”。叶家 6 口人四代同堂，除了一位正在上小学的曾孙辈（11 岁）以外，其他家庭成员都已纳入镇上的养老保险体系。老叶夫妇（64 岁）和老母亲（85 岁）不仅每人每年从镇上领取 880 元“土保”，而且每人每月还能领到 80 元养老补贴。俞明娥和丈夫现年 34 岁，如今每人每年缴纳 480 元养老保险费。待她俩分别年过 55 和 60 岁的时候，即可按规定每人每月领取 200 元养老金。叶家每年大约消耗 2000 来斤大米，总共花费不到 3000 元。这样算来，他们认为“土保”加养老补贴抵消失地的损失还绰绰有余。老叶和儿媳在村卫生室行医，平均每人年收入 8000 余元。儿子 2004 年之前在姐夫的电解铜厂帮助进出货，年收入 5 万多元。自 2004 年始，他和另外两家住户合伙办了一个木门厂，雇用工人 20 多名。可见，叶家早就不靠土地生活了。

二　社区服务与养老

尽管苏州农村的大多数住户已经不事农耕，农村人均收入（2004 年达 7600 元）远远高于全国平均水平，但养老保险制度对于社会稳定依然至关重要。在笔者进行抽样调查的十多个村庄，60 岁以上的老年人占总人口的 20% 左右，整个苏州地区的人口结构也显示出老龄社会的特征。因此，依赖子女收入养老的模式日益难以保障老龄人口的经济和社会权利。目前的“土保”和养老金制度不仅为老龄人口提供了经济安全，而且赋予他们一个具有尊严感的晚年。张家港市塘桥镇韩山村一对养老金领取者自信地对笔者说，他俩和儿孙住在一起，光是从村镇得到的各种补贴就足够全家吃饭了，不需要儿子给钱。这家的户主姓肖（60 岁），从 1973 年起在村里当生产队长，现在还是村民小组长。为此，目前他每年还领取 3000 元的工资。夫人姓陈（57 岁），原籍徐州农村。1967 年她和姐姐在上海当保姆，在那里认识了一位当厨师的韩山村村民。经姐姐和厨师搭桥，当年的小肖去上海与小陈相亲。那时韩山村一个劳动日的工分值还不到一块钱，小肖去一趟上海的火车票要 2.71 元。他在一年时间里跑了几趟，于 1968 年把小陈娶回了家。如今，肖家的耕地已经全部被征用，村里规定不论男女 55 岁都可以领取养老金。因此，现在的老肖和老陈每人每月都能领 80 元。此外，老肖一家 5 口还能领取 7000 元的土地补偿，因为当地规定的补偿金数额是每人每年 1400 元。

经济自立仅仅是老肖夫妇幸福生活的一个基础，丰富的社区活动和人际交往，则更增添了他们的快乐。韩山村的社区活动中心就在居民小区附近，村委会办公室、卫生室、文体活动场所和餐厅都设在那里，老陈每天都去做健身操。她说，村卫生室每年为妇女免费作 2—3 次体检，村委会为了鼓励她们参加，每次体检还给每个参加者发 5 元钱，这是镇政府和村委会在给老百姓办好事。她特别喜欢村里组织的唱歌和健身活动，即便不发钱也愿意去。韩山村在苏州地区是工业化程度较高的村庄之一，村委会每年凭借出租厂房和收取企业电费，可以得到 100 万—200 万元的财务收入，显然具有为村民提供娱乐设施和健康服务的经济实力。不过，即使在农业经济比重较大的村庄，村民也同样能够享受有组织的社区文体活动。笔者走访吴江市同里镇九里湖村的时候，恰逢周末，社区活动中心聚集着众多村民。青少年有的打乒乓有的赛篮球，老年人有的聊天有的打牌，男女老少其乐融融。这种景象无论是在大都市还是在欠发达乡村都不常见，然而在工业化进程中的苏州农村，却是居民生活质量提高和社区认同感强化的普遍标志。

三　社会养老与家庭照料

苏州农村的养老保险和社区服务，可以说是保障老龄人口基本物质需求和精神愉悦的新生社会制度。值得注意的是，家庭照料老人的传统功能不仅依然存在，而且与这些现代制度相辅相成。苏州农村属于计划生育政策贯彻较早的地方。笔者访问的家庭十有八九都是三代或四代同堂，家庭规模却只在5至7人之间。如今50—60岁的人一般都有两个子女，多数更年轻一些的夫妇只有一个孩子。不少50多岁的人已经有了孙辈，依照当地以往的风俗，他们依然倾向于和儿子生活在一起。不过，这种家庭模式随着人口结构的变化而不得不悄然“移风易俗”。常熟市董浜镇北港村（原名徐市镇树弄村）秦世根老人的家庭结构，便能反映出这种风俗习惯的嬗变。

秦老今年81岁，夫人78岁，养育了三女一子。儿子和儿媳现年53岁，膝下仅有一女（28岁）。秦老的孙女结婚后与夫婿同住秦家，如今小两口育有一子（1岁），秦家因此而成为四代同堂的大家庭。秦老的儿子很早就与其他三家村民合办了一个化纤厂，1995年动用多年积累的分红所得，花费50多万元在自家宅基地上造了一座小楼，估计使用面积在300平方米左右。秦老的孙女和孙女婿在邻近的梅里镇与别人合伙开编织厂，由于当地交通方便，平时还是在家里吃住。秦姑娘介绍说，大家庭的日常开支主要由父亲承担，他非但不向小两口收费，反而时常补贴她们。其实，她的小家庭并不缺钱，一旦父母需要，她俩就会拿出钱来接济。

事实上，在几代同堂的扩展式家庭里，即使是高龄老人也并非都是照顾对象。在多数情况下，全体家庭成员通过劳动分工，实现了代际之间的相互照顾和人力资源的有效利用。与现有人口结构相适应，董浜镇政府对老年人口区分年龄段制定养老金发放标准。60—70岁年龄组每人每年可领取养老金800元，70岁以上年龄组的养老金标准为1000元/年·人。优惠高龄老人的主要原因也许一方面在于他们获取收入的能力低于其他成人组，另一方面是高龄老人组的医疗支出在一般情况下明显高于低龄组。不过，前面提到的秦世根夫妇至今尚无大额医疗支出。二老身板均硬朗，不仅不需要家人特殊照顾，而且仍在参加劳动。笔者从村委会乘摩托车去拜访他们的时候，秦老稳稳当当地骑着自行车引路，到他家门口一看，出来迎客的秦老夫人原本正在厨房做饭。平日里，侍弄4亩菜地是老两口的一项主要活动，而且全凭人工，连翻地都不靠机械而是用铁锨。收获的鲜菜经筛选后冲洗得干干净净、捆扎得整整齐齐，由秦老挑到市场上去卖。菜地的灌溉由村里付水费，扣除自付的种子化肥农药等成本，二老一年种菜净收入1万元左右，相当于他俩当年养老金总额的5倍。其实，就他们儿子的赡养能力而言，二老在家赋闲也并非不可能。笔者问他们，如今种田是因为不得不做还是因为喜欢做？秦老简简单单地回答："因为习惯了"。

秦老的行为和答案显示，只要不是被迫劳动，只要是做力所能及的事情，劳动习惯不仅有益于维护老人的身心健康，而且还能延长他们的劳动力使用期，从而增加社会人力资源总量。在苏州地区，由于经济连年增长、就业机会良多，老年人、特别是低龄老人或多或少地还获得了调节个人经济活动种类和工作量的选择空间。笔者在北港村访问的另一位村民石保生（62岁）原先在建筑队做工，2004年5月因高血压突发脑中风，康复后就留在村里和老伴（64岁）一起种菜。与秦老夫妇略有不同的是，石家的菜地面积为6亩，采摘的蔬菜由小贩到地头收购，两人每年种菜的净收入在15000—16000元之间。此外，他俩从镇政府获得的养老金（800元/年·人）虽然不及秦老夫妇多，可老石从年过60（2004年）起，每年还从民政部门领取1500元养老保险，因为他在1996年一次性付给民政局筹办的养老基金12400元，基金给付的规定是一直按此标准支付到投保人去世为止。这样算来，石家夫妇当前的年人均纯收入在9000元左右，显然高于全国农村平均水平。不仅如此，他们的保险意识也领先于一般农户。从1979年起，他俩就参加合作医疗，现在不但为自己投保，而且还替儿子、儿媳和孙女缴纳合作医疗保费（50元/年·人）。对此老石解释道："出这个钱是为了防大病，没有大病不报销最好。"他去年因中风住院两次，共花费12000元，其中住院费用9428元，从合作医疗基金报销2431元。有了这番经历，他的话必然发自肺腑。

四 政策讨论与小结

1. 在当今中国，农村土地使用权不但是农民赖以为生的收入来源，而且还是大多数人口的生存保障。以征地形式进行的农地交易往往使买卖双方处于不平等的交易地位，作为卖方的农民面对处于强势地位的买方（政府）难以展开实质性的讨价还价。通常农民得到的征地款额不可能如同农地那样赋予他们长期的生存保障。然而为全体国民提供这种保障正是政府的责任，苏州市各级政府在农村工业化进程中，用土地换养老的办法推进农村社会养老保险制度的建立，可以说是切实承担起了这份应负的责任。虽说目前农地为集体所有，就政府正在行使的征地权而言，国家在现实中也分享一部分所有权。在这个意义上，苏州地方政府的做法可以视为动用国家对土地的权力或者说国有资产，为农村养老保险制度催生。这与政府向城市社会养老保险基金注资的道理相似，只不过主流舆论对动用国有资产补偿城市国企职工已经习以为常，却很少把农民对国有资产的权利视为理所当然。

2. 苏州地方政府对从未缴纳过保费的老龄人口定期发放养老金的做法，在政策层面上，意味着对尚未具备养老金领取资格的群体出示了政府的信用，这无形中发挥了促进农村人口投保参保的动员作用。从“农保”运行的轨迹来看，纳入“老人老办法”的群体较之那些执行“新人新办法”的人从“土地换养老”中获益多一些。然而如果观察人类发展的历史链条，上一代人不但曾经供养过他们之前的一代，而且还为下一代提供了物质积累，那么从代际公平理论①的角度考虑，苏州“农保”建立之初采取的过渡性制度可谓一项体现了社会正义的政治决定。

3. 近二十年来，我国农村人均预期寿命明显延长，这既是社会进步的一个标志，又表明需要供养的老龄人口逐渐增加。不少发达国家采取推迟退休年限的措施，来回应类似的人口变动趋势。与此相伴随的政策，是通过终身教育和健康服务促进老年人力资源发展。我们的苏州农村案例表明，在以养老金保障生存的前提下，在周到的社区服务与安定祥和的家庭照料环境中，老龄群体参与生产劳动的时间远远超越了我国通常的退休界限。这对解决人口老龄化过程中青壮劳动力相对减少的问题，不啻是提供了一个可操作的备选方案。

4. 苏州农村社会养老保险制度的建立以工业化或者说非农产业的发展为前导。如今尚且缺失这一前提条件的地区显然难以建立类似的制度。然

① 参见罗尔斯《正义论》，何怀宏等译，中国社会科学出版社 1988 年版，第 285—294 页。

而即使是欠发达农村也具备了人口老龄化的特征，因此需要政府采取老年生活保障措施。各地究竟以何种方式推行养老保障，取决于当地的社会经济文化因素。近年来，民政部门对农村特困人口的补助有所加强。当前这一政策的受益者主要是最贫困的孤寡老人，可是那些生活在一般贫困状态和贫困线边缘的老龄群体还未被覆盖。因此，如今无论是扩大补助面还是提高补助标准，都必将彰显全社会互助共济、保障老龄群体基本生活需求的价值观，同时增强公众的社会安全感和认同感，从而为发展壮大社会养老保险制度打下坚实的社会理念基础。

新农保制度中的农民义务*

提要 江苏省洪泽县和安徽省当涂县的案例表明，新型农村社会养老保险有效改善了老龄人口的福利。但这项制度中的“捆绑”规定，引发农村居民误解，加大了制度推广成本。因此建议，在新农保试点期间淡化此规定，并在制度推广过程中取消这一措施，代之以规范的社会保险通常包含的法律强制。同时进行长期的社会保险信息传播，以便强化农村居民的保险意识。

社会养老保险，对于千百年来依靠“养儿防老”的农村人口，属于新生事物。尽管新型农村社会养老保险制度（新农保）包含着政府对参保者可观的补贴，但实施起来却远非易事。特别是20世纪90年代，某些农村地区曾试行过社会养老保险制度（老农保）。然而由于缺少强有力的社会动员和财政支持，加之管理粗放，老农保几近名存实亡，无形中损害了社会保险的公信力，增添了推行新农保的困难。鉴于此，各级政府在制定新农保试行办法时，为了提高参保率，都将如下条款纳入其中：“新农保制度实施时，已年满60周岁、未享受城镇职工基本养老保险待遇的（人），不用缴费，可以按月领取基础养老金，但其符合参保条件的子女应当参保缴费”①。对此，农村群众称为“捆绑”参保。

这一条款的积极作用在于：第一，借助正式制度安排，将退休概念引

* 本文是笔者为全国政协“21世纪论坛”2010年社会保障专题讨论会准备的讲演稿（参见 http://finance.sina.com.cn/hy/20100908/09258621792.shtml），译文纳入课题组报告“China's New Rural Pension Scheme: Practice and Problems”，发表于 *China Economist*，2010，No. 5，pp. 100－108。

① 见国务院办公厅2009年9月4日发布的文件《国务院关于开展新型农村社会养老保险试点的指导意见》（国发［2009］32号）（http://www.gov.cn/zwgk/2009—09/04/content_1409216.htm）。

入农耕社会；第二，明确宣示了60岁及以上老龄人口的福利；第三，强化子女赡养和照料退休老人的意识。不过，笔者在2010年3—4月的农村调查中注意到，农村群众对“捆绑”颇有微词。老年人认为此项规定不合情理，迫使自己依赖子女才能获得社会福利。一些缴费参保的中青年则强调，是自己出钱为父母换来了福利，反倒忽视了缴费是为自己未来养老进行储蓄的真实含义。因此，为了消除农村群众对社会保险制度的误解，强化其保险意识，有必要在新农保试点期间淡化此规定，并在制度推广过程中取消这一措施，代之以规范的社会保险通常包含的法律强制。

一　无论是否“捆绑”，参保率都不足80%

新农保有别于老农保的一个重要特征，是政府对符合领取条件的参保人全额支付基础养老金。这实际上是为农村户籍劳动者提供了一笔公共养老金，故而深受农村居民欢迎。2010年1月底，江苏省洪泽县开始试行新农保。全县应参保人数共计16.6万人，到5月中旬，参保率达76.4%。不过，越是接近养老金领取年龄的群体，参保率越高。在50—59岁年龄段上，男性和女性的参保率都达到90%以上。可是，30周岁以下年龄组的参保率还不到30%。就“捆绑”参保的操作问题，当地干部强调，出于对农村社会心理的考虑，并未采用这一措施。第一，国家给农村老年人送养老补贴，这是大喜事，所以县社保中心专门选择粉红色纸张印制政策宣传要点，就是取其吉利之意。第二，讲孝道是农村社会的一条基本伦理，大多数人都会遵从。“捆绑”参保规定似乎包含着“儿女不参保就是不孝顺老人”的意思，近乎于道德判决，容易招致反感。

进一步讲，即使采取“捆绑”措施，也只对符合“捆绑”条件的人起作用，却无助于促使其他应缴费人员参保。安徽省当涂县政府在推行新农保的过程中，一直严格按照“捆绑”规定办事。全县应参保人员约为42.9万人，其中60周岁以上者占19.8%（8.5万人）。假定60—70岁年龄组的生育年龄在25岁左右，那么他们的子女目前大约处在35—45岁年龄段，属于“被绑定”的群体。这一年龄段共有11.3万人，占应缴费人员的32.9%。参保率的高峰也正处于该群体之中，达90%左右。按照当地惯例，养老金领取者的儿子优先“被绑定”。反映到统计上，这一年龄段的男性参保率高于女性4—5个百分点。在农村，45—59岁的人通常已开始为自己作养老安排，因而多半具有参加新农保的意愿。事实上，该组的参保率已接近80%。可是，即便把养老金领取者纳入计算，全县的参保率仍不足75%（见表1）。县乡干部都反映，参保率至此就难以提高。原因在于，适龄人口中越是年轻的群体，越不情愿参保。年龄在30岁以下的人大多认为，“捆绑”措施绑定的只是他们的父母和祖父母，自己过些年再参保也不迟，只要到60周岁之前缴费满15年就够了。

比较洪泽县和当涂县的案例可见，第一，是否采用“捆绑”措施，对新农保适龄人口的总体参保率尚无显著影响。第二，“捆绑”参保规定最多只涉及1/3应缴费参保人口，若要实现新农保“全覆盖”的目标，必须另想办法。

安徽省当涂县新农保参保率统计

（截至2010年3月31日）

年龄组（周岁）*	适龄人口	参保率（%）	男性人数	参保率（%）	女性人数	参保率（%）
16—24	48697	18.87	25480	19.56	23217	18.11
25—29	30489	36.00	15546	32.93	14943	39.19
30—34	36498	71.37	18817	71.23	17681	71.52
35—39	49782	87.09	24907	89.30	24875	84.88
40—44	63522	88.09	31839	90.08	31683	86.09
45—49	50467	80.20	25110	81.29	25357	79.13
50—54	23893	79.05	11857	77.39	12036	80.69
55—59	40969	77.12	20707	81.65	20262	72.49
合计	344317	68.68	174263	69.39	170054	67.96
60及以上	85026	96.99	43368	96.79	41658	97.20
合计	429343	74.29	217631	74.85	211712	73.71

数据来源：当涂县人力资源和社会保障局：《当涂县新型农村社会养老保险试点工作开展情况汇报》，2010年4月1日。* 在校生不计。

二 “捆绑”参保规定增加社会成本

新农保的社会收益，主要在于减少老年贫穷、增强老年尊严、增进社会稳定与和谐。其社会成本，不但包括政府和民众为建立和运行这一制度投入的人力和物质资源，而且也包括制度实施过程中产生的负面社会效应。“捆绑”措施确实促使了部分中青年人参保，但由此也带来了一些出乎预料的附加社会成本：

第一，造成参保者对公共养老金来源及含义的误解。新农保推行伊始，必有一批达到法定退休年龄但从未履行缴费义务的老年人直接享受财政支付的基础养老金。“捆绑”措施却使得缴费参保者误以为子女投资，父母受益。

第二，增添农民工和城市社保机构的手续办理负担。根据农民工参加城镇职工社会保险的政策，农民工无须参加新农保。但外出就业的农民工为了留在家乡的父母能够领取基础养老金，不得不请求所在城市的社会保险管理中心为其开具证明。据苏州市社保中心的工作人员介绍，这本不属于该中心的业务，证明书尚无固定格式，出具证明后往往不符合农民工家乡社保机构的要求。为此，有的农民工要跑好几趟，社保中心的工作量也突然增加。

第三，政府机构和村委会不得不投入更多的组织动员和管理成本。新农保实施中的宣传动员和个人信息登记等基础性工作，都要从村委会和村民小组长入户访谈做起。当前，核心家庭在农村家庭形式中占据主导地位，农村不少已婚子女与父母分家单过。村干部为了落实一些有两个以上子女的老人领取养老金的资格，不得不多次奔波于几个家庭之间。村干部的入户工作量和社保机构的信息处理量，比之无须执行“捆绑”规定的地方要大得多。

第四，家庭矛盾显性化。农村家庭中的婆媳矛盾非常普遍，如今在家庭财务上老龄公婆的话语权不如儿媳。“捆绑”参保后，在不少情况下儿媳掌管了老人的养老金。结果是，老人享受的社会福利受到干预，而且还有可能加剧妯娌之间的矛盾。笔者遇到的一个案例虽不多见，却很能说明问题：当涂县 H 村一对老夫妇跟小儿子家共同生活，另立门户的大儿媳拒绝与公婆“捆绑”在一起。不想婆婆患病去世，未能享受到基础养老金以及本县新农保规定的丧葬补贴。后来，老夫妇的长孙趁回乡之机悄悄替母亲（老人的大儿媳）办理了缴费参保手续。

第五，增加了农村居民的不公平感。农村中一些文化较高的中青年常把城镇职工养老保险作为参照物，认为城里人参保并无“捆绑”条件而新农保有这个约束，这对农村人不公平。

相对于工业社会的养老保险，“捆绑”参保规定可谓一项制度创新。它也许在短期内有助于新农保的推行，但在长期内，却不利于农村民众树立符合社会保险原理的参保意识。

三　向法律强制参保过渡

在当今世界，发达国家的普惠制社会养老保险无不包含法律强制参保条款。这主要基于以下原理：其一，假定个人短视，必须由国家强制，从其参与劳动力市场开始，为满足未来的基本养老需求进行储蓄。其二，防止个人的机会主义行为（即通常所说的逆向选择和道德风险）。例如，年轻人拒绝参保以及非贫困者谋求免除缴费义务，等等，只有靠法律强制才有可能最大限度地得以避免。在有效实行法律强制的前提下，社会养老保险的全覆盖才成为可能，在全社会范围内年轻人群分担老龄人群养老费用的保险机制才能健康运行。

“捆绑”参保规定实质上隐含着伦理强制。与法律强制相比，它堪称行为软约束。可新农保制度为何不含法律强制却代之以伦理强制呢？首先，这可以直接从《国务院关于开展新型农村社会养老保险试点的指导意见》中找答案。这项文件中列有一条原则，即“政府主导和农民自愿相结合，引导农村居民普遍参保”。问题是，“自愿参保”政策与现有的社会养老保险经验及其原理相矛盾。照此办理，则难以实现新农保对农村适龄人口的全覆盖目标，从而也足以令地方政府进退失据：既要保证参保率迅速提高，偏又缺少足够有效的强制手段。因此，采取“捆绑”措施，实属不得已而为之。况且，“政府主导”的说法毕竟为“捆绑”参保的方式留下了政策空间。

其次，对参保行为采取软约束，也许是为了避免农村民众的权利由于硬约束而遭受侵害。20世纪下半叶，政府曾采取多种强制性措施干预农民的经济自由，留下的负面影响至今尚未完全消除。这一阴影，使得决策和执行机构的人员在推行社会保险制度时也心有顾忌。可是，国内外现有的经验都已表明，法律强制对于维护社会保险制度的可持续性是不可或缺的，也是符合社会正义原则的。缺少法律强制的社会保险制度，注定难以保证参保人的权利与义务相对应。

基于上述发现我们建议如下：第一，增加试点县，由其所在省份制定地方性法规。在新增试点县用法律条文取代新农保实施细则中的“捆绑”参保规定。

第二，对农村年轻群体的参保意愿作专题调研，制定有针对性的奖惩措施，纳入法规实施细则。

第三，反复并长期地宣传新农保政策。在这一点，美国社会保险署的做法值得借鉴。美国社会保险制度已有75年的历史，此间多次修订，社保机构从未放弃政策信息传播。例如在2009年2月发给参保人员的对账单上，除了列有收件人应缴纳的社会保险税率、税额和应享有的待遇之外，还附有最基本的社会保险规定，以及现任社会保险署专员的公开信。信中明确通告政策改革的必要性：如果美国社保制度继续按现有规则运行，基金将于2017年入不敷出，于2041年完全花光。为了避免制度崩溃，必须逐渐提高退休年龄和社会保险税，等等。

第四，将社会保险知识纳入小学高年级以上的中小学教材，从青少年教育做起，树立全民参保意识。

第五篇

社会经济政策的性别影响

农地分配中的性别不平等*

提要 本文借助于对1996年山西农村抽样调查数据的统计分析，论证我国农村土地分配中的性别平等虽然在法律上和经济制度上得到保障，但是这些制度在细节上的漏洞，使离婚妇女缺少地权保障，错过村社土地调整机会的婚嫁迁移妇女及其子女暂时无地。这种现象虽然还没有对妇女在家庭内部的谈判地位产生显著影响，却足以使她们的家庭陷入贫困。因此，有必要在现行土地管理法和政府有关农地承包的规定中添加性别视角。

中国现行的农地制度，是以农地所有权归村社①而使用权归农户为特征的（Zhu Ling and Jiang Zhongyi，1993）。这一制度在运行中始终面临着一个难题，那就是农民既需要稳定的农地使用权以便进行中长期投资，又要求在短期内依据家庭规模的变动调整土地，以求保持土地按人口平均分配的格局。为此，大多数村庄每隔3—5年调整一次土地（中国农地制度课题组，1993）。可是90年代以来出嫁或离婚女子成为无地者的现象还是逐渐增加（《中国妇女报》编辑部，1999）。这个问题虽经妇女组织和女权研究者们多次呼吁，但是仍未引起农村经济政策研究者、设计者和决策

* 此文原用英文完稿于1999年8月，标题为“Gender Inequality in the Land Tenure System of China”，载于Webb and Weinberger ed.，2001，*Women Farmers*，Peter Lang Verlag，Frankfurt：pp. 203—230。中文译文经修改后标题为《农地分配中的性别平等问题》，载于《经济研究》2000年第9期。

① 国家法律规定农村土地属于农民集体所有（《中华人民共和国土地管理法》，1998）。可是生产队解体以后，“集体”就成了一个含义模糊的概念。在现实中，农地成为原生产队所在的自然村或行政村的共有资产。村庄内实行村民自治，由村民委员会和村民小组承担组织功能。笔者将这样的村庄定义为村社。

者们的足够关注。

本文将首先考察现有的法律框架是否足以保证乡村妇女享有和男子同等的地权。其次，基于1996年对山西省农村所作的抽样调查[①]，分析农地分配的现状，确认在地权保障方面造成性别不平等的原因，并探讨地权不安全会对妇女的社会经济地位产生怎样的影响。最后，拟对研究结果的政策含义作出结论。

一 妇女的农地承包权

在那些土地可以自由买卖、继承和租赁的国家，继承法、婚姻法及合同法从不同角度界定了个人获得土地的途径和权利（FAO，2000）。不过，乡土社会的习惯法或宗教戒律又在现实中影响着正式法律的实施（Quisumbing，Payongayong，Aidoo and Otsuka，1999），甚至决定着个人实际上能够获得的地权（Subramanian，1998）。中国的法律禁止农地自由买卖或赠送。农民主要是通过村社的农地分配、农户之间的租赁和家庭承包权继承等方式获得农地使用权的。若要了解农村妇女所享有的地权，不仅需要回顾有关的法律和政策文献，而且还有必要审视村社农地分配的方式。

1979—1983年期间，中国农地制度完成了从集体所有、集体耕种到村社所有、农户承包耕种方式的转变。这一转变，始于农民按家庭规模平均分配生产队的农地（中国农地制度课题组，1993）。虽然这意味着每个家庭成员对农地都有一份使用权，但是村社的土地实际上是在农户之间而不是在个人之间分配的[②]。这其中的原因也许首先在于，中国农业社会的传统是以家庭为单位拥有和耕作土地，农民对集体生产方式进行改革时所持有的理想蓝图，在很大程度上是向传统回返。其次，80年代全国乡村人均耕地不足2亩，户均耕地9亩，分为9个地块（农业部农

① 此次调查通过农业部农村社会经济调查系统进行。样本村共计10个，皆为该系统设在山西省的长期观察点。样本户共计947个，均为观察点中的记账户。抽样人口为3623人，其中女性人口占48%。通过问卷访谈所获得的数据，反映的是样本村庄、农户和个人1996年的情况。

② “农户”和“农民家庭”在本文中作为同义词使用。

村固定观察点办公室，1992）。若要将农田按同等的面积和质量分割到每一个村社成员，那就不仅会使地块更为零碎，而且还将导致高昂的组织成本。

进一步讲，80 年代初中央决策层对农户承包实践进行认可的文献[①]（中共中央，1980），以及随后二十年间颁发的有关农村经济政策的文件，实质上也是把现行的农地制度定义为家庭承包制。这些文献既没有明确界定作为自然人的个人的权利，也没有涉及妇女这一特定群体的权利。这种对个人权利的忽视，可能一是出于中国农业社会推崇家庭权利的传统，二是由于计划经济时代社会偏好集体权利所遗留的影响，三是因为制度设计者也许将性别平等视为隐含的前提。

这个前提在法律上无疑是存在的。中华人民共和国第一部宪法第九十六条明确规定，妇女在政治、经济、文化、社会和家庭生活各个方面享有与男子同等的权利（全国人民代表大会，1954）。80 年代以来颁布或修订的《婚姻法》和《继承法》，又对家庭成员之间的经济关系突出强调了性别平等。《婚姻法》第十八条明确指出，夫妻有相互继承遗产的权利。第三十一条则表明，离婚时夫妻的共同财产由双方协议处理。协议不成时，由法院根据财产的具体情况及照顾女方和子女权益的原则判决（全国人民代表大会，1980）。《继承法》第九条确认，继承权男女平等。第十条将配偶排在继承顺序中的首位。由于农地并非私人财产，立法部门专门说明，不能按照遗产继承的办法处理农地承包权的继承问题，而是规定由承包合同签约者的继承人来履行合同责任（全国人民代表大会，1985）。与村社签订农地承包合同的多为农民家庭的户主。乡村女子一般因婚姻而迁入夫家，故而大多数户主为男性。在男子入赘或男性户主去世的家庭，户主多半为女性。

有鉴于上述背景，妇女在经济改革伊始的土地分配中并未遇到困难。问题出在随后发生人口变动的情况下。由于土地在村社之间不可流转，妇女因婚姻关系而迁居别村，便将失去其对迁出村的土地使用权。正因为如此，《妇女权益保障法》第三十条提出，妇女的地权在结婚、离婚后

① 其时，政府的政策文件具有法律效力。

应当受到保障（全国人民代表大会，1992）。然而这部法律并没有说明提供这种保障的办法。这一人群若要从迁入村获得农地，只能依赖于她们所属的村社在农户之间重新调整土地。根据《土地管理法》第十四条的规定，在土地承包经营期限内，对个别承包经营者之间承包的土地进行适当调整的，必须经村民会议 2/3 以上成员或者 2/3 以上村民代表的同意，并报乡/镇政府和县政府农业行政主管部门批准（全国人民代表大会，1998）。

村社是实行村民自治的单位，《土地管理法》的规定显然符合村社内部民主决策的原则。可是，村民会议有关农地调整的决策依据，主要是中央和地方政府制定的农地承包政策。由于这些政策规定往往缺少性别视角，村社的决策能否保障迁入妇女的地权，看来并不取决于法律的约束，而在于大多数村民除了对自家利益的考虑之外，在多大程度上认同性别平等的理念。

基于对现有的法律框架和农地分配实际操作程序的了解，我们提出以下假设，拟在后面的统计分析中予以验证：

1. 中国农村土地分配中不存在明显的性别歧视。

2. 迁移妇女地权无保障的现象，与村社的决策直接相关。

3. 在非农产业不发达的地域，无地妇女的核心家庭陷入贫困的可能性较大。

二　决定样本户农地规模的因素

本节将利用山西农村抽样调查的数据，通过回归分析来验证农地分配中不存在性别歧视的假设。在回归模型中，样本户的人均耕地面积被设定为被解释变量（见表 1）。这一变量仅包括农户直接从村社分到的土地，而没有将农户之间租赁的土地计算在内，因为农户之间的土地租赁，只不过是在村社土地分配基础上派生出来的活动。在模型的解释变量中有两个性别变量：户主的性别和家庭人口中女性所占的份额。这样设计的逻辑在于，如果这两个变量对农户人均耕地面积的影响在统计上是显著的，那么就可以推断，村社在对农户的土地分配中存在着性别歧视。考虑到在村社未调整土地的情况下，农户会因扩展型家庭裂变为两个或多个核心家庭而在户内自行分配土地，户主的年龄和家庭规模也被纳入解释变量。此外，估计农户所从事的主业和所处的区位对其能够获得的土地规模也会发生影响，故而都在回归模型中被设定为解释变量。

表 1　**决定样本户人均农地规模差别的因素**

（平均值，回归结果）

变量	均值	回归系数	T－数值
被解释变量：农户人均农地面积（亩）	1.8		
解释变量			
女性占家庭人口的份额（%）	48.0	－0.283	－1.075
户主性别（女性＝1，男性＝0）	0.10	－0.083	－0.514
户主年龄（虚拟变量）			
≤30	0.06	－0.222	－1.456
31—40	0.24	—	—
41—50	0.34	0.114	1.109
51—60	0.19	0.078	0.538
61≥	0.17	－0.661**	－3.657
家庭规模（人数）	3.9	－0.217**	－9.019
农户经营类型（虚拟变量）			
纯农户	0.49	—	—
农业兼业户	0.30	－0.127	－1.054
非农兼业户	0.17	－0.731**	－4.675
非农户	0.02	－1.030**	－3.331
其他户	0.02	－0.112**	－3.422
农户区位（虚拟变量）			
第 1 村：应县大临河乡小临河村	0.11	0.118**	0.665
第 2 村：灵丘县狼牙沟乡道八村	0.08	－1.327**	－6.792
第 3 村：定襄县神山乡镇安寨村	0.09	0.894**	4.605
第 4 村：太谷县水秀乡武家庄村	0.08	－0.209	－1.045
第 5 村：平定县锁簧镇立壁村	0.11	－1.124**	－5.511

续表

变量	均值	回归系数	T-数值
第 6 村：柳林县成家庄镇李家凹村	0.11	1.532 **	8.371
第 7 村：乡宁县城关镇西廒村	0.11	0.297	1.618
第 8 村：临猗县城关镇黄斗景村	0.16	—	—
第 9 村：平顺县中五井乡小赛村	0.07	-0.898 **	4.315
第 10 村：高平县唐庄乡谷口村	0.08	-0.256	-1.180
截距		3.324 **	14.983
样本量 = 936　Adj. R^2 = 0.359　F-value = 27.117			

注：样本户经营类型是根据其生产性纯收入的结构来区分的。纯农户：农业收入份额为 80% 以上的住户；农业兼业户：农业收入份额在 50%—80% 之间；非农兼业户：非农收入份额在 50%—80% 之间；纯非农户：非农收入份额在 80% 以上；其他户：收入来源超出上述定义的住户。“—”表示参照组；“**”表示在 99% 的水平上显著。

表 1 列出的计算结果中有如下几点值得注意：

其一，性别变量对农户之间在人均耕地面积方面的差别所产生的影响不显著。这意味着我们的第一个假设得到了证实。此外，除了 60 岁以上的老龄组，其他年龄组与 31—40 岁年龄组之间的土地规模差别，在统计上都是不显著的。根据对农户的访谈得知，老龄组的一些核心家庭经历了代际分家时的户内土地分配，扩展型家庭则可能存在个别未从村社获得土地的人口（无地人口）。这也许是该组人均土地面积显著低于对照组的一个重要原因。

其二，农户的人口若增加 1 人，其人均土地面积便减少大约 0.2 亩。在农户原有土地规模不变的条件下，这种现象可以说是一种合乎逻辑的结果。

其三，与纯农户相比，非农户和非农兼业户的人均土地面积较小。这种现象，既有可能是部分农户因劳动力严重过剩而不得不从事非农产业活动的结果，又有可能出自农户主动放弃部分土地的决策。笔者在田野调查中曾了解到，第 5 村中一半以上的农户就属于前一种情况，第 3 村中大约有 1/4 的农户则属于后一种情况。表 2 和表 3 的描述统计恰恰支持了这种观察。第 5 村地处丘陵，是样本村中人口最密集的村，人均耕地仅有 0.7

亩。在沉重的人口压力下，全村大约有2/3的劳动力转向非农产业。第3村人均耕地刚过2亩，地势平坦水源充足，农业商品率高于山西北部平均水平。全村大约有1/2左右的劳动力从事冶炼、锻造、锻件加工和运输等活动，无暇顾及农业。因此，部分住户只保留人均0.5亩的口粮田和0.03亩的菜地[①]，自愿把其余的土地交还给村社。村委会通过招标的办法把这些土地承包给部分纯农户，从而使得30%左右的农户拥有高于平均水平的土地规模。

表2　**样本户经营类型分布（%）**

经营类型	第1村 n=105	第2村 n=80	第3村 n=83	第4村 n=77	第5村 n=100	第6村 n=103	第7村 n=100	第8村 n=148	第9村 n=71	第10村 n=80	全部 n=947
①	84.8	59.0	64.2	68.9	5.0	43.1	33.0	79.1	22.5	6.3	48.8
②	7.6	16.7	8.6	24.3	40.0	41.2	56.0	17.6	67.6	22.5	29.4
③	0.0	11.5	24.7	6.8	54.0	9.8	6.0	2.7	9.9	58.8	17.3
④	1.0	6.4	1.2	0.0	0.0	1.0	4.0	0.7	0.0	12.5	2.4
⑤	6.7	6.4	1.2	0.0	1.0	4.9	1.0	0.0	0.0	0.0	2.1
合计	100	100	100	100	100	100	100	100	100	100	100

注："n"表示户数。①纯农户；②农业兼业户；③非农兼业户；④非农户；⑤其他户。

表3　**样本户土地规模分布（%）**

土地规模	第1村 n=105	第2村 n=80	第3村 n=83	第4村 n=77	第5村 n=100	第6村 n=103	第7村 n=100	第8村 n=148	第9村 n=71	第10村 n=80	全部 n=947
①	56.2	100.0	69.1	44.2	100.0	9.9	46.5	53.4	95.8	95.0	64.4
②	38.1	0.0	23.5	54.5	0.0	62.4	52.5	44.6	2.8	5.0	30.7
③	5.7	0.0	3.7	1.3	0.0	22.8	1.0	2.0	1.4	0.0	4.0
④	0.0	0.0	3.7	0.0	0.0	4.0	0.0	0.0	0.0	0.0	0.7
⑤	0.0	0.0	0.0	0.0	0.0	1.0	0.0	0.0	0.0	0.0	0.1
合计	100	100	100	100	100	100	100	100	100	100	100

注：①农户人均土地面积≤2.00亩；②2.01—4.00亩；③4.01—6.00亩；④6.01—8.00亩；⑤农户人均土地面积≥8.01亩。

① 口粮田和菜地皆为村里最肥沃的土地。

其四，村变量（农户区位）对农户土地规模的影响是显著的。村社的资源禀赋、社会经济人文环境、非农产业发展机会和村务决策程序等因素，都会影响农地的分配和再分配。农户所属的村庄作为虚拟变量，包含的正是这些难以完全分解的内容。这10个样本村分别选自资源条件不同、经济发展水平不一、分散在山西不同地域的10个县，各自代表当地的中等收入水平。因此，村变量对农户土地规模的影响，在很大程度上可以视为省内地区差别产生的作用。

三 地权保障方面的性别不平等

如果说村社初始的农地分配原则是按人口平均分配，那就意味着每个村社成员都对土地持有一份天然的所有权[①]。然而土地分给农户承包之后，承包期内特定农户对特定地块的使用权则是排他的。这就使得此间新增的村社成员暂时不能从村社得到土地。在对农户土地规模的分析中，无地者的存在往往被平均值所掩盖，表4的描述统计则可以填补这个信息空白。

受访妇女的回答表明，第一，她们中间9%的人没有承包地。第二，对照有关第二和第三个问题的答案统计，可以推测离婚妇女的地权是无保障的。倘若她们在夫家没有土地，离婚后留在丈夫的村里将何以为生？山西农村的习俗是妇女离婚后即刻回娘家，然而如果她们在娘家的承包地已被收走，又怎能凭借父母或兄弟的土地生存呢？事实上，离婚妇女多半以迅速再婚来应对失去收入来源的难题。出于这个原因，我们在样本村中并未发现离婚妇女。与依赖法律诉讼来维护自己的土地承包权相比，再婚对于这些妇女获得新的收入来源，也许是交易费用最低的一种选择。更何况一半以上的妇女并不清楚自己所拥有的土地权利（见表4）。

---

① 依据中国目前的户籍管理制度，村委会对村社成员资格的认定，是根据常住户口记录。那些在本村登记户口，但是常年在外从事非农经济活动的人，仍然拥有其从村社分到的一份土地，或保有其分享村社土地收益的权利。有些外来务工的人，即使在其务工的村庄长期居住，也只能得到暂住证，而不能获得与村社成员同等的权利。

表 4 **受访妇女对土地权利问题的回答**

问题	受访妇女的回答			
	是	否	不清楚	合计
您家的承包地中是否有您的一份?	91.5% (763)	8.5% (70)	—	100% (833)
您的女儿嫁到外村去后，村里是否收走她的那份承包地?	53.4% (126)	46.6% (110)	—	100% (236)
离婚妇女是否能够保留她那份承包地?	4.3% (36)	45.5% (380)	50.2% (419)	100% (835)

注：括号里的数字表示作出有效回答的农妇人数。“—”表示对该问题没有多种选择答案。

即便说妇女因离婚而失去土地的案例还不算多见，她们因婚配而在迁入村成为无地者的事情，却是经常发生的现象。在山西样本中，报告无地的妇女共计70人。除了第1村和第2村，每个村都有无地妇女（见表5）。如果村社每隔3—5年调整一次土地，这些无地妇女便有可预期的地权。如果长期不调整土地，部分妇女及其子女无地的现象不免就会成为乡村社会经济中的一种常态①。由此可以得出一个结论，中国农地分配中的性别不平等，主要不是发生在村社分配农地的时刻，而是发生在分配之后的动态过程中。它表现为妇女与其配偶相比，地权保障程度较低，或曰未享有地权安全。

表 5 **无地妇女在村庄之间的分布**

	第1村	第2村	第3村	第4村	第5村	第6村	第7村	第8村	第9村	第10村	合计
人数	0	0	1	4	1	2	20	2	24	16	70
比重	0	0	1.4%	5.7%	1.4%	2.9%	28.6%	2.9%	34.3%	22.9%	100%

表5的数据中还值得注意的一点，是将近86%的无地妇女集中在第7村、第9村和第10村。虽然这些统计还不能证明，这几个村即属于长期不进行农地再分配的村，但是也足以显示，妇女是否拥有土地与她们所属村

① 1980—1990年期间，全国大约有1/3的村庄没有进行土地再分配（中国农地制度课题组，1993年，第38—39页）。

社的决策密切相关。对此，我们尝试着采用逻辑回归分析给予验证。表6列出的两个回归方程都表明，村社的人均土地面积越大、收入越高，妇女获得土地的可能性就越大。这个结果与我们平常观察到的事实是一致的。

两个方程的区别，在于方程2包含着有关样本村非农就业机会的信息。那是通过非农企业个数和常年外出经营的户数来表示的。根据这两个解释变量的系数估计值来判断，在非农就业机会较多的样本村，妇女获得土地的可能性反而较小。这与中国发达地区的现状和我们的预期都不相符，但是在山西省乡村却是一种可以获得经济学解释的事实。山西的城市化和工业化远远落在东南沿海地区的后面，大多数乡村劳动者难以获得长期性的非农就业岗位和稳定的非农收入，不可能放弃土地这项收入来源。更何况，有相当一部分农户是由于土地产出不足以维持生存而不得不从事非农活动以获得补充收入。因此，这里非农就业机会的增加，并不必然导致新增人口获得土地的可能性增大。我们的描述统计可以支持这一解释。1996年，男性劳动者从事非农活动平均约为48天，获得报酬17.3元/天。女性劳动者的非农劳动时间平均为12天，报酬为6.6元/天。他们中间有85%的人依然务农。

表6 **妇女获得土地的可能性估算（logistic 模型）**

被解释变量：妇女获得土地的可能性（有地=1，无地=0）	方程1（观测量=832）		方程2（观测量=832）	
解释变量	系数估计值	标准误差	系数估计值	标准误差
村人均纯收入（均值=1547元）	1.9253**	0.3353	2.7159**	0.3994
村人均农地面积（均值=1.9亩）	0.5251**	0.1530	0.6265**	0.1806
村常年外出经营的户数（均值=5.1）			-0.0637**	0.0270
村非农企业个数（均值=9.8）			-0.0558**	0.0163
常数	-1.0809**	0.4761	-1.5206**	0.5345
预测准确率		91.6%	91.6%	
-2 Log Likelihood		423.67	402.24	
Goodness of Fit		1459.54	1178.84	
Chi-Square		56.82**	78.24**	

注："**"表示在99%的水平上显著。

在第 7 村、第 9 村和第 10 村的样本户中，无地妇女的家庭所占的份额分别为 20.8%、16.2% 和 22.5%。虽然这样高的比率已经引人注目，但是这些农户要求增加土地的声音[①]，也许还没有强大到足以使村社进行土地再分配的地步。这也反映出，妇女何时从村社获得土地以及获得面积的大小，事实上与其个人特征无关，而是直接取决于村社的决策。

问题是村社无论作出何种农地分配决策，都能从法律或中央政策文件中找到依据。随着人口变动而对农户土地进行调整的村社，可以说是遵照《土地管理法》的规定行事。不作此类调整的村社，则可以把中央有关土地承包权长期稳定不变的政策文件搬来作为理由。1984 年，中央农村工作文件曾规定，土地承包期一般应在 15 年以上（中共中央，1984）。如果以 1980 年家庭承包制在全国推开时作为起点，这一承包期当在 1995 年结束。1996 年初的中央农村工作文件规定，土地承包期延长 30 年（中共中央，1996）。这两项规定的意义，并不仅仅在于鼓励农民投资。对于经历过强制性集体化的农民而言，这还意味着中央决策层对长期实行家庭承包制作出的承诺。这种承诺对保护全体农民的利益和维持社会稳定无疑有着积极的作用（姜爱林、包纪祥，2000）。然而如果缺少性别视角，在以男权为中心的乡土社会便有可能产生加剧妇女地权不安全的副作用[②]。

四　地权无保障对妇女地位的影响

本节试图通过逻辑回归分析确认，妇女地权无保障会对其社会经济地

① 自从实行家庭承包制以来，村社的会议一般是每户派一个代表。在我们的样本中，82% 的家庭通常是由男户主去参加村民大会。妇女的意愿显然不可能在村社决策过程中得到充分的表达。不过，在对土地的要求方面，无地妇女与她们的丈夫和家族利益一致。

② 湖南省的一些村庄在土地承包过程中，对 23 岁以下的女子（被预测将于近年嫁人）不分或少分农田，而对 25 岁左右的未婚男性（被预测近年将娶媳妇），则分给双份或者三份的土地（《中国妇女报》，1999 年 3 月 11 日）。

位产生怎样的影响。这里以妇女对家庭农业管理决策的参与，衡量其社会地位；以农户人均纯收入水平，衡量其经济福利。

印度和孟加拉学者对南亚乡村妇女财产权的研究表明，妇女拥有包括土地在内的财产权，会显著地加强她们在家庭内部的谈判地位。(Agarwal，1997；Subramanian，1998)。有鉴于此我们假设，实际拥有村社土地份额的妇女，参与家庭农业管理决策的可能性较大。在验证这一假设的逻辑回归模型中，管理决策由农产品销售决策来表示。这样设计的原因在于，农民家庭成员对农产品处置决策的参与，对于反映个人在家庭经济管理中的地位最具代表性。此外，根据对抽样数据所作的描述统计，妇女对种植计划的制订和投入品购买决策的参与，和她们对农产品销售决策的参与高度相关。在 821 位受访妇女中，将近 40% 的人参与决策。

有关妇女是否参加销售决策的信息，来自农民妻子对问卷的回答。如果受访妇女认为自家出售农产品的数量、地点和出售对象主要由她选择或由夫妇双方共同决定，就被视为参与了决策。如果受访妇女报告说这些事情主要由丈夫或其他家庭成员决定，则被认定没有参与决策。这个问题实质上是针对农民夫妇双方在决策过程中的关系提出的。因此，在逻辑回归分析中剔除了那些失去配偶的女性做户主的家庭。

回归结果非但没有证实我们的假设，反倒显示有地妇女较少参加管理决策。能够解释这种现象的原因在于，中国乡村的无地妇女只是地权无保障，而并非完全不可能获得土地。也许正是由于这些妇女持有可预期的地权，对于参与家庭农业管理而言，她们是否实际拥有土地反而不如在多大程度上参加农业生产重要。基于这种理解可以推断，在无地妇女的家庭，男子多从事非农活动（见表 6），妇女会较多地参加农业劳动，因而参与管理决策的可能性也就较大（见表 7）。在估算过程中我们还注意到，与农民夫妇个人的特征变量（年龄和受教育程度）相比，样本户所属的村社对于妇女参与管理决策的影响更为突出。这是因为，妇女的参与在很大程度上取决于她们所处的社会经济文化环境，而村社正是这个环境最贴切的体现。

表 7　　妇女参与家庭农业管理决策的可能性估算（logistic 模型）

被解释变量：妇女参与农业管理决策的可能性（参与 =1，不参与 =0）		方程（观测量 = 802）	
解释变量	均值	系数估计值	标准误差
妇女是否有地（有地 =1，无地 =0）	0.92	-0.8118 **	0.3304
户主妻子农业劳动天数	106.4	0.0037 **	0.0011
户主妻子的年龄	45.2	0.0981 **	0.0314
男户主的年龄	47.6	-0.1035 **	0.0307
男户主受教育程度（≥9 年为 1，<9 年为 0）	0.04	0.7657 *	0.3971
农户区位（虚拟变量）			
第 1 村：应县大临河乡小临河村	0.11	-1.7883 **	0.4706
第 2 村：灵丘县狼牙沟乡道八村	0.08	0.7407 *	0.3522
第 3 村：定襄县神山乡镇安寨村	0.09	1.1692 **	0.3169
第 4 村：太谷县水秀乡武家庄村	0.08	-0.4182	0.3435
第 5 村：平定县锁簧镇立壁村	0.11	0.9674 **	0.3126
第 6 村：柳林县成家庄镇李家凹村	0.11	0.6375 *	0.3231
第 7 村：乡宁县城关镇西廒村	0.11	-0.8719 **	0.3322
第 8 村：临猗县城关镇黄斗景村	0.16	—	—
第 9 村：平顺县中五井乡小赛村	0.07	1.6772 **	0.3796
第 10 村：高平县唐庄乡谷口村	0.08	0.6480 *	0.3181
常数		0.0338	0.5813

注："—"表示参照组。"*"、"**"分别表示在 95%、99% 的水平上显著。

地权无保障对妇女经济福利的影响，是通过估算农户陷入贫困的可能性来展现的。在以男权占主导地位的乡土社会，如果农户陷入贫困，妇女的贫困则更加深重。山西绝大多数农户主要以农业为生，样本户平均有将近 54% 的纯收入来自农业。土地对于这里的农民特别是贫困的农民，依然是最重要的收入来源。故而我们假设，无地妇女的家庭如果没有非农活动来补充收入，陷入贫困的可能性较大。

为了对此进行验证，这里首先以农户人均纯收入 600 元为界划分贫困和非贫困户，获知贫困户占总样本的 13.6%。然后借助于逻辑回归模型确认，究竟哪些因素对农户陷入贫困起决定作用。从表 8 的回归方程可以看出，家中妇女无地、资产、劳力和非农工作天数较少的农户，陷入贫困的可能性较大。家庭主要劳动力的年龄和受教育程度所产生的影响，在统计上并不显著。这或多或少反映出，当地的传统农业和非农产业活动的技术含量不高，对劳动者受教育程度没有严格的要求。

上述统计分析证实，妇女无地带来的直接后果，是她们的家庭陷入贫困。这种现象的存在，使笔者不得不修正10年前对中国乡村贫困特点的认识。当时笔者认为，中国50年代的土地改革和80年代的家庭承包制，从根本上排除了由于土地所有权分配不均所造成的阶级贫困（朱玲，1990）。现在看来，如果在土地承包期继续延长的过程中不能解决妇女地权无保障的问题，或者说任凭无地妇女及其子女长期得不到土地，农村中就总是保有一个无地人群。这一人群若无足够的非农收入维持生计，就可能陷入贫困。他们的贫困便以财产贫困为特征，或者说是无产者的贫困。这一类贫困对社会产生的负面影响无疑将是深远的。

表8 **样本户陷入贫困的可能性估算（logistic 模型）**

被解释变量：农户陷入贫困的可能性（贫困户 =1，非贫困户 =0）		方程（观测量 = 830）	
解释变量	均值	系数估计值	标准误差
妇女是否有地（有地 =1，无地 =0）	0.9	-1.4282	0.3180 **
年末人均固定资产原值（千元）	3.0	-0.4796	0.0920 **
户主夫妇非农劳动天数	86.4	-0.0040	0.0013 **
家庭劳动者人数	2.1	-0.3153	0.1301 **
家庭主要劳动力年龄	43.8	-0.0950	0.1038
家庭主要劳动力受教育年数	6.5	-0.1474	0.1530
常数		1.8476	0.6551 **
预测准确率 =87.23%			
-2 Log Likelihood =517.14			
Goodness of Fit =888.42			
Chi - Square =97.51 **			

注：“固定资产”为生产性和非生产性固定资产之和，不包括土地。“**”表示在99%的水平上显著。

五 结论

综合以上分析结果可以得出这样的结论：目前我国农村土地分配中的性别平等虽然在法律上和经济制度上得到保障，但是这些制度在细节上还有漏洞，因而不能有效地保证妇女的地权安全。目前，妇女地权不安全的现象突出地表现为，离婚妇女缺少地权保障，错过村社土地调整机会的婚嫁迁入妇女及其子女暂时无地。这种现象虽然还没有对妇女在家庭内部的谈判地位产生显著影响，却足以使她们的家庭陷入贫困。因此，对土地管理法和政府有关农地承包规定的修正已经是刻不容缓的事情了。

土地的分配和再分配都直接取决于村社的决策，而村社依然保留着以男权为中心的传统财产分配方式。为了保障妇女的地权，就有必要在立法中强调村社决策必须以法律为准绳。在从计划经济转向市场经济的过程中，个人权利越来越需要得到法律和政策的界定和保护。为了实现农地分配中的性别平等，法律和政策的制定必须添加性别视角，或者吸收乡村基层妇女参与决策制定过程。同时，还需要继续在乡村普及这些法规知识和信息，以利于农业妇女自觉地借助于法律来保护自己的地权。否则，50 年代以来中国社会在促进性别平等方面所取得的进步，反而有可能在村社决策民主的名义下倒退。

进一步讲，促进乡村非农产业发展和劳动力流动，为妇女提供更多的就业机会，将会使妇女获得土地之外的收入来源，从而有效地增强她们在家庭和村庄中的谈判地位和选择生活方式的自由。

参考文献

Agarwal, B. , 1997, “Bargaining” And Gender Relations: Within And Beyond the household, in Feminist Economics, Vol. 3. , No. 1.

FAO Women and Population Division, 2000. Women And Land Tenure, FAO web site on Food Security, www. fao/sd/fsdirect / FSP002. htm, loaded down by the author on 30th of May.

Quisumbing, A. R. , E. Payongayong, J. B. Aidoo, and Otsuka, K. 1999. Women's Land Rights in the Transition to Individualized Ownership: Implication for the management of Tree Resources in Western Ghana, IFPRI, FCND Discussion Paper No. 58, February, Washington, D. C.

Subramanian, J. 1998. Rural Women's Rights to Property: A Bangladesh Case Study, A report prepared for the International Food and Policy Research Institute (IFPRI), March, Washington, D. C.

Zhu Ling and Jiang Zhongyi. 1993. From brigade to village community: the land tenure system and rural development in China, in Cambridge Journal of Economics, Vol. 17, No. 4.

《中国妇女报》编辑部:《土地承包中维护妇女合法权益系列报道》,载《中国妇女报》1999 年 3 月 4 日—4 月 8 日。

中国农地制度课题组:《中国农村土地制度的变革》,北京大学出版社 1993 年版。

中共中央印发《关于进一步加强和完善农业生产责任制的几个问题》的通知,载《中共中央文件选编》,中共中央党校出版社 1994 年版。

农业部农村固定观察点办公室:《全国农村社会经济典型调查数据汇编》,中共中央党校出版社 1992 年版。

全国人民代表大会:《中华人民共和国宪法》,1954 年,载陈荷夫编《中国宪法类编》,中国社会科学出版社 1980 年版。

全国人民代表大会:《中华人民共和国婚姻法》,中国法制出版社 1996 年版。

全国人民代表大会:《中华人民共和国继承法》,中国法制出版社 1996 年版。

全国人民代表大会:《中华人民共和国妇女权益保障法》,中国法制出版社 1996 年版。

全国人民代表大会:《中华人民共和国土地管理法》,中国法制出版社 1999 年版。

中共中央:《关于 1984 年农村工作的通知》,1984 年 1 月 1 日。

中共中央:《关于"九五"时期和今年农村工作的主要任务和政策措施》,1996 年 1 月 21 日。

姜爱林、包纪祥:《从土地承包 15 年到土地承包再延长 30 年》,载《中国国情国力》2000 年第 5 期。

朱玲:《公共工程对乡村贫困地区经济增长、就业和社会服务的影响》,载《经济研究》1990 年第 10 期。

农村迁移工人的生殖健康保障问题

提要 历经30年社会经济改革，农村迁移劳动者已经成为城市产业劳动大军的重要组成部分，然而却极少能够分享城市福利。随着农村新型合作医疗制度的建立，这些迁移劳动者及其家庭逐渐得到来自家乡的公共支持。但是，他们对低成本高效率医疗服务的需求在迁入地依然未得到充分满足。河南省固始县合作医疗管理机构在北京为本县迁移人口选择定点医院的做法，提供了一种解决问题的途径。但是，城市卫生行政机构的制度供给却相对滞后，低收入的女性迁移劳动者在获得生殖健康服务方面，遭遇制度性的困难。这就要求城市政府及卫生行政部门，制定包容农村迁移人口的健康管理制度。

一 “农民工”称谓替代及相关医疗保险难题

“农民工”，是近三十年来中国改革开放历程中产生的新词汇，也是农村劳动力向城市大规模转移这一重大历史变迁的一个语言标志。然而，时至今日它已经不能准确地表达农村进城劳动者的社会经济特征了。首先，长距离迁移的进城劳动者不再“亦工亦农”，彻底实现了劳动力的行业转移。尤其是改革开放后出生的青年，原本就不曾务农，走出校门即进入城市从业。他们与那些来自城市的产业工人相比，最显著的身份区别在于户籍而非其他。其次，随着社会经济统计依据个人居住地点和时间重新定义“城乡人口”以及户籍制度的渐变，“农村”对于长年进城从业人员而言，非但不再与“农业”和“农民”这些范畴相关，而且正在逐渐简化为“家乡”这一含义；对于他们在城市生育的子女而言，那就更是仅仅具有

“祖籍”的意义。最后，由于劳动者进入市场时的起点差别以及进入之后的机遇不同，他们当中已经出现社会分层。少量在知识、健康和机会把握方面占优的人，或成为拥有财产的企业家，或进入管理层和专业技术队伍。大量劳动者或涌入正规产业工人队伍，或转为城市非正规就业人员。他们之间的社会流动结果可谓千差万别，这个群体内部因而业已形成一幅极其复杂的社会结构图景，远非“农民工”这一同质性的称呼可以概括。

尽管中国二元社会特征的消除尚待时日，在工业化和城市化进程中，农村劳动者携家带口进入城市的迁移仍在进行，迁移人口在拥有尊严地融入城市社群生活之前依然带有鲜明的过渡性，但上述原因足以表明，“农民工”这一词汇退出社会常用语的历史时刻已经来临。然而学术界对此尚欠缺足够的敏感，倒是城市政策制定者最先意识到农村迁移人口内部的异质性，并且创造出尽可能反映社会经济现实的替代词汇。例如上海市政府及其下属机构，在近年来发布的有关人口与劳动社会保障管理文件中，用“城市外来从业人员”这一统称，容纳了包括“农民工”在内的外来劳动者①。笔者则倾向于采用“农村迁移劳动者”一词替代“农民工”的称谓。这一方面是为了表明，这一群体的社会经济特征与高校毕业生、城市退伍军人以及跨城市迁移者迥然相异；另一方面，也是为了将他们与迁入地的农村居民区别开来。原因在于，时至今日中国居民享有的社会经济权利依然与户籍制度相联系。仅仅从获得社会保护这一角度观察，各地的社保政策对未持本地户口的迁移者而言，或多或少地都带有排他性，或者说存在制度性排斥。因此，当地农村居民在享有公共支持方面与外来的农村人口相比无疑占据优势。农村迁移劳动者及其家庭在城市大多属于低收入群体，当他们在城市工作期间需要保健服务的时候，“打工所在地”医院昂贵的服务价格往往令他们望而却步，有相当一部分人转向资质低下的“黑诊所”，或者返回家乡就医，或者干脆放弃购买。这不仅意味着农村迁移人口的保健需求由于正规医疗服务可及性差而得不到满足，而且表明，这部分人口已经成为我国健康脆弱性最高的一个群体。在城市医保仍未覆

---

① 参见上海市外地劳动力就业管理中心《上海市外来从业人员综合保险政策》，2005 年 3 月印制。

盖农村迁移人口的情况下，农村新型合作医疗制度（以下简称“新农合”）的建立，为他们在打工地求医问药提供了财务支持。问题是，新农合筹资水平不高，医药支出报销比率较低，高昂的城市医疗价格一方面会通过迁移劳动者的医药费用报销，给新农合造成巨大财务压力，另一方面，实质上也大大削弱了迁移劳动者从医保中得到的财务支持力度。为此，劳动力流出地多种多样的制度创新应运而生。河南省信阳市固始县新农合管理机构与本县迁移人口集中的城市医院签订服务合同的办法，就是其中的一种。最近，我们中国社会科学院经济研究所课题组与农业部农研中心的同行合作，对固始县在京定点医院及合同签订和执行情况进行了考察。从中既发现了可贵的农村制度创新，又注意到城市制度安排是怎样地滞后，以及这种滞后如何降低了农村女性迁移劳动者的生殖健康服务可及性。

二　农村劳动力流出地政府功能的延伸

固始县总人口达 160 万，常年外出人口 50 万。其中，有 15 万人常年在北京，在丰台区打工和生活的人就有 5 万人之多。固始县政府对本县在京人口的服务，借助党组织网络提供。固始县委组织部在北京的本县打工者中建立了 38 个党支部，有 500 多名共产党员参加组织活动。38 个支部由固始县驻京党总支领导，党总支书记由县发改委主任兼任，副书记为本县进京打工者中成长起来的一位刘姓企业家。刘书记 1991 年高中毕业进京务工，目前在京拥有一家仓储租赁企业，雇佣本县进京员工 2000 多人。据他介绍，固始县老乡进京工作生活，主要依赖家乡原有的社会网络。县委组织部顺应这个特点，把流动人口的党支部建立在居住或从业相对集中的地方，例如固始人办的企业、餐馆或废品收购站，等等，为的是便于党组织活动。流动党支部书记原本就是热心为老乡办事的人，接受县委组织部委托后，一般都自筹经费为在京老乡服务，家乡人民和政府也给了他们更多的责任和荣誉。例如，刘书记不但当选为信阳市政协委员，而且还兼任信阳市司法局驻京工作站站长。固始县乃至信阳市进京就业的人如因权益纠纷求助，他就转告信阳市司法局，局里便会联系律师进京帮助求助者打官司。

2005 年固始县建立新农合，每个农村户籍人口每年缴纳 10 元便可参保，政府还为参保人配套保费。新农合管理办公室为了控制财务风险，规定在定点医疗机构就医方可报销。不少农村留守家庭为外出成员交纳了保费，但进城人员因在外就医而很难享受医保的好处。为此，驻京党总支向县委组织部反映了进城人员在获得健康服务和医保方面的困难。2006 年春节后，县委组织部长来京，与驻京党总支成员一起在丰台区选择定点医院。初选医院为三家，都是固始县在京人口曾经就医而且感到满意的医院。其中，两家公立医院既不愿在价格上与固始县医院水平接轨，也不愿单设“农民工就医窗口”，只有民营的长峰医院接受了这两个条件。经过进一步谈判，双方在管理细节上也达成了协议。固始县的县委县政府领导、新农合管理办公室代表和驻京党总支成员一起，与长峰医院董事会和管理机构正式签订了合同。固始县新农合办公室一方面通过本县电视台滚动播放这一信息条目；另一方面，借助秋季筹资之际将此信息写入宣传资料，向全县每个农户寄送一封信。据刘书记介绍，固始县有往返北京的“大巴”，县委县政府决定，利用 2007 年春节期间迁移人员大规模回乡的机会，在每辆大巴的录像屏幕上滚动播放信息条，宣传新农合和迁移人口就医规定。

从这一案例可以清楚地看到，在固始县这样的人口流出大县，地方政府并未放弃对迁移人口提供公共服务的责任，而是顺应人口流动的特点，利用社会网络与党组织网络，向流动人口传递服务。也正是由于这种新型网络的信息传递特点，以及政府与这种网络的联系方式，使得政府能够大致根据迁移人口的愿望，提供他们迫切需要的服务并为此而进行制度创新。

三　农村迁移人口的医保定点医院

长峰医院始自 1985 年解放军 301 医院的对外诊疗部，当时的技术力量由 301 医院的退休人员和从事“第二职业”的在职医生构成，以治疗肿瘤病人为主。1994 年，该诊疗部根据军委有关经营机构与军队脱钩的文件进行改制，由当时在诊疗部工作的解放军301、302和304医院的退休人员集资，注册成立了这家股份制综合医院。2002年，由于原址根据城市规划转为绿地，医院搬迁到丰台区靛厂村，即目前的所在地（靛厂路）。此后，医院的原始股东因老龄或体弱逐渐离职或转让股份。现在的医务人员当中仅剩1名创业时的“元老”，董事长和高层管理人员多来自湖北鄂州。医院实行的人事制度为全员聘任制，医护、医技人员及其他辅助人员来自不同地方，平均年龄在45岁左右。

据业务副院长董大夫介绍，长峰医院现有80多名医技人员，辅助人员40多名，病床200张。医院注册时评为一级甲等，相当于农村中心卫生院的技术级别。现在的技术力量实际上不亚于中西部的县医院，即相当于二级医院水平，但由于医院以往的亏损尚未完全弥补，领导层目前还不打算为重新定级花费资源，故而依然保持着最初的级别。长峰医院自注册之时起，来就诊的患者就是京城的低收入群体。迁到靛厂路后，还承担了靛厂村的卫生服务中心功能。当固始县委组织部来人接洽新农合定点事宜的时候，医院领导机构认为，这是一个极好的市场机会。董大夫说，长峰医院原来的服务价格就不高，否则难以吸引低收入患者。在执行北京市药品招标规定的前提下，医院的药品价格向下调整的余地不大，为了与固始县医院的价格水平接轨，只能调低医疗服务价格。之所以这么做，是因为医院领导层看重的是，固始县数万进京从业人员及其家庭形成的庞大顾客群，以及县委县政府给予医院的制度性保障。基于这种认识，双方未费多大周折就签订了合同，长峰医院于2006年4月18日正式挂牌为固始县新农合的定点医院。

为了履行这一合同，长峰医院与固始县新农合管理系统实行计算机联网。新农合管理办公室向医院预付5万元周转金，医院则根据医保管理条例，对来此就诊的固始县参保患者进行医药费补偿。主要管理步骤如下：首先，医院挂号处专设“农民工窗口”，固始县农村人口来此就诊时，可通过身份证号码确认参保身份。此外，在家乡医保筹资期间，他们还可以通过这个窗口缴纳参保费。其次，固始县新农合规定，医药费报销的起付线为300元，封顶线为10000元。到长峰医院住院的病人先缴纳5000元押金，出院结算时根据报销规定多退少补。最后，对于每一个固始县参保患者在该院发生的医疗费用，医院都会在当日把数据传输到该县新农合管理办公室。此外，医院每周还向固始县邮寄一次原始病历。县新农合管理办公室有专人审查病历、处方和医药费报销情况，对于不符合规定的医疗处理手段和报销金额，均由医院承担相关费用。

自双方合同生效之时起，到2007年1月的8个多月里，固始县农村参保人员到长峰医院门诊就医的患者大约有200多人，住院患者共50人。门诊费用原本就不高，次均报销额不足10元。住院病人的平均住院费用在5000元左右，报销比率为50%—60%。对此，固始县进京从业人员感到很满意。董大夫和刘书记估计，经过今年春节的政府宣传活动和百姓口口相传，2007年来此享受医疗和医保服务的人将会更多。

四 生殖健康服务的制度性壁垒

从上述制度安排来看，固始县迁移人口既能在城市获得低价而又安全的健康服务，又能和家乡留守人员一样享有新农合的财务支持。然而，由于长峰医院未获得北京市卫生管理部门的接生许可，女性迁移人口在享有妇幼保健服务和医保服务方面遇到了意想不到的困难。刘书记根据自己企业的雇员个人特征估计，男性劳动者当中大约有1/3带家迁移，职工年龄在18—65岁。2006年，该企业职工家庭中有20多家新添婴孩。这些人家的孕产妇普遍反映，不大愿意去北京市的妇幼保健定点医院，一是因为服务价格令其生畏，二是不满意那里的服务态度。刘书记及其家族属于迁移人口中的高收入层，他弟妹在北京的一家妇幼保健定点医院生育，顺产花费约9000元。虽然这个例子听起来有些极端，但孕妇若是在固始县医院顺产，大约花费1000多元，新农合对符合计划生育的孕妇还有诸多补贴措施，结算下来可以达到生育免费的地步。因此，迁移人口中的低收入夫妇为了获得低价安全的生育服务，多在孕妇临产之前夫妻双双把家还。固始县距北京有千里之遥，路途颠簸很可能增添孕妇的生育风险；每人往返旅费约700多元，加上丈夫因回乡损失的城市工资收入，虽然算起来比在北京生育的支出要少得多，但毕竟对夫妇双方造成巨大的心理负担和沉重的经济负担。因此，固始县驻京党组织和长峰医院管理层热盼北京市卫生管理部门能够授予该院生育服务许可。

由此可见，大规模的农村劳动力流动对城市卫生服务供给和管理提出了新的要求。尽管由于城乡社会分割依然存在，城市卫生服务管理制度与农村有种种不同，但农村迁移人口的存在已经成为城市人口结构中的常态，城市政府有责任根据他们的保健需求，作出相应的制度安排。既然农村中心卫生院都有接生许可，城市卫生管理机构就没有必要把生育服务限定在少数机构。这里，需要的只是，一方面扩大生育服务许可范围；另一方面，加强对医院监管。这样做既有利于打破行政垄断，促使服务质量改善，又有助于满足低收入群体的生殖健康服务需求。

五 结语

在农村迁移人口尚未纳入城市卫生服务规划的情况下，固始县新农合管理机构为外出人口享有健康和医保服务而作出的制度安排，不啻是提供了一个可行的过渡性方案。目前的制度创新瓶颈，存在于城市。根源在于，农村迁移人口尽管生活在城市、工作在城市，但并未获得城市居民的社会政治权利。校正这一现象的起点，应当是人口流入地的城市政府与人口流出地政府合作，为农村进城从业人员尤其是女性劳动者，排除健康服务获得之路上的制度性障碍。

在生命的起点阻止贫穷的代际传递*

提要　为了阻止贫穷的代际传递，必须保证儿童有一个良好的生命开端，故而减贫行动应从“产前照料”开始。中国政府在贫困地区实施的降低孕产妇死亡率和新生儿破伤风的项目，即具有这样的意义。然而，在青海省玉树和果洛藏族自治州，牧区妇女的产前照料服务利用率不高。本报告依据实际调查中收集到的信息，探寻其中的原因，并提出政策建议。

本报告探讨的主题是，怎样从改善调研地区的孕产妇保健入手，阻止贫穷的代际传递。这个问题的提出是基于如下事实：包括中国在内的发展中国家政府和公众越来越重视贫困儿童的营养、健康和教育，并把这类人力资本投资作为切断贫穷代际传递的主要干预手段（Adato and Hoddinott，2007）。不过，对于贫困家庭中那些先天发育不良的儿童而言，这些措施虽然有“预后”作用，但毕竟属于迟到的干预，其效果终究会由于一些难以校正的先天不足因素而大打折扣。若要保证儿童有一个良好的生命开端，必须妥善照料孕妇及胎儿的健康。同理，减贫战线也必须依照人类的生命周期，“前移”到胎儿发育阶段即生命形成、孕育和新生之际。更具体地说，减贫行动应从“产前照料”开始。

以往对藏族聚居区农牧妇女生殖健康的研究，或从医学角度侧重于妇科疾病分布状况的阐述，或从人类学和社会学角度揭示劳动分工与妇女社会地位的影响，但极少探讨与贫穷相联系的妇科疾病对藏区农牧妇女健康的威胁，以及对其家庭贫困程度的加深和造成贫穷代际传递的作用（王志

---

* 本文曾发表于《中国人口科学》2008 年第 1 期。

远、马万年等，2008；扎呷、卢梅，1998）。鉴于此，本报告将藏区农牧家庭的中青年已婚农牧妇女作为重点考察对象，确认她们对孕产期保健服务的需求以及面临的服务获得障碍，探寻排除这些障碍的途径。为了实现这一研究目的，2006—2007年期间，笔者在青藏高原调研中，集中访问了如下机构和个人：第一，县妇联、卫生局、计生委、县医院、妇幼保健院和疾病控制中心（防疫站）；第二，乡镇卫生院、个体诊所和药店；第三，村卫生员和50岁以下的农牧家庭主妇。此间还收集了调研县政府的年度工作报告，以及卫生局和防疫站的工作简报。本报告所涉及的调研地区信息，主要来源于这些访谈和工作文件。除此而外的重点参考文献可大致分为三类：一是国际卫生组织（WHO）和中国卫生部发布的报告及会议文件；二是20世纪40年代出版的一些著名社会学家和历史地理学家的藏区调研著作；三是20世纪50年代以来有关藏区卫生状况的调查报告和藏族妇女口述史。

以下，将首先简介世界卫生组织有关产前照料的理念以及相关的国家经验；其次，依据实际调查中收集的信息，探寻调研地区孕产妇保健服务利用率不高的原因；最后，针对调研中发现的问题，尝试归纳政策性的结论。

一 生命形成过程中的保健服务

世界卫生组织把产前照料（Antenatal Care）定义为，在妇女受孕、妊娠和生产期间，为保障孕妇、胎儿乃至新生儿的健康而提供的包括教育、咨询、筛查、治疗和监测等一系列卫生服务（世界卫生组织欧洲地区办事处健康支持网，2005）。为了保障每一位孕妇都能获得必要的产前卫生服务，欧洲国家一方面实行产前照料免费制；另一方面，通过正规医学教育建立基层接生员队伍，将产前服务网络延伸到最为贴近孕妇生活的社区。这些国家现有的医学证据显示，通过产前照料程序尽早发现危险因素，针对孕妇和胎儿的个体需要，补充营养素或予以药物治疗，并对服务的供需双方进行教育和咨询，对于促进母婴健康效果显著（Banta，2003）。相形之下，发展中国家财力薄弱，只能根据本地特有的流行病、卫生目标的优先序、现有的资源以及服务需求者的偏好，来确定例行的产前照料服务包，并建立相应的组织系统。为此，世界卫生组织还专门设计了简便易行的服务模式以供参考。

我国的“孕产妇保健”和“优生优育”的理念就包含着类似产前照料的思想。当前，在城市居民尤其是在非贫困群体那里，卫生部推行的孕产妇保健服务包已经成为家庭的自觉需求。它不仅属于住户支出中的优先项目，而且也是城市卫生机构竞相争取供给许可的一种业务。然而在农村贫困地区，卫生服务质量和便捷程度都远远不及城市。贫困妇女当中，既有自幼发育不良者，又有成年营养不足的人，加之贫困家庭普遍欠缺健康知识，且又支付能力低下，除非万不得已，绝不利用卫生机构的服务。因此，贫困家庭的母婴健康均无保障。与此相关，农村孕产妇和新生儿死亡率都高于城市。也许正是出于这个原因，卫生部并未在贫困地区设定较高的母婴健康标准，而是明确地以降低孕产妇死亡率和消除新生儿破伤风为目标，自 2000 年起，组织实施孕产妇系统管理项目（卫生部，2005）。该项目简称“降消项目”，主要服务内容是在妇女妊娠至产后 28 天的期间内，进行早孕检查、不少于五次的产前检查、消毒接生以及产后访视。

二　贫困孕产妇的保健服务利用率缘何不高

青海的玉树和果洛地区皆在“降消项目”覆盖范围之内。通过项目的实施，当地妇幼保健服务设施得到明显改善，但牧区妇女并未充分利用这些服务。例如，据玛沁县卫生局的统计[①]，2006 年孕产妇系统管理率为 49%。依笔者调查所见的情况判断，即使是这样一个统计，也有高估的可能。一方面，果洛州府坐落在玛沁县城，与周边县份相比，该县的卫生服务水平要高一些。另一方面，牧民居住分散但基层卫生服务网络薄弱，监测和统计功能也相应低下。反映在妇幼保健统计上，报告的指标只有百分比而无绝对数。笔者在玛沁、达日、玉树和称多四个县调研时，都曾多方

① 统计数据引自玛沁县卫生和计划生育局：《玛沁县 2006 年卫生工作总结及 2007 年工作安排》，沁卫和计生〔2006〕87 号文件，2006 年 11 月 28 日，第 7 页。

搜寻妇科病普查和孕产妇保健服务的原始统计而不得。不过，无论上述统计准确与否都反映出一个事实，那就是有相当一部分孕产妇没有利用全程保健服务。个中原因何在？这就是笔者在调查中反复探索的一个问题。

从服务供给来看，当地在孕产妇保健网络的组织建设、激励机制设置和服务质量保障方面，都存在一些亟待解决的问题。首先，孕产妇保健网未延伸到村，服务远离住户。虽然大多数行政村都有卫生员，但由于性别和业务能力所限，很难针对孕产妇的需求，提供教育、咨询和访视等服务。以果洛州的达日县为例，全县33个村卫生员当中无一女性。按规定，村卫生员承担儿童计划免疫、疫情上报、计划生育宣传和村民日常保健的任务。为此，每人每年可从财政领取1200—1400元的报酬。尽管数额不多，在贫穷的牧区就是一笔稳定的现金收入。女性牧民几乎得不到这个机会，除了识字率低这个因素以外，在村落公共事务缺少发言权也是一个不可忽视的原因。现在的问题是，由当地社会风俗和妇女的社会心理决定，孕产妇若非遭遇危难，仅仅出于对身体隐私的顾忌，就不情愿接受丈夫之外的本村男性提供保健服务。进一步讲，牧区教育发展滞后，越是偏僻的村庄，卫生员受教育程度越低，其卫生知识和医术也就越难满足孕产妇保健需求。笔者注意到，即使是卫生员的妻子怀孕和分娩，也未完全利用孕产妇系统管理服务（见案例1）。

案例1 卫生员夫妇如何选择孕产妇保健服务

玉树州称多县珍秦乡二村距县城100公里左右，笔者在村里走访过一位产后不足四个月的妇女。她名叫卓玛（化名），丈夫扎西（化名）就是本村的卫生员。31岁的扎西没有上过学，但曾在寺院做僧人，认识藏文。还俗后，村委会派他去州人民医院学西医三年，又去囊谦县学过四个月藏医。这番经历，使他对产前检查的认知水平高于一般村民。在夫妇俩的三个女儿出生前（卓玛是带着一个女儿嫁给扎西的），扎西都曾带妻子去县里的妇幼保健站做过一次检查，然后根据检查结果决定分娩地点。卓玛说，住处离乡镇和县城都很远，家里经济条件又差，生小孩只有难产才会去医院。大女儿出生时，夫妇俩事先知道胎位不正，因而选择州医院分娩。老二和老三则都在自家帐篷降生，接生的是从邻村请来的一位老年妇女。在妻子分娩时，扎西曾在一边用药消毒。然而他对妻子平时的腰背痛和头疼的毛病却束手无策。每到卓玛痛苦得实在不能忍受的时候，就去县里看一次大夫，因为她认为乡卫生院的医疗条件不如那里。

（根据笔者2007年7月16日的访谈记录整理）

其次，在孕产妇保健服务网中，乡镇卫生院未有效发挥枢纽功能。牧区地广人稀，交通不便；牧民居住分散，出行不易。从村委会驻地的牧民“冬窝子”（冬季居住点）到乡镇卫生院，少则20公里，多则50公里以上。多数情况下，牧民的夏季牧场至少距离卫生院40多公里。公社时期，卫生院的医务人员或来自乡间，或以“马背医生”的形式送医上门，既了解服务对象的健康状况，也容易建立医患之间的信任。现在，年轻一代的医务人员多来自县城干部家庭，或者是自己把家安在了县城。平日以坐堂候诊为主，有空就往县城跑，与牧民的联系极少有社会交往的支撑。这样，乡镇卫生院既无村卫生员贴近村民的特点，又无县卫生机构的技术优势，旁边还有个体医生和寺院诊所的竞争，倘若没有服务特色，就难免被牧民冷落。笔者走访玉树县下拉秀乡卫生院时，只见七八位工作人员在打扫庭院，座谈将近40分钟还不见一人来就诊。转而去百米之外的龙西寺诊所，便看到20多位患者挤在诊室求医。在达日县建设乡二大队（此地沿用公社时期的称谓），卸任的老支书介绍说，村民若在本乡看病，多半都会找个体藏医多吉（化名）。笔者从寺院的僧医、个体藏医多吉和私人诊所的医护人员那里得知，他们既无儿童计划免疫的任务，也不做妇科业务。可见，这正是乡镇卫生院的“用武之地”。问题是，公立卫生机构最为欠缺的，正是促使医务人员积极服务于牧民的激励机制。这从值班制度的执行状态中即可看出来。笔者去称多县歇武镇调研时恰逢周日，事先获知卫生院共有14名员工，但在院内呼唤探寻良久却无人接应。相形之下，即使在午餐时间，个体医生才让（化名）的诊所里也有一男一女两名工作人员轮流值班。

再次，县一级妇科技术力量薄弱，欠缺应急反应能力。20世纪六七十年代，玉树果洛地区的卫生机构虽然房屋设备简陋，却因有北京、西安和青海医学院分来的毕业生行医，而在牧民中享有医术优良的美名。1984—1985 年期间，科技人员流动渠道逐渐放开，这些外来医生全部奔向大城市或东南沿海地区。用达日县人民医院前院长耿尼的话来说：“县医院的技术力量一下子降到乡镇卫生院水平，这个损失到现在还没有恢复。”在笔者看来，这个判断对于称多县也适用。该县共有 4.7 万人口，人民医院的妇产科兼具计划生育服务、孕产妇保健和妇科病治疗职能，可是妇产科仅有一位医生，只有接生时才有护士相助。这位大夫是汉族，玉树州卫校 1996 年毕业，曾在青海省二院妇产科培训一年，现在独自应对这许多业务实属不易。笔者到医院调研时偶遇一对年轻牧民，从 50 公里之外前来询问如何采用节育措施，却见这位妇科医生不能用藏语与他们沟通。还是笔者从走廊找了个人做翻译，才帮助这对小夫妻听懂了医嘱。

称多县医院妇产科的情况在藏区毕竟属于少数，然而在大多数拥有县级妇科保健队伍的地方，队伍的“战斗力”却因保健机构分散而削弱。例如，玛沁县总人口仅 4 万人，达日县不过 2.3 万人，可是政府部门和公立服务机构的建制总是在向人口大县看齐。县医院妇产科与妇幼保健站“分家”，就是一个明显的例子。分家之后，每边都只剩 4—5 人，原本就力量薄弱的队伍连规模效益也丧失了（见案例 2）。虽然，省政府给各县都配备了计划生育服务车和医疗服务车，可由此而来的流动服务一个乡一年只得到一次。至于针对孕产妇的需求构建机动反应能力，在这些县就更谈不上了。笔者走访过的中青年牧业妇女，在身体严重不适的情况下，都是经家人设法运送到州、县医院求治的。

案例 2　玛沁县医院妇产科主要服务项目及价格

玛沁县的县城名叫大武镇，是果洛州和玛沁县两级政府部门和公共服务机构的所在地。县医院的医护和技术人员共计 38 人，妇产科现有 4 人，年龄在 29—39 岁之间。以前，妇保站与妇产科是“一套人马，两块牌子”，共有医务人员 12 名。2003 年 SARS 疫情之后，妇保站与防疫站合并成立疾控中心，县医院妇产科因之瘫痪，不得不用 3—4 年时间培训人员重建。笔者从妇科医生德吉和德央（化名）那里获知，她俩都是 1996 年的果洛卫校毕业生，曾在乡镇卫生院工作，调到县医院后，两人分别被派到青海省二院和红十字医院进修半年。她们科里的业务主要是计划生育服务、接生和治疗妇科疾病。经常诊治的疾病是附件炎、盆腔炎和宫颈炎，能做B超，但做不了刮片化验。至于产前检查，主要是用B超看胎位是否正常，做一次收费25元；此外还要听胎心，检查一次收费5元。输卵管结扎手术加麻醉共收费200元。产妇住院分娩若为顺产，收费大约200元，住院床位每日收取15元。产妇倘若难产，即转送州医院。

（根据笔者2007年7月3日的访谈记录整理）

进一步讲，牧民家庭对孕产妇保健服务的需求受到如下限制：第一，家庭成员普遍欠缺健康知识，尤其不了解通过预防医学实施产前照料的作用。孕妇也只是在觉察妊娠发生危险后才去检查，往往错过最佳干预时机。例如住在达日县满掌乡卫生院附近的央宗（化名，39岁），生育子女五个都未作产前检查。不想第四个小孩出生后才发现先天性听力失聪，如今这位10岁的儿童成了聋哑人。

第二，若按服务包设计去卫生院或医院接受孕产妇保健服务，牧民夫妇必须至少离家5—6次，每次耗费大半天甚至更长时间。家中若无老人，只能请人照管牛羊及其他家务。对于散居的牧民，如此获得保健服务的机会成本太高。

第三，家庭现金支付能力的限制。就产前检查而言，即使服务免费，多次检查需要支出的交通费，便会使贫困孕妇放弃利用这些服务。至于住院分娩，即便有新型合作医疗基金报销和“降消项目”补助，必须自付的费用依然会显著影响贫困家庭的决策（见案例1）。笔者从达日县满掌乡布东村的银措（化名，27岁）家，获知当地牧业妇女住院分娩的花费。银措的家离乡卫生院50多公里，距县城吉迈镇105公里。她的第三个小孩是两年前在县医院出生的，家里为此花费1000多元，从合作医疗基金得到500元的补偿。与此相对照，在2006年玛沁县的“降消项目”中，对30名住院分娩的贫困产妇共补偿医药费2500元，平均每人不足84元。假定她们此前的花费和报销的部分与银措的相似，自家还是要支付400多元，相当于本地贫困标准（年人均纯收入800元）的1/2强。可是，调研地区一般牧民家庭的人均现金收入还低于这个标准。

三 政策结论

适当的产前照料，即在医学上证明是对维护孕产妇及其胎儿乃至新生儿的健康为必需的卫生服务。保障贫困家庭的孕妇和胎儿及时获得这样的服务，有助于出生在这些家庭的个人获得健康的生命起点，从而也就意味着把减贫战线前移到生命形成之时。如此可见，保证每个生命都享有适当的产前照料，符合消除贫穷的社会目标。在经济全球化时代，农牧家庭出生的孩童成人后，将与生长在本国城市的同龄人，乃至欧美国家的同龄人“同场竞技”。缩小不同个人之间在产前照料方面的差距，将有助于降低先天的健康不均等，从而减少不同个人在人生起跑线上的差距。在这个意义上，保证每个生命都享有适当的产前照料，同时也符合社会正义原则。正因为如此，适当的产前照料可以视为一种社会价值产品（merit good），它对个人产生的益处符合社会的期望。或者说，这种产品（服务）的消费所包含的社会价值，并不以消费者本身的愿望和偏好为转移[①]。为此，有必要由政府采取行动，如同实施强制性义务教育一样推行适当的产前照料。基于这种理解，笔者认为，解决上述玉树果洛牧区孕产妇保健服务中存在的问题，需要政府从采取以下干预措施入手：

第一，在贫困地区实施的孕产妇保健项目中，把胎儿健康纳入目标管理。虽然，降低孕产妇死亡率和消除新生儿破伤风，对于保证个人享有一个健康的生命开端至关重要，但以此为目标的保健项目，毕竟强调的是生命的“存活”而非生命的健康。在青藏高原地区普及现代医学之前，藏族牧民的生命繁衍过程并无任何人为干预，一直以高出生率和高死亡率为特征。尽管能够存活的新生儿一般生命力较强，但这样的生育模式无疑对妇女儿童和家庭福利造成严重损害。当今的生殖健康干预，已经取得降低孕产妇和新生儿死亡率的成果。然而，在存活的新生儿当中，先天发育不足

① 关于社会价值产品的定义，参见 Dr. Paul M. Johnson, 1994, “A Glossary of Political Economy Terms”（www. auburn. edu/—johnspm/gloss/merit_ good）。

或因分娩留下缺陷的情况并不鲜见。这些儿童不仅会由于疾病风险高于平均水平而导致家庭经济脆弱性增大，而且在成人后更容易落入贫困陷阱。这种现象的校正，如今显然不能听凭生命形成过程中的自然淘汰，而必须依靠产前照料程序保护胎儿健康。例如，针对青藏高原的流行病，对期望生育的妇女实行传染病筛查，预防性病、结核和肝炎等疾病的代际传染；对孕妇补充叶酸，以预防胎儿神经管发育缺陷；对孕妇补碘，以预防儿童先天痴呆症；对罹患贫血症的孕妇补铁，以预防胎儿低体重甚至死亡，等等（世界卫生组织欧洲地区办事处健康支持网，2005）。

第二，通过财政购买孕产妇保健标准服务包的形式，在贫困地区实行农牧业孕产妇免费保健制度，并对贫困家庭因孕产妇高危而发生的额外交通和保健服务费用予以补贴。这项措施的意义不仅在于为牧民家庭排除服务利用上的财务障碍，而且还在于保证每个生命都享有适当的产前照料，从而提高整个中华民族的素质。

第三，把强化孕产妇保健作为扶贫计划的一个重点，增加妇科卫生人员外出进修机会，并辅以外请专家到本地培训。在青海本省和邻省海拔稍低的藏区，妇科技术力量一般都强于玉树果洛，因而有必要优先从这些地方聘请医生讲课。一方面，来自相邻藏区的培训人员适应玉树果洛高海拔环境的困难较小；另一方面，他们的卫生服务经验在藏区实用性更强。其实，当地一些罹患疑难杂症的牧民早有远行相邻藏区求医的惯例。笔者在玛沁县东倾沟乡二大队六小队走访过一位名叫根桑措（化名）的牧民，2003 年她患腰椎结核，就是去四川阿坝州府马尔康医院做的手术。她之所以舍近求远，是因为此前听一位懂藏医的居士说过，那里的医疗条件比本州医院强，而且大夫能用藏语和病人交流。

第四，在乡镇一级建立流动服务激励机制。牧区人口居住分散，村级卫生服务能力极为薄弱，若要落实孕产妇系统管理，最有效的办法是强化乡镇卫生院医务人员上门服务制。然而这不仅需要医务人员的敬业精神，而且还必须贯彻严格的管理制度。例如，发放孕产妇保健全程服务卡，根据服务获得者的签字，以及目标管理考核结果，向医务人员发放服务报酬和交通（燃油费）补贴。这类制度，通过“社区医生责任制”的形式，早已在浙江省贫困地区的淳安县推行。近两年来，云南省禄丰县作为新型合作医疗制度的试点县也普及了这项制度。爱德基金会（中国基督徒民间团体）在甘肃藏区的卓尼县实施妇女病防治项目，采用类似的管理模式也收到了良好的效果（中国社会科学院课题组，2007）。可以说，如果不能在公立卫生机构建立内在的激励和约束机制，政府无论增加多少投入，也难以使贫困孕产妇受益。

第五，整合县级妇科卫生服务队伍，更紧密地将计划生育和产前照料服务相结合，增强县乡卫生机构的互补性和网络服务功能，以干预影响孕产妇、胎儿和新生儿健康的危险因素为重点，构建县级妇科卫生机构的机动反应能力。在这个方面，中国扶贫基金会通过云南丽江山区的母婴平安项目，取得了富有可行性的经验（朱玲，2005）。

第六，培养女性村级卫生员，以顺应藏族文化风俗的方式保证卫生服务供给。进一步讲，对于藏区卫生队伍的建设，不仅要强调性别平衡，而且还需要把藏语使用能力列入医务人员考核指标。否则，“为牧民做好卫生服务”就很可能变成一句空话。

参考文献

Adato, Michelle and John Hoddinott, 2007, Conditional Cash Transfer Programs: A "Magic Bullet" for Reducing Poverty? 2020 Focus Brief on the World's Poor and Hungry People. Washington, DC: IFPRI (http://www.ifpri.org/2020Chinaconference/pdf/beijingbrief_adato.pdf).

王志远、马万年、闹加曼、尕藏卓玛：《高原牧区1132例藏族妇女生殖健康情况调查分析》，载《卫生职业教育》2008年第8期。

扎呷、卢梅：《西藏牧民：藏北安多县腰恰五村的调查报告》，五洲传播出版社1998年版。

世界卫生组织欧洲地区办事处健康支持网（Health Evidence Network, HEN），2005，"What is the effectiveness of antenatal care?"（http://www.euro.who.int/HEN/Syntheses/antenatalsupp/20051219_11）。

Banta D. (2003). What is the efficacy/effectiveness of antenatal care and the financial and organizational implications? Copenhagen, WHO Regional Office for Europe (Health Evidence Network report: http://www.euro.who.int/Document/E82996.pdf).

卫生部：《关于认真做好“降消”项目工作的通知》，卫妇社发〔2005〕9号（www.law-lib.com/law/law_view.asp?id=88744）。

世界卫生组织欧洲地区办事处健康支持网（Health Evidence Network，HEN），2005，“What is the effectiveness of antenatal care? – Lifestyle considerations”（www. euro. who. int/HEN/Syntheses/antenatalsupp/20051219_ 6）。

中国社会科学院课题组：《甘肃农牧区社会经济调查》，《经济活页文选》第 4 期，中国财政经济出版社 2007 年版。

朱玲：《伴随发展的脚步》，山东人民出版社 2005 年版。

城市养老保险与农村迁移工人生计*

提要 在农村迁移工人与城市户籍职工的社会经济状况差异巨大的情况下，对二者作无差别的养老保险制度安排，导致了不公平的结果。第一，目前城市社会养老保险的属地化特征，妨碍劳动力流动，并损害缴费企业和工人的利益。第二，养老保险费率过高，削弱企业增加工作岗位的积极性。多数迁移工人的工资水平低于缴费基数下限，实际上承担了较高的费率。女工因工资更低，保险支出对其当前的可支配收入影响更为严重。第三，迁移工人退出正规就业岗位的年龄早于法定退休年龄，养老待遇将低于平均水平并且很可能陷入老年贫穷。第四，女工就业期限更短，在同等缴费工资水平上，模拟的养老金水平仅相当于男性的55%—57%。因此，在制定全国性的迁移工人养老保险政策时，需要考虑促进就业、减少老年贫困和养老收入分配中的性别不平等的因素。

一 导言

早在20世纪50年代，中国的国有企业和城市集体企业工人就已在劳动保险制度下享有养老保障（中国社会科学院、中央档案馆编，1994）。到经济改革开始的时候，这一制度实质上已演变成企业劳动保险。在经济市场化的进程中，难以为继的企业养老制度为城市职工社会养老保险所替

* 本文发表于《比较》2009年第4期。笔者写作期间得益于中国社会科学院经济研究所“农民工养老保险”课题组的讨论，蒋中一、杨春学、韩朝华、林刚和路爱国提出了建设性的评论，金成武和邓曲恒承担了数据处理和制图工作，谨在此一并致谢。

代。然而在大多数农村地区，除了“五保户”，农业人口从未被社会养老保障制度所覆盖。与此背景相关，截至2008年年底，尽管全国农民工总量已达22542万人，其中外出从业者达14041万人（女性约占36%），但参加基本养老保险的人数只有2416万人（人力资源和社会保障部、国家统计局，2009）。如果以外出从业者为基数，农民工的养老保险覆盖率大约为17.3%，医疗保险覆盖率将近30.4%（4266万人），工伤保险覆盖率为35.2%（4942万人），失业保险覆盖率为11%（1549万人）。如果以全国农民工总量为基数，这些表达保险覆盖程度的数值大致都会降低1/3左右。

可见，农民工虽然已被纳入工业化进程，但是还没有获得足够的与工业社会相适应的社会保护措施，以应对他们在城市生活和工作中所面临的风险。如果把20世纪90年代初的“农民工”视作第一代农村迁移劳动者①的话，当年30岁以上的人已经达到或接近工业企业的退休年龄。他们在城市从事的工作，往往环境差、工资低、强度大、劳动时间长，职业病和工伤事故多（魏礼群，2006），绝大多数人都早于法定退休年龄退出城市劳动力市场。与此同时，农村土地随着城市化进程而减少，农业人口早已不能仅仅依靠土地来满足对生活必需品的需求。计划生育政策的贯彻，也对依赖子女养老的方式形成挑战。因此，上亿农村迁移工人未享有社会养老保险的现状，既说明现行城市化政策和社会养老保险制度缺少社会包容性，又暴露出今后老年贫困有可能加剧的隐患。

事实上，2003年以来，中央政府针对农村迁移工人的社会保障问题制定了一系列政策。据此，迁移劳动者的养老保险项目逐渐在各地推开。但由于养老基金归属于项目所在城市，当缴费者跨地区流动时，其养老权益不可携带。这既有损于养老计划的可持续性，又不利于劳动力流动。人力资源和社会保障部按照低费率、广覆盖、可转移，并能与现行养老保险制度相衔接的原则，制定了《农民工参加基本养老保险办法》（以下简称

① 笔者尽可能采用“农村迁移劳动者”和“农村迁移工人”这两个词汇来替代“农民工”的称谓，一方面是为了表明，这一群体的社会经济特征与城市户籍的迁移劳动者不同；另一方面也是为了将他们与迁入地的农村户籍人口区别开来。

《办法》)，于2009年2月向社会公开征求意见（人力资源和社会保障部，2009)。《办法》的基本思想，是将农村迁移工人纳入城市基本养老保险体系。然而，迁移工人收入低、缴费能力差、流动性强，而且未来去向不稳定的特点，使得《办法》的实施不仅在管理上难度大，而且在金融危机形势下，还面临着企业参与意愿不强的问题。

进一步讲，《办法》明确规定，它适用于“在城镇就业并与用人单位建立劳动关系的农民工”。这意味着，《办法》中的条款主要针对的是正规就业者。在正规就业的迁移工人当中，女工的薪酬更低、工作期间更短。她们极有可能因为生育或其他家庭责任中断正规就业，并随之转向非正规就业。况且，在现行退休制度下，女性一般退出劳动力市场较早但余命较长，因此依靠养老保险的时间也比男性长。这些因素，都会导致女性的养老金受益水平低于男性。根据国际劳工组织的定义，经济中的非正规部门，由那些主要以参与者的就业和收入为目的的经营单位构成，经营规模极小。这些单位里的就业形式以自我雇用、兼职工作和临时工作为主，劳动关系缺少充分的法律保障（Employment Sector，ILO，2002)。这与我国通常称之为“灵活就业”的情况大体相近。对应于《办法》的适用范围，本项研究将非正规就业者定义为：在城镇就业但没有与用人单位建立劳动关系的就业者，自雇者也包括在其中。在我国，非正规就业恰恰与较低的社会保险覆盖程度联系在一起。在社会养老保障体系中，如果没有正规部门养老保险与非正规部门养老保障项目的衔接渠道，如果没有基于性别差异的缴费安排和退休收入再分配，女性陷入老年贫困的可能性更大(James，Edwards and Wong，2003)。

本报告试图通过考察现行迁移工人养老保险项目的制度安排，及其对农村迁移工人当前和未来生计的影响，着重回答如下问题：迁移工人特别是其中的女性能否从参保中受益？限制他们受益的关键因素有哪些？他们采取哪些行动来回应这些限制？《办法》有助于他们排除哪些障碍？还有哪些障碍尚未触及？如何从减少贫困和促进性别平等的角度来解决遗留的制度性问题？鉴于绝大多数参保迁移工人还没有达到领取养老金的年龄，这里的制度分析将主要聚焦于缴费安排。

为了回答上述问题而采用的信息，主要来自中国社会科学院经济研究所课题组的田野工作。2006—2008 年期间，课题组曾作过农村迁移工人医疗保险研究（朱玲，2009），积累了上海、武汉、重庆、深圳和大连五个城市共 2398 名迁移工人的抽样调查数据（其中女性占 52%）。此外，还有 2006 年国家统计局城乡住户调查的子样本数据集作为补充，[①] 2009 年 3—4 月，课题组选择如下 7 个已经实施迁移劳动者养老保险项目的城市作调研：位于珠三角的广州、东莞和深圳，长三角的上海和苏州，辽东半岛的大连，以及西南工业重镇重庆。主要调研对象如下：（1）地方社保中心负责办理迁移工人养老保险业务的人员；（2）企业人力资源经理；（3）正规就业、非正规就业，以及正在求职的农村迁移劳动者。除了对上述人员作个别访谈之外，课题组还设计了迁移工人问卷，在苏州市、大连市和深圳市做抽样调查。抽样程序是：从每个城市先选取 4—5 家规模不等、女性居多的制造业和服务业企业；然后，从每个企业选择 40—50 名来自该市行政辖区之外的农村户籍劳动者。实际发放问卷共 780 份，回收有效问卷 702 份。在全部样本中，女性占 67.4%。

以下首先展示迁移工人养老保险项目的特点，及其与城市化政策的关系。其次，说明现有缴费安排下的企业用工行为，及其对迁移劳动者就业的影响。再次，考察在当前的就业和保险制度下，养老保险支出对迁移工人当前可支配收入的影响，以及不同性别和工资水平的参保者能够得到的养老待遇。然后，扼要讨论非正规就业者的养老保障问题。最后，归纳研究中的发现和政策建议。

二　迁移劳动者养老保险项目与城市化政策

以法律法规形式颁布的社会养老保险制度，决定了制度相关者的权利和义务。目前，各个城市实施的迁移劳动者养老保险项目，依据的是地方政府颁布的政策文件。这些地方性的政策，构成了当地企业和迁移劳动者面临的养老保险制度环境。以下仅选择五个在迁移劳动者养老保险政策上

① 对这一数据集的详细介绍，参见朱玲、金成武《中国居民收入分配格局与金融危机应对》，载《管理世界》2009 年第 3 期。

各具特色的城市，并将相关的政策信息和社会经济指标数值综合在一起纳入同一表格，以便在扼要刻画不同政策环境的同时，对照说明影响政策形成的因素。

表1显示，迄今覆盖迁移劳动者的养老保险项目可分为两大类：一是单设项目，二是将这一群体纳入城镇职工基本养老保险体系。此外，不同城市的养老保险缴费比例和待遇也不相同。之所以各地政策不一，首先是因为，大规模的农村劳动力转移是经济改革中出现的新事物，针对这一群体的社会保险制度，是在地方政府的探索和创新过程中逐渐发展起来的。其次，这些差异的产生，也与各地的社会经济发展状况、政府的政治意愿和社会管理能力等多方面的差别密切相关。上海市和重庆市两个直辖市都具有城市规模大和人口密度高的特点，为了减轻人口压力，都曾制定较高的门槛，阻止各类职业精英以外的迁移劳动者获得本市户籍。二者推行的都是为外来从业人员单设的养老保险项目，选择了低于城镇职工保险费率的缴费标准。这在政策实施过程中，有助于减轻来自企业和迁移工人的阻力。不过，也排除了养老收入在不同户籍的就业群体之间实行再分配的可能性。

表1　　调研城市概况和外来劳动力养老保险政策

	上海市	重庆市	大连市	苏州市	深圳市
常住人口（千人）	18885	28390	6130	（6298）	8768
其中，外来人口（居住半年以上）	5174	600	293	4000	6488
地方财政收入（百万元）	238234	57724	33910	66891	80036
2008年城镇在岗职工平均工资（元/人月）	3292	2249	2859	2986	3621
养老保险覆盖方式	单设外来从业人员综合保险（工伤、医疗和养老）	单设农民工养老保险	开发区：参加城镇职工基本养老保险	参加苏州市的城镇职工基本养老保险	参加苏州市的城镇职工基本养老保险
养老保险缴费比率（保费/工资）	企业缴纳7%，（综合险共计12.5%）	雇员缴纳5%，企业缴纳10%。14%进入个人账户；1%作为互济基金	雇员缴纳8%，进入个人账户；企业缴纳20%，作为统筹（互济）基金		雇员缴纳8%，进入个人账户；企业缴纳10%，作为互济基金

续表

	上海市	重庆市	大连市	苏州市	深圳市
退休待遇	连续缴费满一年的，可获得一份老年补贴凭证，其额度为每一缴费月份的上年度全市职工月平均工资的60%的7%之和	个人账户累计储存额÷计发月数（比照同期城镇企业职工基本养老金计发月数执行）	基础养老金和个人账户养老金 基础养老金=（当地上年度在岗职工月平均工资+本人指数化月平均缴费工资）×缴费年限×1%/2。参保人平均缴费指数（α）为其各缴费年度当年缴费工资（X）除以当年全市在岗职工平均工资（C）的算术平均值。 计算公式为：$\alpha=(X_1/C_1+X_2/C_2+\cdots+Xn/Cn)/N$（缴费年限）		
养老金领取年龄	男60，女50	男或女55	男60，女50（管理岗位55）		
最低缴费年限	15年				

注：（1）如无特别说明，表内有关人口和地方财政收入的数据，来自各调研城市的《2008年国民经济和社会发展统计公报》。上海市来自 www. tjcn. org/shanghai/9549 _ 6. html，重庆市来自 www. tjcn. org/chongqing/10166_ 3. html，苏州市来自 http：//www. tjcn. org/suzhou/tjgb/9468 _ 4. html，深圳市来自 www. tjcn. org/shenzhen/9912 _ 4. html，大连市来自 www. stats. dl. gov. cn/gongbao. asp? STYLETYPE =6&ID =17277，2009年6月2日下载。（2）重庆市户籍人口32353千人，外来常住人口数据仅包括市区内的迁移人口。苏州市一栏括号内的人口为2007年的本地户籍人口。（3）有关外来劳动力（包括农村迁移劳动者）养老保险政策和在岗职工平均工资的信息，来自笔者对各地社会保险机构的访谈，以及这些机构公布的文件。上海市来自 news. xinhuanet. com/employment/2005—04/05/content_ 2786907. htm，重庆市来自 www. cqldbz. gov. cn/common/content. jsp? id =0000000000396490& flag =2，大连市来自 www. ln. lss. gov. cn/infopub25/PubTemplet/%7B538116AD - AF2A -4978 - B786 - 5A2A1621E91C%7D. asp? infoid =10802&Style = {538116AD - AF2A -4978 - B786 -5A2A1621E91C}，苏州市来自 www. js. lss. gov. cn/zcfg/ldzjfg/200810/t20081021 _ 21008. htm，深圳市来自 www. szsi. gov. cn//sbjxxgk/zcfggfxwj/zctw/200810/t20081009_ 755. htm。

迁移工人的社会保险项目几乎都是从制造业开始的。大连市的新兴制造业集中在开发区，企业多由外商投资，经营状况一般优于区外企业。与此相对应，也只有开发区内的迁移劳动者被纳入城镇职工养老保险。苏州市和深圳市都是以制造业发达著称的城市，经济实力均在大连市之上。二者在全市范围内，对正规就业的迁移劳动者采取了与本市户籍职工相同的养老保险政策。这样做，一是有助于避免制度碎片化；二是有助于减少对农村迁移人口的身份歧视；三是能够取得管理上的规模效益。

此外，苏州市和深圳市的养老制度模式选择也与其人口结构相关。在深圳市，本地户籍人口仅占常住人口的26%。在苏州市，这个比重为62.5%。两个城市的迁移人口比重均高于上海市、重庆市和大连市。绝大多数迁移工人都是年轻人，缴费多年后才有资格领取养老金。当前在他们的名义下积累的资金，对于苏州市这样的老城市，既可以填补国有企业养老制度改革留下的基金缺口，又能够缓解户籍人口老龄化带来的资金积累困难。对于深圳市这样的新城市，大批迁移工人参保，既有助于降低企业的费率，又为本地户籍退休人员享受较高的养老待遇提供了可能性。2008年，深圳市户籍退休者的平均养老金为每月3504元，相当于本地社会平均工资的96.8%。

还值得注意的是，同样的制度，对于户籍身份不同的劳动者会造成不同的结果。直到目前，户籍制度还没有实质性的改革。在城市公共服务和福利供给方面，对农村迁移人口的社会排斥依然存在。城市户籍劳动者如果找不到就业岗位或者失业，还能获得本市政府的就业援助。农村迁移劳动者则只能凭借其流动性在市场上碰运气。他们能否在某一城市落脚以及居住多久，在很大程度上取决于城市劳动力市场的需求（潘毅、黎婉薇编，2006）。据2007年的一项企业用工调查，将近60%的岗位要求雇员年龄在18—25岁，将近30%的岗位的年龄要求在26—35岁。而且，大多数岗位需要至少受过初级职业训练的人。在性别要求方面，对女性劳动力的需求一直高于男性（劳动与社会保障部，2007）。这意味着，在农村劳动力整体受教育程度较低的情况下，受过基础教育的年轻力壮者，才最有可能在城市正规部门就业。或者说，当前城市企业需要的，只是农村优质劳动力的生命周期中劳动效率最高的阶段。度过了这一阶段，他们就有可能失去城市正规就业岗位，从而也就失去与此相联系的养老保险待遇。

根据我们基于国家统计局2006年城乡住户家计调查样本中的子样本数据的统计，在城市正规劳动力市场上，30岁以下的男性和女性迁移工人，分别占各自性别组的62.3%和78.4%。这与上述企业的用工年龄需求恰好大致相似。在40岁以上的年龄段，男性和女性迁移工人分别占各自性别组的12.1%和4.3%；城镇户籍的男女雇员分别占各自性别组的63.7%和51.1%（见图1）。按规定，参保者工作和缴费的期限越长，其养老保险的待遇也就越高。很明显，在同一制度下，即使不考虑工资差异，仅仅是工作期限这一个因素，就使得大多数农村迁移工人难以与城市户籍工人分享同等的养老待遇，女性难以与男性分享同等的待遇。在城市户籍的正规就业者当中，女性的工作年份一般低于男性，那是法定退休年龄所致。对于农村女性迁移工人而言，影响她们工作期限的因素则主要在于，城市里普遍缺少适合低收入群体的幼儿照料服务；在有些城市，迁移工人还未被纳入生育保险。这就迫使年轻女工在生育和哺乳时期不得不退出城市正规劳动力市场。因此，她们较之男性迁移工人更容易失去养老待遇。

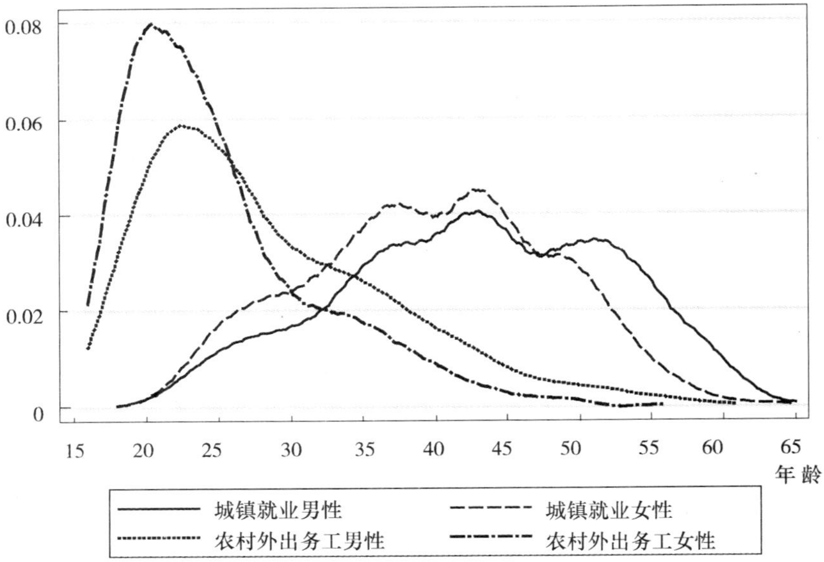

图 1　2006 年 16—65 岁正规就业者在城市劳动力市场上的年龄分布按性别与户籍身份分组（样本核密度图）

注：数据来自国家统计局 2006 年城乡住户家计调查样本中的子样本。总样本量为 18071 户、65281 人；其中，农村 10751 户、43776 人；城镇 7320 户、21505 人。样本中的农村外出就业者 7971 人，城镇就业者 10918 人。这里，“与雇主签订了劳动合同”的农村外出就业者被定义为正规就业者，共 1842 人；城镇就业者中的非自雇者被视为正规就业者，共 10469 人。

可以说，缺少与城市户籍人口分享同等福利的机会，是迁移劳动者在城乡之间和在不同城市之间频繁挪动的原因之一。可是根据这些城市的现行政策（上海市除外），养老保险资格不能随迁移劳动者跨地区转移，但允许他们退保。而且，退保者只能得到个人缴纳的基金，企业为其代缴的部分却全部被留在原地，成为对当地社保基金的净贡献。这种做法无异于侵占迁移工人和企业的利益，损害社会养老保险的可持续性。由此也可以看出，如果养老保险制度设计既没有顾及迁移劳动者的就业特点，也未包含性别视角，那么这一群体尤其是其中的女性就未见得必然会从参保中受益。

我们从访谈中还得知，“第一代”农村迁移工人尚有农业生产的技能，加之城市生活费用高于农村，故而在退出城市劳动力市场后多半会返回家乡养老。他们的后代即“第二代”迁移劳动者，特别是其中受过中等技术教育和高等教育的人，则早已习惯了城市生活，因此意欲永久留居城市，或至少定居小城镇。这就需要城市养老保险制度设计，为迁移劳动者留出未来的选择空间。在迁移劳动者养老保险项目中，只有“上海市模式”部分地回应了这种需求。参保者到达退休年龄时，可以在指定保险公司设在任何一个地方的分支机构，一次性兑现其养老补贴凭证。可是由于补贴数额过低，实际上排除了参保人留在城市养老的可能性（见表5和表6）。

对于上述问题，人力资源和社会保障部制定的《办法》都作出了具有针对性的回应。第一，迁移工人参加城镇职工基本养老保险。第二，赋予个人养老保险关系以便携性。迁移工人一旦参加城市基本养老保险，随后不仅可以在跨统筹地区变换工作岗位时办理转移接续手续，从而保证养老保险权益累计计算；而且还可以在脱离正规就业状态和中断缴费的情况下，暂时封存权益记录和个人账户。第三，在他们退休之前就回乡定居的情况下，还可以将其原有的城镇职工养老保险权益记录，转入未来的农村居民基本养老保险体系。此外，这一制度安排也为他们留下了转入未来的城市居民养老保险系统的可能性。第四，在迁移工人跨养老保险系统和跨地区转移时，携带的基金包括个人账户和企业为其积累的部分。更重要的是，这些规定必将有助于全国性的城市养老保险制度的形成，从而为建立公平的市场竞争环境提供一个必要条件。

三 企业的工资附加成本与就业创造

在全球金融危机和经济下滑的冲击下，调研城市的企业自2008年第三季度起出现经营困难。不少制造行业的企业今年（2009年）根本没有拿到订单。有的企业为了防止机器锈坏和技术工人流失，不得不在没有赢利的情况下开工。有家内衣制造公司原有三个工厂，共有900多工人，女工占2/3强；如今已合并成两个工厂，工人只剩下400人。据大连市一家劳务派遣公司的部门经理介绍，2007年，公司的签约企业共计600多家。截至2009年3月底，减至300多家。我们调查组原计划要访问的一家苏州市的劳务派遣公司，2008年上半年还管理着上万名迁移工人。2009年第一季度，由于工人大量失业，公司的业务量迅速萎缩，恰恰在我们到达苏州市前停业。我们在调查中还注意到，中小企业至今仍得不到大企业那样有力的信贷支持，但还要和大企业一样，承担沉重的税费支出。2009年初，各地政府纷纷采取措施，降低除养老保险以外的社会保险费率。可是，企业目前缴纳的社会保险总费率依然高于发达国家，以至于严重影响其复苏能力和就业岗位的创造。笔者听到频率最多的反映，是企业的社会保险负担过重。

企业在计算社会保险支出时，通常把雇员的缴费也考虑在内，视为工资附加成本，或者说作为劳动成本的一部分。依据企业行为理论，劳动成本过高，会促使企业通过提高资本密集程度来替代用工量，从而最终导致全社会就业机会减少。就业问题，无论是对工人的家计还是对社会的稳定，重要性都是第一位的。因此，针对迁移工人的养老保险设计必须包含如下政策权衡：对雇员缴费率的确定，既要保证基金的积累能够满足他们在退休年月的基本生存需要，又不至于迫使其削减目前的必要生活消费支出。对企业缴费率的确定，则要在顾及企业承负的总体税收和社会保险负担的同时，既满足基本养老保险预算的需要，又不至于削弱企业的发展能力并影响就业岗位的创造。

据苏州市一家大型建筑企业的人力资源经理介绍，2008年，各项社会保险费率合计，相当于企业工资总额的45%。按照缴费基数下限算，企业为一名员工每月至少缴纳 465 元，员工个人每月至少缴纳 150 元。2009 年，市政府出于应对金融危机的考虑，将企业对医疗和工伤保险的缴费率分别下调了 1 个百分点和 0.5 个百分点（见表 1）。尽管如此，下调后的社会保险总费率依然高于严重老龄化的欧洲发达国家。

表 2　　**苏州市区社会保险费率（2009 年 1 月至 2010 年 12 月）**

险种*		单位缴费（%）	雇员缴费（%）	合计费率（%）
基本养老保险**		20	8	28
医疗保险	基本医疗保险	8	2	11
	地方补充医疗保险***	1	0	
失业保险		2	1	3
工伤保险		0.5	0	0.5
生育保险		1	0	1
合计		32.5	11	43.5

注：信息来自苏州市社会保险基金管理中心综合科。有关表中各项险种的具体规定，参见该中心网页（www. szsbzx. net. cn：9900/web/html/bszn/bsznAction. do? src = /web/html/bszn/bszn_ frame. jsp）。

*最低缴费基数为上年度全省社会平均工资的 60%，最高缴费基数为社会平均工资的 300%。工资水平处于上下限之间者，其实际工资额即缴费基数。2008—2010 年，江苏省城镇职工社会保险的最低缴费基数，为每月 1369 元/人。

**个体工商户养老保险缴费率为 20%，其中雇员缴纳 8%，雇主缴纳 12%。持有本市户籍的灵活就业者的养老保险缴费率为 20%，全部由个人缴纳。

***按规定享受公务员医疗补助的人员，不参加地方补充医疗保险。

例如，1970 年，联邦德国的雇主和雇员共同缴纳的各项社会保险费，合计起来相当于工资总额的 26.5%。到 2004 年，这个比率增加到 41.9%。高费率和高福利使得劳动力市场趋于僵化，部分劳动者宁愿失业，也不愿寻找或接受低收入的工作；企业则难以根据市场需求来调整员工人数。结果是失业率居高不下，以至于德国不得不推行劳动力市场改革，通过降低失业保险水平和推行更加严格的社会救济监督制度来促进就业（Federal Ministry of Economics and Technology, 2007）。自 2006 年始，社会保险总费率降至 40% 以下，同年，德国的人均 GDP 已达 26500 欧元（约 34347 美元），相当于 2008 年苏州市人均 GDP 的 3.4 倍。当前，我国大部分城市的经济发展水平还不及苏州市，但城镇职工社会保险总费率却也不相上下。对照德国的经济总量和社会保险费率之间的关系可以判断，中国城市的社会保险费率偏高。这些城市之所以没有陷入劳动力市场僵化和社会福利基金难以为继的境地，在很大程度上，是由于具有高度流动性的农村劳动力的供给，以及农村迁移工人因年轻和健康而对城市的养老和医疗保险作出了净贡献。

进一步讲，我国大部分城市的养老保险总费率达28%（企业费率20%，职工费率8%）。与此相对照，1970年，联邦德国雇主和雇员共同缴纳的养老保险费相当于工资总额的17%（二者承担的费率分别为8.5%）；到2007年，费率提高到19.9%。中国企业的缴费率如此之高，主要是因为，它包含着填补国企改制遗留的养老基金缺口的成分。可无论是基于社会公平，还是基于经济效率和就业创造的考虑，动用大型国企上缴的利润和财政资金来弥补养老基金的缺口才更为妥当。仅仅是出于促进就业的目的，对企业尤其是对那些近三十年来才建立起来的劳动密集型中小企业，就应当避免实行高费率政策。

《农民工参加基本养老保险办法》将用工单位的缴费率定为12%（雇员缴费率定为4%—8%），自然受到那些缴费率高于这一标准的企业的由衷拥护。不过可以设想，一旦《办法》付诸实施，就会导致企业在同等技能的劳动者当中偏好雇用农村迁移工人，从而将不利于城镇户籍劳动者就业，并会产生新的社会矛盾。与其如此，倒不如选择这一缴费水平作为最高限，将企业为城市户籍员工承担的缴费率降下来，以便创造公平的就业竞争环境。由于建议的费率下降幅度较大，会对统筹基金规模产生实质性影响，因而有可能影响目前退休人员的养老金支付。另外，还可能会在社会上引起削减社会福利的误解。为此，需要采取与降费率相匹配的政策措施。

第一，借鉴智利政府推行社会养老保险改革的一项有益经验，建立公共养老基金。将包括大型国企上缴利润在内的财政资金作为基金来源，一方面，用于逐步填补国有企业改制留下的基金缺口；另一方面，用作最低养老金保障，救助养老金低于贫困线的退休人员。这样做，在当前有利于为降费率措施争取广泛的社会支持；在今后，有助于缩小养老收入分配的不均等程度。

第二，针对劳动密集型中小企业，建立税收优惠与迁移工人就业和参加养老保险指标挂钩的制度。在现有的用工单位当中，劳动密集型中小企业赢利能力较弱，但吸纳农村迁移工人就业的能力较强。目前在一些城市（例如大连市区），多数企业尚未将农村迁移工人纳入养老保险体系。企业经理们要求，待经济形势好转再推行《办法》。即便如此，这些中小企业的社会保险支出也会因之大幅度增加。因此，可以借助减税措施予以支持。根据著名的英国国际财务公司 Ernst & Young 发布的全球 140 多个国家和地区的企业可比税率统计，中国属于高税率国家。以韩国为例，2007—2008 年，应税额在 1 亿韩元（约 83752 美元）以上的企业，税率为 25%；应税额在 1 亿韩元及以下的企业，税率为 13%。同期，中国企业的可比税率一般为 25%；小企业和盈利状况较差的企业的税率为 20%。[①] 鉴于此，对劳动密集型中小企业减税，一方面，有助于改善这些企业的国际竞争力；另一方面，有助于激励这些企业为迁移工人缴纳养老保险，从而增强他们的社会保障程度，促进社会稳定与和谐。

四 缴费安排对迁移工人可支配收入的影响

近二十年来，农村迁移劳动力已经发生了显著的分化。首先，这一群体原本就有正规和非正规就业状态之分。其次，在受教育程度、职业特征和收入水平等方面，群体内部的差距都在拉大。不过，即使是进入管理层的迁移劳动者，其平均工资水平也低于所在城市的社会平均工资（见表 3 和表 4）。这一点，对于迁移工人参加养老保险的实际需求，或者说有支付能力的需要，具有决定性的影响。本报告关注的重点人群，是迁移劳动者当中的低收入群体，特别是其中的女性。以下主要讨论的问题是：第一，城镇职工养老保险制度中的个人缴费安排，对参保迁移工人当前的可支配收入有怎样的影响；第二，依据现有的缴费安排，参保迁移工人有可能得到怎样的养老待遇。

---

① 这里的可比税率指的是边际税率，即税收在边际收益或者边际成本中所占的比重。数据来源：Ernst and Young，2008，*The* 2008 *Worldwide Cooperate Tax Guide*，第 156、502 页。

正规就业的迁移劳动者是否参加养老保险，在很大程度上取决于其就业城市的制度设计和企业的决策。按规定，雇员应缴的保险费，由企业从个人工资中扣除代缴，雇员的选择余地事实上十分狭窄。[①] 从表3可见，在受访的迁移工人当中，有90%左右的人愿意参加养老保险，但实际参保率却远低于这一水平。在2006年和2009年的样本总体中，参保率分别为22%和57%。数字背后的事实首先在于，在调查时段，某些抽样城市尚未强力推行迁移工人养老保险项目。例如，大连市的项目仅限于开发区。其次，在高费率政策下，用工单位尽可能地采取了避费行为。例如，通过在非项目区注册的劳务派遣公司，把雇员的正规就业状态变为非正规。再次，保险项目的制度设计不适合迁移工人的就业特点和支付能力。对此，迁移工人的回应只能是退保。例如，2007年，深圳市有将近440万迁移工人参加养老保险，但退保人数高达83万；[②] 2008年，退保人数大约为87.7万；2009年春节前后，深圳市又出现一个退保高潮。[③] 笔者在苏州市和大连市也了解到类似的情况。

表3　**样本迁移工人的社会经济特征**

年份		2006年			2009年		
性别		全部	男性	女性	全部	男性	女性
观测值数（人）		1247	561	686	702	233	469
各类人群比重（%）	16—30岁	67.31	61.18	72.30	85.84	83.55	86.85
	高中和中专	26.08	26.74	25.55	45.49	40.63	47.61
	大专及以上	2.97	2.85	3.07	18.46	26.34	14.78
	管理人员	17.36	17.53	17.15	15.13	20.36	12.44
	一线员工	58.39	56.55	60.65	69.44	69.68	69.35

① 在现有的研究特别是针对女性参加保险的研究中，都有相同的发现。参见刘澄《流动女性社会保险困境分析》，载《苏州科技学院学报》（社会科学版）2008年第11期。

② 《深圳农民工退保引发的沉重思考》，2008年2月28日（http：//news. xinhuanet. com/world/2008—02/28/content_ 7682948. htm）。

③ 吴红缨等：《深圳出现大量外省农民工退保现象引发关注》2009年3月30日（http：//www. ahsp. org. cn/2006nwkx/html/200903/%7BAFBEDF69 - 18F2 - 4D4F - BF21 - A0ABC2E9486A%7D. shtml）。

续表

年份		2006 年			2009 年		
性别		全部	男性	女性	全部	男性	女性
观测值数（人）		1247	561	686	702	233	469
各类人群人均月工资（元）	管理人员	1271	1385	1179	1549	1814	1296
	一线员工	954	1077	846	1057	1186	986
	所有人员	975	1076	893	1146	1338	1044
愿意参加养老保险者比重（%）		—	—	—	89.98	91.28	89.39
实际参加养老保险者比重（%）		21.29	15.16	26.23	56.84	57.27	56.50

注：2009 年的抽样调查地点为深圳市、大连市和苏州市。出于近似对照的考虑，表中 2006 年的样本只保留了深圳市、大连市和上海市的观测值。“—”表示无可使用数据。

更值得注意的是，即使解决了养老保险权益的可携带问题，高于迁移工人支付能力的缴费规定，还会产生强制低收入者过度储蓄的后果。如果没有针对低收入群体的缴费和待遇安排，非但难以保证他们在未来受益，反而会减少其自身及家庭当前的消费，甚至影响他们的生存，或者说危及正常的劳动力再生产。在这种情况下，参保率除了说明养老保险制度的覆盖程度以外，没有任何意义。在我们的调研城市当中，苏州市、大连市和深圳市都是把迁移工人纳入城镇职工养老保险的城市。其中，只有深圳市针对迁移工人平均工资低于缴费下限的情况，制定了特殊规定（见表 4）。在苏州市和大连市开发区，个人缴费率为工资的 8%。那么，按照表 4 列出的缴费基数下限计算，每人每月至少要支付的缴费额在苏州市为 109.52 元；在大连市为 112.97 元。据此观察迁移工人的实际费率，在苏州市，男女迁移工人的平均费率分别为 8.7% 和 9.6%；在大连市开发区，男女迁移工人的平均费率分别为 10.8% 和 12.7%。

表 4　　2008 年度三个调研城市的迁移工人养老保险缴费基数下限　　（元/人月）

调研城市	2007 年在岗职工人均月工资	2008 年缴费基数下限	男性迁移工人人均月工资	女性迁移工人人均月工资
苏州市	2617	1369	1253	1137
大连市	2353	1412	1050	891
深圳市	3233	特区内：1000 特区外：900	1553	1125

注：2009 年 3—4 月，调研城市社保机构仍在执行其 2008 年公布的保险费用征缴规定，缴费基数下限一般为 2007 年本省或本市职工平均工资的 60%。迁移工人平均工资根据本课题组 2009 年的抽样调查数据得到。苏州市样本量 310（人），其中男性占 29.2%，女性占 70.8%；大连市样本量 194（人），其中男性占 21.9%，女性占 79.1%；深圳市样本量 198（人），其中男性占 48.5%，女性占 51.5%。

可见，低收入者的实际缴费率高于规定的费率。由于女性的平均工资比男性的更低，其实际缴费率还高于男性。尽管这些征缴的基金将用作迁移工人老年时的生计，可正因为他们的工资微薄，其储蓄能力也就极为有限。若对这一群体实行与城市职工同等的费率，必将导致这一群体当前的可支配收入的减少。换句话说，这样做的结果必然是挤压低收入群体的生存和发展空间。由此看来，《农民工参加基本养老保险办法》将雇员的缴费比率定为 4%—8%，无异于扩展了低收入者的选择空间。

问题是，大多数迁移工人处于城市劳动力市场的低端，只能凭借年轻和体壮获得工作岗位。对于这些岗位当前的劳动强度而言，男性年过 40 岁而女性刚过 30 岁，就失去了年龄和体力的优势，以至于不得不退出正规就业市场（见图 1）。由于他们的实际工作年限和缴费年限低于按照法定年龄退休的城市户籍工人，即便是以社会平均工资的 60% 作为缴费基数，并按照 8% 的比率缴费，其最终按月领取的养老金对社会平均工资的替代率，也远低于按照法定退休年龄领取养老金的城市户籍员工。这一点，在表 5 和表 6 模拟的情境中即展示出来。两个表格列出的数据，是依据几个调研城市有关迁移工人参加养老保险的规定（见表 1），对处于三种不同缴费工资水平的参保人的养老待遇，加以粗略估计的结果。①

表5模拟的是不同性别的参保人按照法定年龄退休之后领取月度养老金的情境：第一，在缴费率相同的条件下，高收入组与低收入组在社会平均工资替代率上的差别，映射出二者之间在工资水平上的差距。第二，根据苏州市和大连市的制度，迁移工人参加城镇职工基本养老保险。鉴于目前只有城市户籍职工按法定年龄退休，表中对苏州市和大连市的参保人养老待遇的估算，事实上模拟的只是当地城市户籍职工的情境。第三，在缴费率和工资水平相同的条件下，若女性的退休年龄低于男性，工作和缴费年限因之较短，其养老金对社会平均工资的替代率便远低于男性。例如，在苏州市和大连市模式中，女性的养老金水平仅相当于男性的70%左右。

表5　**基于地方迁移工人养老保险规定估算的养老金对社会平均工资的替代率**

缴费工资/社会平均工资	雇员性别	深圳市（%）	重庆市（%）	苏州市和大连市（%）
60%	男	10.05	15.09	45.08
60%	女	5.94	15.09	32.39
100%	男	16.74	25.16	61.14
100%	女	9.90	25.16	43.31
300%	男	50.23	75.47	141.41
300%	女	29.70	75.47	97.94

注：表中关于养老金对社会平均工资替代率的估算公式，基于各调研城市的迁移工人养老保险制度设计。其中，苏州市和大连市参保人员的养老金，包括来自个人账户的基金积累和来自统筹账户的基础养老金两个部分。估算中假设：（1）个人账户资金的年收益率（参考银行各类定期存款的年利率）为3%，社会平均工资的年增长率为5%。（2）典型的农村男性和女性劳动者均于18岁进城做工并参加养老保险，男性连续缴费至60岁（在重庆市至55岁）后退出城市正规劳动力市场；女性则连续缴费至50岁（在重庆市至55岁）后退出。

① 基本养老金的社会平均工资替代率 = 基础养老金的社会平均工资替代率 + 个人账户养老金的社会平均工资替代率，其中，基础养老金的社会平均工资替代率 =（退休前一年度的社会平均工资 + 缴费工资指数 × 退休前一年度社会平均工资）× 缴费年限/（200 × 退休前一年度社会平均工资）=（1 + 缴费工资指数）× 缴费年限/200。假设：一个“典型的”迁移工人只在同一个城市工作，该市政策长期不变；a = 参加工作年龄；k = 缴费工资指数；r = 个人账户投资年收益率（常数）；g = 社会平均工资年增长率（常数）；c = 个人账户计入比例；M = 计发月数；N = 退出正规就业岗位年龄；T = 缴费年限，则个人账户养老金替代率的计算公式为：$\frac{12kc}{M(r-g)}\left(\frac{1+r}{1+g}\right)^{N-a}\left(1-\left(\frac{1+g}{1+r}\right)^{T}\right)$。

表 6　　依据迁移劳动者的工作年限估算的养老金对社会平均工资的替代率

缴费工资/社会平均工资	雇员性别	上海市（%）	重庆市（%）	苏州市和大连市（%）
60%	男	4.99	8.98	25.70
60%	女	2.25	4.68	14.57
100%	男	8.32	14.97	34.51
100%	女	3.75	7.80	19.28
300%	男	24.95	44.92	78.52
300%	女	11.24	23.41	42.84

注：除了以下假定以外，其他估算条件均与表 5 相同：一个典型的农村男性劳动者 18 岁进城做工并参加养老保险，连续缴费 25 年，43 岁退出城市正规劳动力市场；一个典型的农村女性则 16 岁进城做工并参加养老保险，连续缴费 15 年，31 岁退出。

就迁移工人当前的年龄分布而言，表 6 的情境模拟更接近于实际情况。表中的结果显示：第一，在上海市和重庆市的迁移工人养老制度下，按照缴费基数下限即社会平均工资的 60% 缴费的参保人，能够获得的养老待遇过低。他们的月度养老金对社会平均工资的替代率最高还不足 9%。第二，由于男女之间在缴费期限上的差别比现行制度规定的男女退休年龄差别还要大，以至于养老收入的性别差距更为明显。在苏州市和大连市模式中，女性的养老金水平仅相当于男性的 55%—57%。

事实上，多数生产和服务一线的女工还达不到 15 年的最低缴费年限，就因婚姻和育儿需求最终转向非正规就业。这就意味着，她们将因此而失去按月领取养老金的资格。可见，仅仅是为了保障女性迁移工人的基本养老权益，就需要在社会养老体系中，设计城镇职工养老保险项目与未来的农村居民或城市居民养老保险项目的衔接点，以便为参保人提供在不同项目之间转移的可能性。进一步讲，养老收入上的巨大性别差距，与女性在劳动力市场上的不利地位相联系。法定的生育保险，能够部分地改善女性的就业条件。这一险种意味着，全社会对女性生育和哺乳期的收入损失给予补偿，因为她们在生育和哺乳上花费的时间，实质上是对社会人力资源的再生产作出的贡献。除此而外，根据智利的经验，实行最低养老金保障，便能收到明显地缩小养老收入性别差距的效果。原因在于，女性在低收入者当中占多数，而且人均预期寿命高于男性，因而必定成为这一制度的最大受益者。

五 非正规就业者的养老保障问题

从就业经历来看，农村迁移劳动力中的非正规就业者可分为两类：一是正规劳动力市场的退出者；二是进城伊始即从事非正规就业的人。从他们常见的就业身份来看，一是自雇者，二是微型企业或城市住户的雇员。在非正规就业者当中，女性迁移劳动者大多从事服务劳动（叶文振，2006），例如售货、侍应、导游、家政服务、医院护理、保洁、理发和缝纫，等等。只要市场有需求而正规部门不能及时予以满足，就会有非正规就业者以其灵活的劳动供给弥补缺口。虽然，就业的灵活性正是他们应对失业的措施，但也导致其收入水平一般还不及正规就业的一线迁移工人，而且收入也极不稳定。在他们当中，有相当一部分人正是城市里的“工作着的穷人”。多数非正规就业者没有任何保险，他们在访谈中表示，最需要的社会保险类别，是工伤和医疗保险。虽然有些受访者参加过农村合作医疗保险，可是考虑到回乡报销医疗费用所必须支付的路费和时间成本，又从这一制度中退出。可见，这部分劳动者需要适合于他们就业特点的社会保护措施，来应对其面临的工业社会风险。

就现有的社会养老保险制度而言，首先，它的“门槛”式的诸多规定，例如具有连续性的定期缴费、企业和个人缴费合计达15%—28%的费率，等等，就把大多数非正规就业者排除在外。其次，针对自雇者和灵活就业者的地方性养老保险制度设计，仅针对城市户籍人口（见表2的注释）。在调研城市当中，只有上海市为迁移劳动力中的自雇者留下了参加综合保险的可能性，但至今并无自雇者参加。原因主要在于，这些自雇者难以承受12.5%的费率和欠缴情况下2‰的滞纳金负担。此外，社保机构如果大规模地为个人办理手续，管理成本必将非同寻常地高昂，因而也就缺少吸纳这部分劳动者参保的激励。这些机构之所以对持有本市户籍者另当别论，那是因为城市政府的行政强制使然。

低收入的非正规就业者参加养老保险，是个世界性的难题（Hu，Y. and F. Stewart, 2009）。但是只要以预防和减少老年贫困为目标，就有可能另辟蹊径，找到替代昂贵的正规部门保险模式的办法：第一，通过社会救济保证这一群体“老有所养”。在城乡最低生活保障制度中设立养老救助条款，援助没有养老收入来源的贫困老龄人口。第二，在未来的农村和城市居民养老保险项目中，为非正规就业者提供参保的可能性。

当前具有可行性的政策措施在于，循序渐进，将非正规就业者纳入他们最需要的社会保险项目。对于通过劳务派遣公司、家政服务公司和建筑工程队等企业形式就业的群体，首先推行工伤、医疗和生育保险。其次，随着他们工资水平的提高，为其设计“量体裁衣”的养老保险项目。至于那些连松散的劳动组织都没有的就业者，则只能由城市政府采取行动，借助社区管理网络，将社会援助和保险服务延伸到他们的住地。

六　结论

将农村迁移劳动者纳入城镇职工基本养老保险，是一个历史的进步。但是在迁移工人与城市户籍工人社会经济状况差异巨大的情况下，对二者作无差别的制度安排，便使得基于社会公平理念的制度，结出不公平的果实：

第一，在欠缺包容性的城市化政策下，迁移工人只能在城市就业而很难永久居留。当前城市企业需要的，只是农村优质劳动力的生命周期中劳动效率最高的阶段。度过了这一阶段，他们就可能失去城市正规就业岗位，从而也就失去与之相联系的养老保险待遇。其间，随着劳动力市场需求的变化，他们还不得不在地区之间流动以应对失业风险。依据现有的地方性农村迁移工人养老保险政策，养老保险权益不可转移，这就不仅妨碍劳动力流动，而且还损害缴费企业和参保工人的利益。

第二，企业承担的职工养老保险费率，高于欧洲一些以福利国家著称的发达国家，而且税收负担也高于国际平均水平。以至于企业增加工作岗位的积极性减弱，躲避保险义务的动机增强。结果既损害工人的福利，又不利于为全社会创造就业机会。

第三，一些城市政府设定的缴费基数下限高于迁移工人平均工资，导致迁移工人的实际缴费率高于规定的水平。这在事实上相当于强制低收入者过度储蓄，必然会减少其自身及家庭当前的消费，或者说影响正常的劳动力再生产。女工由于工资更低而实际缴费率更高，其当前的可支配收入受到的影响更大。

可见，由于现有的城市社会养老保险项目与迁移工人的就业特点不适应，“参保”并不意味着迁移工人必然受益。对上述问题，人力资源和社会保障部制定的《农民工参加基本养老保险办法》都作出了建设性的回应：一方面，降低了企业和个人缴费率；另一方面，赋予个人养老保险权益以便携性。其中特别强调，在迁移工人跨城乡养老保险系统和跨统筹地区转移时，携带的基金包括个人账户和企业为其积累的部分。这些原则，必将有助于保护迁移工人的利益和促进他们融入城市社会。

不过，缴费率降低则低收入者积累的养老基金将更少。如果没有进一步的政策干预，这一群体可能会通过《办法》的实施减轻当前（年轻时）的贫穷，却又将遭遇未来（老龄时）的贫穷。进一步讲，个人的就业年限越长、工资水平越高，本人和企业在其名义下的缴费总额越大，个人的养老待遇则越高。在同一制度条件下，就业年限和工资水平这两个因素，便使得大多数农村迁移工人难以与城市户籍工人分享同等的养老待遇，女性难以与男性分享同等的待遇。在迁移工人当中，女性由于生育和儿童照料，退出正规劳动力市场的时间比男性更早。基于这种情况所作的模拟计算表明，在同样的缴费工资水平上，由于就业期限不同，女性迁移工人的养老金水平仅相当于男性的55%—57%。

为了促进就业、减少老年贫困和养老收入分配中的性别不平等，还需要中央政府制定如下与《办法》相匹配的政策：

首先，动用财政资源建立公共养老基金，设置与价格指数挂钩的最低养老保障线，保证低收入者领取的养老金不低于贫困线。

其次，颁布将迁移工人纳入生育保险的规定，同时要求城市地方政府，资助面向低收入群体的幼儿照料服务设施。

再次，在当前，退出正规劳动力市场的迁移劳动者和非正规就业者的养老问题，只能更多地依赖社会援助而非社会保险来解决。未来农村居民和城市居民社会养老保险制度的建立，将有助于排除这一群体参加养老保险的障碍。

最后，对于为迁移工人缴纳养老保险的中小企业，给予降低税率的政策性优惠。

鉴于全球性金融危机和经济下滑对中国企业特别是中小企业造成强烈冲击，并因而导致大量迁移工人失业，推出全国性迁移工人养老保险计划的最佳时机，当为经济稳固地恢复正常之时。

参考文献

Employment Sector, International Labor Office, 2002, Women and Men in the Informal Economy: A Statistical Picture, pp. 7 – 13 (www. ilo. org/public/libdoc/ilo/2002/102B09 _ 139 _ engl. pdf).

Federal Ministry of Economics and Technology, 2007, Annual Economic Report 2007, Berlin.

Hu, Y. and F. Stewart, 2009, "Pension Coverage and Informal Sector Workers: International Experiences", OECD Working Papers on Insurance and Private Pensions, No. 31, OECD publishing.

James, E., A. C. Edwards and R. Wong, 2003, "The Gender Impact of Pension Reform", Policy Research Working Paper 3074, The World Bank, Poverty Reduction and Economic Management Network, Gender Division.

劳动与社会保障部：《关于当前劳动力市场供求状况的分析报告》，2007 年 6 月 13 日（www. molss. gov. cn/gb/news/2007—06/13/content_ 182044. htm）。

潘毅、黎婉薇编：《失语者的呼声 中国打工妹口述》，生活·读书·新知三联书店 2006 年版。

人力资源和社会保障部：《关于〈农民工参加基本养老保险办法〉和〈城镇企业职工基本养老保险关系转移接续暂行办法〉面向社会公开征求意见的公告》，2009 年 2 月 5 日（www. mohrss. gov. cn/mohrss/Desktop. aspx? path = mohrss/mohrss/InfoView&gid = 7575d82c – 0764 – 4b78 – b459 – c65d64e032b1&tid = Cms_ Info）。

人力资源和社会保障部、国家统计局：《2008 年度人力资源和社会保障事业发展统计公报》，2009 年 5 月 19 日（news. xinhuanet. com/politics/2009 – 05/19/content_ 11400984. htm）。

魏礼群：《正确认识和高度重视解决农民工问题》，载国务院研究室课题组《中国农民工调研报告》，中国言实出版社 2006 年版。

叶文振：《流动妇女职业发展的性别思考》，2006 年 3 月 3 日（http：//www. china-gad. org/HR_ NewsDetail. asp？strDetailId = 8737）。

中国社会科学院、中央档案馆编：《1949—1952 年中华人民共和国经济档案资料选编·劳动工资和职工保险福利卷》，中国社会科学出版社 1994 年版。

朱玲：《农村迁移工人的劳动时间和职业健康》，载《中国社会科学》2009 年第 1 期。

第六篇

劳动与社会保护

计划经济下的社会保护评析

提要 探讨今日的社会保障制度改革，有必要回顾以往的思想理论和制度实践的轨迹。对于乡村人口依然占大多数的中国，更需要以历史和发展的眼光，从城乡社会整合的角度讨论社会保障问题。文章比较了资本主义国家与社会主义国家、欧洲社会主义国家与中国的社会保障制度，论述了后一类国家特别是中国社会保护体系的形成及历史作用，同时对于这一体系在经济转型前的运作特点及存在的隐患作出评析。文末，笔者对于中国经济改革中的社会安全网的构建提出了建设性意见，比如，这一安全网必须保留灵活性，做到既能保护社会，又能适应国内外市场竞争的需要；社会保障项目的设计应有利于劳动力流动并促进二元经济的整合，等等。

目前，每当提到社会保障制度改革，中国学者多半即把注意力投向重构国有企业职工的养老和医疗保险制度。因此，也仅仅是从这个角度回顾现存制度的产生和运行弊病，且以发达国家相应的保障项目的营运为对照，以其他发展中国家保障计划的改革为榜样，来重新设计中国城市社会保障计划。不过，计划经济下保障制度的建立，除了保护生产和稳定社会的目标之外，还有更为广阔的经济理论、意识形态和发展战略选择等的背景。忽略这些背景及与之相关的保障制度所发挥的历史作用，就很可能在革除现存制度弊病的同时丢掉它包含的优越之处。进一步讲，在乡村人口依然占大多数的中国，更需要从发展的眼光和城乡社会整合的角度讨论社会保障问题。因此，探讨今日变革之路，有必要回顾以往的思想理论和制度实践轨迹。本文拟通过对资本主义国家与社会主义国家、欧洲社会主义国家与中国社会保障制度的比较，论述后一类国家特别是中国社会保护体系的形成及历史作用，并对其在经济转型前的运作特点及存在的隐患加以说明。

一 起点的区别

欧美资本主义国家社会保障制度的形成，可以简要概括为如下过程：从农业社会向工业社会的转折使国民面临的风险和不确定性增加，大规模的流浪人口混杂着工业社会的贫困与剧增的犯罪现象滚滚而来。被卷入工业化进程的人们尤其是雇佣工人对改善生活状况、保障经济安全的强烈要求，或通过同业组织的自助活动和工会出面的劳资谈判、或通过工人阶级政党领导的革命活动表达出来。对此，统治阶级不得不作出反应。被视为现代工业社会保障制度经典之作的英国济贫法和德国社会保险法，便是这两个国家的政府在本国的工业化初始时期，对生产方式变革的内在要求和民众的反抗先后作出对策的结果。这一点，一位当代美国经济学家就曾毫不隐讳地予以道破：历史上，左派的部分先见总是被右派保守主义者拿来使用，并借此阻止左派上台。俾斯麦、丘吉尔和罗斯福实行社会福利政策是以保护中产阶级的方式来挽救资本主义而不是破坏它（瑟罗，1996）。

如果说资本主义国家社会保障制度的建立是工业化的一个结果的话，苏联、东欧和中国、越南、朝鲜、古巴等社会主义国家的保障制度，则在很大程度上可以视为工业化的一个起点、前提或组成部分。工人阶级政党在这些国家取得政权，多半是在世界大战结束之际。人民向往和平、安定、富足，执政党需要巩固政权、稳定社会，建立社会保障无疑是争取民众支持、把握社会控制权的有效手段。进一步讲，这也是社会主义理想的一种实现。马克思在《资本论》第三卷和《哥达纲领批判》中曾设想，未来共产主义社会在对个人消费品分配前必须作出一系列扣除，其中包括用来应付不幸事故、自然灾害等的后备基金或保险基金，以及为丧失劳动能力的人等等设立的基金。列宁在十月革命前就制订了保险提纲，苏维埃政权建立后便将这些设想迅速付诸实践（丁之锁，1994）。苏联的保障模式继而又为后起的社会主义国家所仿效。因此，所有这些国家保障项目的设计、权利和义务的规定、管理原则和机构的确立，等等，都更多地源于已有的理论设想，而不是取决于当时存在的生产方式。故而新的社会保障制度虽然在建立之初即发挥了保护生产和稳定社会的功能，但是它从诞生之日起就留有重大隐患。那些隐患积蓄日久，终将爆发，使得整个保障制度在运行数十年之后便逐渐难以为继。这在一些建立社会主义政权之后才开始推进工业化的国家里都可以找到例证，中国即是如此。

二　权利和义务的安排

社会主义国家保障制度最明显的隐患在于，国家与个人的责任关系不平衡。除了南斯拉夫、波兰、民主德国、匈牙利和罗马尼亚，多数社会主义国家计划经济时期的社会保障费用全部由国家（或国有企业）承担，个人虽无缴费的义务却有享受保障的权利（Voirin，1994）。这看起来似乎对双方都有利：个人可以尽管享受“免费午餐”而不必挂虑衣食住行的任何风险，国家则能够一切按计划办事而无须为建立和维护社会契约配置资源。可是这种一切听凭国家安排的做法，既可能在免除个人义务的同时剥夺个人选择的自由，又可能造成个人对国家的过分依赖甚至依附。此外，这种制度安排隐含的一个前提就是国家计划无失误、经济无波动、财政无危机。然而只消引入人口增长过快或老龄化以及经济增长相对迟缓的变量，国家曾经承诺的一切可能就靠不住了，保障制度本身也许倒会成为国民生活中的一个不确定因素。

与上述责任关系相连系，社会保障资金的筹集和管理，都由政府一手操作，实行现收现付制。它不仅与每一个具体的受保人无关，而且也缺少必要的社会监督。在集权制的计划经济时代，企业几近于政府机构的延长部分，承担着相当数量的政府职能。加之企业无权自主经营，一切由国家计划控制，社会保险金一般按企业工资总额的一定比率而不是根据每一个就业者的工资额抽取。这种筹资方式固然简便易行，可是它没有提供单个受保人的信息，使得保障机构不可能建立相应的个人账户，从而也不可能根据与特定个人相关的投保期限确认享权资格及待遇水平，其结果显然是在社会保险领域引入了一个“大锅饭”制度。在这样的制度背景下，个人不关心而且也无从关心保险金的使用和管理，更难以预期自己究竟可以从中得到何种待遇，因为那取决于个人的就业年头和政府的决策而不是其他。如此看来，计划经济下那些称为保险项目的安全措施，例如工伤、养老和医疗保险，实质上少有保险的色彩而更多地属于国家保障的范畴。在这些领域里，保险的基本操作规则与商业保险机构一起被摒除了，留下的只是国家的垄断权利。

假设在同一领域里例如养老项目，有商业保险存在，人们至少可以看到，单个受保人的供款义务、享权资格及待遇在投保之日即通过合同明晰规定，政府则对保险公司的运作实施监督，以确保双方权利和义务的实现。如果在社会养老保险的财务安排中设有个人账户，那么即使退休金的支付额不与供款额和投资利息挂钩，单个受保人的资格和待遇也不难确定，更何况与收入挂钩的补充养老金的积累和发放尤其需要个人账户作为依据。进一步讲，在不设个人账户的情形下，倘若将社会监督机制引入保险金管理，受保人的权利一般还不至于因为就业岗位转换、工作地点更动或社会经济环境变化而变得模糊不清。例如波兰，自 1960 年始即在中央和地方分别设立了由工人、退休人员和政府三方代表组成的监委会，一方面监督资金管理，另一方面对保险诉讼事件负责。与社会保险有关的各方因此有可能相互制衡和监督，到经济转型之时，各方的权利和义务并不难重新划分（Voirin，1994）。以此为对照来看中国国有部门的例子，事情就远非像在波兰那样具有透明性。企业一旦破产，工人的保险权利就成了一笔糊涂账。

三　保障项目的误用

计划经济时期社会保障制度的另一个隐患，是政府对保障项目的误用。社会保障的功能本是规避风险、防止贫困，那就意味着需要设计一些项目用以维持一般国民最低限度的生活需求，如社会保险和社会服务；还有些项目则作为干预贫困的手段，例如社会救济和社会服务。前者的保险对象未必贫困，后者的目标人群则必定是最需要援助的贫困人口。然而计划经济下的保障项目设计，则使项目功能远远超出了上述范围。政府通过社会保障制度将收入分配混同于再分配，将实物收入分配混同于社会服务供给，以至于使保障项目成为推行收入均等化和控制个人消费的工具。

首先，绝大多数社会主义国家在政权建立之初都承诺保障就业而没有设计失业保险或救助项目。这样做的理论依据出自马克思主义经典作家的经济学说。马克思通过对资本主义发展初期工人阶级生活状况的考察和对资本积累的理论分析认为，劳动生产力的发展引起资本技术构成的提高，表现为资本价值构成提高，使得可变资本相对减少，其现象即为机器排挤工人，形成相对过剩人口或失业人口。这一产业后备军的存在形成对在业工人的竞争，从而使后者或过度劳动或不得不接受低于劳动力价值的工资。因此，资本积累的必然产物就是失业和贫困。解决这个问题的根本出路是建立无产阶级政权，消灭私有制（马克思，1867）。由此不难理解，作为资本主义对立面建立起来的社会主义国家，其决策层会以为在剥夺私人资本的同时就必然消除了失业和贫困。进一步讲，新政权的领导人多有武装斗争的经验而少有对现实经济运行过程的理解。他们所制定的社会经济政策，因而一方面基于自己信奉的理论，另一方面取决于巩固政权的需要。在这一背景下，便不难理解为什么就业保障在当时会成为一种顺理成章的制度选择。

其次，虽然这个承诺并未形成任何一个具体的保障项目，但是却在就业政策实施过程中表现出来：劳动者由政府安排工作，而且一旦进入国有部门就无论劳动态度好坏、能力如何，只要不犯罪，就不会被解雇，并有权享有“从摇篮到坟墓”的一揽子保障，即工伤、疾病、孕产、养老、死亡等多种项目构成的“福利包”（见表1）。尽管某些工业化先于社会主义政权的国家早已设立了其中的某些项目，例如捷克、斯洛伐克、匈牙利和波兰，几乎与首创社会保险制度的德国在同一期间颁布了工伤保险或疾病保险法，但是由政府全面提供上述福利包，并将其与就业保障联结在一起，还是社会主义政权建立以后的事。由此而埋下的隐患恰恰来自就业保障的破产，这在20世纪90年代的现实经济中得到了完全的证明。无论是出于劳动力绝对过剩的缘故，还是由于国际竞争压力下不得不关闭低效企业以调整经济结构的原因，90年代大量公开失业人口的出现，使那些作出过就业保障承诺的政府措手不及尴尬不已。即使是仓促地设立失业保险或救助项目来应急，也难以在短期内消除失业和贫困酝酿着的社会危机，因为此类习惯于国家保护的失业者对所遭受的双重打击并无心理准备：他们既丢掉了工作岗位，又部分或全部失去了那些与就业相联系的其他保障。

表 1　　**中欧、东欧转型国家和中国主要社会保障项目的建立时期**

（以首次颁布法令的年份为准）

国家	养老、残疾和死亡保险	疾病、生育保险	工伤保险	失业保险	家庭津贴
阿尔巴尼亚	1947	1947	1947	1991	1992
白俄罗斯	1956	1956	1964	1991	1992
保加利亚	1924	1918	1924	1991	1942
捷克	1906	1888	1887	1991	1945
爱沙尼亚	1924	1924	1924	1991	1922
匈牙利	1928	1891	1907	1957	1938
拉脱维亚	1922	1924	1927	1991	1990
立陶宛	1925	1925	1991	1919	1991
摩尔多瓦	1956	—	—	1992	1944
波兰	1927	1920	1884	1924	1947
罗马尼亚	1912	1912	1912	1991	1944
俄罗斯	1922	1912	1912	1921	1944
斯洛伐克	1906	1888	1887	1991	1945
斯洛文尼亚	1922	1922	1922	1927	1949
乌克兰	1991	—	—	—	1949
中国	1951	1951	1951	1986	1952

数据来源：International Social Security Association（1994）Restructuring Social Security in Central and Eastern Europe，PP. 197—254，Genera。冯兰瑞等：《中国社会保障制度重构》，经济科学出版社 1997 年版，第 47—58、69—71、125—127 页。“—”表示没有可供使用的数据。

再次，政府不仅许诺对劳动者的生、老、病、死都提供保障，而且还把处于正常状态下的劳动者的一些生活必需品消费纳入保障项目，通过行政手段进行分配。这其中，最突出的例子就是住房。国有部门劳动者的住房皆由其就业所在的企业和机构免费提供，个人只需支付有大量补贴的房租，因为劳动者的工资被设定在仅足以支付除住房之外的其他基本生活消费品和服务的水平上。虽说是住房保障项目在非社会主义国家和地区也不鲜见，例如英国的房屋补贴、德国的“社会住房”（sozialer Wohnungsbau）和中国香港的廉租公屋计划，等等，但这些项目只是对市场的补充，只是对低收入人群的社会支持，与社会主义国家以公房分配排除市场的做法绝无共同之处。

其一，市场经济下的住房计划显然是收入转移或曰收入再分配的一种方式，由政府出面，通过向高收入人群征税，对低收入者实行住房补贴，以保障弱势人群的基本生存需要。计划经济下的住房分配实质上是收入分配的一个组成部分，因为个人收入中本应用于住房消费的部分没有发放给劳动者，而是由政府或企业集中起来，以实物形式分配给他们。但分配原则却既非政府所标榜的按劳分配，也非宣传中的共产主义按需分配，而是战时的供给制、新政权下的等级制，以及各类当事人之间的谈判、游说、争夺等因素夹杂在一起的混合物。它并不完全向低收入人群倾斜，因为住房按职位高低分配；它也不特别垂青劳动贡献大的人群，因为实际的分配权由操作这一过程的行政官员而一般非劳动者掌握。

其二，在前一种情形下，有住房市场价格参照，有收入调查前提下对享权人群资格的限定，低收入人群对附有补贴的住房需求，也会自动受个人收入水平和房价、房租水平的遏制（瑟罗，1998）。而在后一种情形，无偿分配创造了对住房的无限需求，其限制仅来自供给短缺以及短缺条件下的行政操作规则。结果，住房似乎永远是短缺的。

其三，市场经济下的住房保障项目是由政府操办的一种公共援助，计划经济下的住房分配则成了企业的社会负担。前者与劳动力流动无关，后者则导致劳动者对企业的依附，形成劳动力流动的障碍。

在中国，除了住房以外，国有部门的从业人员还能够得到上下班交通费、书报费、洗理费、冬季宿舍取暖费等30多种现金补贴（冯兰瑞等，1997）。这些项目显然应成为工资的构成因素，而无须以补贴的形式平均分配。还值得一提的是，大中型国有企业还办有托儿所、幼儿园、学校和医院、疗养所等设施，为本企业职工及其亲属提供免费或附有价格补贴的服务。然而，这其中有相当一部分服务属于社会服务的范畴，例如保健、预防、康复、儿童福利和照料，等等（ILO，1984）。如果说资本主义国家的企业除了根据法律规定为雇员缴纳社会保险费外，也或多或少地为他们提供各种各样可以归纳为职业福利或机构福利的津贴或服务的话（周弘，1998），这种做法有着明确的企业目标，即培养员工对企业的忠诚，并吸引高质量的劳动者，以便加强企业的竞争力。社会主义国家的企业在集权制计划经济下提供给员工的补贴和服务，却并非出于竞争的需要，而是部分地作为平均分配的附加货币工资，部分地作为以实物或服务形式平均分配给员工的收入。

上述以收入再分配取代部分收入分配的制度显然既缺少社会公平，又有损于经济效率。但是一些社会主义国家，特别是苏联和中国的政府为什么会作出这样的制度安排呢？流行的解释是用“低工资、高就业、高福利”之间的政策关系来对诸多原因加以概括：政府为了实现就业保障承诺，在劳动力过剩的情况下便采取一个人的工作几个人干的做法，实行低工资政策；由于低工资不能满足职工的基本生活需求，就设置各种补贴和集体福利来改善他们的生活（冯兰瑞等，1997）。可是这些解释本身就引起更多的疑问：如果说在中国这样劳动力供给过剩的人口大国“高就业”和“低工资”还有必然联系的话，苏联却曾一度因人力短缺而不得不采取奖励多子女母亲的措施来刺激生育，为什么也推行低工资政策呢？再者，既然明知工资加上补贴和集体福利才能满足职工的基本生活需求，为什么不干脆把它们加算在一起直接作为工资发放给个人呢？若想回答这些问题，显然需要简单地回溯一下那些工资和福利政策由以产生的社会、经济、政治和意识形态背景。

第一，“低工资—高福利”所隐含的政策意图，在于政府尽可能地把个人可以自由支配的收入压低到仅能维持生存的水平，以便增大可供统一支配的收入部分。其中，统一分配的福利待遇，即为政府直接分配的个人消费品和服务。这样做的思想理论背景，是社会主义政权创始人对商品生产和交易的排斥。依据马克思对未来社会资源配置的设想，列宁曾在世界上第一个社会主义国家尝试由国家直接调节生产与分配，从而以最迅速、最有计划、最节省的方式分配一切必需品。可是这种制度试验不出三年（1918—1921）就遭到失败，因此才转向新经济政策，在经济调节中引入商品、货币和市场的力量。然而新经济政策也只是作为权宜之计，以回应大工业尚未得到完全恢复和建立、千百万小农和私有经济依然存在的现实（胡家勇，1997）。斯大林到1951年也只是承认把个人消费品纳入商品流通的必要性，但仍然强调，要一步一步地缩小商品流通而扩大产品交换的范围。其根本原因还在于把产品交换与全民所有制相联系，视商品生产和流通与共产主义理想不相容。这可以从他有关农产品剩余的论述中得到注解：为了把集体农庄所有制提高到全民所有制的水平，必须将集体农庄的剩余品从商品流通系统中排除出去，把它们纳入国家工业和集体农庄之间的产品交换系统（斯大林，1951）。

第二，“低工资—高福利”作为个人收入分配和再分配的工具，反映的是对收入均等化的意识形态诉求。在集权计划经济时代，工资是依据按劳分配原则分等级制订的。不同等级之间虽然差距不大，不足以对劳动者产生激励，但毕竟高低有别，那么从理论上讲，政府对所掌握的福利品平均分配即可促进收入的均等化。问题是这一部分产品和服务既有平均分配的部分（例如交通、洗理和书报补贴）；也有按需求分配的部分，即具有社会保障功能的部分，例如困难补助和医疗服务；还有根据个人身份等级供给的部分（例如住房待遇）。后者产生的巨大不平等恰恰在统计上难以反映出来，在国际比较中也常常被忽略，从而被工资和平均分配的福利部分所呈现出的均等化所掩盖。事实上这样的分配既缺平等也少效率，而且还与制度设计者的初衷相悖。

第三，实施“低工资—高福利”政策的直接经济原因，是政府力图加速积累和实现工业化的需要。为了维持较高的积累率，政府在经济转型前一直把个人消费控制在较低的水平上。在农村，通过农产品低价收购的办法把剩余产品转移到政府手中，使生活水平原就低于城市的农业人口长期得不到改善收入的机会；在城市，则以低工资、高福利和生活必需品价格补贴制度维持个人低收入水平，从而尽可能增加企业上缴财政的利润。这里，所谓高也只是相对于工人的生存工资和极低的农民收入而言。若从个人生存和发展的需要来看，这些福利待遇水平并不高，因为它主要还是用于生存领域。以中国的国有企业为例，1978年政府对职工的各项补贴相当于工资的82%。这其中，劳动保险和医疗费占22%，食品补贴高达34%，房租、取暖、探亲和交通补贴约占19.3%，余者为其他集体福利。如此看来，“低工资—高福利”政策不过是为政府集中配置资源、决定积累和消费比例提供了方便。事实上，以苏联和中国为典型的国家工业化，都是以25%—30%的积累率为支撑的，远远高出市场经济国家的一般水平（罗德明，1995）。

在经济欠发达国家迅速实现工业化，无疑需要抑制个人消费的过快增长。以集权计划经济的手段达到这一目标，在当时的国际政治和国内社会经济条件下也许还不失为一种理性的选择。然而，一旦把集权计划经济固定为长期实行的制度，就难免导致政府权利排挤个人权利，以政府管制取代市场作用。这其中包含的危险更是对国家力量的迷信。值得注意的是，在一元化的集权国家，国家是什么？国家实质上就是政府。政府是什么？政府就是其决策集团。决策集团是什么？是一群集行政和经济权力的垄断于一身的人，但在信息获得不完全这一点上，他们与普通人又没有什么差别。因此，决策失误或多或少不可避免。只不过这一集团投资决策的失误，造成的浪费和损失却是无可比拟的。工业化实现后，社会主义国家的个人消费依然受到极限积累的挤压，无效投资也日积月累不断增加，逐渐把国家财政及其所支持的社会保障项目一起拖到危机的边缘。至此，集权式的计划经济制度也就走到了尽头。

四　保障项目的覆盖

就国家提供的养老、医疗和伤残保障等项目而言，在苏联和东欧社会主义国家皆为全民覆盖（Meierkord and Sailer，1884），在中国和越南，则主要是城市公有部门从业人员和职业军人的特权（Lu Aiguo，1996；Jansen，1997）。中国之所以在这一点上采取了不同于欧洲社会主义国家的政策，首先是因为工业化程度低、农业人口规模巨大、国家财力薄弱，难以对农业劳动力提供与工业部门从业人员同等的保障待遇。即使以90年代中期中国经济持续增长而其他对照国仍处于经济低谷的状态作比较，中国在人均资源禀赋和收入水平方面的劣势还是显而易见的（见表2）。尤其是人均国内生产总值，仅相当于俄罗斯的1/5，还不到捷克的1/6和匈牙利的1/7。对照国的总就业人口中，农业的份额大约都在11%—24%之间。这个比率在中国则达58%，经济转型前还要高一些，约为80%。

表 2　　中国和一些中欧、东欧转型国家发展指标选录

国家	人口（万人）1995 年中 *	面积（万平方公里）	人均国内生产总值（1994 年美元）*	平均预期寿命（岁）1994 年 *	农业就业人数占总就业人数比重（%）	社会保障支出占国民生产总值比重（%）1987 年 ***
中国	119090	960.0	530	69	58.0 *	2.8
俄罗斯	14830	1707.5	2650	64	14.0 **	10.8
波兰	3850	31.3	2410	72	15.0 **	10.3
捷克	1030	7.9	3200	73	11.0 **	20.9
斯洛伐克	530	4.9	2250	72	12.0 **	20.9
罗马尼亚	2270	23.8	1270	70	24.0 **	9.6
保加利亚	840	11.1	1250	71	13.0 **	15.1
匈牙利	1030	9.3	3840	70	15.0 **	17.3 **
立陶宛	370	6.5	1350	69	18.0 **	—
乌克兰	5190	60.4	1910	68	20.0 **	17.8
爱沙尼亚	150	4.5	2820	70	14.0 **	—

注：表中有关俄罗斯社会保障支出的份额借用的是苏联 1987 年全国统计数字。

* 世界银行：《从计划到市场》（中文版世界发展报告），中国财政经济出版社 1996 年版，第 21、190—191 页。

** UNDP, 1997, *Human Development Report*, pp. 209 and 212, Oxford University Press, New York, Oxford.

*** ILO, 1996, *The Cost of Social Security: Fourteenth International Inquiry* 1987—1989, Comparative Tables, pp. 73 and 75, printed in Geneva.

其次，多数欧洲社会主义国家的农业机械化程度较高，农业劳动者的生活和工作条件与工业工人的相去不远，因而也需要相近的防护措施以应对工作和生活中的风险，例如伤残和疾病的袭击。相形之下，计划经济下的中国农业在现代化的道路上进展缓慢，乡村劳动者面临的风险，依然是传统农耕社会所具有的风险，故而在这一点上中国政府没有仿效苏联模式，而是作出了一系列与当时乡村实际情况相适应的制度安排。

第一，通过土地改革和随之而来的农业集体化，使农民先是个人拥有土地继而实行对土地的集体所有。在这两种形式下其实都保持了耕者有其田的状态，从而将土地作为农民及其家庭的生存保障。这其中，集体化为

将农业纳入计划经济体系奠定了制度基础。一方面，政府借助于统购统销政策低价收取绝大部分剩余农产品，只给农民留下大致足以果腹的口粮和少量用于集体储备以及公共积累和公益事业的农产品剩余；另一方面，又采取粮食返销的方式，售予缺粮地区的农民和专事蔬菜和畜牧生产的集体组织低价粮。此外，还对灾民和特困户提供亟须的救济食品和衣物。这样的制度安排，只是维持着农民及其家庭低水平的食品保障，使他们获得了生存水平上的经济安全。

第二，在人民公社时代，集体生产组织对既无劳动能力又无经济来源的老、弱、孤、残成员实行“五保”制度，即保吃、保穿、保住、保医和保葬（孤儿保教）。虽然保障水平也很低，但还不至于使这一弱势人群处于被排除在正常社会生活之外的境地。

第三，建立农村三级卫生保健网及合作医疗制度，使农村人口得以用较低的花费获得卫生防疫和流行病防治方面的服务。尽管合作医疗并未像苏联、捷克、保加利亚和匈牙利等国的医疗保障制度那样，使集体农庄成员获得免费医疗和工伤、病假和孕产假补贴（Savy，1972），但毕竟有效地减少了农村人口因小病不治而丧失健康和劳动能力的风险。在60年代和70年代，即合作医疗制度发展的高峰期，全国80%左右的村庄都在这一制度的覆盖之下（Hu ShanLian，1997）。

第四，至于农业人口中的老龄人群，皆有从生产队分得口粮的权利，但对老年人的照料则依赖于其家庭。这可以称得上是一种集体生产组织和家庭相结合的养老形式。虽然它从未得到过任何正规的保障制度名称，但实际上起到了在生存水平上实行养老保障的作用。

如此看来，尽管计划经济下的中国社会安全网赋予工农业劳动者乃至城乡居民的社会保护程度大不相等、支付水平截然不同，但是它毕竟由于政府的支持而使全国人民都获得了生存意义上的经济安全。这就使中国在社会保护方面的成就高于其他同等水平的低收入国家，因而被视为欠发达国家推行公共支持式社会发展战略的一个典范（Dreeze and Sen，1989）。

五 结论

社会保障项目的诞生，在资本主义国家大多是由工人阶级的斗争助产的；在社会主义国家则直接出自于执政党对共产主义理想的追求。正是由于这美好理想的导引，此类国家的决策层并未把社会保障项目仅仅作为保护生产、预防贫困和稳定社会的手段，而是赋予它更多的使命，即消除失业和贫穷、实现收入均等化和提高人民生活水平。故而在制度设计中将收入分配与再分配混杂在同一个过程之中，或者说将目标截然不同的社会保障制度与收入分配制度交错安插在一起，如同拼装了一幅阴阳互补的太极图。且不论城乡差别以及官员与百姓的差别，仅就城市居民内部和乡村居民内部而言，收入和保障待遇的分配称得上是均匀的。这在东西方两大阵营直接对峙的时代曾是不争的事实，而且由此还或多或少地引发出双方的福利竞赛。资本主义国家的政府在逐渐扩大的范围内卷入收入再分配，使福利国家模式在20世纪60年代达到鼎盛时期。可以说竞赛的积极作用在于世界范围内社会保障项目的推广和保障水平的提高。

社会保障项目在社会主义国家还是计划经济下推行工业化的一个前提，或工业化战略的组成部分。它与就业、工资和生活必需品补贴制度一起，成为政府压抑个人消费、实行极限积累和加速工业化的工具。出于这个原因，多数社会主义国家的政府曾经承担保障项目筹资和管理的全部责任，而免除受保人直接缴款或纳税的义务，同时也剥夺了后者进行个人选择的自由和监督保障项目运营的权利。这种权利和义务的不对称以及相关的财务安排，显然也是由计划经济的制度框架所决定的。

当然，即使是在相似的制度框架下确立的同一名称的项目，其覆盖面和支付水平、筹资规则和管理方式，等等，也无不受特定国家人文、地理、经济、政治、文化、伦理道德、法律和行政条件的制约，不同国家的项目设计因而也有可能大相径庭。欧洲社会主义国家凭借优越的人均资源禀赋条件、较高的工业化水平和农业机械化程度，建立了以普及化为特征的国家保障体系。处于二元经济状态的中国，则设计了具有二元特征的多种保障项目。尽管这些项目处处显露出城市偏好和国有经济偏向，以至于城乡人口相对照前者保障过度而后者保障不足，但是与其他发展中国家相比，它毕竟为国民提供了生存意义上的经济安全。尤其值得一提的是，在乡村通过对生产和分配制度的干预将集体保障和家庭保障相结合，并辅之以对基层社会服务的实质性改善，使得中国在同等水平的低收入国家中走在了社会发展的前列。

然而，政府对权利和义务的垄断以及对保障项目的误用，使整个经济缺乏激励缺少效率，当人口结构发生变化和经济结构不得不进行调整的时候，保障项目的运行就将由于缺少足够强大的经济基础支撑而难以为继。在从计划经济向市场经济转折的过程中，苏联和东欧国家都程度不等地经历了经济急剧下滑、通货膨胀和失业压力迅速加大的困难局面，此时原有的社会保障制度陷于瘫痪，新创立的社会保险计划运转不灵。在改革中设立的保险项目以缴费或储蓄为前提，可是，大量突然陷入低收入或贫困阶层的居民却无力缴费，不少经营困难的企业也无能供款。因此，被称为“社会支持”的救济和补贴项目成为转型过程中应急的保障手段。在此期间，社会保护措施负有极其沉重的政治使命，即维持最低水平的经济安全和最低限度的社会公平从而保持社会的稳定。

中国虽然自改革以来一直保持着令人瞩目的高速经济增长，可是所承受的巨大的人口压力以及失业和就业不足的压力一点儿也不亚于其他发展中国家。更有甚者，中国由于实施严格的计划生育措施，人口老龄化速度比别的国家还快一些，其他诸如通货膨胀之类的经济难题也不比苏联和东欧国家少。然而，中国社会保护体系既有一般发展中国家的弱势，又包含其他转型国家曾经有过的弊病。因此，对应于中国经济改革的社会安全网构建，存在着双重的难题，也面临着社会整合的机遇。这一背景下的制度选择必然需要从多种角度考虑：第一，在经济全球化的态势下中国的社会安全网必须保留灵活性，做到既能够保护社会，又能够适应国内外市场竞争的需要。为此，有必要在设计改革方案时，把政府的作用严格地限制在基本社会保险的领域里，同时通过法律、法规和政策鼓励和调动企业、社区、村落、家庭、个人和其他社会机构的作用。第二，社会保障项目的设计应包含有利于劳动力流动和促进二元经济整合的机制。例如，无论是城市居民还是乡村人口，都可以依据就业身份划线（雇员、雇主和自雇者），以便确定其权利和义务。第三，社会保障行政权力的安排，必须有利于消除部门垄断，缩小地区差距。第四，转型中的社会保护只能以应急措施与制度建设并进的方式实现，即将扶贫项目、救济措施、再就业工程的实施与社会保障制度改革相结合。

参考文献

Dreeze and Sen, 1989, *Hunger and Public Action*, Clarendon Press, Oxford.

Hu Shanlian, 1997, China Health Sectorial Report: Problems and Prospects, in *Study on Social Sector Issues in Asian Transition Economics*, printed by Asian Development Bank.

ILO, 1984, Introduction to Social Security, printed in Geneva.

Lu, Aiguo, 1996, *Welfare Changes in China during the Economic Reforms*, in the UNU/WIDER Research for Action Series (No. 26), Helsinki.

Meierkord, J. and M. Sailer, 1994, Technical Cooperation in the Reform of Social Policy in Central and Eastern Europe, pp. 144 - 145, in ISSA ed. version, Geneva.

Savy, R., 1972, *Social Security in Agriculture*, International Labor Office, Geneva.

Voirin, M., 1994, Social security in Central and Eastern Europe: Continuity and change, in International Social Security Association ed. 1994, *Restructuring Social Security in Central and Eastern Europe*, pp. 155 - 194, Geneva.

丁之锁：《社会保障比较研究》，博士学位论文，中国社会科学院研究生院，1994年。

冯兰瑞等：《中国社会保障制度重构》，经济科学出版社1997年版。

胡家勇：《政府干预理论研究》，东北财经大学出版社1997年版。

罗德明：《中国经济的运行与发展》，社会科学文献出版社1995年版。

马克思：《资本论》，人民出版社1975年版。

瑟罗·莱斯特：《资本主义的未来》，中国社会科学出版社1998年版。

斯大林：《苏联社会主义经济问题》，人民出版社1961年版。

周弘：《福利的解析：来自欧美的启示》，上海远东出版社1998年版。

转型期的俄罗斯社会保护*

提要 安全，是人类生存的一项基本需求。迄今为止所产生的各种正规或非正规社会保护（social protection）方式，原本都是出自人类规避自然、经济和社会风险的需求。那些欠缺经济和生命安全保障措施的个人、家庭或群体，在面临老龄、患病、伤残和其他灾害风险情况下，即为脆弱群体。当一个社会处于激烈转型的时期，大多数成员的生计都会因此而增添更大的不确定性。此时的社会保护体系将不仅仅是帮助脆弱群体应对经济风险的常规安全设置，而且还是维护社会稳定与社会和谐的关键性政策工具。这一点，笔者在观察俄罗斯社会保障体系变革时感受良多。以下，根据2000年10月和2006年9月两次去莫斯科和圣彼得堡所做的笔记展开讨论。

一 “社会稳定器”

20世纪90年代，俄罗斯经历了举世瞩目的经济体制“休克疗法”、与政体变动相联系的苏联解体和接踵而来的金融危机等等。其间每一重大事件都有可能引发社会动乱，从而对整个社会经济造成难以估量的烈性破坏。然而，尽管这些危机对百姓生计产生了沉重冲击，俄罗斯的社会秩序并未崩溃。这其中包含的一个重要原因，就是社会保障体系发挥了类似“稳定器”一般的作用。

---

* 本文曾以《“社会稳定器”与俄罗斯社会保险》为题，载冷溶主编《科学发展观与构建社会主义和谐社会》，社会科学文献出版社2007年版，第429—435页。

这个体系建立于苏联时代，其特点一是覆盖全民，二是覆盖项目广泛，生育、医疗、工伤、失业、养老等都在内，正所谓一个人“从摇篮到坟地”，处处有国家照顾。苏联解体之时，俄罗斯与世界上其他福利国家面临的困境相似，全民公费医疗和国家及企业养老制度在人口老龄化来临的情况下难以为继。加之苏联原有社会保障体系管理效率低下，解体后经济大幅下滑，更增加了维持这些制度运行的困难。1998 年的俄罗斯金融危机给普通百姓带来了深重的灾难，贫困发生率从危机前的 20% 上升到危机后的 38%，贫困率最高点曾接近 45%。面对这种情况，俄联邦政府的主要对策是加强社会援助，并着手进行养老保险和医疗保险改革。

二 社会援助项目

苏联解体以来，俄罗斯男性人口的人均预期寿命减少了 10 岁。这一变化，标志着社会发展停滞甚至倒退。对此，普遍的解释是俄罗斯在实行“休克疗法”的过程中，广大民众尤其是男性劳动者的身心健康因生活水平下降和心理压力突然增大而遭受到严重的损害。强化社会救助，可谓是俄联邦政府扭转这种趋势的药方之一。

俄罗斯联邦、省/区和市三级政府都设有社会保护部门专司社会援助事务。重点援助项目是儿童津贴和贫困户住房补贴。1998 年危机期间，绝大多数贫困人口都生活在多子女家庭和农场职工家庭，据统计，在那些至少有 3 个孩子的家庭中，93% 的家庭都生活在贫困线以下。当时，有权享受社会援助者高达一亿人，约占全国总人口的 68.4%。与作为人口大国的中国不同，俄罗斯实行鼓励生育的人口政策，2000 年每个儿童每月可领取 58 卢布①的津贴。2006 年，笔者从莫斯科一位宾馆服务员娜塔丽亚那里得知，随着经济好转，儿童补贴已经增加到一年 2000 多美元。俄罗斯冬季严寒，因此住房补贴深受关注。居民户住房支出若超出其月收入的 20%，超出部分由政府支付。儿童援助对普通家庭生计的影响，从娜塔丽亚的口述中可见一斑。

---

① 美元与卢布的兑换率在 2000 年 10 月为 1∶27.8，在 2006 年 9 月为 1∶26.5。

案例1 宾馆服务员娜塔丽亚

娜塔丽亚（音）40多岁年纪，家有4口人：她和丈夫以及一儿一女。丈夫原为一家医疗器械厂的技术工人，每月工资17000卢布（相当于640美元）。最近几个月因不想工作而离岗，此间无须交税也没有申请社会援助。她介绍，莫斯科市政府对失业者每月提供社会救助金。娜塔丽亚和丈夫都有医疗保险和社会保险。娜塔丽亚的社会保险税从工资中直接扣除。她每个星期只工作3天，月工资为17000—18000卢布。

娜塔丽亚的儿子今年20岁，上过11年学。上学期间不用交学费，也不用交书本费。学校为了节约资源，给学生发放的都是使用过的课本。目前，儿子正在学做厨师。女儿今年6岁，在公立医院出生，在社区幼儿园受照料，全都免费。政府对养育小孩有奖励和补助，但是领取程序很麻烦，娜塔丽亚只领了应得的一部分，大约相当于每年2000美元。

至于家庭支出，娜塔丽亚认为日常消费项目都不算贵，例如暖气和用电，但是汽车保养和汽油费都太高。因此，她家虽然有辆汽车，但已老旧，平日根本不使用。①

三 养老保险与老年福利

自1992年始，俄罗斯原有的社会保障体系开始向强制性社会保险制度转型。企业/机构和从业者必须缴纳社会保险税，税负大约总共相当于工资总额的25%。政府为特殊行业例如军事人员供款，并为贫困人口提供相当于基本养老金2/3的特种养老金。由此筹集的资金加上政府的财政支出，一起投入全民共享的“社会保险包”，例如基本养老金、病休收入补贴、失业保险金，等等。病休收入补贴基金与医疗保险基金不同，前者用于部分地补偿就业者因病造成的收入损失，后者用于疾病预防和医疗。在

① 9月22日上午，笔者请本院东欧所王伟同志在他下榻的宾馆随意找一位服务员，由他接电话即时口译笔者的提问和服务员的回答。

社会养老筹资从现收现付制向资金积累制转型的过程中，俄联邦采取了“新人新制度、老人老办法”的政策，尽可能地减轻老龄群体在社会经济制度变迁中受到的冲击。

2000年访俄期间，笔者一行曾在距莫斯科100多公里的高纳戈瓦小城附近，走访住在伊尔基诺村的一个养老金领取者家庭。俄罗斯职工的法定退休年龄为男60岁、女55岁，这个家庭的女主人瓦莉雅和她的丈夫虽然刚满退休年龄，但享受养老待遇已经10年了。因为他们曾在化工厂从事对身体有害的工作，所以按规定均可提前10年退休。当时，丈夫和她的养老金分别为每月840卢布和820卢布。这笔收入虽然低于官方公布的贫困线，他俩却未陷入贫困。原因在于，苏联时代的城市居民户在城外都有小别墅和园地，如同中国农民都有自留地一样，其庭院种养业产品不仅可以满足他们的基本食品需求，而且还能用于出售。瓦莉雅夫妇从未一无所有：在城里有一套三居室的公寓房，在伊尔基诺村继承了父母的一座两居室独立住宅，住宅周围附有可耕地约4亩。瓦莉雅把城里的房子让给女儿一家居住，自己和丈夫搬到村里种菜养牛。自产的土豆、蔬菜和牛奶除了自食外，按照当年的市价，一年还能卖出大约1000卢布的土豆和16000卢布的牛奶，扣除生产成本后的所得对于老两口便是一笔相当可观的现金收入。那些不具备劳动能力或没有这许多财产的老人，若想维持正常的家计支出，恐怕就不似瓦莉雅夫妇那么幸运了。那时候，养老金领取者中的贫困人口大约为20%。除了申请社会救助，他们还不得不借助于“再就业”和亲友之间的互助来维持生计。

需要说明的是，俄罗斯继承了苏联时代对退休人员的福利政策，养老金领取者在使用公共交通和文化卫生设施方面都享受免费待遇，这些实物性补贴或多或少地降低了他们的个人消费支出。近年来，国际市场能源价格大涨，倚重能源出口的俄国经济增长强劲，日渐雄厚的财力为社会保险计划的实施和百姓生活的改善提供了物质基础，老龄人口的脆弱性因社会援助的显著增强而降低。

四 全民健康保险

在某个特定时段，如果说养老和育幼保障仅涉及部分人口的话，健康保障则关乎每个人即时的基本生存需求、整个社会的人力资本质量和全体国民的福祉。正因为如此，社会医疗保险的产生在历史上即先于社会养老保险，卫生体制改革在任何一个国家都会成为社会焦点领域。这在俄联邦也不例外。出于对农村医疗保险和卫生服务体系改革的关注，笔者于2006年9月20日下午走访了转型经济研究所的Eugenia Serova教授。Serova从苏联的全民医疗保障谈起，把1992年苏联解体作为关节点，逐步刻画出经济转型中农村医疗保健体系的变化轨迹：

第一，苏联时代全民医疗保障的特征，是医生诊断和病人住院免费，门诊病人吃药则自掏腰包购买。医院分属部委、市政、企业和农场，投资和运行资金分别来自所属机构。根据1993年生效的医疗保险法，俄罗斯在职人员的医疗保险费占职工工资总额的3.6%，由雇主负责向医疗保险基金缴纳。地方政府向基金注入的财政资源，用以支付职工子女、退休人员和残疾人的医疗费用。

第二，全民享有社会基本医疗保险。这一制度保证患者免费享受急救、见大夫、疾病预防和住院服务。除此而外，儿童、残疾人和战后退伍老兵还免费享受疾病观察、渐愈疗养和康复服务。基本医疗保险排除的项目（即消费者必须自掏腰包的项目）如下：门诊用药、牙医服务、滋补药品、化妆整容，以及在非指定部门机构进行的疗养和康复。Serova出示了她的基本医疗保险卡，并允许笔者拍照。她自豪地强调，只要带上这张卡，在俄罗斯的任何地方，都可以得到基本医疗保险制度规定的免费医疗服务。

第三，地方政府从医疗保险市场选择服务质量上乘且成本合理的保险公司，由中选的公司来管理社会医疗保险基金。

第四，基本医疗保险覆盖的医疗服务项目，由国家（公立）医疗服务体系提供。

第五，企业/机构或个人可以自愿购买附加医疗保险。Serova解释道，与基本医疗保险相比，这类保险并未覆盖更多的医疗服务项目，只是可以使投保人获得质量较好、等待时间较短的服务。服务提供机构既可以是外资医院，也可能是国家（公立）医疗体系。究竟选择何种服务机构，取决于投保单位选择的保险额。例如，她所在的研究所为雇员购买的附加医疗保险，规定必须在国家（公立）医疗机构就诊。有了这种附加保险，只不过可以使患者在见大夫的时候免去排队的麻烦，住院的时候能得到较好的房间和设备。因这些优惠引起的费用，由保险公司按照市场价格（commercial rate）支付。

第六，农村医疗服务供给质量低下的问题依然没有解决。在苏联时代，农场分为国营农场和集体农庄。集体农庄承担村庄“社会服务包”的筹资责任，例如学校、诊所、取暖服务，等等，国营农场的社会服务包则列入财政预算。1992 年以后，集体农庄解体，村庄的社会服务包转交地方财政筹资。结果，在财政状况较好的地区，实现了村庄社会服务体系的平稳过渡；在财力薄弱的地区，包括医疗服务在内的所有社会服务都趋于衰落。年轻一代劳动者纷纷奔向城市，整个农村陷入凋敝境地。

Serova 认为，在目前城市人口集中、经济繁荣的情况下，很难把优秀的服务人才引向农村，例如技术高超的医生。再说，农村人口稀少而且居住分散，高水平医生在那里也不可能充分发挥其技术潜力。既然现在国家政策强调建设农村，又有现代信息技术和电子通信技术可用，倒不如投资于远程医疗服务系统，如同远程视频教学系统一样，使农村居民在最近的医疗中心，即可通过远程医疗系统获得高水平的医生服务。这样，还可免去他们奔波于村庄和城市综合医院之间的时间和费用。在笔者看来，对于农村人口仅占 14% 的俄联邦，这条思路既有创新性又有可行性。

五　结语

与中国不同，俄罗斯和东欧国家在经济转型前已经实现了工业化，并建立了与之相适应的全民社会保障体系。尽管这种体系运行效率不高，但在发生经济衰退甚至危机的时刻，还是发挥了堪称“社会稳定器”一般的关键作用，尤其是保障了贫困群体的生存安全。在经济转型过程中，原有的社会保障体系在筹资和管理方式上，发生了适应于市场经济机制的变化。这些变化，突出地表现在社会保险制度的建立和运行方面。

（1）苏联计划经济时代的现收现付制度，往往使人们对社会保障项目产生一切免费的误解。事实上，“天下没有免费的午餐”，只不过为社会保障项目付费的方式在改革前后大不相同罢了。改革后的筹资制度明确了国家、企业/机构和个人的责任，体现了“我为人人，人人为我”的原则。它强调的是个人义务和权利的对等，突出的是保障全体国民、特别是脆弱群体的基本需求。

（2）社会保障体系涉及筹资、管理和服务供给多种机构，要做到制度公正透明、要实现有管理的竞争，需要匹配一系列足以使各个利益相关集团相互制衡的制度以及与此相适应的监督手段。据此，俄罗斯还有很长一段路要走。例如，基本医疗保险定点公共卫生机构由于竞争不足和欠缺管理，依然如同计划经济时代一样服务质量不良。

（3）最近六年来，俄罗斯各类社会保障项目的给付水平显著提高，这是整个国民经济增长的结果。中国虽然在近二十多年来保持了高速增长，但是相对于俄罗斯人均国内生产总值4000多美元显示出的经济实力，还是没有完全摆脱欠发达的地位。尤其是中国城乡差距显著，绝对贫困人口数量巨大，落后地区仍然难以逾越诸多发展障碍，这就使社会保护体系的转型面临更加复杂而严峻的挑战。因此，中国的社会保护体系构建，必须保持适当的制度弹性，以求与经济发展水平相适应。

（4）市场经济机制的采用在提高资源配置效率的同时，注定带给社会成员诸多与此相关的风险和不确定性。社会保护体系必须留有调整的余地，能够及时回应新出现的风险，既要保障全体国民尤其是脆弱群体的生存安全，例如包括营养、居住等属于“温饱”概念的最低需求；又能保障社会成员享有基本的发展机会，例如接受基础教育和基本健康服务。这样，才有可能使社会保护体系具有促进平等发展和社会和谐的作用。在这个意义上，俄罗斯的社会保障体系在转型中实现了对社会成员基本生存和发展需求的保障，但依然还有需要调整的地方。对此，读者可以从笔者记录整理的两个案例故事中揣摩体会。

案例2 外企司机戈里亚

司机戈里亚（音）今年37—38岁，有一个“丁克”（夫妇二人）之家。也许是因为在外企工作，他习惯于用美元计量工资和大宗物价。戈里亚的夫人是一家小商店的营业员，每月工资收入300—400美元。戈里亚每月工资1000美元，大约需要缴纳100多美元的社会保险税（包括中资企业应为他缴纳的部分）。夫妇俩住在戈里亚父母留给他的“小两居”住房里，此外，他们在郊外还有小片园地和别墅。两人之所以不生育小孩，主要是因为住房面积太小，生活费用太高。尽管生育一个小孩政府会补贴25万多卢布，戈里亚认为，这与父母为育儿必须付出的时间和货币来比还是太少了。他家周围建起了不少新房，每平方米的价格高达5000美元。戈里亚说：“房子贵得根本买不起，看来这辈子都别想住新房子了！”

他认为，如果每月工资低于500美元，就难以维持正常的家庭消费。戈里亚家的收入主要花费在购买食品、用品和维护别墅上，不多的社交活动也有少许支出。他平日抽烟、喝酒，偶尔会给父母一点儿钱。由于收入不高，从未出国旅游，只能去黑海休假。最近两三年，连黑海也不曾去过。

从娜塔丽亚（案例1）和戈里亚（案例2）感到遗憾的事情来看，多半与中国基层百姓特别是贫困群体关切的温饱、就业、教育、医疗和住房问题不在一个层次上。可以说，目前俄罗斯民众遇到的毕竟是富国的困难，而中国百姓面临的依然是穷国的麻烦。

德国劳动力市场改革与人力资本投资*

提要 自2003年始，德国推行了一系列劳动力市场改革措施。改革的取向，是放松劳动力市场管制从而增强就业灵活性。为此，德国政治家和经济学人做了大量社会动员工作。在理论上，强调向有关社会市场经济制度的基本思想回返，将就业安全性与灵活性相结合。在政策设计中，对劳动和社会保障管理系统实行"去官僚化"改造，变革社会救助和失业保险条例，激励失业者从事灵活就业。同时，辅之以对人力资本的大规模公共投资，并以就业目标为导向，在职业培训和中介领域引入竞争机制。在经济整体向好的形势下，德国改革取得了就业形式多样化和失业率下降的成果。这其中的理论和制度创新，值得中国决策者和公众借鉴。

2008年1月19日，笔者参加中国社会科学院代表团赴联邦德国考察一周。此间诺基亚投资转移事件成为德国新闻的一个热点，本文拟将由此案例切入，根据访德座谈记录和对话机构提供的文献，简介近年来德国劳动力市场的改革背景、政策措施以及改革成效，并对其中具有普遍意义的经验加以讨论和归纳。

一 诺基亚"关厂"与就业岗位的国际竞争

多年前，诺基亚公司与北威州政府签订了一个为期12年的协议，前

* 本文曾以《促进就业：德国劳动力市场改革》为题，载《中国工业经济》2008年第3期。

者在波鸿（Bochum）投资建厂，后者提供大约900万马克的补贴。工厂自1989年始投产，为诺基亚的全球市场生产移动电话。到2000年，波鸿工厂雇用人员达3000人。此后，公司为了降低工资成本，一方面，逐步裁员，从总量上削减工作岗位；另一方面，增加临时工，减少长期工。到2008年1月15日关厂时为止，雇用人员仅2300多人，其中将近1/2为临时工。德国工会联合会国际和欧洲工会政策部主任Lutterbach博士强调说，这些临时工实际上是长期雇用，但是就业保护程度却远远低于长期工。2005年，波鸿工厂的工人每周工作时间不到35小时，税前月工资在1600—2200欧元/人。据德国媒体报道，这个工厂一直运营良好，2007年依然盈利。然而诺基亚公司却认为，就降低全球市场成本、提高效率的要求和增强企业的灵活性而言，在德国生产移动通信设备已不再可行，因此才不得不作出这个艰难的关厂决定。这个决定一经公布，德国朝野顿时群情激愤。诺基亚关厂不仅直接导致2300多人失业，而且还减少了那些与波鸿工厂相关的生产和服务企业的订单，最终将会使就业岗位的缩减呈现乘数效应，并因此而对地方社会经济造成沉重打击。厂里的雇员及其家属连续几天集会抗议，德国钢铁（制造）行业工会（IG-Metal）组织其他企业和城市的工会会员前往声援。北威州的经济部长也在电视采访中，要求诺基亚公司至少偿还建厂时得到的补助。

联邦就业服务机构国际关系处处长Schauenberg博士倒是冷静得多。他告诉笔者，诺基亚关厂并未违反当初与北威州的协定，因为12年期限已过。现在，诺基亚公司正在罗马尼亚建厂，那里的工资水平仅为德国的十分之一，劳动者的受教育程度却不低。相似的事件其实已经发生过多起，例如，瑞典某电器公司原先设在纽伦堡的一个制造厂前些年迁往波兰，该市因此而失去的就业岗位也将近两千。在每一次投资转移涉及的失业者当中，那些高技术人员很快就能重新找到工作，而从事较低技术工作的人，则很可能陷入长期失业的境地。在经济全球化形势下，资本能够很方便地流向投资安全而且回报率较高的地方。德国虽然投资环境安全，但劳动成本过高，这导致与投资相联系的就业机会和税收向国外转移，劳动力市场正是在这样的国际背景下开始改革的。Schauenberg博士认为，诺基亚关厂事件值得联邦和各州政府反思，到底是凭借补助措施吸引投资呢，还是依靠改善人力资本和基础设施来增加吸引力。

需要说明的是，在日益激烈的国际竞争面前，德国人并未失去自信。联邦政府经济与技术部东亚处处长 Meier 先生介绍说，德国仍然是世界上最成功的出口大国之一。两德统一后总人口为 8200 万，年出口额占世界出口总额的百分之十以上。德国依然坚持贸易自由的主张，采取以技术创新为主导的竞争战略，凭借高质量的劳动力参与国际高科技行业的就业岗位竞争。正因为如此，德国已经不存在低技术高污染行业。在环保领域，德国自 20 世纪 70 年代以来一直居世界领先地位，既掌握多项环保技术专利，又在环保行业创造了就业机会。近年来，国内开始通过减税刺激企业投资，2008 年减税额将近 50 亿欧元。这将会在促进经济增长的同时，创造更多的就业机会。

二　劳动力市场改革的国内原因

当前，德国人所说的劳动力市场改革，实质上是税收、就业及相关社会保障政策的改革。前述经济全球化中就业岗位的国际竞争，只是改革的外部原因；最直接的内部原因，是原有的社会保障政策在财务上难以为继。根据联邦德国经济与技术部官员的陈述，笔者将改革的内部原因归纳为以下三个方面：

第一，人口日益老龄化，社会赡养负担随之也日益沉重，因而需要尽可能提高劳动力市场的参与率。在 2002—2004 年期间，德国的人均预期寿命为男性 76 岁，女性 81.6 岁（Federal Statistical Office of Germany，2006）。根据联邦德国统计局 2006 年对千分之一人口的小样本调查（82369 人），60 岁以上的老龄人口占调查人口的 25.2%。考虑到同期德国退休年龄为 65 岁，据统计，65 岁以上的人口占 19.7%。联邦统计局预测，到 2050 年，德国的人均预期寿命将达到男性 83.5 岁，女性 88 岁。到那时，人口的结构图将会从目前的橄榄形变为雨伞形（Federal Ministry of Economics and Technology，2007）。

第二，联邦财政用于社会保障的支出，以及雇主和雇员缴纳的社会保险费用过高，削弱了公共和私人投资能力，从而导致经济活力减弱，失业率增加，使得纳税人不堪重负。20世纪60年代，联邦德国经济快速增长，加上政治家在竞选中轮番开出的“福利支票”，使得社会保障水平水涨船高。然而，20世纪70年代石油危机之后，经济增长速度放缓，“社会福利病”却日渐明显。这突出地表现在人们的就业意愿减弱，机构和企业中有不少试图提前退休的雇员，大学里赖着一些懒得毕业和就业的学生。笔者20世纪80年代留学德国时注意到，低工资工作多为客籍工人承担。例如：环卫工多为土耳其人，清洁工多为南斯拉夫人。到了草莓成熟的季节，还有土耳其人乘飞机来打短工。德国本土一些有劳动能力的非熟练工人，宁可凭借失业金和社会救助生活，也不接受低工资的工作。

此外，医疗保险由于逐渐演变成免费医疗，导致病人和医生不关心医疗成本，保险公司欠缺控制医疗费用上涨的动力，联邦财政不得不为每年超支的社会医疗保险填补亏空。与此同时，人口老龄化导致养老保险入不敷出，联邦财政为此填补的部分占到预算总支出的1/4以上。20世纪90年代两德统一以来，联邦财政在社会支出上的绝对量和相对量都在加速增大。到2008年，在联邦预算总支出中，社会保障支出（养老金、劳动力市场和专项社会支出）将近占到50%（见图1）。至于雇主和雇员二者平均分担的社会保险缴费，即德国人通常称之为附加工资成本的费用，在1970年为工资总额的26.5%。到2004年，这个比率高达41.9%。自2006年始，费率虽然有所降低，但仍然接近40%（见图2）。

第三，劳动参与率低、失业率高，这不仅增加整个社会保障系统的负担，而且引发多种社会问题，影响社会凝聚力。根据OECD（经济与合作组织）经济专家委员会的计算，在欧美日13个国家当中，德国的非熟练工人失业率和长期失业率均居首位（见表1）。

经合组织的劳动统计利用的是欧洲劳动力调查数据，德国通常发布的劳动统计，利用的是联邦就业服务机构登记的数据。德国的失业率计算，规定作为分母的劳动力不包括军队人员，作为分子的失业者，指的是那些有劳动能力，但没有就业或每周就业时间少于15小时，且正在寻找工作的人。“长期失业者”，指的是累计失业时间超过12个月的人（Kruppe, Müller, Wichert and Wilke, 2007）。基于这样的法律标准，德国公布的失业率便高于经合组织的数据。如图3所示，自20世纪90年代中期始，德国

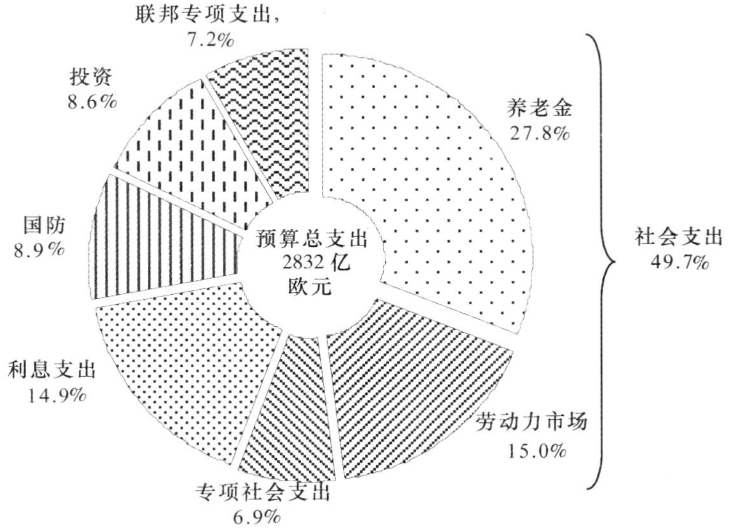

图 1　2008 年联邦政府预算总支出

数据来源：Luchtmeier, H. *The Impact of* 2003 – 2005 *Labor Market Reforms on Economic Growth*, A Presentation to the Delegation of the Chinese Academy of Social Sciences, Jan. 21, 2008, Berlin.

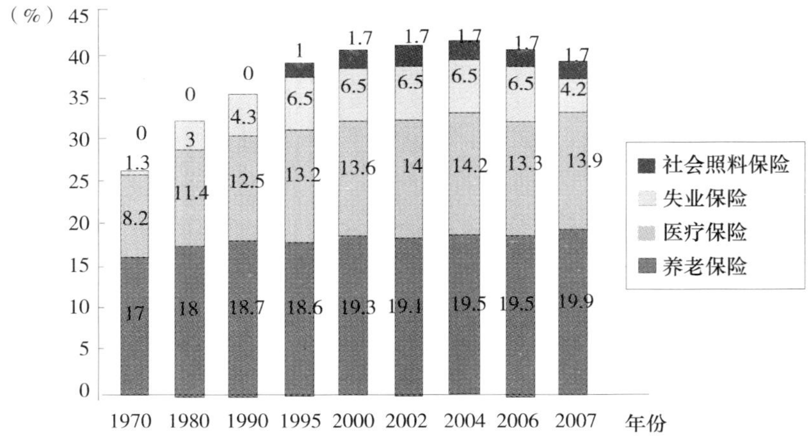

图 2　工资总额中的社会保险缴费比率（%）

注：（1）1990 年之前尚无社会照料保险；（2）2006 年数据为预测结果；（3）2007 年数据为估计值。

数据来源：Federal Ministry of Economics and Technology, 2007, Annual Economic Report 2007, p. 50, Berlin.

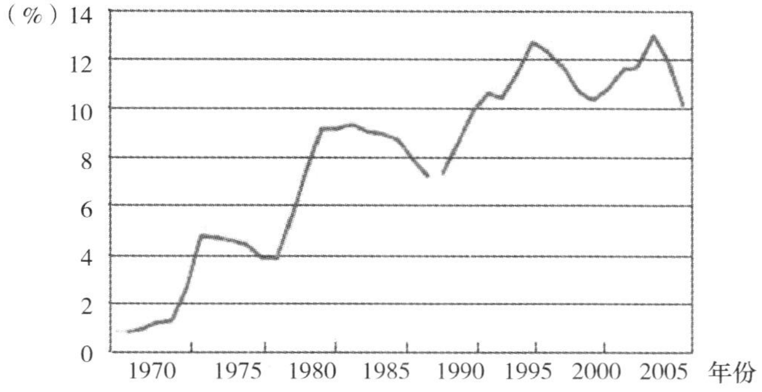

图 3　1970—2005 年期间的联邦德国失业率（%）

数据来源：Luchtmeier，H. *The Impact of 2003—2005 Labor Market Reforms on Economic Growth*，A Presentation to the Delegation of the Chinese Academy of Social Sciences，Jan. 21，2008，Berlin.

2004 年 13 国失业率与劳动力市场参与率比较（%）

国家	25—64 岁非熟练劳动者		15—64 岁全部人口	
	失业率	劳动参与率	长期失业率	失业率
德国	20. 5	48. 6	51. 8	9. 5
比利时	11. 7	49. 6	49. 6	8. 4
法国	12. 1	59. 6	41. 6	9. 6
意大利	7. 8	51. 6	49. 7	8. 0
西班牙	7. 3	57. 5	37. 7	10. 6
日本	6. 7	66. 7	33. 7	4. 7
爱尔兰	6. 4	57. 2	34. 3	4. 5
荷兰	5. 7	59. 0	32. 5	4. 6
奥地利	7. 8	52. 2	27. 6	4. 9
丹麦	7. 8	62. 2	22. 6	5. 5
英国	6. 6	53. 0	21. 4	4. 7
瑞典	6. 5	67. 0	18. 9	6. 4
美国	10. 5	56. 5	12. 7	5. 5

注：劳动参与率指在全部非熟练劳动力中参与劳动力市场者所占的份额；长期失业率指长期失业者在所有失业者当中所占的份额；失业率指失业者在全部劳动力中所占的份额。

数据来源：OECD 经济专家委员会计算。引自 Federal Ministry of Economics and Technology. Annual Economic Report 2007，p. 51，Berlin。

的失业率就在10%以上波动。自20世纪90年代中期到2006年，全国总失业率就在10%以上波动。2006年，失业人数总计448.7万人，失业率为10.8%。如果不包括自我雇用人员，男性和女性的年度平均失业率相同，皆为12%。东部即前民主德国地区的失业率远远高于西部。在1998—2006年期间，东部最低失业率为18.7%，最高达20.1%；西部最低失业率为8%，最高为11%。在大多数年份，西部女性失业率低于男性。在2003年之前，东部女性的失业率高于男性，此后局势大逆转，男性失业率一直高于女性（Federal Employment Service，2007）。这其中的主要原因，在于2003年开始推行积极的劳动（就业）政策，女性就业灵活性较高，更多地接受了小时工一类的工作。

在德国，有关积极的劳动（就业）政策的提法，是相对于以往僵化的劳动力市场和与之相关的失业保险政策而言的。德方人士对劳动力市场僵化的解释，首先指解雇保护。这种保护，使得企业经营状况不良或者处于经济周期低谷时难以裁员。因此，即使在经济景气时期，企业也缺少创造就业的积极性。其次，就业形式和工资决定机制的灵活性较差。在这一点上，雇主和雇员由于利益不同，截至目前也看法各异（Lutterbach，2008）。在工会一方，认同程度最高的就业形式是“典型就业”，即通过集体谈判设定工资水平、雇员得到长期合同的工作。至于其他就业形式，则被视为安全性较低的就业，或者定义为非典型就业（Atypical employment）。再次，以往法定的失业保险和社会救济水平过高，减弱了人们接受低工资工作的意愿。换句话说，社会保障体系定义了较高的基本收入水平。

尽管不同社会群体对积极的劳动政策看法并非一致，但各主要政党在经济政策取向上却日益接近，认为与社会保障过度相联系的劳动力市场僵化，偏离了有关社会市场经济制度的基本思想。那么，这一基本思想究竟指的是什么？为何付诸实践后会异化？我们带着上述问题，访问了冠以弗莱堡学派创始人之一Walter Eucken名字的经济研究所，从现任所长Vanberg教授、Wohlgemuth博士和Goldschmidt博士那里，得到了堪称精练的回答。对此，笔者试归纳如下：

其一，社会市场经济是经济自由与社会公正以及社会平衡的结合，因而不维护任何特权，这个制度下的政府代表一般利益而不是特殊利益；

其二，社会市场经济需要一个强大的国家，构建适应于竞争和绩效需求的经济秩序，并通过贯彻竞争规则来防止垄断以及其他形式的对竞争的限制；

其三，建立在竞争价格基础之上的市场经济制度能够有效发挥经济调节作用。国家为了保持社会和睦与凝聚而实施的经济干预政策，应当与市场兼容；

其四，推行以保持价格稳定性为基本目标的货币政策。这里的“稳定性”是相对于大起大落的波动而言，并非指的是价格不变；

其五，实行与自由贸易政策相联系的开放经济，保护产权，追求机会平等，保证市场准入自由，契约缔结自由（但契约不可用来造成垄断），保证生产要素流动自由和消费者选择自由；

其六，以分权式决策程序限制国家权力，个人则依据宪法规定的权利自负其责，国家有义务为没有劳动能力的人、遭遇不幸或在市场竞争中失败的人提供基本保障。

三　就业与相关社会保障政策改革

当前的德国经济改革早已酝酿多年。我们走访过的国会议员 Pfeiffer 女士和 Schmidt 先生说，虽然大家都认为改革势在必行，可是一旦直接触动自己的利益，又会持保留甚至反对态度。在养老和医疗保险方面，至今尚无实质性的改革。只是把法定退休年龄从 65 岁推迟到 67 岁，此外，规定保险公司和医院增加运行透明度，促使保险公司之间和医院之间展开竞争。相形之下，劳动力市场改革遭遇的阻力要小一些，因为失业率之高在政治上已到了难以接受的地步。欧盟就业研究小组 2003 年发表的报告，题目就是“工作，工作，工作，在欧洲创造更多的就业”（“Jobs，Jobs，Jobs，Creating More Employment in Europe”），可见欧盟成员国的就业压力已经沉重到何种地步。此前，该小组曾大力推介有关就业灵活性与安全性相结合的理念，为欧盟国家的劳动政策改革，创造了良好的国际环境（Leschke，Schmid and Griga，2006）。

2002 年，时任总理的 Schroeder 建议，成立劳动力市场改革政策委员会，由大众汽车公司当时的一位经理 Peter Hartz 领导。在此后的 2003—

2005年期间，国会一共通过了该委员会提出的四项法案。直到现在，人们说起这些法律时，仍然冠以 Hartz 的名字，并将其按照通过生效的时间排序，称为 Hartz I－IV（Kupka，2008）。以下，仅扼要介绍被德方专家称为革命性措施的改革内容。

第一，对联邦劳动局系统进行“去官僚化”改造，既改名改制，又改革功能。在名称上，设在纽伦堡的总部改为“联邦就业服务机构”；设在地方上的178个分支机构和660个办事处改为“顾客服务中心”。在组织上，采取董事会领导下的非营利企业运营形式。董事会成员由来自三方的代表构成：即雇主联合会、工会联合会和政府。其中，政府的代表分别由联邦政府及劳动部、州际联盟、城市联盟和乡村地方联盟推举。在功能上，覆盖全国的服务网络为机构、企业和所有市民服务，尤其是负责落实法律规定的积极就业措施，为劳动者提供培训和就业信息、咨询和指导、介绍和安置工作以及发放失业金。自改革以来，整个系统的运行费用一是来自失业保险基金，二是联邦政府支付的劳动力市场项目经费。

第二，合并失业援助和社会救助，为寻找工作者提供基本生活保障。这项合并之后的社会救助，通常称为二类失业金。改革前，失业援助由联邦就业服务机构负责，资源由联邦政府拨付。社会救助由市政府负责，资源由地方政府拨付。虽然在大多数情况下，失业援助和社会救助的对象是遭遇同样困难的人，但前者根据个人失业前的收入水平计算支付标准，后者则根据住户所有成员的基本生活需求标准支付。推行这项合并措施的目的在于，激励失业者寻找工作；基于社会救助标准统一提供救助金；针对每一个需要就业帮助的人，提供“一站式”的个性化服务；降低转移支付成本。两项援助合并后，联邦就业服务机构和市政府合作，使用税收资源，为寻找工作的人提供基本收入支持。首先，联邦就业服务机构系统的“顾客服务中心”会同当地政府，一起派人到保障金申请者和领取者家里作住户调查。然后，根据家计调查结果确定住房和取暖补助金额。至于基本生活保障金，每份至少为每月345欧元。这些规定，对于没有就业能力者（即每日不能胜任至少3小时工作的人），同样适用（Federal Employment Service，2006）。

第三，缩短失业金领取期限。改革前，失业12个月而且此前一直缴纳失业保险费的人，可以最多领取32个月的失业金，领取金额相当于失业前三年平均工资的60%—67%。改革后，年龄在55岁以上且具有上述资格的人，最多只能领取18个月的失业金，余者的领取期限仅为12个月。此类失业金通常称为一类失业金，由联邦就业服务机构负责发放。如果在规定领取期限结束之时，失业者仍然未能再就业，就成为二类失业金的保障对象。

对于具有就业能力的人而言，无论申请领取哪一类失业金，都必须符合一项附加的前提条件，那就是履行积极就业的措施：一是证明自己主动寻找工作，二是接受灵活就业形式，三是接受以尽快就业为目标的职业培训。负责落实这些积极就业措施的机构，包括354个与地方就业中心合作的联邦就业服务分支机构，69个市政府设立的就业中心，以及可供顾客选择的19个独立组织（Geissler，2007）。每一个失业金领取者都必须与就业服务机构签订合同，双方按照合同条款履行各自的义务。顾客一方倘若未履行积极就业的义务，其领取的失业金将会按月扣减。至于住户财务申报不实者，则将面临与犯规情节轻重相对应的惩罚措施：或退款、或罚款，乃至坐牢。

第四，引入竞争性的职业培训和职业介绍服务。竞争程序分为两个阶段：首先，联邦就业服务机构在全国范围内招标，无论是公立还是非公立培训机构和职业介绍所，都可以凭资质证明和标书参与定点许可竞争。其次，失业者从联邦就业服务机构领取为期至少3个月的培训券，自主选择购买任何一个定点机构的服务。这些定点机构则凭借培训人数和职业介绍成功率，与联邦就业服务机构结算项目经费。这意味着通过引入“消费者选择机制”，激励培训机构之间展开服务质量竞争。除此之外，联邦就业服务机构还在总部开设的网页上，既设置培训机构选择功能，又开创就业岗位网上交易所，为顾客提供便捷的电子服务。为了方便供求双方直接联系，其中还添加了互联网电话功能。

第五，激励多种灵活就业形式。在这些激励设计中，明显具有创新意义的制度安排如下：其一，失业者自谋职业。若开业计划书经联邦就业服务机构会同行业协会评估合格，申请者即可获得两阶段开业补助。首先，领取与此前的失业金数额相等的基本生活保障金，期限为9个月。在此期间，还可领到每月300欧元的经费，用于缴纳社会保险。其次，开业之后，如果能够证明一直积极有效地从事经营活动，还可以续领6个月的上述两项开业补助。其二，微量工作（Mini job）。这是根据临时性用人需求而设计的工作，月工资最多400欧元。接受此类工作的人，免除纳税和缴纳社会保险的义务。雇主通过微量工作中心与雇员签订合同，并按照雇工期限，为雇员一次性缴纳养老和医疗保险费。其三，季节性短工。农业、林业、园艺、葡萄园和餐饮服务等行业都有季节性用工需求，对于获得此类工作的失业者，其工资根据行业通行的标准由雇主发放。此外，劳务供需双方根据法规分担社会保险费。至于为寻找和获得工作而发生的培训费、中介费、旅费和工作服购置费，等等，都可以从联邦就业服务机构得到报销，从而使之获得的净收入不低于应得的工资额。其四，还有地方政府投资创造的社区公益就业机会，称为“一欧元工作”，例如照料老人儿童和居家慢性病人，等等。这是激励那些不可能再进入劳动力市场的失业者，在领取救助的同时，通过参与公益性劳动获得一些补充收入。

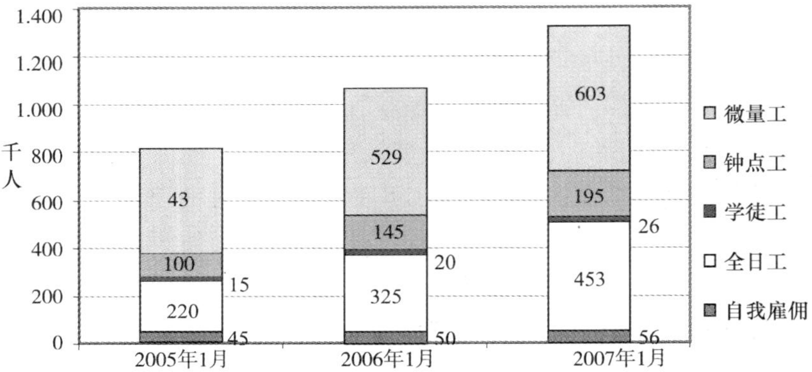

图4　2005—2007年期间失业金领取者的灵活就业形式

数据引自：Kupka，P. Assessing the Effects of Social Code II，A Presentation to the Delegation of the Chinese Academy of Social Sciences，Jan. 24，2008，Nuernberg，Germany.

以上改革措施虽然实施时间不长，其效果因而也尚难定论，不过对于就业的促进作用还是有所显示。首先，自2005年始，二类失业金领取者中的就业人数逐年增加（见图4）。与此同时，德国经济状况向好。2005年，国内生产总值（GDP）的实际增长率仅为0.9%；到2006年，增长率提高到 2.5%，人均 GDP 达 26500 欧元。从 2007 年到目前，美国次贷危机拖累欧洲经济。在我们访德期间，全球股市暴跌，引发投资者恐慌。默克尔（Merkel）总理迅速发表公开讲话，稳定社会情绪。根据经济专家委员会调整过的预测，她在电视讲话中对德国经济景气依然表示乐观。在劳动者就业意愿增加、经济增长带来的劳力需求趋于旺盛的情况下，德国失业率明显下降。2008 年 1 月份，失业人数总计为 365.9 万人，失业率已经降到 10% 以下。

其次，失业保险费的交纳人数已停止下滑，保险费率随之降低。在 1995—2006 年期间，失业保险的费率为 6.5%；2007 年，下调到 4.2%，总共结余保险金 160 亿欧元；2008 年，经国会批准费率又降至 3.5%。这无疑大大减轻了雇主和雇员双方的税负。

再次，失业者的人力资本得到改善。在 2003 年 1 月至 2006 年 12 月期间，联邦就业服务机构共发放培训券 92.5 万张，此间有 81.3 万人最少使用过 1 张、最多使用过 14 张培训券。现有统计分析表明，接受过培训的人再就业的可能性显著提高。当然，在培训券领取者当中，也有仅仅是为了证明自己履行过接受培训义务的人。例如，在 2005 年发放的 156906 张培训券当中，按时履约的领取者占 84%，使用培训券却未按时完成培训者占 14.5%，余者或是取消了培训约定或是中断了培训。这些未履约和未按时履约的人，多为受教育程度低或从未接受过正规职业训练的人。据 2004 年的统计，在德国西部失业者当中，有 21.7% 的人没有接受过正规职业训练，这个比率在东部（包括原东柏林地区）高达 51.2%（Kruppe，2008）。可见，从积极就业措施中受益最多的人，原本就具备市场需要的基本知识和技能。那些受教育程度低于劳动力市场门槛的人，很可能将成为长期救助对象。

有鉴于此，德国工会联合会的 Lutterbach 博士强调：劳动力市场改革的一个结果，是在德国出现了工作着的穷人。此外，在服务行业和非典型就业领域，工会的集体谈判能力下降。进一步讲，年轻雇员不愿参加工会，以至于工会会员老龄化，工会规模缩小。在最近十年，会员从 940 万人减少到 640 万人。从这些状况来看，他认为德国的社会市场经济制度受到了威胁。

四　讨论与小结

在德国的改革经验中，笔者认为有如下特别值得中国决策者和公众借鉴的地方：

第一，理论创新领先并伴随着改革。例如，在理论上区分就业安全与就业岗位安全，后者意味着固定占有同一个工作岗位，前者则指的是，即便在变换工作岗位或者寻求再就业的过程中，依然有基本生活保障，能够得到所需要的就业指导和帮助并最终获得就业机会。这些思想，在积极的就业政策中都得到了体现。

第二，基于理论创新而在制度设计上创新，劳动和社会保障管理机构的“去官僚化”、灵活多样的就业岗位创造、职业培训和职业介绍中引入竞争机制，等等，都提高了公共服务的效率，并且能够尽可能地防止失业者边缘化或遭受社会排斥。

第三，改革措施采取之前，在民众、媒体、地方议会和联邦国会层面都经过充分的公开讨论，最终得到多数人的认同，并通过法律形式得以规范。在政策实施过程中，一直伴随着监测和评估，因此也得以借助民主决策程序及时调整。在政策制定和实施过程中，这种规范性和灵活性的结合，对于保证公民获得相对稳定的个人决策预期，从而争取改革中的社会稳定，无疑至关重要。

第四，人力资源投资是就业创造的基础性措施。在经济全球化的环境中，无论是高层次还是低层次的就业机会把握，都离不开教育和技能培训这个前提。中国若要在未来的竞争中立于不败之地，必须从现在起，就在重视一般教育的基础上，强化就业目标导向的职业教育和劳动者技能培训。

第五，劳动者工资和福利水平的确定，以不会引致就业岗位减少为原则。

德国劳动力市场改革的取向，显然是放松劳动力市场管制从而增强就业灵活性。中国的情况比德国要复杂得多，国有垄断行业及部门的就业岗位安全性过高，获得国有单位身份的就业者在保持工作岗位垄断的同时，也就获得垄断性的工资和福利。与此相对照，非垄断或非国有的行业则不然。尤其是农村迁移劳动者，与拥有城市户口的居民相比，既无就业安全性，也无基本生活保障。在这种格局下，中国经济改革面临的挑战一方面在于，破除垄断行业和部门对竞争的限制，增强这一领域的就业灵活性；另一方面，为所有劳动者提供同等的就业安全。可以说，构建平等竞争的市场经济环境，不仅有助于提高经济效率，而且是维护社会公正、建设和谐社会所必不可少的步骤。

参考文献

Federal Employment Service, 2006, *Reform of the German Federal Employment Service* (a printed report), Copenhagen.

Federal Employment Service, 2007, *Secure Employment Perspective*: 2006 *Annual Report* (a printed report), Nuernberg.

Federal Ministry of Economics and Technology, 2007, *Overall Economic Policy*: *Utilizing the Upswing for Reforms* (a printed report), Berlin.

Federal Statistical Office of Germany, 2006, *Sustainable Development in Germany*: *Indicator Report* 2006 (a printed report), Berlin.

Geissler, A., 2007, "*Country Example Germany—Hartz IV Reform*" (a printed report), Brussels.

Kruppe. T, E. Müller, L. Wichert, R. Wilke, 2007, *On the Definition of Unemployment and Its Implementation in Register Data—The Case of Germany*, Nuernberg: FDZ Methodenreport, No. 3.

Kruppe. T, 2008, *Evaluating the German System of Training and Re-Training* (a printed report), Nuernberg.

Kupka, P., 2008, *Assessing the Effects of Social Code II* (a printed report), Nuernberg.

Leschke, J., G. Schmid, and D. Griga, 2008, *On the Marriage of Flexibility and Security*: *Lessons from the Hartz-reforms in Germany* (a printed report), Berlin.

Luchtmeier, H., 2008, *The Impact of* 2003—2005 *Labor Market Reforms on Economic Growth* (a printed report), Berlin.

Lutterbach, W., 2008, *Social Partner Relations in Germany* (a printed report), Berlin.

农村迁移工人的劳动时间和职业健康*

提要 借助历史文献，回顾新中国工业化中的三次超时劳动和伤亡事故高峰，发现目前的劳动保护机制与市场经济不相适应，农村迁移工人的劳动保护尤其不足。针对这一群体的抽样调查和案例调查表明：第一，超时劳动与不良工作环境，显著地影响迁移工人的健康状况。第二，小时工资较低、汇款回乡较多、未签订劳动合同者以及没有参加工会的男性技术工人，超时劳动的可能性更大。第三，超时劳动还与如下因素直接相关：政府和企业权力缺少约束，劳动力市场分割使迁移工人遭受排斥和歧视，在工资和劳动保护方面缺乏谈判权力。因此，改善迁移工人状况的关键，在于消除社会排斥和改革劳动保护机制；其切入点，当为建立工人与企业之间有组织的谈判与合作关系，同时强化政府的协调功能和公众的监督作用。

在工业化进程中，有关工作时间的规定是工人运动和劳动立法的重要主题之一。早在19世纪初，超时劳动对工人健康及其家庭的危害就已广为人知。国际劳工组织1919年11月28日通过的国际公约，纳入了此前工人运动中有关缩短工时的斗争成果，规定在工业企业实行每工日8小时和每周48小时工作制。目的在于限制超时劳动，保证工人获得足够的休

* 本文发表于《中国社会科学》2009年第1期。其中的统计图表分别由金成武、王震与何伟制作；笔者在写作中受益于冒天启、蒋中一、唐宗焜、魏众和林刚研究员的评论以及姚宇收集的文献。谨在此一并致谢。

息时间；在保护工人心理和生理健康的同时，促进生产率的提高①。从此，这一理念随着工人运动的发展而广泛传播，并逐渐在世界各国付诸实践。随着经济增长和就业形势的变化，一些国家还通过法律逐步减少工作日，增加每周休息日和年度休假天数，并在某些行业实行弹性工作时间，以促进女性就业。总之，与工作时间相关的立法和实践的趋势，是赋予工人充足的时间，解除工作带来的身心压力，参与家庭和社会活动，享受个人全面发展的机会。

近三十年来，中国的工业化在改革开放中突飞猛进，与之相伴随的是农村劳动力的大规模转移。据国家统计局公布的数据，2006 年，农村外出从业的劳动力将近 1.32 亿人，其中，女性约占 36%，达 4747 万人。在外出劳动者当中，有 51% 的人跨省流动②。这与计划经济下劳动者失去自由迁移和择业权的状况相比，无疑是一个巨大的历史进步。然而现有的正式和非正式制度对农村劳动者进城生活和就业的种种排斥，不仅限制了他们对迁移的选择，而且也阻碍他们获得应有的劳动保护。农村迁移劳动者从事的工作往往环境差、工资低、强度大、劳动时间长，职业病和工伤事故多③，他们的境遇已经成为公共政策研究中的一个焦点问题。不过，以往经济学人有关农村迁移劳动者的研究，集中在劳动力市场分析领域④。至于迁移劳动者的职业健康问题，在经济学研究中还未获得充分重视，在社会学研究中尚欠缺足够的定量分析，在公共卫生研究中则缺少社会经济视角。鉴于此，本文将立足于劳动保护理论，聚焦迁移工人的超时劳动现象，阐明超时劳动对工人生理和心理健康的危害，揭示隐藏在这一现象背后的社会经济政治因素，并据此提出改善迁移工人职业健康的政策建议。

① See International Labor Organization (ILO): "Working Time", 1996 年 (http://www.ilo.org/global/What_we_do/InternationalLabourStandards/Subjects/Workingtime/lang--en/index.htm), 2008 年 10 月 22 日。

② 见国家统计局综合司《第二次全国农业普查主要数据公报（第五号）》，2008 年 2 月 27 日（www.stats.gov.cn/tjgb/nypcgb/qgnypcgb/t20080227_402464718.htm，2008 年 2 月 28 日）。

③ 见魏礼群《正确认识和高度重视解决农民工问题》，载国务院研究室课题组《中国农民工调研报告》，中国言实出版社 2006 年版，第 2 页。

④ 见蔡昉《集成劳动力流动的研究》，载蔡昉、白南生主编《中国转轨时期劳动力流动》，社会科学文献出版社 2006 年版，第 1—12 页。

报告涉及的案例，来自笔者对迁移劳动者的访问，以及与企业负责人和政府官员的座谈。报告中采用的数据，除特别注明出处以外，均来自中国社会科学院经济研究所课题组于2006年6—7月展开的抽样调查。这项调查在国家计生委“中国人口与发展研究中心”的协助下完成，调查地点为大连、上海、武汉、深圳和重庆五个城市。调查中对个人样本的选择有如下考虑：(1) 尽可能选择那些在城市生活但仍无该市户籍的农村迁移劳动者；(2) 由于上海企业难以进入，最终从31个迁移人口聚集的社区抽样。其余四个城市的样本都从企业抽取，在每个城市选择20个企业，在每个调研企业访问25个迁移劳动者，重点选择制造业生产线上的操作工；(3) 样本的抽取并非遵循简单随机原则，而是根据企业的所有制类型、企业规模和所属行业等特征，选择集中雇用迁移工人的企业，并力求样本的性别比例符合企业总体的性别比例。经数据清理，所获有效个人样本总计2398人，其中女性样本占近52%。

以下，首先借助历史文献，扼要回顾中华人民共和国有关工人劳动时间的立法和实践。然后，基于抽样调查数据，报告迁移工人的劳动时间分布状况，并说明超时劳动对其健康状况的影响。其次，从政治经济学角度，探索导致迁移工人严重超时劳动的社会经济原因。最后，归纳本项研究的发现和政策性结论。

一　新中国有关工人劳动时间的立法和实践

在当今中国，信息传播日益迅速，公众已大体知晓农村迁移劳动者严重超时劳动的现象。可是这一现象究竟是缘于国家劳动保护制度的缺陷，还是由其他社会经济因素所导致？为了回答这个问题，有必要梳理现有劳动保护体系的来龙去脉，从中解析有关限制工人超时劳动的立法和实践。

早在民国时期，中国的劳动立法就吸纳了国际劳工组织的理念[①]。社

---

① 魏众：《民国时期的劳动与社会保护立法与实践》，中国社会科学院经济研究所课题组研究报告（未刊稿），2008年，第22—23页。

会主义思想和工人运动是国际劳工组织的重要思想源头之一。该组织主要采用成员国缔结国际公约的方式，将处于时代前沿的劳动保护理念制度化并加以推广。1929年，南京国民政府颁布了《工厂法》，规定每个工作日以8小时为原则，雇主根据具体情况可以将工时延长至10小时或12个小时。但实际上，自1927年起，国民政府即立场右倾，对国际劳工组织虚与委蛇。在国民党统治区，政府压制工人运动，且由于连年战争困扰，缺少贯彻法律的财力和组织能力，并未落实8小时工作制。同期，中国共产党虽然推崇苏联的劳动保护理念和实践，可同样由于处在战争环境，对数量极为有限的根据地企业和工人，也没有实行8小时工作制。[①]

中华人民共和国与民国不仅在时间上接续，而且在物质积累上构成中国工业化进程中的不同阶段，在劳动与工资制度上也有所继承。例如，1949年9月29日中国人民政治协商会议通过的《共同纲领》，或多或少地采纳了前述《工厂法》中有关工时和女工保护的条例："公私企业一般实行8小时至10小时工作制"和"保护女工的特殊利益"。[②] 当然，新中国劳动保护体系的建立，更多的是学习苏联。1949—1952年期间，国家一方面聘请苏联专家培养劳动保护人才，教材即为《苏联劳动保护教程》；另一方面，参照苏联经验，颁布有关劳动保护的法令和规章制度。据不完全统计，此类制度达119项，其中属于安全卫生管理和设备安全检查制度的共计105项，属于工作时间制度的有10项，属于青工女工保护制度的有4项。这批法律和规章，构成了新中国劳动保护法律体系的雏形。

从1953年起，中国共产党对资本主义工商业进行大规模的社会主义改造。到1956年，99%的私营企业和85%的私营商业实现了公私合营，为计划经济体制的建立奠定了基础。同年，全国总工会颁布了关于劳动保护机构的组织条例。国务院颁布了有关劳动保护的三个规程，即"工厂安全卫生规程"、"建筑安装工程安全技术规程"和"工人职员伤亡事故报告规程"，进一步明确了有关保障工人职业健康和工作安全的管理和监察

① 吴承明、董志凯主编：《中华人民共和国经济史（1949—1952）》第1卷，中国财政经济出版社2001年版，第892页。

② 何光主编：《当代中国的劳动保护》，当代中国出版社1999年版，当代中国丛书电子版（光盘），第1—7页。

制度[①]。此后，劳动保护法规、管理机构和管理制度渐趋完备，劳动保护科技初步发展，宣传教育逐渐普及。到改革开放之时，“国家监察、行政管理、群众监督”相结合的劳动保护体制业已形成[②]。这套执行体制与计划经济相配套，因而更多地依赖政府行政管理。劳动保护机构建立伊始，就将责任落实在如下机构和个人：一为政府劳动部门；二为企业主管机构；三为企业党委、厂长、工程师和技术员；四为工会组织；五为企业劳动安全管理人员；六为参与生产的个人。[③] 鉴于计划经济下政企不分、工会行政化，工程技术人员和劳动安全管理人员属于企业管理层，“群众监督”实属弹性因素，作用极为有限。

就新中国的劳动保护实践而言，在计划经济体制确立之前，劳动保护法律法规的贯彻一方面曾遭遇来自私营企业主的阻力；另一方面工业主管部门和国有企业的一些领导“重生产、轻安全”的倾向，导致劳保制度在执行过程中打了折扣。例如，据劳动部1950年8月的统计，在191个私营企业中，实行11—12小时工作日的占15.1%，实行每月4—5天休息日的仅占28%。[④] 1954年，《中华人民共和国工人职员工作时间和休息时间条例（草案）》规定，全国企业应实行8小时工作制和星期日休息制。1955年8月，劳动部在“对‘关于限制公私企业加班加点的暂行规定’的起草说明和内容解释”中指出：“有不少企业单位用加班加点的办法来开展劳动竞赛和完成生产任务”，“有的企业竟让工人在一个月内加班加点达一百多小时，连续工作三十二至四十八小时”。“黑龙江省部分地方国营工厂去年第三季度滥行加班加点的结果，使伤亡事故增加了百分之四十。”[⑤]

在计划经济体制确立之后，上述劳动保护执行体系的有效性，关键取决于高层决策机构的政治意愿和社会的稳定。20世纪50—70年代，曾有

① 中国社会科学院、中央档案馆编：《1953—1957年中华人民共和国经济档案资料选编·劳动工资和职工保险福利卷》，中国物价出版社1998年版，第723—776页。

② 张劲夫：《序》，何光主编《当代中国的劳动保护》，当代中国出版社1999年版，第1页。

③ 中国社会科学院 、中央档案馆编：《1949—1952年中华人民共和国经济档案资料选编·劳动工资和职工保险福利卷》，中国社会科学出版社1994年版，第764—766页。

④ 同上书，第744页附表。

⑤ 中国社会科学院 、中央档案馆编：《1953—1957年中华人民共和国经济档案资料选编·劳动工资和职工保险福利卷》，中国物价出版社1998年版，第778—779页。

过两次伤亡事故高峰。一次是“大跃进”时期，另一次是“文化大革命”时期。1961—1965年的调整时期和“文革”结束后的拨乱反正时期，都使伤亡事故显著下降。其间，工时管理的兴衰与劳动安全管理的变化大体一致。在“大跃进”年代，政府和企业领导热衷于“夺高产”、“放卫星”，工人加班加点的频率之高、时间之长前所未有，由此引发了许多疾病和伤亡事故。为此，中共中央于1960年发出《关于切实注意劳逸结合、保证持续大跃进的指示》和《关于城市坚持8小时工作制的通知》，使得超时劳动在此后的五年得到控制。“文革”时期，劳动纪律松弛、工时管理制度被弃置一边。“文化大革命”结束后，管理制度尚未恢复正常，加班加点现象重新抬头。1978—1982年期间，国务院和当时的国家劳动总局通过下发文件，严禁企业滥发加班加点工资，又一次抑制了超时劳动泛起的苗头。① 可见，在计划经济体制下，违反劳动法律法规的现象虽有发生，但以行政管理为主的劳动保护执行机制，能够明显有效地予以纠正，将劳动保护措施落在实处。

自20世纪80年代中期始，中国经济改革开放的步伐加大，多种所有制企业兴起。企业不但在经济市场化进程中遭遇国内竞争的压力，而且还随着经济全球化的进程面临国际竞争，企业的利润动机日益强化，企业所有者、管理者和工人形成了不同的利益群体。在这一背景下，有关劳动保护的修正条例和相关法律相继出台，一个适应于市场经济的劳动保护法律体系逐渐形成。对于劳动者的工作时间，自1995年1月1日起施行的《中华人民共和国劳动法》② 明确规定：“国家实行劳动者每日工作时间不超过八小时、平均每周工作时间不超过四十四小时的工时制度。”“用人单位应当保证劳动者每周至少休息一日。”“用人单位由于生产经营需要，经与工会和劳动者协商后可以延长工作时间，一般每日不得超过一小时；因特殊原因需要延长工作时间的，在保障劳动者身体健康的条件下延长工作时间每日不得超过三小时，但是每月不得超过三十六小时。”针对工作日、

① 何光主编：《当代中国的劳动保护》，第4—29、223—232页。

② 《中华人民共和国劳动法》，1994年7月5日（http://trs.molss.gov.cn/was40/detail?record=2&channelid=40543&searchword=%B1%EA%CC%E2%3D%D6%D0%BB%AA%C8%CB%C3%F1%B9%B2%BA%CD%B9%FA%C0%CD%B6%AF%B7%A8+，2008年10月27日）。

休息日和节假日加班的情况，《劳动法》还规定了相应的加班工资支付标准。同年5月，国家机关事业单位开始推行每周5天工作制[①]。但《劳动法》并未修改，企事业单位实行6天工作制依然合法。为了在非国有企业和实行现代企业制度试点的企业加强劳动保护，1996年，劳动部发布《关于逐步实行集体协商和集体合同制度的通知》[②]。其中的条款，明显地体现了国际劳工组织推广的三方（政府、工人和雇主）合作原则。

可是，经济转型期的劳动法律法规执行情况却不容乐观，仅超时劳动严重的现象就能说明问题。这种现象不仅涉及处在劳动力市场高端的就业者，例如高科技和金融行业的“白领”雇员，而且在劳动力市场低端的农村迁移劳动者当中也司空见惯。不过，前者属于中高收入层，尚可选择待遇不同的工作；后者则不但劳动报酬低、工作时间长，而且工资还常常被拖欠。2003年末，“总理为农民工讨工钱”的新闻，一方面反映出法律执行不力的状态；[③] 另一方面，也促进了立法机构和政府部门对“农民工”问题的关注。2004年，国务院颁布《劳动保障监察条例》，针对的正是用人单位损害劳动者权益的种种行为。其中，将用人单位违法违规延长工作时间的行为，明确纳入监察和处罚之列。[④]不仅如此，2005年的劳动和社会保障部《关于加强建设等行业农民工劳动合同管理的通知》[⑤] 和2008年起施行的《中华人民共和国劳动合同法》，也设有专门条款，要求用人单

① 《国务院关于修改〈国务院关于职工工作时间的规定〉的决定》（根据1995年3月25日《国务院关于修改〈国务院关于职工工作时间的规定〉的决定》修订），2007年8月13日（http://www.cnss.cn/fwzx2/gr/zzzg/flfg/200709/t20070921_ 159844.htm，2008年10月27日）。

② 劳动部、全国总工会、国家经贸委、中国企业家协会：《关于逐步实行集体协商和集体合同制度的通知》，劳部发〔1996〕174号，2006年2月15日（http://w1.mohrss.gov.cn/gb/ywzn/2006－02/15/content_ 106663.htm，2008年10月23日）。

③ 杜宇、刘羊旸：《清欠：从“总理为民讨薪”到“建章立制保薪”》（新华社消息），2004年12月13日（http://www.people.com.cn/GB/shizheng/1026/3051916.html，2008年10月27日）。

④ 《劳动保障监察条例》（中华人民共和国国务院令，第423号），2004年11月14日（http://www.china.com.cn/policy/txt/2004－11/14/content_ 5703570.htm，2008年10月27日）。

⑤ 劳动和社会保障部、建设部、全国总工会：《关于加强建设等行业农民工劳动合同管理的通知》，劳社部发〔2005〕9号，2006年2月15日（http://w1.mohrss.gov.cn/gb/ywzn/2006－02/15/content_ 106654.htm，2008年10月26日）。

位遵守国家关于劳动者工作时间和休息休假的规定[①]。

然而，农村迁移劳动者超时工作的现象依然严重。更不容忽视的是，劳工伤亡事故频发，形成新中国成立以来的第三次高峰，绝大多数伤亡者还是农村迁移工人。这表明，第一，现有的劳动保护执行机制与社会主义市场经济不适应。第二，农村迁移劳动者属于劳动保护状况最差的群体，之所以如此，必有劳动保护之外的社会经济因素在起作用。这两点，正是本文以迁移工人劳动时间分析为契机而展开制度和政策讨论的重点。

二　迁移工人的工作环境、劳动时间和健康状况

劳动保护的作用，在于维护工人的职业安全和健康。根据国际劳工组织的解释，职业健康并不仅仅指劳动者未罹患与工作相关的疾病或者由于工作而虚弱，它还包括影响劳动者身体状态的生理和心理因素，而这些因素又直接与工作场所的安全和卫生相关。[②]由此我们预设，工作环境和劳动时间显著影响劳动者的健康状况。即使不考虑劳动强度，工作日的长短和休息天数的多少，决定劳动者身心压力的大小。健康风险高的岗位，例如有毒、噪声和粉尘环境下的工作对劳动者身心状况的影响，关键取决于防护措施。可是，在我们的调查中，由于企业对有关劳动安全的问题十分敏感，课题组成员未能获准进入企业的工作场所，我们的问卷未包括工作场所安全和卫生方面的问题，样本企业也未从采矿和建筑等高风险行业中选取。因此，从调查中得到的信息，尚不足以支持对迁移工人的职业安全作微观分析。以下有关劳动者工作环境的统计，只能反映迁移工人样本的一种职业特征。

从表 1 列举的统计结果可以看出，报告工作场所有粉尘和噪声的人，分别占样本总体的 11.5% 和 17.4% 。如果以性别分组，不难注意到，处

① 《中华人民共和国劳动合同法》，2007 年 9 月 29 日（http：//w1. mohrss. gov. cn/gb/zt/2007 - 09/29/content_ 198892. htm，2008 年 10 月 23 日）。

② ILO：“Occupational Safety and Health Convention，1981（No. 155）and its Protocol 2002 · Article 3”，2002 年（http：//www. ilo. org/ilolex/cgi-lex/convde. pl? C155，2008 年 10 月 22 日）。

于有毒、粉尘、噪声和高空等不良工作环境中的男性，在其性别组中所占的比重高于女性。若以工作环境状况分组，将那些在“有毒”、“粉尘”、“噪声”、“潮湿”和“高空”共5个选项下都选择“否”的人，视为处于普通工作环境中的劳动者，余者归为处在不良工作环境中的组别，那么，后者在样本总体中所占的份额达53.7%。不过，针对工作环境是否对身体有害的提问，认为有害者只占该问题回答人数（1988人）的20.6%。

表1 **迁移工人的工作环境**

	有毒		粉尘		噪声		潮湿		高空	
	人数	比率（%）	人数	比率（%）	人数	比率（%）	人数	比率（%）	人数	比率（%）
样本总体										
是	186	7.8	275	11.5	417	17.4	137	5.7	78	3.3
一般	263	11.0	501	20.9	741	31.0	364	15.2	76	3.2
否	1946	81.3	1616	67.6	1235	51.6	1892	79.1	2238	93.6
合计	2395	100.0	2392	100.0	2393	100.0	2393	100.0	2392	100.0
男性										
是	95	8.3	141	12.3	217	18.9	65	5.7	68	5.9
一般	126	11.0	262	22.8	384	33.4	197	17.1	50	4.4
否	929	80.8	747	65.0	549	47.7	888	77.2	1031	89.7
合计	1150	100.0	1150	100.0	1150	100.0	1150	100.0	1149	100.0
女性										
是	91	7.3	134	10.8	200	16.1	72	5.8	10	0.8
一般	136	10.9	238	19.2	356	28.7	167	13.5	26	2.1
否	1017	81.8	869	70.0	686	55.2	1003	80.8	1206	97.1
合计	1244	100.0	1241	100.0	1242	100.0	1242	100.0	1242	100.0

注：表中的数据，来自中国社会科学院经济研究所课题组于2006年6—7月展开的抽样调查。以下图表除特别注明出处的以外，数据来源相同。

图1—图2反映的是迁移工人的劳动时间分布。在受调查者当中，报告平均每天工作时间超过8小时的迁移工人大约占45.2%。尤其值得注意

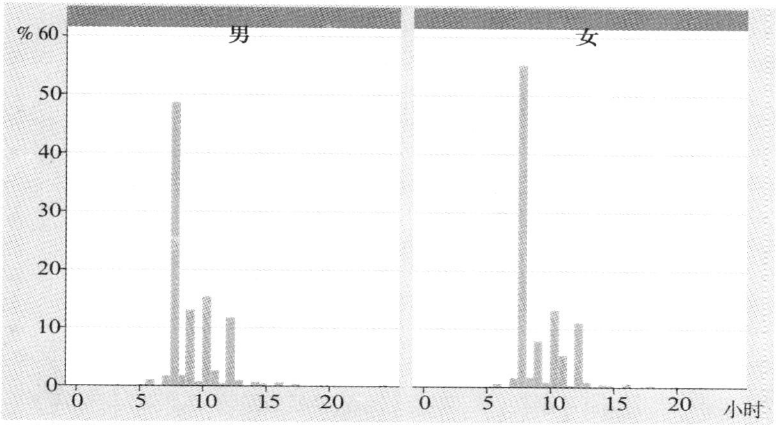

图 1 迁移工人的每日工作时间分布：按性别分组

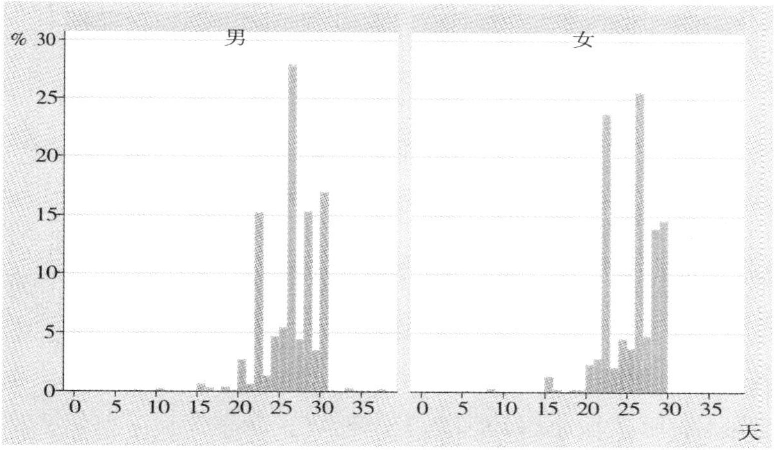

图 2 迁移工人的每月工作天数分布：按性别分组

的是，报告每天工作时间超过 12 小时的人将近占样本总体的 2.6%，也就是说，他们的劳动时间比法定时间（8 小时）延长了 50%。进一步讲，每月工作超过 26 天的人，或者说，每周享有休息日不足 1 天的人，占样本总体的 36.5%。与女工相比，男工超时劳动的现象更严重，每天劳动时间在 8 小时以上和每周享有休息日少于等于 1 天的人数，分别占男性组别的 48.4% 和 40.7%；在女性组别中，这两个比率分别为 42.7% 和 33.2%。

为了更方便地比较地区之间的超时劳动现象，我们以8小时工作制为基准，利用受访者报告的每日工时数和每月工作天数，折算出标准化的工作日列入表2。从中可见，武汉市的超时劳动现象最严重，迁移工人每月标准工作日的样本均值高达30.5个。大连市的超时劳动现象相对较轻，但其中的男工劳动时间明显较长，平均每月将近29个标准工作日。

表2　**按标准工作日折算的迁移工人月工作时间**

	全部			男性			女性		
	均值	标准差	观测值	均值	标准差	观测值	均值	标准差	观测值
大连	25.61	6.46	366	28.94	8.01	95	24.45	5.37	270
上海	29.55	8.76	542	29.70	8.90	291	29.38	8.60	251
武汉	30.50	7.77	464	30.42	7.47	268	30.61	8.18	196
深圳	30.32	6.27	495	29.98	6.06	223	30.60	6.43	272
重庆	29.91	6.49	525	29.70	6.09	269	30.14	6.89	256
全部	29.37	7.45	2392	29.86	7.37	1146	28.93	7.49	1245
F检验	F = 30.22；Prob（> F）=0.0000			F = 0.84；Prob（> F）=0.5028			F = 35.36；Prob（> F）=0.0000		

注：每月工作时数 = 每天工作时间 × 每月工作天数；月标准工作日 = 每月工作时数/8。

对样本总体以工作环境和劳动时间之别做交叉统计，则进一步发现，大约有1/5左右的工人工作环境不良且超时劳动严重。处于不良环境且每日超时劳动的人占17.2%。而且，环境不良且每月工作天数在26天以上者占22.7%。经采用Wilcoxon秩和检验（非参数分析）确认，在不良环境中工作的人，日工作小时数和月工作天数，都显著多于普通工作环境中的工人（见表3和表4）。这就意味着，前者并未因其工作环境不良而得到较多的休息时间作为补偿，反而比后者承受更多的超时劳动。长期超时劳动，无疑挤占工人的休息、娱乐、学习、健身和社会交往等活动时间，一方面使其难以恢复体力和精力；另一方面严重降低工人的生活质量，压缩个人自由发展的可能性。“慢性疲劳”以及由此而引发的其他生理和心理疾病，便是长期超时劳动的一个必然结果。若是工作环境不良再加上超时劳动，职业健康风险则更高。

表 3　　不同环境组别的每日工作时间

	每日工作小时均值	标准差
不良工作环境组	9.22	1.79
普通工作环境组	9.07	1.84
Wilcoxon 秩和检验	z = 3.076，Prob > | z | = 0.0021	

表 4　　不同环境组别的每月工作天数

	每月工作天数均值	标准差
不良工作环境组	25.78	3.28
普通工作环境组	25.41	3.22
Wilcoxon 秩和检验	z = 3.109，Prob > | z | = 0.0019	

在国内现有的关于劳动保护的文献中，通常用职业病和伤亡事故发生率，作为反映职业健康和劳动安全状况的指标。我们的一次性小样本调查，不适于采集这样的信息。就迁移工人健康调查而言，也面临如下限制条件，即农村劳动者进城就业，带有一种健康“自选择”机制。从劳动供给的角度来看，迁移劳动者以青壮年为主。在我们的样本当中，处于 20—40 岁年龄段的人占 72.8%。在个人生命周期中，这一年龄段的健康状况恰好相对优良。从劳动需求的角度来看，健康原本就是城市企业和机构用工的重要标准之一，健康不良的迁移劳动者很难找到工作。进一步讲，由于城市社会保护制度未给予农村迁移劳动者基本保障，加之城市生活费用高于农村，他们当中的重伤或大病患者，以及身体状况明显趋于不佳的人，一般都会选择回乡生活。因此，在我们的调查中，极少遇到健康状况明显不良的迁移工人。加之缺少工人体检资料，只能采用受访者对最近一个月或三个月身心状态的报告，反映其健康状况。

从被调查者对健康的自我评价来看（见表 5），报告其弯腰、行走和爬楼梯困难的人，大约占样本总量的 11.3%（不排除同一人选择多项答案的情况）。在 1151 位男工和 1247 位女工中，反映经常头晕头痛者分别占 7.9% 和 14.1%；感觉体弱疲劳者分别占 18.7% 和 21%；时常感到心情烦躁者分别占 37.5% 和 43%。如果把这些指标视为受访者心理感受的反映，可以看出如下两点：其一，女性报告的健康状况一般都比男性差。其二，在受访迁移工人总体中，心理健康状态不佳者达40%以上。还值得注意的是，这些心理感受往往是生理疾病的前兆。尤其是那些报告体弱疲劳的人，反映的正是其体力透支的情形。如果将上述因素综合表达为一种健康状态，在控制性别、学历、年龄、婚姻状况、流动方式、收入、住房条件和企业特征等变量的情况下，采用非参数统计来比较就业城市不同、工作环境相异和劳动时间不一的组别，结果发现，这三者均为显著影响迁移工人健康状况的因素：工作环境不良、超时劳动和在大连以外的四个调研城市就业的工人，其健康状况都比对照组差。①

表5　**迁移工人在调查月内的自评健康状况**

健康问题	男性		女性		全部	
	人数	比率（%）	人数	比率（%）	人数	比率（%）
①有举手弯腰困难	53	4.60	63	5.05	116	4.84
②有行走一公里困难	26	2.26	35	2.81	61	2.54
③爬楼梯困难	30	2.61	65	5.21	95	3.96
④经常头晕头痛	91	7.91	176	14.11	267	11.13
⑤感到体弱疲劳	215	18.68	262	21.01	477	19.89
⑥感到心情烦躁	432	37.53	537	43.06	969	40.41
合计	1151	100.0	1247	100.0	2398	100.0

三　迁移工人选择超时劳动的原因

笔者在调查中了解到，不少迁移工人愿意加班，只不过希望不要每天都加班，每星期还能休息一天（见案例1）。这意味着，他们并非选择了一项令其愉快的活动，这种意愿明显地包含着“不得已”的成分。依据劳动力迁移理论和案例研究中获得的信息，我们推断，迁移工人的家庭经济状况、个人特征、工资和就业正规化程度以及就业区位，都影响着他们的

① 金成武：《健康测度：以农村迁移工人的健康研究为例》，中国社会科学院经济研究所课题组研究报告（未刊稿），2008年。

超时劳动供给决策。对此，我们采用 Probit 模型来加以检验（见表 6、表 7）。模型的因变量，为工人的月标准工作日数量，以 26 个标准工作日为限，大于 26 者即为超时劳动，设为“1”，其他情况设为“0”。在自变量中，“抚养人数”指的是，迁移工人家庭当中 14 岁以下的子女和 60 岁以上的老人；“家乡地形”，用来大致表达迁移工人家乡的地理经济特征及其耕地质量；“工作环境”用受访者的评价表示，将其纳入模型的目的，在于观察工人的环境安全意识对其劳动供给的影响。

表 6 的描述统计显示，在 2390 个个人样本中，有 54.6% 的人每月标准工作日超过 26 个。从 Probit 模型中具有统计显著性的变量来看（见表 7），那些小时工资较低、汇款回乡较多、未签订劳动合同、没有参加工会者，以及在除大连之外的四个调研城市就业的男性技术工人，超时劳动的可能性更大。这其中，一个出乎预料的计算结果，是非技术工人超时劳动的概率低于其他类型的劳动者。这也许是因为，企业对非技术工人加班的需求相对较低。还需要说明的是，相对于其他调研城市，为何在大连就业的迁移工人超时劳动的概率较低。这一是因为，大连的企业主要从经济开发区抽取，多为大中型外资或合资企业，广受当地政府和公众关注；二是个人样本中包含着部分来自大连市管辖县的农村户籍工人，他们的利益诉求能够影响市政府的行为。

表 6　　**Probit 模型所含变量的描述统计**

变量	观测量	均值*	标准差	最小值	最大值
每月标准工作日（大于 26 =1，其他 =0）	2390	“1” =1304 “0” =1086			
性别（男 =1，女 =0）	2398	“1” =1151 “0” =1247			
小时工资（元/小时）	2390	4.58	2.57	0	37.04
年汇款（元/年）	2398	3106.13	3557.94	0	30000
年龄（周岁）	2393	29	8.4	16	52
受教育年限（年）	2367	9.4	2.3	0	17
人均耕地（亩/人）	2315	1.65	2.95	0	90

续表

变量	观测量	均值*	标准差	最小值	最大值
家乡地形（平原 =1，其他 =0）	2398	“1” =929 “0” =1469			
家庭债务（元）	2398	3451.25	18544.05	0	300000
抚养人数（人）	2398	1.28	1.45	0	10
工作环境（自认为有害 =1，其他 =0）	2398	“1” =410 “0” =1988			
参加工会（是 =1，否 =0）	2398	1 =378 “0” =2020			
非技术工（是 =1，否 =0）	2398	“1” =1136 “0” =1262			
劳动合同（有 =1，无 =0）	2398	“1” =1560 “0” =838			

* 对于虚拟变量，栏目中填写的是分类观测量。

“小时工资越低，迁移工人超时劳动概率越高”的结果并不意外，迁移决策中包含的收入动机即可解释工人的选择。然而，促使他们接受低工资和超时工作的原因，则需要进一步挖掘。

第一，失地而又在家乡未找到非农工作的农民，对于城里的就业岗位几乎别无选择。失地农民自20世纪90年代中期始日渐增多。在工业化、城市化进程中，部分耕地不可避免地会被用作他途。土地在这一转换中增值巨大，可是农民却难以从中受益。在中国现有的社会结构中，农民谈判权力微弱，面对地方政府与土地开发商（有时还加上村干部）联合起来强行征地的行为，很难维护其土地使用权。即为强行征地，农民得到的补偿金就极为有限，此后也被排斥在土地增值分配过程之外。由此而引发的群体冲突事件，可谓失地农民权利遭受侵害的一种激烈表现形式；外出务工，往往是失地农民的另一种无奈的选择。在我们的样本中，持非农户口且家乡无地者将近占2.9%，持农业户口且家乡无地者将近占6.9%。虽然从问卷收集的信息中难以判断何人为失地者，但是无地的现实足以说明，他们除了“打工”之外几乎没有退路。

表 7　　**Probit 模型：迁移工人超时劳动的可能性估算**

因变量：每月标准工作日（大于 26 =1，其他 =0）		
自变量	系数估计值	P > | z |
性别（男 =1，女 =0）	0. 251771	0. 001
小时收入（元/小时）	-0. 2408317	0. 000
年汇款（元/年）	0. 0000502	0. 000
年龄（周岁）	0. 0039049	0. 875
年龄平方	-0. 0001712	0. 640
受教育年限（年）	-0. 0029901	0. 831
人均耕地（亩/人）	0. 0085114	0. 362
家乡地形（平原 =1，其他 =0）	-0. 0087968	0. 890
家庭债务（元）	-1. 05E -06	0. 560
抚养人口（人）	-0. 0144892	0. 538
工作环境（有害 =1，其他 =0）	0. 0359828	0. 641
参加工会（是 =1，否 =0）	-0. 2778661	0. 004
非技术工（是 =1，否 =0）	-0. 2033605	0. 004
劳动合同（有 =1，无 =0）	-0. 2632908	0. 000
上海（是 =1，否 =0）	0. 6404054	0. 000
武汉（是 =1，否 =0）	0. 6274062	0. 000
深圳（是 =1，否 =0）	0. 6616239	0. 000
重庆（是 =1，否 =0）	0. 7012814	0. 000
常数项	0. 7545826	0. 059
观测量 =2274，F（18，2255） =28. 89，Prob > F =0. 0000，R^2 =0. 2389		

第二，来自少地家庭的迁移工人，如果在城市无以为生而回乡务农，很可能使其家庭接近或陷入贫困。20 世纪 80 年代，我国平均每个农户的耕地面积为 7. 5 亩左右。如果说，那时候还能靠这样的经营规模维持家庭生存的话，现在大多数如此规模的小农已经难以仅凭务农为生。更何况，随着耕地的减少，农户的平均农地规模进一步缩小。近二十多年来，农业收入增长缓慢，教育、医疗及其他服务价格上涨迅速，加之一些非耐用消费品进入生活必需品范畴（例如电视机），农民家庭的基本生存成本逐渐提高。因此，少地农民为了满足家庭基本消费需求，也不得不转向城市谋生。这种“不得已”，就会使他们在寻找工作时，失去与雇主谈判劳动条

件的砝码。在我们的样本中，有地者的家庭平均耕地规模为 4.55 亩。其中，有 30.6% 的有地家庭人均耕地少于 1 亩，其户均土地规模仅为 1.68 亩；至于那些人均耕地多于 1 亩的家庭，其户均土地规模也才 6.32 亩。如果不考虑其他因素，仅仅观察此类少地、无地和“多地”的劳动者之间在每月标准工作日上的差异，其区别在统计上是显著的。

第三，与上述情形相关，向留守家庭提供汇款的压力，是迁移劳动者选择超时工作的决定因素之一。由于城市社会保护体系排斥农村迁移人口，农地附有生存保障功能，农村生存成本相对低廉，大量农村青壮劳动力在转向城市就业的同时，把老人和妇女留在村庄照料家庭和经营农业。与农户无地或少地现象相关，留守家庭的基本生存需求、风险防范需求、投资需求，甚至农业投入品需求，在很大程度上都要依赖于外出就业者的汇款。这就促使迁移工人成为“自愿”选择加班的群体。笔者在各地走访的迁移工人几乎众口一词，认定外出务工就应尽可能地多赚钱，明显地表现出追求收入最大化的倾向（见案例 1、3、4）。在我们的样本中，男工的汇款均值为 2876 元，高于女工 668 元。这一方面反映出，男性在家庭分工中更多地承担谋取现金收入的责任；另一方面，也与男工平均工资高于女工相关。事实上，汇款者在我们的样本总体当中大约占 2/3。他们留在家乡的子女和需要赡养的老人平均数，分别为 0.5 和 1.1 人；与未汇款者的留守家庭相比，两项平均值分别高出 97.2% 和 42.1%。这也从另一个侧面说明，迁移工人宁愿加班，以谋求收入最大化的一个重要原因，是为了维持非劳力或弱劳力家庭成员的生存。从表 8 可以看出，与留守农村相比，迁移工人毕竟有可能将收入提高 150% 左右。他们之所以接受不利的工资和劳动条件，着实是由于农村的收入水平更低所致。

表 8　　**迁移工人的平均工资**

	男性	女性	样本总体	工资性别比（女性工资/男性工资 ×100%）
目前个人月收入（元）	1127.6	935.0	1029.6	82.9
预计在家乡可获得的年收入（元）	5309.9	4469.7	4893.4	84.2
外出务工的收入增长效应（%）	154.8	151.0	152.5	97.5

案例1 挣钱全凭加班

2008年4月，笔者走访深圳某光学仪器制造厂。该厂共有工人12000人，其中女工大约占80%。笔者访问生产线上的工人12名，他们分别来自陕西、湖北、河南、湖南、四川和江西，工龄最长的11年，最短的不足1年。从交谈中得知，生产线上每人每月大约加班120小时，按照每月工作30天计算，每天加班4小时。问及他们是否愿意在工作日加班，其中只有一男一女两位工人表示不愿意：那位男工的理由是，希望有点儿闲暇学习；那位女工认为，劳逸结合对身体健康很重要。至于希望每月休息几天，他们当中的8人都希望每周至少休息一天。愿意加班者的理由是：挣钱全凭加班了，不然别说带钱回老家，每月挣的钱连个人消费都不够。厂里的工资由底薪、“工位费”（仅发给站立工作者）和加班费构成，实行“新劳动法”（劳动合同法）后，老板和经理把加班费都改称“奖金”。1997年，每月底薪240元；2008年，涨到750元。如今，每工日“工位费”2元。周末加班每小时工资8元，平时加班每小时6元。

第四，相对于其低下的工资水平，迁移工人的城市生活成本较高。“城市户口”本身，就与住房、取暖、医疗和教育等福利相关联。因此，与城市户籍人口中的5%最低收入户相比，迁移工人的年人均消费总支出要高出许多（见表9）。在我们的样本中，迁移工人在城市的住户规模低于当地平均水平：“单人户”占61.2%，“2人户”占21.5%，“3人户”占13.8%，多于3人的住户还不足3%。由于单人户的消费缺少家庭规模效应，在相似的收入水平上，其消费支出总额一般会高于“多人户”的人均消费总支出。此外，未获得企业宿舍的迁移工人，大多合伙租住城市边缘区的房子，加之多半从事高强度体力劳动，他们的食品、衣着、居住、交通通信以及其他日用消费品需求，还会高于城市一般收入户。尤其不可忽视的是，迁移工人的子女上学往往得支付借读费，医疗还要自掏腰包，正可谓“穷人不得不支付更多”。这也是他们在就业中作出“自我压榨”决策的一个重要原因。

表 9　　2006 年迁移工人与城市户籍人口的消费支出对照

项目（元/年/人）	迁移者单人户（样本量 = 1467）	迁移者多人户（样本量 = 931）	城镇 5% 最低收入户（样本量 = 2800）	城镇 20% 中等收入户（样本量 = 11200）
食品	2698.93	2385.93	1387.70	3019.37
衣着	762.86	381.59	225.02	884.74
医疗	243.24	193.24	213.39	590.45
交通通信	1176.84	601.04	205.60	859.87
居住	994.23	1101.98	391.51	799.32
教育文化娱乐	491.43	507.82	332.64	1047.48
其他	1504.73	1014.96	197.41	704.18
消费总支出	7872.26	6186.56	2953.27	7905.41

注：表内城镇住户数据由国家统计局城市调查司提供，来源于国家统计局 2006 年全国城市住户抽样调查，总样本量为 56000 户（这是本课题组委托城市调查司根据统计局的原始数据计算的，原始数据尚未向公众开放）。按样本户年人均可支配收入由低到高的顺序，20% 中等收入户即第 3 个 5 分位组；5% 最低收入户为第 1 个 20 分位组。

第五，企业的工资结构设计限制着工人的劳动供给选择。与那些把最低工资标准当作最高标准来执行的企业相比[①]，我们调查的企业平均支付的小时工资要高一些。如果按样本均值 4.58 元/小时和 8 小时工作日计算，日工资水平为 36.64 元，相当于同年全国城镇单位在岗职工日平均工资（83.66 元）[②] 的 43.8%。不可忽视的是，一些企业的工资设计中包含着加班激励机制。案例 4 中的企业采取的手法是，按照普通工价支付工人的加班劳动。在每小时 3.5 元工资的情况下，如果工人每天工作 8 小时，每月工作 26 天，其月工资收入仅为 728 元。那么除了维持个人最低生活消费以外，这笔收入就所剩无几了。无独有偶，案例 1 中的企业通过结构工资设计，也把工人的基本工资压低到相似的水平（750 元）。这样，两个企业虽然区位不同，行业相异，其工资设计都达到了令工人不得不选择加班的结果。

不过，我们在调查中已经注意到工人争取工资和劳动权利的行动。采

① 参见闾定军《"民工荒"探源》，载《特区经济》2004 年第 10 期；韩兆洲、魏章进：《我国最低工资标准实证研究》，载《统计研究》2006 年第 1 期。

② 劳动和社会保障部：《2006 年度劳动和社会保障事业发展统计公报》，2007 年 5 月 18 日（http：//www.molss.gov.cn/gb/news/2007 －05/18/content_ 178167.htm，2008 年 10 月 31 日）。

用 Probit 模型估计的结果也显示，参加工会和签订劳动合同，有助于减少超时劳动。虽然，“年龄”和“受教育年限”的影响在我们的统计结果中并不显著，但在现实生活中的作用却不容小视。如今的迁移工人与十多年前的“农民工”已经大不相同，见多识广、受教育程度提高，而且权利意识日渐强化。以我们的样本为例，“80 后”和“90 后”青年占将近 58%；样本总体的平均受教育程度达 9.4 年。2008 年 4 月，笔者走访“深圳市春风劳动争议服务部/深圳市外来工法律援助中心”时，遇到的都是这样的“小年轻”。他们介绍说，《劳动合同法》出台后，工人追讨加班工资的案例明显增多。在这些农村迁移者当中，有两位来自不同厂家的男女工人，分别在各自的厂里工作了 9 年和 10 年。除了过年回乡，两人周末均无休息日，每日工作 9.5—10 个小时。2007 年年底，工人们要求厂方补发最近两年的加班费。男工的厂长以“闹事”为名解雇了 100 多名工人。女工的厂长则采取“分化瓦解”的办法，解雇了 96 名要求补发加班费的工人，同时给余者每人发放 3000 元“津贴”。他俩不约而同来这家劳动争议服务部，就是寻求法律援助的。笔者认为，工人追讨加班工资，有助于遏制厂家利用超时劳动压低成本的做法。而如果厂家无理解雇工资追讨者却不受惩罚，那就无异于埋下了社会冲突的种子。

四　超时劳动现象背后的政府和企业因素

劳动保护制度的实施必须借助国家的强制，具体来说，就是由政府来执行这种强制。若非如此，企业就有可能为了追求利润，通过压低工资水平、加重劳动强度和延长工作时间来降低劳动成本，侵害工人基本权利。这一点，马克思在《资本论》第一卷中就曾作出令人信服的研究结论。而今，包括工作时间标准在内的劳动保护国际公约，既是世界工人运动的伟大成果，也是国际劳工组织推广的“体面工作”理念中的应有之义。[①]“八小时工作制”和“每周至少休息一日”的必要性，已经被无数工人以

① 参见 International Labor Organization（ILO）：“Definition of Decent Work”，2007 年（http://www.ilo.org/public/english/region/ampro/cinterfor/publ/sala/dec_work/ii.htm，2008 年 10 月 30 日）。

健康为代价作过证明。可是，大量农村迁移工人至今还未真正享有这一基本权利。一些学者以改革开放前的工人职业健康和安全保护状况为参照，将迁移工人权益受损的现象归因于市场化改革和经济全球化。不过，这些评论者大概忽略了一个事实，那就是全球化既未在发达国家引发大量超时劳动的现象，也未降低其职业健康和安全标准。全球化加剧市场竞争，可以说是影响各国工资和劳动状况的外因。但能否保障工人享有法定的工作权利，最终还是取决于国内的社会经济政治框架。进一步讲，既然劳动保护制度的落实有赖于政府的强制，那么迁移工人劳动保护不足的状况，只能说明政府在这一领域少有作为。况且，政府的这种行为首先是缘于计划经济的遗产；其次，是因为片面追求 GDP 和财政收入增长而放松对企业的监督。这些，恰恰不是出自市场化改革的结果。

采用户籍制度分割城乡社会，而且城市政府只对本城户籍人口的生存和发展负责，无疑是中国计划经济体系的一个特色。毋庸置疑，户籍制度令城市人口享有生存和发展的优先权。此外，计划经济下曾推行合同工、临时工和亦工亦农制度。当时，决策者的本意在于增加用工制度的灵活性。可是，由于新制度缺少配套的工资、保险和福利措施，即使是对于同样岗位上具有同样工作效率的工人，在“正式工”和“临时工”之间、“编内”和“编外”就业者之间，也造成了悬殊的待遇区别。[①]因此，“转正”就成了“临时”和“编外”人员的一个追求。为了尽早转正，临时工和编外人员宁可接受正式工及其他编内人员不愿意承担的任务，例如高风险工作和节日加班劳动。

如果把人事编制导致的身份区别，归结为公有体制内外的区别，那就不难注意到，与体制身份和户籍身份相联系的社会歧视，从计划经济时代一直延续至今。不仅如此，20 世纪 80 年代开始实行的“市管县”体制，又在农村人口内部制造出一种身份区别：那就是城市行政管辖的农村人口和外来的农村人口的区别。由此，城市政府把其公共服务责任扩展到本地农村人口，却将农村迁移人口的公共服务需求，视为他们家乡政府的责任。在这种情况下，中国的劳动力市场就形成了三个层面的隔离现象：即

① 参见何光主编《当代中国的劳动力管理》，第 166—169 页。

城乡户籍隔离、公有体制内外隔离，以及地方行政辖区隔离。因此，跨省/市就业的农村迁移工人便同时遭受三重歧视。其劳动保护不足的状况，既是此类歧视的一个后果，又是歧视的一种表现。

在市场竞争中，企业必然产生利润动机。只有国家的强制、工会的制约、公众和媒体的监督，才有可能有效约束其损害工人权利的行为。从表10可以看出，无论何种所有制企业或事业机构，都存在迁移工人超时劳动的现象。但集体和内资私有企业工人的标准工作日显著地多于其他企业，外资与合资企业工人的工作日显著地少于其他企业。可见，工人的超时劳动与企业是“公有”还是“非公有”并无必然联系。鉴于样本中的国有和外资企业多为大中型企业，集体企业多为小企业，可以推断，显著影响工人超时劳动的企业因素，实质上是企业规模或行业特征。于是我们采用同样的统计检验方法，分别验证这两个企业特征与工人劳动时间之间的关系（计算结果未列表）。结果表明，制造业工人的超时劳动时间显著地少于其他行业；小企业工人的超时劳动时间显著地多于大中型企业。综合而言，非制造业的小企业工人超时劳动最为严重。这一结果当属预料之中，因为制造业本身要求工人注意力高度集中，严重超时劳动必然降低工人操作能力，影响产品质量甚至造成安全事故。从政府和社会监督的角度来看，小企业监督成本和监督难度都高于大中企业。从工人与企业所有者和经营者的谈判力量对比来看，小企业工人能够施加给对方的压力更弱。

表10　　**不同所有制企业中的工人月标准工作日**

迁移工人所在的企业所有制特征	每月标准工作日数	
	均值	标准差
国有	29.02	9.18
集体	32.39	7.17
内资私有	30.91	7.52
外资	26.08	5.98
合资	27.88	8.52
股份	29.28	7.55
事业	29.13	11.63
KW 多样本检验	$\chi^2(6) = 282.636$ $\chi'^2(6) = 284.528$	P＝0.0001 P＝0.0001

进一步讲，在市场经济条件下，企业经营方式多元化，“劳资”关系必然而且已经产生。无论在哪一种类型的企业，作为“资方”的企业所有者和经营者，相对于作为“劳方”的迁移工人，都处于强势。在财政经济分权管理的情况下，各个地方政府之间在“招商引资”方面的竞争，又或多或少地促使地方政府放松对资方的监督，这就不免使资方的谈判权力更强。在企业内部收入分配中，资方所占的比重之高可谓超乎寻常。加之企业工会多由资方控制，工人在工资和劳动时间决定方面几乎没有发言权。在我们的抽样调查当中，有关企业内部收入分配的信息极难获得，因而只能用案例信息做补充。笔者于2007年11月底在福建省晋江市做过的案例调查，有助于说明劳资双方的力量对比（见案例2至案例5）。

案例2 1996—2007年：资产从436万—3亿元

F公司是一家以制作膨化食品为主的企业，包括设在晋江的机构在内，公司在全国各地设立的分公司共计10家。虽说公司总部仍设在起家时的A镇Q村，但村庄已经融入市镇。据公司高层管理人员介绍，企业股东是7—8位Q村的村民，原本擅长炒瓜子或做蜜饯。20世纪90年代初，他们到外地推销瓜子蜜饯，看到炸薯片成为新潮小吃，回来便集资办厂。1996年登记成立企业，注册资本436万元，引入全套加工设备投产。在最初五年里，年利润高达20%之多，此后利润率逐渐下降。最近原材料价格和劳动成本上涨，利润率大约维持在7%左右。于是，近两年来F公司开始多元经营。在四川、辽宁和本省龙岩共建立房地产公司三家，还在大连注册一家矿业公司，开采建筑石料。目前，F集团公司的总资产达3亿多元人民币。

设在Q村的总部管理人员和其他业务人员大约有200—300人；生产车间工人大约有600多，除了20名Q村的村民外，余者大多来自四川、湖北、湖南、江西和贵州等地。在这些生产工人当中，女工占80%，年龄在18—40岁之间，学历至少在小学五年级以上。公司经理一级实行年薪制，高管的年薪大约有几十万元。本科和大专学历的办事员工资每月在

1500—3000元之间，生产流水线上的工人每月工资最高在1900—2000元之间，最低大约为1000元。虽然，工资的提高因利润率下降受到抑制，企业高管的收入也可能由于多元化经营而不受影响，但二者之间的悬殊差别，却早已有之；资本的增殖速度，更是像滚雪球一样快得惊人。

案例3　多年来几乎没有休息日

F公司生产车间的产品品质管理员李某，1970年河北沧州生人。1996年和丈夫一同来晋江，在这家工厂上班已经11年。其间几乎没有休息日，每天工作12个小时，因为厂里实行两班倒制度。她曾在薯片生产线上工作多年，每月工资大约800—900元。后来公司成立“品管部”，聘用大学生却招不到人，原因是人家嫌工资低、工作时间长。李女士由于工作经验多而提拔到这个岗位，月工资涨到1000元以上。她丈夫在机械部工作，每月工资在1200—1800元之间。唯一的儿子8岁时来晋江与她们生活在一起，厂里免费提供一间住房。从去年开始，厂里对家属住房收费，每3个月收260元。

案例4　加班工资按平时的工价计算

女工陈某，1981年生人，同样来自河北沧州。小陈于2003年从家乡的师专美术专业毕业，先在一个私立中学教书两年，每月工资900元；后去一个公立小学代课，为的是有可能转为正式教师，代课工资每月400—500元。教了一年小学发现“转正”无望，于2007年初投奔正在晋江打工的堂兄夫妇，在F公司的厂里找到工作。她填写报名表后，很快被分配在包装车间干活。包装工的小时工资是3.3元，小陈做工半个月，就因学历较高提升为产品品质管理员，平均小时工资为3.5元。她进厂时没有签订劳动合同，原因是初来乍到急于找工作，没敢向招工人员问个究竟。其实，小陈在老家教书时，跟那两个学校都签过劳动合同。进厂之后几乎每个月都加班，只是这个月（2007年11月）例外。加班日的工作时间长达14个小时，可是加班工资却仍按平时的工价算。对此，小陈认为自己年轻，身体还顶得住，先干上两年再说。

案例 5 雇主设立的工会

F 公司设在 Q 村的工厂有工会，只是这个工会是雇主一方成立的，担任工会主席的是主管招工和劳工事务的部门经理，姓张。张主席原是福建南平一家国有矿山的矿长兼党委书记，该矿停产后，于 2003 年经熟人介绍到晋江，应聘 F 公司的文员岗位。也许是以往的经历所致，张主席组织的工会活动与国有企业的非常相似。他介绍说，厂里工龄满两年的工人就成为工会会员，按车间分成 6—7 个小组。工会不收会费，主要活动有四项：第一，逢年过节组织文体活动；第二，每月一次，为当月过生日的员工集体庆祝生日；第三，探望生病卧床的员工；第四，提供职工困难补助。平均一年补助 7—8 人，最少补助 300 元，最多补助 1000 元。包括补助事宜在内的这些活动，都是张主席一个人说了算。至于劳动和社会保障事务，则由企业管理部门决策。

案例 2 至案例 5 中的受访者谈话反映出一个事实：在企业现有的权力结构中，几乎没有农村迁移工人谈判的余地。无论工龄长短，受教育程度高低，在何种岗位工作，受访者都未逃脱超时劳动的命运。国内外学者都曾注意到，中国经济融入全球化之初，由于资金、技术和劳动力素质的限制，企业只能进入全球价值链的低端。这一状态固化至今，企业升级困难，多数企业仍然依赖低价竞争策略来争取全球购买商的订单。因此，中国企业的贸易条件日趋恶化，利润率逐渐下降。[①]笔者也多次听到企业所有者和高层管理人员解释，企业利润微薄，为了维持正常运转，难以提高劳动标准。实际上，这并不能解释全球价值链低端的超时劳动现象以及与此相关的社会不公正。事实是，企业采用薄利多销战略，利润总量增加。即使在企业收入迅速增长的阶段，或者是在劳动供给日渐紧缺的情况下，工人的收入和劳动保护状况也没有实质性的改善，劳方与资方之间的贫富差

① 拉法尔·卡普林斯基（Kaplinsky，Raphael，2008）：《夹缝中的全球化——贫困和不平等中的生存与发展》（*Globalization，Poverty and Inequality：Between a Rock and a Hard Place*），顾秀林译，知识产权出版社 2008 年版，第 222—228 页。

距依然在加大。如前所述，产生这种状况的根本原因，并不在于经济全球化，而是迁移工人较之企业所有者和高层管理者，社会经济力量相对微弱。

从逻辑上来讲，工人组织程度提高，例如成立工会，有助于增强工人的集体谈判权利。可是，目前工人自己组织的工会，却很难在民政部门获得认可。类似F公司那样的企业工会，笔者已经访问过数家。从决策程序来看，它们都是由雇主控制的组织。那么，在与企业利润最大化目标相冲突的事务中，这样的工会不可能为工人代言。如果说工会组织的文体活动和职工困难补助毕竟或多或少地改善了工人的生活，这与法定工作时间、劳动保护和社会保险等关乎工人生存安全的权益相比，还只是浅层次的福利。进一步讲，这些活动还可以归结为企业的人力竞争策略。F公司的工会主席告诉笔者，自2004年下半年开始，企业招工不那么容易了，因为外来工家乡的工厂越来越多，青壮劳力很可能不用出远门也能找到工作。F公司为了留住有经验的工人，已多次提高小时工资并改善工人的食宿条件。在笔者看来，目前劳动力市场供求关系的变化，虽然能够促使企业或多或少地改善工人状况，却不可能保证他们实现应有的权利。因此可以说，农村迁移工人的劳动保护，是中国经济转型中的一个重大政治经济问题。

五　政策性结论

在中国改革开放的过程中，农村劳动者以自己的主动性和创造性，突破了城乡社会经济之间的制度藩篱，获得了劳动力流动的自由。他们通过职业、行业和空间的劳动力转移，有效地改善了收入状况，并且搭建起一条整合二元经济的桥梁。然而，城乡分割的制度框架并未随之发生实质性的改变。经济市场化和全球化进程，使得计划经济时代形成的对农村人口的社会排斥，以强化的形式凸显出来。农村迁移工人缺乏劳动保护，只是这种现状的一个缩影。迁移工人长期从事超时劳动，必然透支健康同时危及工作安全。这不仅损害中国整个劳动力队伍的工作能力，而且还有可能对劳动者后代的健康水平产生不利影响。而且，这一群体因透支健康而可能产生的疾病或工伤负担，必然会降低其个人及家庭的收入水平和生活质量，同时还将增加全社会对卫生资源的需求压力。

针对农村、农业、农民和“农民工”的不利处境，中国政府曾采取大量校正措施，取得了显著减少农村贫困的巨大成就。近年来，政府致力于贯彻落实科学发展观与建设和谐社会的理念，进一步强化了对“三农”问题的重视，为农村发展和农村迁移人口生活状况的改善，创造了有利的条件。不过，为构建一个消除社会排斥的良好制度环境，中国还有一段很长的路程要走。本报告基于抽样调查和案例调查信息发现：

第一，农村迁移工人劳动保护不足。工作环境不良的工人，每日工作时间和每月工作天数都显著多于普通工作环境下的工人。超时劳动在五个调研城市和不同类型的企业中都大量存在。就超时劳动程度而言；非制造行业的小企业工人比制造业的大中企业工人严重；大连工人的超时劳动状况比其他调研城市的轻微。

第二，小时工资较低、汇款回乡较多、未签订劳动合同者，以及没有参加工会的男性技术工人，超时劳动的可能性更大。

第三，超时劳动还与如下因素直接相关：政府和企业权力缺少约束，劳动力市场分割使迁移工人遭受排斥和歧视，在工资和劳动保护方面几乎没有谈判权利。

这表明，以行政管理为主的劳动保护执行机制，与市场经济的运行不相匹配；尚且存在的对农村人口的社会排斥和歧视，进一步削弱了现有劳动保护制度的有效性。因此，减少超时劳动、改善迁移工人生活和劳动状况的关键，一是消除社会排斥，二是改革劳动保护机制。或者说，通过平衡社会结构来强化劳动保护制度的有效性。目前，备选的短期政策措施首先在于，基于《劳动法》和《劳动合同法》设计指标体系，强化劳动监察。其次，将工人劳动时间、工作环境和职业病防治等劳动保护指标，纳入城市政府的政绩考核。再次，对于持续在一个城市就业的农村迁移劳动者，赋予和当地户籍劳动者同等的选举和被选举权，使他们有可能通过直接参政议政，影响地方政府的行为，保护自己的基本权利。

需要采取的中长期政策方案，是借鉴国际劳工组织的经验，通过“三方机制”来强化工农群体的谈判权利，以便使他们能够与政府和企业形成有效的制衡关系，拥有尊严地分享工业化、城市化和经济全球化带来的利益。这样做，将有可能增加企业当前面临的经营压力，因为全球性的食品和能源危机，已经使得以低价竞争为特征的外向型经济难以为继。可是如果任凭劳动保护不足的现象继续下去，劳动力质量必将趋于下降，企业就更难扭转受困于全球产业链低端的处境。因此，中国企业只能改变竞争策略，在国内外市场中另辟蹊径。若非如此，农村迁移工人和农民中积聚的不满情绪将会日渐严重，一些偶然事件就有可能成为引发剧烈社会冲突的导火索。当然，这也并非意味着工农群体的利益诉求不受制衡。构建工人、企业和政府之间的社会伙伴关系，不失为一条减少社会冲突和增强社会凝聚力的有效途径。对此，德国的经验同样可资借鉴。

首先，在德国工业化进程中，劳资矛盾曾异常尖锐，政治家为了缓和社会矛盾，一方面，用“工作提供者”（雇主）和“工作获得者”（雇员）这类中性语汇，替代资本家和劳工等社会敏感性较强的语汇；另一方面，通过专项法律，为雇主和雇员表达各自的利益诉求开设渠道，同时也规范双方的自组织行为。

其次，双方在一系列法律框架下形成社会伙伴关系[①]。其指导原则是政府中立，行业工会与雇主联合会集体谈判劳动与工资问题，双方尽可能增强合作、减少冲突。行业劳动工资协议并不排除企业内部的工人委员会和管理机构签订工资协议，以及个人与雇主签订劳动合同。有鉴于雇主处于强势地位，无论以何种形式缔结工资合同，都应以保护工人的最大利益为原则。

有关“社会伙伴”的理论和法律实践的结果，使二战后的联邦德国在经济稳定增长的同时，实现了渐进的社会改良从而也保持了社会和谐。在两德统一后的1996—2006年期间，平均每千名雇员罢工2.4天。这一指标，不仅远低于西班牙（同期每千名雇员罢工144天），而且也低于英、法、荷、意四国乃至瑞典、挪威和芬兰一干北欧国家。

相形之下，中国当前的社会结构严重失衡，农村迁移工人数量虽多但

① 资料来源：联邦德国工会联合会国际部主任 Lutterbach，W. 博士对中国社会科学院代表团的演讲：“德国的社会伙伴关系”（“Social Partner Relations in Germany”），2008年1月22日，柏林。

社会经济力量微弱。校正这一结构失衡的关键，在于创造适当的制度条件，使工人和农民能够通过自组织的形式强化社会经济地位。笔者调研所到之处，雇主已经组织起来维护自身利益。可是，迁移工人自己组织的工会却很难在民政部门获得认可。从短期来看，工人一盘散沙便于搁置冲突。但从长期来看，社会矛盾积聚则容易促使弱者走极端。因此，有必要通过立法创新社会结构，承认雇主与雇员为具有各自不同利益却又利益相关的群体；并通过法律援助促使双方分别组织起来，通过有组织的谈判与合作，提高工人收入，改善劳动条件和职业健康状况。

社会保障体系的公平性与可持续性*

提要 中国现有社会保障体系的板块分割状况，使得整个体系既有失公平，又损失效率。公共部门的就业者特别是公务员“保护过度”，非公共部门的就业者特别是农民和农村迁移劳动者“保护不足”。尤其是碎片化的社会养老保险制度，不但妨碍劳动力流动，而且加大管理成本。新农合、新农保以及农民工参加城镇职工社会保险的政策，有助于促进社保公平。但地区之间的福利“锦标赛”和地方财政不堪重负的状况，有损社保项目的可持续性。因此需要重点采取如下措施：（1）避免将社会保险覆盖率的数值作为考核官员政绩的指标。（2）一方面，加大中央政府的社会支出责任；另一方面，增加对欠发达地区的转移支付，以强化当地社会救助和社会增益产品的供给。（3）采用衔接或组合同一保险项目下不同板块的办法，减轻并逐渐消除社保体系的碎片化。

一　导言

中国近三十年来的快速经济增长，在显著减少贫穷的同时，伴随着令

* 本文曾以《中国社会保障体系的公平性与可持续性研究》为题，发表于《中国人口科学》2010年第5期。金成武和王震承担了本报告的图表绘制，张卓元、赵人伟、蒋中一、路爱国、李实、杨春学和魏众曾给予建设性的评论，陈少华、Andrew Watson、Barbara Harriss-White、Theodor Bergmann、周弘、郑秉文、张平、朱恒鹏、杨娟、吴朝峰、王小凡、王诚、陈端洁和姚宇提供了富有参考价值的文献和信息，谨在此一并致谢。

人瞩目的收入不均等程度的提高。1981 年，全国居民收入的基尼系数为 0.280，到 2006 年，达到 0.468。在影响收入分配格局的诸多因素当中，城乡差距的影响最大。对全国居民收入差距的贡献达 42.2%（朱玲、金成武，2009）。不仅如此，城乡之别还是解释不同地区和行业的收入差距，以及教育和保健机会不均等的显著因素之一（李实、史泰丽、别雍·古斯塔夫森主编，2008）。

从理论上讲，社会保障体系能够通过提供安全网的方式，减少单个家庭和个人面临的投资和创新限制，从而有助于改变人们的机遇，防止当前的不平等固化并导致未来的不公平。社会安全网一般针对的是有工作的穷人、不具备工作能力的人以及特殊的脆弱群体。在一个有效的、普惠制的公共保险体系中，每一个受到负面冲击和生活水平跌落到预定标准以下的家庭，都有资格从国家获得某种形式的资助（World Bank，2005）。在这个意义上，社会保障体系有助于校正收入和财富的初始分配状态。

在中国的现实中，当前的社会保障体系非但无助于缩小城乡差距，反而有扩大二者收入鸿沟的作用，其本身就存在着欠缺公平性的问题。2002 年，城市居民人均享有的社会保障的货币价值，相当于其可支配收入的 53%。如果把这部分货币价值加算到城镇居民收入上去，城乡收入差距就会从纯收入统计显示的 3.1—3.3 倍，扩大到 4.5 倍以上；还会使基尼系数上升 10% 左右（李实、罗楚亮，2009）。这种现象，反映的只是城乡户籍居民在社会保障享有方面的差距。事实上，仅就整个社会保障制度的覆盖面来看，地区之间、行业之间以及不同户籍、性别、职业和地位的人群之间，差别也明显巨大（中国发展研究基金会，2009）。特别是脆弱群体，包括大量农民工，至今依然保障不足（世界银行驻中国代表处，2008）。

进入 21 世纪以来，中国政府针对脆弱群体社会保障不足的现象采取了一系列强有力的措施，社会保障和公共服务有了显著的改善。[①] 2006—2007 年，中国政府明确提出，到 2020 年建成覆盖城乡居民的社会保障体

① 中国社会科学院经济学部课题组：《我国“十一五”规划实施三年（2006—2008）情况分析报告》（下），载《中国经济研究报告》（经济学部工作论文）2009 年第 111 期。

系，并把基本养老、基本医疗和最低生活保障，作为制度建设的重点。[①] 2008 年全球金融危机爆发，中国政府把强化社会保障体系的措施纳入了经济刺激方案，以求在促进经济增长和就业的同时，增强家庭和个人应对经济衰退冲击的能力。在政府行政系统的强力推动下，社会保险、社会救助和社会福利覆盖面迅速扩大。特别是“新农合”（新型农村合作医疗制度），覆盖的农村户籍人口在短短三年内（2006—2008 年）增加了 355%，2008 年底已达 8 亿多人，覆盖率将近 92%。2009 年，国家人力资源和社会保障部制定了将农民工纳入城市基本养老保险体系的政策。同年，“新农保”（新型农村居民社会养老保险制度）在全国 10% 的县开始试点，计划覆盖农村人口 1.3 亿人。

这些制度和政策的实施，无疑有助于提高农村居民和农民工的社会保障程度，有利于促进整个国家的社保公平。然而在项目推进过程中，一些新的政策问题也随之产生。最为突出的是：

第一，城镇职工社会保险项目的缴费率高、保险受益权携带性差，不适应大多数农民工收入低、缴费能力差和流动性强的特点。

第二，社保体系的城乡分割、职业分割和地域分割，不但妨碍劳动力流动，而且造成“撇奶油”现象。例如，健康和年轻的正规就业者进入职工养老和医疗保险，非正规就业者和年老体弱人群进入居民养老和医疗保险，削弱了社会保险的共济功能。

第三，地方政府在新农保实施中的“锦标赛”，导致保险覆盖面“大跃进”式地扩张。与此相伴随的是，参保人“逆向选择”、保险项目运行经费不足和粗放管理。这些现象都可能损及新农保的可持续性。

第四，不同地区最低生活保障制度的覆盖面和救助水平，取决于地方财政能力和财政资源在不同用途的分配（Ravallion，2009）。欠发达地区农村的最低生活保障制度覆盖面小、保障水平低，部分贫困人群的基本生存需求尚未得到保障。

---

① 参见《中国共产党第十六届中央委员会第六次全体会议公报》（2006 年 10 月 11 日中国共产党第十六届中央委员会第六次全体会议通过）；胡锦涛在中国共产党第十七次全国代表大会上的报告（2007 年 10 月 15 日）（http：//news. xinhuanet. com/politics/2006 - 10/11/content_ 5190605. htm；http：//news. xinhuanet. com/newscenter/2007 - 10/24/content_ 6938568_ 7. htm）。

鉴于此，本文提出的重点研究问题如下：其一，现有社保体系不公平的症结何在？其二，如何减少乃至消除这种不公平？其三，怎样在促进公平的同时维护社保项目的可持续性？

本文的第二部分将审视中国现有的社保体系，确认亟须改进的关键领域。第三部分，聚焦于社会养老和医疗保险制度中的板块隔离问题，寻找组合或衔接同类保险板块并扩大保险覆盖面的方案。第四部分，借助新农合与新农保政策实施中的案例，揭示地区间的福利竞赛对社保制度的可持续性造成的隐患。最后，基于社保公平的理念，归纳政策性的结论。

本文的数据基础、参考文献和专题信息主要来自以下几个方面：(1)国际组织和中外学术机构有关社保理论、制度和政策措施的研究报告；(2) 国内公布的法律法规、政府文件和统计资料；(3) 中国社会科学院经济研究所课题组的专题数据积累和研究成果；(4) 笔者在2009—2010年期间的案例研究，以及对美国、加拿大、英国、德国、挪威、匈牙利、爱尔兰、日本、澳大利亚、哥伦比亚、秘鲁、加纳和孟加拉等十多个国家的学者所作的访谈。

二　社保体系的板块分割及与之相关的不公平

从20世纪80年代到现在，社会保障概念的内涵和外延以及社保政策的作用范围，在全世界都出现了扩展的趋势。[①] 国际劳工组织的一份研究报告曾强调指出，社保的焦点从最低生活保障和应对疾病、年老、残疾、工伤、失业、生育和家庭主要劳动力死亡的风险，扩展到促进弱势群体发挥自身潜力和赢得发展机会的领域（García，Bonilla and Gruat，2003）。这就意味着，社会保障的防线前移，其功能不仅在于防止社会成员因遭遇意外而陷入贫困，而且还要降低风险乃至消除某些风险产生的根源。例如，

① “社会保障（体系）”这一提法，目前在国际组织中通用的英文语汇是“social protection”，而非“social security”。从国际劳工组织、世界银行和国际货币基金组织的定义来看，前者的内涵包括后者。因此，有的中国学者用广义和狭义社会保障的概念将二者加以区分，后者只包括常规的社会保险和社会救助。此外，英文文献中的Social Protection Schemes，可直译为社会保护计划。但为了避免与中国特有的“计划”概念相混淆，本文将各类社会保障措施，统称为社保项目。

采用卫生、教育、培训和就业促进等措施，辅之以消除社会歧视的公共行动，减少社会成员患病、失能和失业的风险，并由此而帮助贫困群体突破生活中的恶性循环并切断贫穷的代际传递。因此，除了社会保险和社会救助以外，社会增益产品（merit goods）的提供，也被作为社会保障的一种政策工具。义务教育，便是这类产品和服务的典型。

中国的改革开放，恰好伴随着国际社会保障理念的进步。在此期间建立起来的社会保障体系，因而也包含着上述保险、救助和提供社会增益产品等全部功能。在“十一五”规划实施期间（2005—2010 年），中国在社会保障方面的进步尤为显著。仅以社会保险为例，表 1 显示，绝大多数保险项目的覆盖率都在迅速提高。然而，农村居民和农民工的社会保险覆盖率依然很低。截至 2008 年底，农民工群体的养老和医疗保险覆盖率分别为 10. 7% 和 18. 9%，仅相当于城镇户籍职工覆盖率的 1/6 和 1/4；“老农保”（农村居民社会养老保险）的覆盖率还不足 10%。这样的覆盖程度，全都低于一般中等收入国家（人均 GDP 高于 1000 美元）社保覆盖率的下限（20%）。[①] 与此相对照，公务员和大量国有事业单位工作人员，依然享有从计划经济时代的公费医疗和养老保障制度中保留下来的特惠待遇。

表 1　　2005—2008 年期间中国各类社会保险项目的人口覆盖状况

保险项目及参保人群	2005 年（万人）	2006 年（万人）	2007 年（万人）	2008 年（万人）	2008 年基数**（万人）	2008 年覆盖率（%）	2010 年目标值（%）
机关单位就业人员	1071. 0	1109. 6	1128. 6	1155. 5	1155. 5	100	—
事业单位就业人员	2591. 4	2705. 1	2741. 8	2790. 5	2790. 5	100	—
城镇职工基本养老保险	13120. 4	14130. 9	15183. 2	16587. 5	26264	63. 16	—
参加养老保险的农民工*	—	1417	1846	2416	22542	10. 72	—
农村社会养老保险	5442	5373. 7	5171. 5	5595. 1	56867. 6	9. 84	—

① 参见国际劳工组织（ILO）专栏：“Social Protection”（www. ilo. org/global/About_ the_ ILO/Mainpillars/Socialprotection/lang - - en/index. htm）。

续表

保险项目及参保人群	2005 年（万人）	2006 年（万人）	2007 年（万人）	2008 年（万人）	2008 年基数**（万人）	2008 年覆盖率（%）	2010 年目标值（%）
城镇职工基本医疗保险	13782.9	15731.8	18020.0	19995.6	26264	76.13	—
参加医疗保险的农民工*	—	2367	3131	4266	22542	18.92	—
新型农村合作医疗	17900	41000	72600	81517.6	89061	91.53	80***
失业保险	10647.7	11186.6	11644.6	12399.8	26264	47.21	—
参加失业保险的农民工	—	—	1150	1549	22542	6.87	—
工伤保险	8478.0	10268.5	12173.3	13787.2	26264	52.49	—
参加工伤保险的农民工	—	2537	3980	4942	22542	21.92	—
生育保险	5408.5	6458.9	7775.3	9254.1	26264	35.23	—

数据来源：2005—2008 年期间人力资源（劳动）与社会保障部历年公布的《人力资源（劳动）和社会保障事业发展统计公报》，以及国家统计局发表的《中国统计年鉴》。“—”表示没有可供使用的数据或尚未开展此类保险。表中数字均为相关年份的年末数值。

* 包括参加独立的农民工保险项目和城镇职工保险项目的农民工。

** 计算城镇职工基本养老保险、城镇职工基本医疗保险、失业保险、工伤保险和生育保险覆盖率时，采用的分母是城镇单位（不含事业、机关单位）职工数；计算新型农村合作医疗覆盖率时，采用的分母由参加者总数和参加率（通常称为“参合率”）推算而来；计算农民工的保险覆盖率时，采用的分母是农民工数；计算农村社会养老保险时，采用的分母是 16 岁及以上的农村人口。

*** 在“十一五”规划中，量化的社会保障目标值只有两个，即“城镇基本养老保险覆盖人数达到 2.23 亿人，新型农村合作医疗覆盖率提高到 80% 以上”。

在整个社保体系中，养老和医疗保险是资金使用规模最大和涉及人口最多的项目，也是与劳动力流动联系最为紧密的项目。眼下，每一保险类别之下都并列着相互分割的几个板块，分别覆盖特定的人群（见图 1）。每一个板块又进一步碎片化，基金统筹单位只是一个个独立的县或市。仅就城镇职工社会养老保险而言，全国就有 2000 多个统筹单位。① 同一保险种类的板块之间互不连通，不同统筹单位之间的资金也互不调剂。

① 郑秉文：《基本养老保险关系转移接续暂行办法规避了制度碎片化》，2010 年 1 月 21 日（news. xinhuanet. com/politics/2010 －01/21/content_ 12849349. htm）。

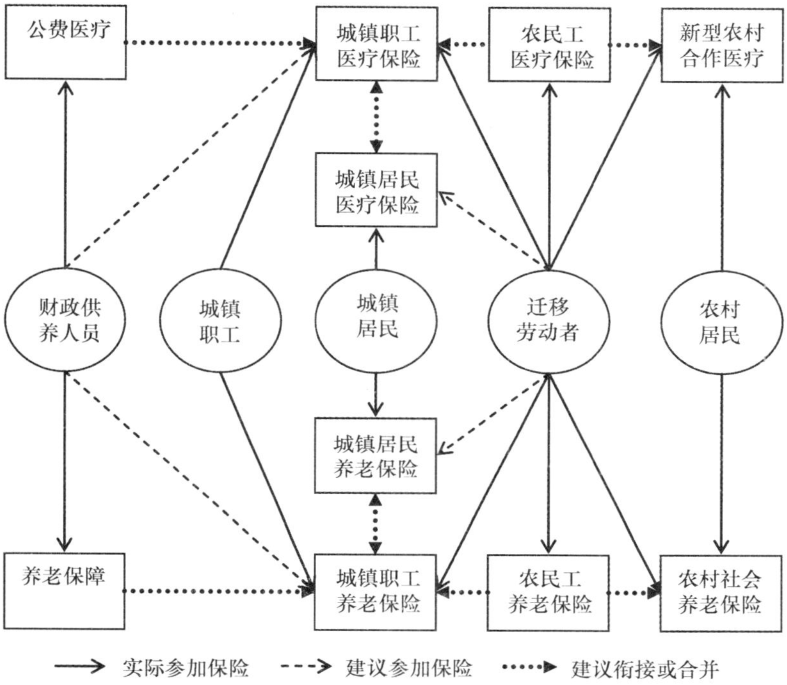

图1 中国社会养老和医疗保险结构调整示意图

上述社保体系的板块分割和其中包含的不公平，或多或少地与如下事实相关：中国作为从计划经济转向市场经济的发展中国家，既有发展进程中的二元经济特征和显著的地区差别，又有计划经济体制遗留至今的城乡社会分离和职业分割（赵人伟、赖德胜、魏众主编，2006）。

首先，采用户籍制度分割城乡社会，而且城市政府只对本城户籍人口的生存和发展负责，无疑是中国计划经济体系的一个特色。这一制度令城市人口在获得社会保障、公共服务和发展机会等方面享有优先权，故而也就使农村人口的脆弱性远高于城市人口。这一制度框架，至今依然是对城乡差距发生显著影响的因素之一。

其次，在公共部门中，获得国家人事编制的就业者，特别是公务员，享有特惠。在一般市场经济国家，公共部门与私营部门相比，通常工资水平较低但保障程度较高、就业稳定性较强。由此也就通过就业者的“自选择”的方式，保持全社会人力资源的公平分配。中国的情形与此相反，国家机关和事业单位既有就业稳定的吸引力，又有高工资和高福利的优势，因而不但造成人力资源配置扭曲，而且还引发社会不满甚至损害社会和谐。这既是一个历史遗留问题，又与这些国有单位就业群体的强大社会话语权有关。在中华人民共和国成立初期，机关事业单位即实行公费医疗和养老保障制度，企业职工实行劳动保险制度，农村则社会保险制度缺失。20世纪90年代的国有企业改革，促使企业劳保制度转向社会保险，公费医疗和养老保障制度却成了改革开放进程中几近于“被遗忘”的角落。最近的改革试点，只涉及事业单位，但由于阻力重重而进展迟缓。其中一个重要的原因，就是公务员例外，由此而加剧了事业单位就业者的攀比和寻租行为。

再次，与不同群体对社会保障和公共服务的可及状况相联系的是，中国的劳动力市场形成了三个层面的隔离现象：即城乡户籍隔离、公有体制内外隔离，以及地方行政辖区隔离。20世纪80年代开始实行“市管县”的政府行政体制，使得城市政府把其公共服务责任扩展到本地农村人口。可是，这些地方政府却将农村迁移人口的公共服务需求，视为他们家乡政府的责任。在这种情况下，跨省/市就业的农村迁移劳动者（农民工和未获得城市户籍的农村高校毕业生），虽然为最近三十年的工业化和城市化注入了旺盛的活力，却同时遭受三重歧视。其社会保护不足的状况，既是社会歧视的一个后果，又是歧视的一种表现。

最后，社会保险制度的碎片化状态是“瓶颈突破”式改革的一个结果。在中国的渐进改革路径中，每一个改革步骤，实质上都是在社会经济运行遭遇瓶颈时的突破。因此，同一社会保险项目下的不同板块，具有不同的制度安排。整个体系看起来似乎是一个完整的拼板，可不同板块之间却少有接口，故而既不利于劳动力流动，也不适应全球化中非正规就业快速增加的趋势。此外，碎片化的结构导致管理成本明显加大，加之社保资源的分配还有加剧收入不均等的作用，这就使得如今的社会保险体系在运行中不但有失公平，而且也损失效率。

鉴于此，中国社会保障体系建设的中长期目标，可以简单地表述为“人人享有社会保障”，即社会成员在其生命周期的任何阶段，一旦面临困境，便有社会保障可依。近期目标（今后五年），则应以“保基本、广覆盖”为原则，增强社保公平。“保基本”的含义，在于国家承诺的保障水平不低于城乡居民的收入（或消费）贫困线。[①] 以此为前提，将基于这一水平的社保措施，推广到全社会，这也就是“广覆盖”的意义所在。此外，国家可通过税收手段激励企业/机构和个人，为超出社会基本水平的保障需求，作出商业性的补充保险或储蓄安排。这里之所以舍去国内流行的“多层次”提法，是因为企业/机构提供的补充保险（保障）计划，以及社群、家庭或个人的储蓄及其他保障措施，尽管不乏国家激励，但并非国家责任。促进社保公平的政策着力点主要在于，缩小城乡之间、城市中的户籍人口与农村迁移人口之间、公共部门与非公共部门就业者之间以及地区之间的社保程度差别，并借此校正收入和财富的初始分配状态。

三　改善社会养老和医疗保险制度

社保制度的调整和改善，必将触及不同社会群体的利益。为了在调整中尽可能减少社会矛盾，可行的路径是逐步改良现有制度结构，平等参保人群权利，削减特权，补贴底层收入群体。本节将以社会养老和医疗保险为例，探讨如何通过消除同一保险项目下的板块隔离，改善社会保障体系的公平和效率。

1. 结构优化原则

优化现有社会养老和医疗保险制度结构的关键，是在承认城乡差别的基础上，以参保者就业方式的差异，即正规和非正规就业的区别，作为划分同类保险项目下不同板块覆盖对象的标准，分别对养老和医疗保险制度下相互分割的板块加以衔接、组合或连通（见图 1），以提高养老保险待遇的携带性和扩大医疗保险的风险分散规模。这样，将不但使这两大保险

① 美国的社会保险水平设定，即以不低于贫困线为原则。当前，社会保险计划使得全美 65 岁以上年龄组中 40% 的人口脱离了贫穷。换句话说，若无社会保险，这一年龄组中 40% 的人口就会陷入贫穷。

制度有利于劳动力流动，而且还能节约社保管理资源。为此，需要改革与社会福利和公共服务获得权相关联的户籍制度，改革与国有单位人事编制相关联的公费医疗和养老保障制度，逐步消除计划经济体制遗留在社会保障领域中的城乡阻隔和行政特权。这将深刻地触及和削弱当前掌握公共资源及强势话语权的社会群体的利益，而且还需要辅之以进一步的财政体制改革、政府职能转变和社会管理方式的转变，因而属于一项近期亟待开始但可望在中长期才能最终完成的艰巨任务。

2. 提高农村居民和农村迁移劳动者的社会保障程度

采用财政资源“补贴底层”的因素，已经包含在新农合与新农保之中。这两种保险制度安排，将会有效提高农村居民的社会保障程度。相形之下，农村迁移劳动者成为社保扩面的难点，其中一个重要原因，是这一群体的就业不稳定、流动性强。即使在同一城市，他们也会因为回应劳动力需求的变化，不得不在正规就业、非正规就业、失业和寻找工作等不同状态之间变换。因此，提高迁移劳动者社保覆盖程度的突破口，在于制定适应其就业特点和收入水平的政策措施，提供多种选择方案，使他们在不同境遇中都有社会保障项目可依：

第一，正规就业的迁移劳动者，可直接参加城镇职工社会养老和医疗保险①。

第二，非正规就业的迁移劳动者，可参加城镇居民社会养老和医疗保险。

第三，对于突遭意外（例如金融危机下的工厂倒闭）失业或陷入贫困的迁移劳动者，予以紧急救助，并封存其养老保险缴费记录，以备再就业时接续。

第四，对于城镇职工养老保险、城镇居民养老保险和新农保三大板块，借助制定不同板块之间的养老金给付折算率，将三者连通起来，以便

---

① 人力资源和社会保障部：《关于〈农民工参加基本养老保险办法〉和〈城镇企业职工基本养老保险关系转移接续暂行办法〉面向社会公开征求意见的公告》，2009 年 2 月 5 日（www. mohrss. gov. cn/mohrss/Desktop. aspx? path = mohrss/mohrss/InfoView&gid = 7575d82c – 0764 – 4b78 – b459 – c65d64e032b1&tid = Cms_ Info）。

使包括农民工在内的劳动者，在变换就业状态时能够保持其缴费连续性，并保证其退休时能够根据不同就业阶段的缴费记录，获得相应的养老金给付水平。

第五，在农村工业化和城乡一体化发展较快的地方，城镇居民规模较小而农村居民规模较大，二者的收入水平已经接近，因而可以将新农合与城镇居民医疗保险合并。目前，在江苏和浙江两省已经出现这样的试点。

第六，与医疗保险的板块合并条件相似，合并新农保与城镇居民养老保险，并将其与城镇职工养老保险一起，逐步提高基金统筹层次，以便设置省级养老保险“基金池”。以此为基础，建立省际养老基金结算制度。这样，在资本市场发育不成熟的情况下，既可通过基金的余缺调剂提高养老基金使用效率，又能方便劳动者跨地区流动。

3．削减公务员和国有事业单位就业人员的社保特惠

世界上大多数国家和地区，都经历过社保覆盖面逐步扩大的历史进程。政府公务员社会保障最先建立，然后才有公共部门中其他就业群体（军人、警察、教师、国企职工，等等）的社会保险，再次是覆盖私企工人的社会保险计划，社保覆盖面最后才扩展到其余居民（Pinheiro，2004；World Bank，2009）。这种与职业差异相联系的社会保险形成时序，与相关群体的社会权力的强弱相对应，并非意味着不同职业人群的社会保险安排天然就应当区分为不同的板块。例如，韩国和中国台湾地区的职业性医疗保险在财务不可持续的情况下，即被整合为“全民医疗保险制度”。①

自第二次世界大战以后，公共部门单设保障项目的做法就遭到日渐强烈的社会批评。近年来，为了减轻公共部门待遇优厚造成的财政负担，强化劳动力流动，建设一个财务可持续的更加公平的社会保障体系，发达国家出现了将公共部门和私营部门的社会保险制度（特别是养老保险）合二为一的趋势。有的国家虽然依然保持不同的保险板块，但是对不同职业人群执行同样的保险政策，例如澳大利亚便是如此。有的国家则将公共部门

① 赖美淑：《公立私立医疗体系竞争下的合作很重要》，2010年9月8日（http：//finance. sina. com. cn/hy/20100908/12388623130. shtml）。

就业者纳入统一的国民社会保险体系，例如美国，自 1984 年以来，逐步将社会保险法的适用范围扩展到政府雇员、部长和总统。

中国历来有不患寡而患不均的文化传统，这也是社保改革设计中不可忽视的一个社会心理因素。因此，尽可能减少改革阻力的办法，是将公务员和事业单位工作人员同等地纳入城镇职工医疗和养老保险。出于同样的目的，还需要参照国企改革中的社保安排，根据“老人老办法和新人新办法”的原则确定过渡期。

4. 制定与社会保险结构调整相匹配的政策措施

“削减特惠、补贴底层”的改革设计，强调的是正向的收入再分配，而并非要拉平不同收入群体的保险待遇。对社会经济状况差异巨大的人群作无差别的保险制度安排，实际上只会导致不公平的结果。为了防止绝对平均主义式的不公平，还需要采取与社会保险结构调整相匹配的政策措施。这里着重列举与社会养老保险改革相关的措施如下：

第一，降低社会养老保险费率，以便吸纳低收入群体参保。也就是说，用降低门槛的办法实现广覆盖的目标。美国由雇主和雇员平均分担的社会保险税（养老、伤残和遗嘱保险），为工资收入的 12.4%。① 如果以此为参照系，当前中国城镇职工社会养老保险的缴费率（28%）可以降低 15.6 个百分点。

第二，为包括国家机关和事业单位工作人员在内的非弱势群体，创造利用保险市场作出附加养老财务安排的空间。例如，采用“入口免税”的办法，不但激励企业/机构自愿为雇员提供商业性的补充养老和医疗保险计划，而且激励个人，为了相对舒适的老龄生活设立养老储蓄和投资账户（OECD，2009）。

第三，与降低社会养老保险费率和激励补充保险的发展相关，既要允许城镇职工养老保险的参保者将个人账户签约给商业保险公司经营；又要

① 根据美国社会保障署 2009 年 2 月寄出的保险清单第 3 页的说明，参保人除缴纳 6.2% 的社会保险税以外，还缴纳 1.45% 的老年医疗税（Medicare Taxes）；雇主以相同的税率为其匹配资金。其实，再加上雇主支付的失业和工伤保险，雇主和雇员双方共同缴纳的所有社会保险种类的税率合计不足 23.2%，远远低于中国企业雇主和雇员承担的社会保险费率。

允许其中的低收入者（例如农民工）不设个人账户；还要设立最低养老金保障线，对老龄人口中的低收入者实行养老救助，以保证他们领取的养老金不低于贫困线。这与当前的医疗救助项目有相似之处，即针对低收入人群的特殊困难提供专项帮助。依据现有的国际经验，最低养老金保障项目的受益者多为女性，这类项目有助于促进养老收入分配中的性别平等。

在此需要特别说明的是，全球性金融危机使各国养老基金不同程度地缩水，例如2008年度，经合组织国家的养老基金平均缩水23%，从而导致邻近退休者和养老金领取者的收入水平大幅度下降。但由于人口老龄化的长期趋势未变，金融危机的发生并未扭转世界性的社保改革潮流，只不过促使各国政府更多地采用社会救助手段，并强化“多支柱”的保险方案，增加整个社会保障体系的弹性（Tapia，2009；Dorfman，Richard and Robalino，2008）。本节提出的政策建议，正是顺应了这一改革潮流。

四 强化社保项目的可持续性

在最近3—5年间，中国的社保项目快速增加、覆盖面迅猛扩大，原有保障项目的待遇水平也在大幅提高。与此同时，社保项目管理粗放和地方财政不堪重负的现象已经显露。特别值得注意的是，新农合与新农保的推行未包含强制参加机制，参保人群的“道德风险”和“逆向选择”的行为日渐严重。[①] 这些问题如果不能及时解决，必将侵蚀社保项目的可持续性。本节将引入中国社会科学院经济研究所课题组在2010年1—4月农村调查中的部分发现，列举消除这些隐患的途径如下：

第一，防止地区之间的福利竞赛。地区间的竞争或竞赛，在世界范围内并不鲜见。但如果这种竞争设有比赛指标而且某些指标又和官员的升迁直接相关，就会促使负有领导责任的官员在政策实施中急于求成，甚至为了追求个人短期的政绩而忽视社会的长期利益。20世纪50年代的粮食和钢铁产量“大跃进”便是明证。当前，在推行新增社会保障项目的过程

① 梅格行：《养老基金投资组合需要越广泛越好》，2010年9月8日（http：//finance. sina. com. cn/hy/20100908/09188621748. shtml）。

中，福利“大跃进”的倾向又现端倪。例如，有些省份在参保人信息系统尚未建立的情况下，便提出在几个月内实现新农保全覆盖的目标。结果，仓促上马的新农保项目不能保证60岁以上的老年人按月领取养老金。又例如，有的地方政府为了在合作医疗筹资水平上拔得头筹，5—6年内数次提高筹资标准。在此期间，由于很难迅速提高个人缴费水平，政府将补助标准提高了650%，以至于个人缴费比重下降至25%，社会医疗保险向社会医疗福利转化（见表2）。

表2　2004—2010 **年期间中国东部地区某县级市的合作医疗筹资标准（元）**

年份	合计	市级财政资助	镇级财政资助	村集体扶持	个人缴纳	个人缴费比重（%）
2004	100	20	20	10	50	50.0
2005	100	20	20	10	50	50.0
2006	130	40	30	10	50	38.5
2007	200	70	60	10	60	30.0
2008	300	110	100	10	80	26.7
2009	300	110	100	10	80	26.7
2010	400	150	140	10	100	25.0

数据来源：调研市政府印发的关于农村合作医疗的工作意见（各年）。

注：筹资标准以元/人/年计算，调研市的合作医疗制度覆盖43.8万本地城乡户籍人口（该市户籍人口共计106.5万人）。2009年，当地外来暂住人口约76.9万人，除正规部门就业者参加职工保险、在校生参加学生保险外，余者未被任何社会保险项目覆盖。

根据国际货币基金组织（IMF）2006年的统计，中国社会保障中的公共支出（含公共卫生支出）占一般政府支出的比重将近28.3%，高于泰国、韩国、新加坡和中国香港特别行政区的同类指标数值（见图2）。相对于以往广受批评的公共社保支出比重过低的状态，这已是今非昔比。表3列举的苏州地区财政支出结构，也支持了这一估计。金融危机时期迅速增加的社保项目，还会加大公共社保支出在一般政府支出中的比重。浙江省桐江县最近两年的财政支出变化便是一个状态鲜明的案例（见图3）。这就要求决策机构和公众，既要促进社保覆盖面的扩大，并且关注保障水平随经济增长而逐渐提高，又要警惕福利早熟，还要经常审视公共社保支出项目的资金来源，以及分配和使用效率。特别是，避免以社保覆盖率的数值作为考核官员政绩的标准，同时要设定官员纪律，避免他们随意许愿，推动福利“大跃进”。

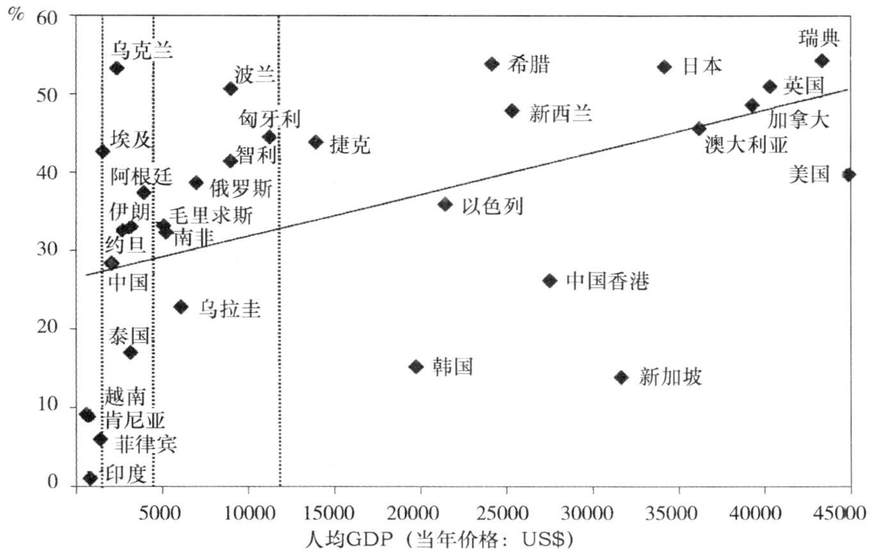

图2　部分国家或地区社会保障中的公共支出（含公共卫生支出）占一般政府支出的比重（%）

注：（1）图中国家或地区分为低收入国家或地区（人均GDP低于1000美元）、中低收入国家或地区（人均GDP在1000—4000美元）、中高收入国家或地区（人均GDP在4000—12000美元）和高收入国家或地区（人均GDP高于12000美元）。划分标准参照世界银行的划分方法（www.worldbank.org/data/countryclass/classgroups.htm）。（2）“部分国家或地区社会保障中的公共支出（含公共卫生支出）占一般政府支出的比重”来自IMF数据库，转引自ILO Social Security Expenditure Database（www.ilo.org/dyn/sesame/ifpses.socialdbexp）；人均GDP数据来自IMF：World Economic Outlook Database，October 2009 Edition（www.imf.org/external/pubs/ft/weo/2009/02/weodata/index.aspx）。（3）阿根廷、伊朗的数据为2004年数据；其他国家或地区的为2006年数据。（4）关于社会保障中的公共支出（public social protection expenditure）的计算口径，见IMF，2001，Government Finance Statistics Manual。

表 3　　苏州地区 2008 年地方财政状况

行政区域	地方财政一般预算收入（亿元）		地方财政一般预算支出				
		税收	总预算（亿元）	教育（%）	医疗卫生（%）	社会保障（%）	合计（%）
苏州	668. 91	587. 08	622. 37	13. 86	3. 90	7. 50	25. 26
常熟	70. 15	56. 51	64. 37	16. 08	4. 46	7. 60	28. 14
张家港	103. 98	77. 52	94. 23	12. 72	3. 69	4. 09	20. 50
昆山	115. 69	106. 51	96. 90	11. 84	3. 38	9. 61	24. 83
吴江	60. 16	53. 36	53. 09	16. 91	5. 31	10. 28	32. 50
太仓	50. 18	39. 56	47. 14	14. 93	3. 44	6. 39	24. 76

数据来源：《江苏统计年鉴》（2009）（电子版）（www. jssb. gov. cn/jstj/jsnj/2009/nj20/nj2018. htm），2010 年 2 月 5 日下载。

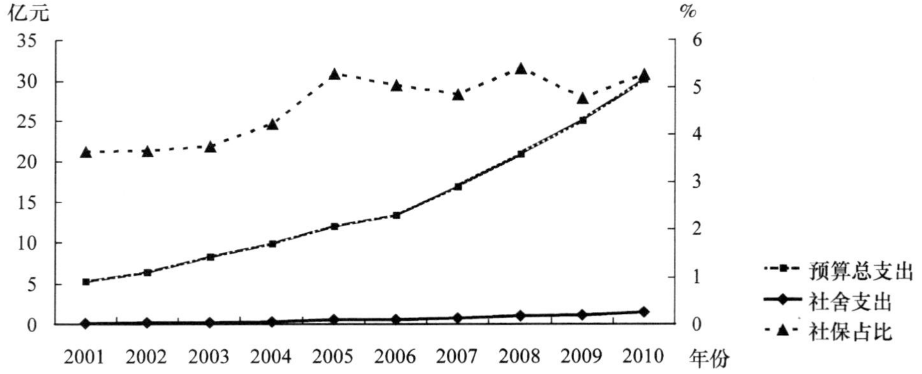

图 3　2001—2010 年浙江省桐乡市财政一般预算总支出与社会保障支出的变化

数据来源：浙江省桐乡市财政局提供（2011 年 1 月 15 日中国社会科学院调研组座谈会）。

第二，为了巩固现有社保成果，需要为实现精细管理提供人员、经费和技术保证。在农村新增社保项目中，例如新农合与新农保，中央政府承担对参保人群的补助，并要求地方政府匹配补助金，而且还承担制度和物质基础设施投资及管理经费。中低收入地区的财力薄弱，地方政府的对策，必然是采用粗放管理方式。解决问题的出路，在于中央政府承担社会保障项目的基础设施例如信息系统建设投资，并对中低收入地区的项目管理提供经费补助。

第三，在欠发达地区，优先加强社会救助和社会增益产品的提供，而非快速推广社会保险。世界银行采用2005年的平价购买力重新换算的国际贫困标准，为每人每日平均消费（或收入）1.25美元。据此估算，当年的中国农村贫困发生率为26%，城镇贫困发生率为2.2%。2006年，二者分别降至24.5%和1.4%。[①]就贫困人口的分布来看，全国一半以上的贫困人口居住在西部地区。[②]对于贫困地区，社会保险制度过于昂贵。加之这类地区的社会管理能力薄弱，与个人缴费为基础的保险项目相比，能够更为便捷地保障贫困人口生存和发展的项目，是最低生活保障制度、养老和医疗救助以及包括营养干预、健康促进、教育和培训在内的扶贫计划。

以往扶贫计划的主要目标是在贫困地区建立“造血机制”，实质上采取的是经济增长导向的政策措施。然而贫困程度深重的群体往往不具备参与经济增长进程的能力，因而也就难以直接分享增长的好处。因此，有必要调整今后的公共扶贫资金使用结构，降低生产性支出比重，提高社会性支出份额。

中国的最低生活保障制度对贫困人口的“瞄准”程度，超过其他发展中国家的同类项目，即低保金领取者皆属贫困群体。但是，中西部城市中仍有相当一部分贫困人口尚未被覆盖（Ravallion，2009）。本课题组在西部地区的农村调研中，也注意到类似的情况。产生这种现象的主要原因，仍然是这些地区贫困人口数量众多但地方财政资源不足。扩大“低保”覆盖面的关键，当为加大中央财政的专项支出。

第四，推进财政改革，保证地方政府的财政收入水平与支出责任相匹配。1994年实行分税制以后，地方政府获得的税收比例以及收入水平，与其后不断增加的社会保障和公共服务支出责任，已经不相匹配，加之生产

① 世行发展研究部的报告“World Development Indicators 2009”和网址PovcalNet http://web.worldbank.org/WBSITE/EXTERNAL/EXTDEC/EXTRESEARCH/EXTPROGRAMS/EXTPOVRES/EXTPOVCALNET/0，contentMDK：21869523—menuPK：5280556—pagePK：64168445—piPK：64168309—theSitePK：5280443，00.html。

② 据国务院扶贫办2010年1月提供的信息：“2006—2008年，五个民族自治区加云南、贵州、青海三省的贫困人口占全国贫困人口总数的39.6%……（在）西部地区国家扶贫工作重点县，少数民族贫困人口占46%。”

性和行政性支出过大，造成财政入不敷出。2005 年，中央与地方政府在社会保障和医疗事业支出中所占的比重分别为 7.37% 和 92.63%。2008 年，这两个比率变为 4.09% 和 95.91%。同年，东中西三大区域省级财政支出与收入的比率分别达到 130%、232% 和 276%。且不论省级政府的财政状况一般优于地市级和县级，中西部省级政府如此之大的财政支出缺口，既暴露出财政体系的隐患，又凸显了欠发达地区对中央财政转移支付的需求。因此，财政改革的方向在于，一方面，增加中央政府的社会支出责任，另一方面，强化财政转移支付，保证欠发达地区的政府拥有足够的财政资源，用于支付国家承诺的社会保障和公共服务项目，以缩小地区之间的社保差别。

第五，加快社会保障立法，增强社保项目运行的透明度和社会监督力度。

五　政策性结论

以上研讨表明，为了增强现有社保体系的公平性和可持续性，需要着重采取以下政策措施：

第一，通过扩大社会保险覆盖面、强化社会救助和针对农村贫困群体的社会增益产品及服务供给，缩小城乡之间的社保差别，特别是提高低收入群体的社会保障程度。

第二，在承认城乡差别的基础上，以参保者就业方式的差异，即正规就业和非正规就业的区别，作为划分同类保险项目下不同板块覆盖对象的标准，分别对社会养老和医疗保险制度下相互分割的板块加以衔接、组合或连通，以提高养老保险待遇的携带性和扩大医疗保险的风险分散规模。同时，针对农村迁移劳动者群体的不同就业状态和收入水平，设计相应的社保方案，使他们能够获得与城镇户籍就业者同等的基本社会保障。

第三，降低社会养老保险费率，以便吸纳低收入群体参保。既要允许城镇职工养老保险的参保者将个人账户签约给商业保险公司经营；又要允许其中的低收入者例如农民工不设个人账户；还要设立最低养老金保障线，对老龄人口中的低收入者实行养老救助，以保证他们领取的养老金不低于贫困线。

第四，改革计划经济体制遗留的公费医疗和养老保障制度，缩小公共部门与非公共部门就业者的社保差别。与此同时，借助税收减免措施，激励企业/机构自愿为雇员提供商业性的补充养老和医疗保险，即通过强化“多支柱”的保险方案，增强整个社会保障体系的弹性。

第五，调整公共扶贫资金使用结构，降低生产性支出比重，提高社会性支出份额。同时，扩大“低保”制度对贫困人口的覆盖面。

第六，推进财政改革，加大中央政府的社会支出责任，保证地方政府的财政收入水平与支出责任相匹配。强化财政转移支付，保证欠发达地区的政府拥有足够的资源承担社会支出责任，从而缩小地区之间的社保差别。

参考文献

Dorfman, M. , H. Richard and D. Robalino, 2008, “The Financial Crisis and Mandatory Pension Systems in Developing Countries: Short-and Medium-term Responses” (mpra. ub. uni-muenchen. de/12254/1/MPRA_ paper_ 12254. pdf) .

García, A. Bonilla and J. V. Gruat, 2003, *Social Protection: A Life Cycle Continuum Investment for Social Justice, Poverty Reduction and Development* (www. ilo. org/public/english/protection/download/lifecycl/lifecycle. pdf) .

OECD, 2009, “Pensions at a Glance 2009: Retirement-Income Systems in OECD Countries” (www. oecd. org/dataoecd/0/33/43008716. pdf) .

Pinheiro, V. C. , 2004, “Pension Funds for Government Workers in OECD Countries”, a paper presented in the December 2004 session of the OECD Working Party on Private Pensions (www. oecd. org/dataoecd/63/56/35802785. pdf) .

Ravallion, M. , 2009, “Decentralizing Eligibility for a Federal Antipoverty Program: A Case Study for China”, in *The World Bank Economic Review*, vol. 23, no. 1, pp. 1 – 30.

Tapia, W. , 2009, “Impact of the Financial Crisis on Pension Systems in LAC”, a pre-sentation in OECD/IOPS Global Forum on Private Pensions: Pension Reform and Develop-ments in Latin America, Rio Janeiro, Brazil, 14 – 15 October (www. oecd. org/dataoecd/32/5/43921352. pdf) .

World Bank, 2005, *World Development Report* 2006, p. 12 (www – wds. worldbank. org/external/default/WDSContentServer/IW3P/IB/2005/09/20/000112742 _ 20050920110826/additional/841401968_ 200508263001833. pdf) .

World Bank, 2009, Administrative & Civil Service Reform: "Pension Arrangement" (http: // web. worldbank. org/ WBSITE/ EXTERNAL/ TOPICS/ EXTPUBLICSECTORANDGOVERNANCE/ EXTADMINISTRATIVEANDCIVILSERVICEREFORM/0 ,contentMDK: 20132999—menu PK: 1919393—pagePK: 210058—piPK: 210062—theSitePK: 286367, 00. html) .

李实、罗楚亮:《我国公共政策对收入分配影响评价》,载《中国社会科学报》2009年11月12日第7版。

李实、史泰丽、别雍·古斯塔夫森主编:《中国居民收入分配研究 III》,北京师范大学出版集团2008年版。

世界银行驻中国代表处:《中国第十一个五年规划——中期进展情况评估》,2008年(http: //siteresources. worldbank. org/EXTEAPCHINAINCHINESE/Resources/China _ 11th _ Five_ Year_ Plan_ main_ report_ chn. pdf)。

赵人伟、赖德胜、魏众主编:《中国的经济转型和社会保障改革》,北京师范大学出版社2006年版。

中国发展研究基金会:《构建全民共享的发展型社会福利体系》,中国发展出版社2009年版。

朱玲、金成武:《中国居民收入分配格局与金融危机应对》,载《管理世界》2009年第3期。